KB151093

블랙 에지

BLACK EDGE

블랙 에지

내부정보, 더러운 돈 그리고

월스트리트 역사상 최강의 헤지펀드 트레이더를 추적하는

미국 연방 검찰과 FBI의 수사 다큐멘터리

SHEELAH KOLHATKAR

실라 코하카　윤태경 옮김　김정수 감수

캐피털북스

시스에게

목차

**BLACK
EDGE**
블랙 에지

제 2 부

제3부

BLACK
EDGE
블랙 에지

■ **일러두기**

1. 이 책은 실라 코하카의 『BLACK EDGE』(Random House, 2017)를 우리말로 옮긴 것이다.

2. 외국 인명·지명 등은 국립국어원의 외래어표기법을 따르되 필요한 경우 원어 발음에 가깝게 실용적인 표기 방법을 절충했다.

3. 본문의 하단 각주는 일부 '저자의 주'를 제외하고 옮긴이 또는 감수자가 독자의 이해를 돕기 위해 달은 것이다.

4. 원문에서 저자가 이탤릭체로 강조한 부분은 홑따옴표로 표기했다.

5. 책 제목은 『 』로, 언론과 잡지는 《 》로, 영화, 예술작품, TV 프로그램 등은 〈 〉로 표기했다.

프롤로그: 다가오는 폭풍

FBI 도청실

2008년 7월 어느 날 저녁, 연방수사국(FBI) 특수 요원 B.J. 강(B.J. Kang)은 책상에 웅크리고 앉아 헤드폰을 쓰고 통화 내용을 듣고 있었다. 밖은 어두웠지만 아직 저녁을 먹지 않아 배가 꼬르륵거렸다.

"라지, 내 말을 듣는 게 좋을 거야. 이 일을 망치지 말아 줘." 여자가 숨소리가 섞인 나긋한 목소리로 말했다.

"알았어." 남자 목소리가 들렸다.

"회사는 가이드를 낮출 거야." 여자가 말했다. '가이드를 낮출 거야(guide down)'란 말은 기업이 예상보다 저조한 실적을 발표할 계획이라는 뜻으로, 월가에서 흔히 쓰이는 표현임을 강은 알았다. 아주 안 좋은 소식이었다. 그리고 여기서 "회사"란 매사추세츠주 케임브리지에 소재하는 8억 달러 규모의 인터넷 기업인 아카마이 테크놀로지를 일컬었다. "방금 전 내 남자한테 전화를 받았어. 난 그 남자를 잘 조율된 피아노처럼 다뤘지."

"난 공매도할 거야. 알지?"

"나는 당신이 위에 올라갔으면 좋겠어." 여자가 아양을 떠는 목소리로 말했다. "우리는 팀으로 움직일 필요가 있어." 여자는 섹스에 관한 얘기를 하는 중이 아니었다. 최소한 이때는 다른 얘기 중이었다. 즉, 돈 얘기였다. "이대로 계속 가자고. 계속 공매도해. 매일."

'대체 이 여자는 누굴까?' 강은 궁금해졌다. 여자의 목소리는 만화 속에서 음모를 꾸미는 악당의 목소리처럼 들렸다. 강은 통화 내용을 계속 들으며 메모를 했다. 강이 앉아 있는 곳은 FBI "도청실(wire room)"이었다. 도청실이라 해 봤자 오래된 델 컴퓨터 14대, 디자인이 제각각인 사무용 가구들이 놓인 창문 없는 사무실에 불과했다. 이곳은 FBI 뉴욕 사무소로 쓰이는 맨해튼 남부 페더럴 플라자 26번지 건물 24층이었다. 한쪽 벽의 금속 선반에는 매일 몇 시간씩 틀어박혀 전화를 실시간 감청하는 FBI 요원들의 비상식량인 초코칩바, 크래커, 킷캣 등이 놓여 있었다.

도청은 일반적으로 힘들고 지저분한 업무로 간주됐지만 강은 그리 여기지 않았다. 그는 도청을 인내심이 필요한 임무라고 봤다. 참고 버티면 반드시 보상받을 것이라 생각했다. 수개월 전인 3월 7일, 연방 판사가 월가의 거물 헤지펀드 매니저인 라지 라자라트남(Raj Rajaratnam)의 휴대전화 도청 허가라는 선물을 강에게 내줬다. 그 후 강은 도청실에서 살다시피 하면서 거대한 내부자거래 사건을 입증할 증거를 수집했다. 그는 지난 2년 동안 수사해 온 지저분한 3류 사기꾼들이나 잡으려고 증권범죄 팀에 들어온 것이 아니었다. 그는 라자라트남 같은 금융계의 중요 인물을 검거하고 싶었다.

70억 달러 규모의 헤지펀드인 갤리언 그룹(Galleon Group)의 공동 설립자이자 당시 50세였던 라자라트남은 월가에서 가장 유명한 트레이더 중 한 명이었다. 그의 유명세는 부분적으로 외모 때문이었다. 그는 뚱뚱하고 엄청난 대식가로 화려하게 놀길 좋아했다. 음식을 먹고 돈 쓰는 것을 즐겼기에 생일을 자축하고자 친구 70명과 함께 케냐 사파리 여행을 떠나는가 하면, 플로리다주 비스케인 베이의 스타 아일랜드*에서 슈퍼볼 경기를 보며 노는 파티에 25만 달러를 썼다. 이런 라자라트남과 비교하면 B.J. 강은 정반대 유형의 남자였다. 한국 이민자 가정에서 태어나 성실하게 자란 강은 머리가 아주 짧고 몸이 콘크리트 덩어리처럼 다부졌다. 라자라트남이 기회만 있으면 수다를 떨고 트레이딩 하면서 자신의 뛰어난 기술을 자랑한 반면, 강은 꼭 필요할 때만 말하는 조용하고 지칠 줄 모르는 FBI 요원이었다. 가장 가까운 동료들조차 강에 관해 별로 알지 못했다.

라자라트남과 여자의 전화가 있은 지 6일 후 아카마이 테크놀로지가 다음 분기 이익이 실망스러울 것이라고 발표했다. 아카마이 주가는 31.25달러에서 23.34달러로 하락했다. 87만 5천 주를 공매도한 라자라트남은 1주일 만에 500만 달러 이상을 벌었다. 그에게 정보를 알려 준 여성 트레이더인 대니얼 치에이지(Danielle Chiesi)는 250만 달러를 벌었다. 강은 치에이지가 어디서 아카마이에 관한 그런 귀중한 정보를 얻었는지 궁금했다. 그래서 그녀의 통화 기록에 대한 문서제출명령서(subpoena)를 통신사에 보냈다. 통화 기록을 분석한 강은 그녀가 라자라트남에게 정보를 전달하기 직전에 아카마이의 고위 임원과 통화한 사실을 발견했다.

나중에 라자라트남은 정보를 알려 줘서 고맙다는 전화를 치에이지에게 걸었다. "아주 멋지게 해냈어. 대체 어떻게 임원을 구워삶

* Star Island_ 세계적인 유명인들의 별장이 있는 섬

은 거야."

치에이지는 만족스런 목소리로 말했다. "그냥 정복했지."

라자라트남이 명백히 불법행위를, 즉 아카마이에 관한 비밀 정보를 입수해 그 정보를 이용해 주식을 거래해서 수익을 거뒀다는 사실을 입증할 통화 내용이 녹음됐다. 전화로 주고받은 대화에는 암호도 은어도 없었다. 형사 소장(criminal complaint) 작성이 바로 가능할 만큼 모든 조각이 완벽하게 들어맞았다. 7월 24일 밤에 전화가 왔다. 라자라트남은 주가 하락을 예상하고 다음 날 13만 8550주를 공매도했고, 7월 30일 뉴스가 나올 때까지 더 많은 공매도를 했다. 이러한 증거만으로도 월가에서 가장 손꼽힐 정도로 성공한 트레이더를 감옥에 보낼 수 있었다. 강은 점점 흥분됐다. 라자라트남과 치에이지가 그토록 아무렇지도 않게 공공연히 내부정보를 이용해 주식을 거래했다면, 다른 사람들도 그렇게 하고 있을 것이 틀림없었다.

라자라트남의 전화선은 보통 장이 열릴 무렵에 가장 분주했기에, 강은 이른 아침부터 도청 장치에 귀를 기울였다. 라자라트남은 친구나 지인들에게 전화해 뭔가 정보가 없나 알아봤다. 그가 정보를 교환한 사람들 중 일부는 와튼 스쿨 시절에 학우로 만나 지금은 세계적인 테크놀로지 기업이나 헤지펀드에서 일하고 있었다. 다수가 정보 제공의 대가로 라자라트남으로부터 돈을 받았다. 강은 라자라트남이 아직 발표되지 않은 다음 분기 실적이나 기업 인수 계획에 관한 정보를 수집하고, 그 정보를 이용한 주식거래를 통해 수백만 달러를 벌어들이는 과정을 감시했다. 수개월 뒤 강은 라자라트남의 친구들까지 도청을 확대했다.

강을 비롯한 FBI 요원들은 도청된 내용에 충격을 받았다. 이것이 월가에서는 정상적인 행태인가? 내부정보가 '그토록' 얻기 쉬운가? FBI 요원들은 금융계의 비리를 발견하는 일에 무덤덤해졌지만, 이처럼 내부정보를 주고받는 행동들은 너무 파렴치하고 명백한 불법이었음에도 월가에 만연한 듯 보였다. 하나의 내부자거래 망(circle)을 적발할 때마다 새로운 인물들이 나타났고, 그들은 또 다른 내부정보 망에도 속해 있었다. FBI는 새롭게 추적해야 할 용의자 리스트를 작성했다. 라자라트남만 잡아넣는다고 끝날 사건이 아니었다. 수많은 사람들이 복잡하게 얽힌 거대한 네트워크가 그를 중심으로 움직이고 있었다.

FBI 요원들이 통화 기록과 진술 기록을 분석할 때 한 헤지펀드의 이름이 계속 등장했다. 바로 SAC 캐피털 어드바이저(SAC Capital Advisors)였다. 강은 이 헤지펀드를 조사해야겠다고 마음먹었다.

정보원의 포섭

　　　　　　　주차장에서 중형 렌트카를 빼내 남쪽 쿠퍼티노로 향할 때, 사우스 샌프란시스코의 엠버시 스위트 호텔 간판이 차창 위쪽에 어른거렸다. 40분 정도 지나서 조용한 거리에 자리 잡은 침실 3개짜리 주택 앞에 도착했다. B.J. 강은 옆 좌석에 조용히 앉아 있는 동료와 함께 목적지를 방문할 때 일어날 수 있는 일들을 예측하고 여러 대응 시나리오별로 연습하느라 전날 밤 잠을 별로 자지 못했다. 만약 찾고자 하는 인물이 집에 없다면? 그가 FBI 요원들을 적대적으로 대한다면? 만약 총을 가지고 있다면? 확률이 낮아도 모든 가능한 상황에 대비해야 했다.

2009년 4월 1일 저녁노을이 지고 있었다. 강은 자신이 "조력자"라고 부르는 파트너인 톰 주카우스카스와 함께 차 문을 열고 집 앞 길을 성큼성큼 걸어갔다. 문을 두드리자 검은 머리의 남자가 문을 열었다.

"알리 파(Ali Far) 씨입니까?" 강이 묻자 남자가 혼란스러운 표정으로 고개를 끄덕였다. 강은 신분증을 꺼내 남자의 면전에 내밀었다. "내 이름은 B.J.강이고 FBI 요원입니다. 내부자거래 건으로 드릴 말씀이 있어서 왔습니다."

강은 알리 파가 상황을 인식하도록 잠시 기다렸다.

강은 파가 과거 행적 때문에 어려운 상황에 처했지만 해법이 있다고 말했다. 수사에 협조하면 처벌받지 않게 돕겠다는 것이었다. 아내, 두 딸, 어머니, 그리고 장모가 파의 등 뒤에서 몸을 움츠리고 불안한 표정으로 지켜보고 있었다. 강이 계속 말했다. "우리는 선생님이 갤리언에서 라지 라자라트남을 위해 일할 때 내부정보를 이용해 주식을 거래한 사실을 알고 있습니다. 우리는 녹음 자료를 가지고 있습니다."

'녹음 자료라고요?'

강은 녹음 파일을 재생했다. 알리 파가 한 반도체 회사에 관한 내부정보를 라자라트남에게 전달하는 통화 내용이 담겨 있었다. 녹음 내용에 파는 할 말을 잃었다.

파는 2008년 갤리언을 떠나 흔히 "C.B."라는 이름으로 알려진 친구 리처드 추벙 리(Richard Choo-Beng Lee)와 함께 헤지펀드를 설립했다. C.B. 리는 SAC 캐피털 근무 경력이 있는 기술주 애널리스트였다. 강은 파와 리를 수사하면 세계적 규모의 헤지펀드인 SAC에 접근할 수 있으리라 기대했다. 강은 수사하면서 SAC와 이 헤지펀드의 불가사의한 설립자 스티븐 코언(Steven Cohen)에 대해 점점 더 많이 알게 됐다. 월가의 트레이더들은 코언이 모든 거래에서 "늘 승리하는 쪽에 서 있다"고 말했다. 모든 거래에서 이익을 낸다니, 이는 얼핏 보기에도 불가능해 보이는 일이었다. 업계 사람들은 코언이 그토록 지속적으로 막대한 수익을 내는 비결을 알지 못했다. 경쟁자들은 코언을 시기했고 의심의 눈초리로 바라봤다. 알리 파와 C.B. 리는 갤리언과 SAC에서 터득한 기술을 사용해 스페릭스 캐피털이라는 헤지펀드를 설립했다. 그들은 테크놀로지 기업 중역들과 인맥을 가지고 있었고, 그런 관계를 이용해 귀중한 정보를 얻을 수 있다고 잠재적 투자자들에게 홍보했다. 강은 이런 사정을 잘 알았다. 그는 "더럽고 중요한 헤지펀드"와 "더럽지만 굳이 신경 쓸 필요가 없는 헤지펀드" 그리고 "중요하지 않은 헤지펀드"와의 차이를 안다고 종종 농담처럼 말했다. 강은 라자라트남과 갤리언을 넘어 코언처럼 더 크고 강력한 상대로 수사를 확대해야 한다고 FBI 동료들에게 주장했다. 강은 인맥이 넓고 상장회사 직원들에게서 직접 내부 정보를 얻는 것으로 보이는 파와 리를 "더럽고 중요한 헤지펀드"에 속한다고 보아 그들 자체만으로도 수사할 가치가 있다고 생각했다. 그러나 강에게 그들은 더 큰 수사로 가기 위한 길목이기도 했다. 강이 반드시 해야 하는 일은 그들이 수사에 협조하도록 설득하는 것이었다.

강은 특히 파가 FBI 수사 협조자가 될 가능성이 높은 전형적 인물이라고 봤다. 그는 가족을 위해 최선의 일을 하려는 괜찮은 사람처럼 보였다.

"정말로 자녀들에게 아버지가 험한 꼴 당하는 모습을 보이실 겁니까?"

강은 자신의 제안이 감옥에 가는 것보다는 확실히 나은 최선의 제안이니 잘 생각해 보라고 말했다. 만약 수사에 협조하지 않을 경우, 다음에 FBI 요원들이 집 앞에 나타날 때는 체포하러 온 것인 줄 알라고 말했다. 강은 떠나기 전에 이렇게 덧붙였다. "이 일을 아무에게도 말하지 마십시오. 우리는 선생님을 감시할 테고, 다른 사람에게 말한다면 바로 알아챌 겁니다." FBI 요원들은 차로 돌아갔다.

그날 밤, 파는 근심에 빠져 잠을 잘 수 없었다. 그는 강의 경고에도 불구하고 파트너인 C.B. 리에게 전화를 걸었다. 부재중이니 메시지를 남기라는 리의 목소리가 들렸다. "FBI가 아까 우리 집에 나타났어." 파는 이렇게 말하고 바로 전화를 끊었다.

FBI 입장에서는 정부가 헤지펀드 관계자들을 도청하고 수사 중이라는 소문이 헤지펀드 업계에 퍼지지 않는 것이 매우 중요했다. 강은 소문을 차단하기 위해 최대한 빨리 C.B. 리에게 접근해야 했다. 리는 파의 집에서 20분 떨어진 곳에서 어머니와 함께 살고 있었다. 이틀 뒤, 강이 그의 집을 방문했다. 그가 현관문을 열고 모습을 드러내자마자 강은 그가 스페릭스에서 내부자거래를 한 사실을 안다고 대뜸 말했다.

처음에 리는 FBI 요원의 질문에 전혀 답하지 않으려 했다. 하지만 강은 대화를 마치고 떠날 무렵, 그가 수사에 협조하리라는 확신이 들었다.

"우리는 서로 돕게 될 겁니다. 선생님은 옳은 일을 하시는 겁니다."

다가오는 위험

SAC 캐피털 본사의 스티븐 코언의 집무실에서 전화벨이 울렸다. 전화를 받아 보니 C.B. 리의 전화였다. 오랜만의 대화였다.

"회장님, 안녕하세요? 펀드 사업을 접기로 결정해 연락드립니다." 리는 침착한 목소리로 말하려 했다. 그는 알리 파와 수익 배분 문제를 놓고 이견이 생겨 같이 일할 수 없게 됐다고 설명했다. "회장님과 다시 함께 일하고 싶습니다." 그는 자신이 수년 전 SAC에서 일했을 때 얼마나 많은 돈을 벌어 주었는지 코언에게 상기시키려 했다. 그리고 코언의 컨설턴트로 복귀하는 조건과 자신이 제공한 정보로 수익이 났을 경우 수익 배분 방법을 제안했다. 그는 여러 테크놀로지 기업들을 열거한 다음, 그들 기업들에서 내부정보를 뺴낼 수 있는 본인의 능력을 자랑했다.

"저는 여러 사람을 압니다. 엔비디아(Nvidia)의 판매와 재무 쪽 사람들이 제게 분기 실적을 계속 알려 줍니다. 대만 반도체 회사 정보원은 제게 반도체 웨이퍼(wafer) 자료를 넘겨줍니다."

코언은 구미가 당겼다. 리는 2004년 SAC를 떠날 때까지 최고 수준의 성과를 내는 애널리스트였고, 수익성 높은 트레이딩 아이디어를 기대할 수 있는 인재였다. 그의 리서치 자료는 너무 훌륭해서 코언은 그 자료를 입수하기 위해 자신의 포트폴리오 매니저 한 명과 다투기까지 했다. 하지만 코언은 순진하지 않았다. 그는 만약을 대비해 주의를 기울였다.

"그 문제는 전화상으로 얘기하고 싶지 않네."

이렇게 말하고 일단 전화를 끊었다. 하지만 코언은 리를 다시 채용하고 싶었기에 직원 채용 담당 임원에게 그에게 연락해 SAC 재입사 조건을 협의하라고 지시했다. 담당 임원은 리와 여러 차례 통화했다.

2주일 뒤, 코언은 C.B. 리를 다시 채용할 생각이라고 한 리서치 트레이더에게 말했다. 그 트레이더는 순간 등골이 오싹했지만 아무 말도 하지 않았다. 그는 얼마 전 라자라트남의 헤지펀드인 갤리언에서 트레이더로 일하는 친구에게서 소문을 들은 참이었다. 최근 FBI 요원들이 리와 파의 집을 방문했다는 소문이었다. 3일 전 맨해튼에서 식사하던 중에 갤리언 트레이더 친구가 귀띔해 줬다. "무슨 일이 벌어지는지 모르겠지만 낌새가 이상해."

다음 날 아침, 리서치 트레이더는 용기를 내어 코언에게 말을 걸었다. 그는 성격이 불같은 코언이 자신이 보고하려는 내용에 어떻게 반응할지 알 수 없었다. "전혀 근거 없는 얘기일 수도 있지만, 연방 정부가 C.B.를 방문했다는 소문이 있습니다. 더 자세히 확인해 보는 게 어떨까요."

"연방 정부라니, 증권거래위원회 말인가?"

"아니요, FBI입니다."

코언은 자신의 친구이자, 리와 가까웠던 전직 SAC 포트폴리오 매니저에게 전화를 걸었다. "C.B.가 정부에 협조할지도 모른다는 소문을 들었네. 도청 장치를 부착하고 다닌다는 소문이 있어." 연방 정부가 헤지펀드 업계를 수사하고 있는 것으로 보였다. 사태가 어떻게 진행될지 아무도 알 수 없었다.

"조심하게나."

헤지펀드의 부상과 블랙 에지

여러 정부기관이 합동해서 헤지펀드 업계 전체에 만연한 것으로 보이는 내부자거래를 잡아내기 위한 월스트리트 역사상 전례 없는 초대형 수사가 10년간 이어졌다. 처음에는 라지 라자라트남과 갤리언 그룹 수사로 출발했지만, 바로 수십 개 기업의 임원, 변호사, 과학자, 트레이더, 그리고 애널리스트에 대한 수사로 확대됐다. 수사의 궁극적 목표는 역사상 가장 강력한 헤지펀드 회사일지도 모를 SAC 캐피털 어드바이저를 설립한 억만장자 스티븐 코언이었다.

코언이 SAC를 설립한 1992년 당시 평범한 사람들은 헤지펀드가 뭔지도 알지 못했다. SAC 같은 헤지펀드들은 월가 유수의 투자은행들조차 충족시켜 주지 못하는 거대한 야심을 지닌 기이한 트레이더들이 설립한 자유분방한 소규모 조직으로 출발했다. 이러한 트레이더들은 기업 문화에 순응하지 못했고, 매해 보너스 협상에 관심이 없었으며, 상당수가 청바지와 샌들 차림으로 출근했다. 대형 투자은행과 증권사에 대한 반감이 자부심의 원천이었다.

처음에 헤지펀드는 주식시장 변동과 무관하게 꾸준히 괜찮은 수익을 내고 싶고, 자산을 분산 투자하려는 부자들을 위한 작은 서비스 업체로 출발했다. 기본 아이디어는 간단했다. 헤지펀드 매니저가 최고의 기업을 선별해 그 기업 주식을 매입하고, 반면 실적이 좋지 못할 것 같은 기업의 주식은 공매도한다. 공매도(shorting, short sale)란 주가가 하락할 것으로 예상할 때 주식을 빌려서 파는 것을 말한다. 공매도는 노련한 투자자들에게 새로운 기회가 됐다. 공매도자는 먼저 (수수료를 내고) 주식을 빌린 다음, 그 주식을 시장에 판다. 그리고 예상이 들어맞을 경우 낮은 가격으로 그 주식을 사서 갚는다. 대다수 주식들이 상승하는 장에서는 롱 포지션*으로 거두는 이익이 공매도로 본 손실보다 많고, 하락 장세에서는 공매도를 통한 이익이 롱으로 인한 손실보다 많다. 일부 주식에 롱을 취하고, 다른 주식에 쇼트(short)를 취하는 상황을 "헤지"**한다고 한다. 이러한 전략은 주식 외에도 채권, 옵션, 선물 같은 다른 금융상품들에도 적용 가능하고, 세계 어느 시장에서든 가능하다.

쇼트 포지션으로 인한 잠재적 손실 가능성은 무한대다. 주가는 계속 오를 수 있고, 따라서 공매도는 리스크가 높은 거래라 할 수 있다. 게다가 다수의 헤지펀드가 레버리지(leverage), 즉 차입금을 이용하면서 세계 각지의 시장에서 각기 다른 전략으로 거래하기 때문에 금융 규제 당국은 가장 노련한 투자자들만 헤지펀드에 투자하도록 허용했다. 헤지펀드들은 투자자를 부자들로 제한하는 한, 가능한 모든 방법을 동원해 수익을 내고 수수료를 얼마든지 부과할 수 있도록 허용됐다. 부자들은, 최소한 이론적으로는, 얼마든지 돈을 잃어도 감당할 수 있는 이들이니까.

수년 동안 헤지펀드들은 월가의 극심한 거품-붕괴 사이클과 대체로 무관하게 존재했지만, 2000년대 중반에는 업계의 중심으로 이동했다. 일부 헤지펀드는 해마다 막대한 이익을 내기 시작했다. 세월이 흐름에 따라 '헤지펀드(hedge fund)'라는 이름은 조심스러운 투자 전략이라는 애초의 의미에서 멀어져 원하는 것은 뭐든지 하면

---

* **long position**_ 주식을 매수하여 보유하고 있는 상태. 보통 줄여서 롱이라 한다.
** **hedge**_ 보유 자산의 가격 변동에 따라 발생하는 위험을 상쇄하려는 시도

서 규제받지 않는 투자회사를 가리키는 말로 변했다.* 헤지펀드의 특징은 레버리지 사용과 리스크 감수라고 알려져 있지만, 결정적 특징은 헤지펀드 운용자들이 버는 막대한 돈이었다. 헤지펀드들은 대개 "운용 수수료(management fee)"로 펀드 자산의 2퍼센트를 떼어 가고, "성과 수수료(performance fee)"로 매해 수익의 20퍼센트를 챙겼다. 20억 달러를 운용하는 헤지펀드 매니저는 설령 수익을 내지 못하고 그냥 가만히만 있어도 운용 수수료로 4천만 달러를 챙기는 것이다. 2007년, 폴 튜더 존스나 켄 그리핀 같은 헤지펀드 설립자들은 수십억 달러의 자금을 운용했고, 2만 제곱피트(562평) 면적의 대저택에 살면서 5천만 달러짜리 전용기로 여행을 다녔다.

헤지펀드에서 일한다는 것은 특정 유형의 트레이더에게는 짜릿한 경험이었다. 시장을 상대로 자신의 능력을 시험할 기회이자 그 과정에서 엄청난 부자가 될 기회였다. 헤지펀드 취업은 금융계에서 가장 높은 선망의 대상이 됐다. 헤지펀드가 약속한 엄청난 부에 비하면 전통적 월가 금융인의 경력, 예를 들어 베어스턴스나 모건스탠리 같은 투자은행에서 한 단계씩 승진해 가는 직장인으로서의 삶은 시시하게 보였다. 2006년, 골드만삭스 CEO인 로이드 블랭크페인이 연봉으로 5400만 달러를 받아 사회 일각의 공분을 산 같은 해에 가장 높은 연봉을 받은 헤지펀드 매니저 25명의 목록에서 꼴등을 한 헤지펀드 매니저가 챙긴 돈이 2억 4천만 달러였다. 가장 높은 연봉을

---

* 헤지라는 말은 그리스어에서 온 것으로 "울타리를 친"이라는 뜻이다. 양이 울타리 안에 있을 때 안전하게 보호되는 것처럼, 호황 장세에서는 주식을 매수해서 이익을 내고, 약세 장세에서는 공매도를 해서 이익을 내기 때문에 시장의 급등락에도 불구하고 안정적인 수익을 낸다는 의미를 가지고 있다.

받은 헤지펀드 매니저 3명은 각각 10억 달러 이상을 벌었다. 스티브 코언은 2006년도에 5위로 9억 달러를 챙겼다. 2015년도에 헤지펀드들은 전 세계를 대상으로 3조 달러에 육박하는 자산을 운용했고, 21세기 초 부의 극심한 양극화를 초래하는 동력이 됐다.

헤지펀드 거물들은 철도를 건설하지도 공장을 세우지도, 생명을 구하는 의약품이나 신기술을 개발하지도 않았다. 단지 투기를 했을 뿐이다. 시장이 어느 방향으로 움직일지 베팅했고, 틀리는 경우보다 맞는 경우가 많았기에 수십억 달러를 벌었다. 덕분에 그들은 막대한 재산뿐 아니라 정치권, 교육계, 예술계, 프로 스포츠계 등 사회 전반에 걸쳐 막강한 영향력을 얻었다. 그들은 상당 금액의 연기금과 재단 기금을 운용했고 시장에 큰 영향을 미쳤기에, 상장회사 CEO들은 그들의 말에 귀를 기울이지 않을 수 없었다. 상장회사 CEO들은 주식을 대량 보유한 그들을 만족시키기 위해 단기적 주가 동향에 신경 써야 했다. 대다수 헤지펀드 트레이더들은 자신을 기업의 "주인"이라고 생각하지 않았고, 심지어 장기 투자자라고도 생각하지 않았다. 그들은 주식을 사고팔아 수익을 내는 일에만 관심이 있었다.

헤지펀드의 부상과 헤지펀드가 뒤바꿔 놓은 월가의 모습을 상징하는 사람을 한 명만 꼽는다면, 스티브 코언보다 딱 들어맞는 인물도 없었다. 그는 헤지펀드 업계 사람들에게조차 수수께끼의 인물이었다. 하지만 코언이 20년간 기록한 연평균 30퍼센트 수익률은 월가의 전설이었다. 특히 흥미로운 점은 조지 소로스나 폴 튜더 존스 같은 다른 유명 헤지펀드 매니저들과는 달리, 그의 성과는 사람들이 잘 이해하는 투자 전략에 기반을 둔 것이 아니라는 사실이었다. 그는 글로벌 경제의 동향에 베팅하거나 주택시장의 붕괴를 예측한 것도 아니었다. 코언은 시장이 움직이는 원리를 직감적으로 이해하는 능력을 타고난 듯 보였다. 그리고 코언이 금융계에 뛰어든 시기는 마침 미국이 그런 능력을 특히 우대하는 사회로 바뀌는 와중이었다. 코언은 하루에도 수십 종목의 주식을 속사포처럼 사고팔았다. 젊은 트레이더들은 코언 밑에서 일하고 싶어 했고, 부유한 투자자들은 코언에게 자금을 운용해 달라고 매달렸다. 2012년, SAC는 150억 달러의 자금을 운용하면서 세계에서 가장 높은 수익률을 기록하는 투자회사 중 한 곳이 됐다. 월가에서는 코언을 "스티비(Stevie)"라는 애칭으로 부르며 우상화했다.

단기간에 엄청난 부자가 되는 이 새로운 방법에 관한 소문이 빠르게 퍼져 나가면서 수천 개의 헤지펀드가 우후죽순처럼 쏟아졌다. 시장 경쟁이 치열해지고 벌 수 있는 돈이 많아짐에 따라, 헤지펀드 트레이더들은 남보다 조금이라도 우위를 얻기 위해 과학자, 수학자, 경제학자, 정신과 의사를 고용했다. 남보다 나노세컨(nanoseconds) 차이로 빠르게 거래를 체결하기 위해 증권거래소 가까운 곳에 트레이딩 서버를 설치하고, 엔지니어와 코딩 전문가들을 채용해 미국 국방부 컴퓨터 수준으로 컴퓨터 성능을 개선했다. 가정주부들을 고용해 월마트 매장을 돌아다녀 보고 무슨 상품이 잘 팔리는지 보고토록 했다. 위성사진을 통해 대형 마트 주차장에 얼마나 많은 고객들의 차량이 주차되어 있는지 분석했고, 상장회사 CEO들을 호화로운 만찬에 초대해 기업 정보를 캐물었다. 그들이 이렇게 온갖 방법으로 정보를 확보하려고 한 이유는 날이 갈수록 시장 평균 수익률보다 나은 수익률을 올리기가 어려워지고 있었기 때문이다. 헤지펀드들은 다른 투자자들을 상대로 우위를 점할 수 있는 정보를 얻으려고 늘 노력했는데, 트레이더들은 이러한 정보를 "에지(edge)"라고 불렀다.

이러한 정보를 구하려다 보면 합법과 불법의 경계선에 부딪치고 그 선을 넘게 된다. 이를테면, 상장회사가 아직 발표하지 않은 실적이나 다음 주에 인수 제의를 받을 것이란 정보, 공개가 임박한 신약 임상시험 결과 같은 정보들이다. 이처럼 주가를 확실히 움직일 미공개 독점 정보는 주식 투자자에게 가장 귀중한 정보로, 월가에서는 "블랙 에지(black edge)"라고 불렀다.

이러한 미공개 독점 정보를 이용한 거래는 대부분 불법이다.

내부정보를 전혀 이용하지 않은 펀드를 하나라도 아느냐는 질문에 한 트레이더는 "아니요, 헤지펀드는 내부정보 없이는 절대 생존하지 못할 걸요"라고 말했다. 그런 면에서 블랙 에지는 사이클에서 도핑이나 프로야구에서 스테로이드와 같았다. 최고의 사이클 선수나 홈런 타자가 금지 약물을 복용하기 시작하면, 나머지 선수들은 똑같이 약물을 복용하거나 패배하든지 둘 중 하나를 택할 수밖에 없다.

그리고 사이클과 야구계에서 그랬던 것처럼 월가에서도 내부정보를 이용한 트레이더들이 마침내 적발됐다. 2006년, 증권거래위원회(SEC, Securities and Exchange Commission), FBI, 그리고 연방 검찰이 블랙 에지를 수사하겠다고 선언했고, 오래지 않아 그들의 수사는 코헨의 코앞까지 다가갔다. 헤지펀드 업계 사람들이 무슨 일을 하든, 코언은 그중에서도 확실히 가장 잘 한다는 사실을 정부 수사관들은 깨달았다.

이 책은 헤지펀드의 밀실과 월가의 트레이딩 플로어를 배경으로 펼쳐지는 탐정소설 같은 다큐멘타리다. 이 책은 혐의자를 잡을 때까지 직감에 따라 단서를 찾고, 통화를 감청하고, 증인을 포섭하고, 수사한 내용을 상부에 보고하는 FBI 요원들의 이야기이자, 검사 연봉의 25배를 받으면서 능수능란한 변호를 펼치는 변호사들과 맞서는 이상주의자들인 연방 검사들의 이야기다. 하드디스크를 망치로 부수고, 문서를 파쇄하고, 감옥에 가지 않으려고 친구를 밀고하는 젊은 트레이더들의 이야기이기도 하고, 직원들에게는 불법 거래를 강요하면서도 경영진이 처벌받는 사태를 피하려고 SAC 같은 헤지펀드들이 어떤 편법을 쓰는지 적나라하게 보여 주는 이야기이기도 하다.

또한, 월스트리트의 정상을 향한 스티브 코언의 아찔한 질주와 그 자리를 지키기 위해 그가 벌인 거대한 싸움에 대한 이야기이기도 하다.

제1부

BLACK
EDGE

1장 머니, 머니, 머니

월가를 향한 야망

월가에 취업하는 청년들은 두 유형으로 나뉜다. 첫째는 부자 부모를 둔 덕분에 명문 사립고와 아이비리그 대학을 졸업했고, 출근 첫날부터 마치 월가의 트레이딩 플로어(trading floor)에서 일할 운명을 타고난 듯한 분위기를 풍기는 부류다. 그들은 본인이 곧 파크 애비뉴 소재 아파트에서 거주하고 햄튼에 여름 별장을 소유하리란 점을 알고 인생을 태평스럽게 살아간다. 이러한 마음 자세는 그동안 받아 온 상류층 교육과 어릴 적 받은 테니스 수업, 시어서커(seersucker) 원단으로 만든 얇은 여름 양복을 입어도 되는 상황과 그렇지 않은 상황에 대한 이해에서 비롯된다.

둘째 유형의 청년들은 보고 있노라면 '세상 물정에 밝다'거나 '당차다'란 표현이 떠오른다. 이들은 아버지가 가족을 먹여 살리려 판매원이나 보험 설계사, 또는 작은 사업체 사장으로 고되게 일하지만 몇 푼 안 되는 수입을 올리는 모습을 지켜봤고, 이런 경험에서 깊은 영향을 받았을 법한 부류다. 어린 시절 괴롭힘을 당하거나 고등학교 시절 여자애들에게 인기가 없었을 수도 있다. 이들은 타오르는 분노를 안고 본인의 가치를 입증하기 위해서나 큰 부자가 되려는 야

망을 이루고자, 또는 이 모든 이유에서 월스트리트에 뛰어든다. 이
들은 잃을 것이 없다. 가진 것이라곤 현실에 안주하는 부잣집 자식
들을 밀어내는 일도 서슴지 않는, 무엇이든 하려는 의지와 투지뿐
이다. 이들을 움직이는 원동력은 때로는 너무도 강렬해 거의 분노
처럼 보일 지경이다.

스티븐 코언은 바로 이 둘째 유형의 남자였다.

1978년 1월 어느 날 아침에 출근한 21세의 코언은 여느 신입 사
원과 다를 바 없어 보였다. 젊은 트레이더 수십 명이 상대방을 꾀어
돈을 빼먹으려고 전화기에 대고 지껄이는 트레이딩 플로어의 아우
성이 고막을 울렸다. 실로 에너지가 흘러넘치는 곳이었다. 마치 가
을철 숲 한가운데 우뚝 솟은 거대한 참나무가 바람에 흔들리며 흩
뿌리는 낙엽마냥, 지폐가 흩날리는 듯 보였다. 코언은 물 만난 고기
같은 심정으로 현장에 뛰어들었다.

그런탈증권(Gruntal & Co.)은 고층빌딩 숲이 햇빛을 가려 어둑어
둑한 맨해튼 남부의 뉴욕증권거래소에서 모서리를 돌면 바로 나오
는 곳에 위치한 작은 증권사였다. 1880년도에 설립된 그런탈증권
은 1901년 윌리엄 매킨리 대통령 암살, 1929년 대공황, 1970년대 오
일쇼크의 파고를 넘어 여러 차례 불경기를 거치면서도 살아남았다.
다른 소규모 금융사들, 그중에서 주로 유대계 금융사들을 합병하
면서도 큰 이목을 끌지 않을 정도로 규모를 작게 유지한 점이 주요
생존 비결이었다. 전국에 있는 지점을 통해 그런탈증권 중개인들
은 치과 의사, 배관공, 은퇴자들에게 투자를 권유하며 주식을 팔
았다. 그러던 그런탈증권이 코언이 입사할 무렵에는 자기자본 거래
(proprietary trading)에 더 공격적으로 뛰어들기 시작했는데, 이는 증

권사가 자기 돈을 금융상품에 투자해 직접 수익을 추구하는 거래를 말한다.

성공을 갈망하는 롱아일랜드 출신 유대계 청년 코언에게 월스트리트는 성공 가도로 향하는 초대장을 보내 주지 않았다. 와튼 스쿨을 갓 졸업했지만 월스트리트에서 성공하려면 난관을 헤쳐 나가야 했다. 그런탈증권은 위상이 높은 금융회사가 아니었으나 그는 회사 평판에 개의치 않았다. 그의 관심 사항은 오직 돈이었고, 그는 돈을 아주 많이 벌 작정이었다.

공교롭게도 코언이 어릴 때 친구로 지낸 로널드 아이저가 코언이 입사하기 직전에 그런탈증권 옵션 부서의 책임자가 됐고, 도움이 될 만한 직원을 찾고 있었다.

코언보다 열 살 많은 아이저는 수학에 소질이 있었으며, 그런탈증권의 자본을 마음대로 투자할 권한을 부여받은 인물이었다. 그는 첫 출근을 한 코언에게 의자에 앉아서 이후 자신과 함께 정확히 무슨 일을 하게 될지 파악하라고 지시했다. 코언은 쿼트론 모니터 앞에 앉아서 화면에 깜빡이면서 지나가는 숫자들의 흐름에 골몰했다.

아이저는 주식시장의 한 가지 기본 원리를 깨달았다. 투자할 때 큰 리스크를 감수할수록 잠재적 보상이 크다는 것이었다. 뉴스 하나가 한 주식 종목을 폭락시킬 가능성이 있다면, 그러한 하락에 (공매도로) 베팅하는 투자자들은 주가가 반대로 상승할 경우 커다란 손실을 볼 수 있지만, 예측이 맞을 경우 커다란 수익을 기대할 수 있다. 반면, 지방자치단체가 발행한 채권처럼 확실하고 예측 가능한 투자 상품은 대개의 경우 수익률이 매우 낮다. 위험을 감수하지 않으면 보상도 없다. 이것이야말로 투자의 핵심 교리 중 하나였다. 하지만 아이저는 이 메커니즘에서 흥미로운 구멍 하나를 발견했는데, 이 둘의 관계가 어긋나는 경우가 있다는 것이다. 그것은 주식옵션과 관련이 있었다.

당시 옵션시장은 일반적인 주식시장보다 훨씬 덜 붐볐고 여러모로 더 매력적이었다. 옵션이란 미래 특정 시점 이전에 특정 가격에 주식을 사거나 팔 권리를 거래하는 계약을 말한다. "풋(put)"이란 주식을 '매도'할 권리를 말한다. 풋 보유자는 해당 주식을 미리 정해진 가격에 팔 권리를 가졌기에 주가가 떨어지면 이익이다. "콜(call)"은 정반대다. 콜 보유자는 만기일이나 만기일 이전에 특정 주식을 특정 가격에 '매수'할 권리가 있다. 따라서 콜 보유자는 주가가 오르면 이익이다. 주가가 오르면 주식시장에서 거래되는 가격보다 싼 가격에 주식을 사서 즉각 수익을 거둘 수 있기 때문이다. 투자자들은 이미 보유하고 있는 주식 포지션의 헤지를 위해 가끔 옵션을 이용한다.

그런탈증권에서 아이저는 "옵션 차익거래(option arbitrage)"라는 전략을 사용했다. 주가가 변하면 해당 주식을 기초자산으로 삼는 옵션의 가격도 변해야 한다. 두 가격 사이에는 정확한 수학적 관계가 존재한다. 이론상으로는 완전 시장에서 풋 옵션의 가격, 콜 옵션의 가격, 그리고 옵션의 기초자산에 해당하는 주식의 가격은 같이 움직인다. 그러나 당시 옵션은 새로운 상품이었고 시장 간 정보 전달이 느렸기 때문에 가끔 이 등식이 들어맞지 않으면서 가격 간 왜곡이 발생하곤 했다. 약삭빠른 트레이더라면 한 거래소에서는 옵션을, 다른 거래소에서는 주식을 사고팔아 가격 차이에 따른 이익을 거둘 수 있었다.

이론적으로 이 차익거래에는 리스크가 거의 없었다. 차입금도 필요 없고, 상대적으로 적은 자본으로도 충분했고, 대부분의 포지션은 장 마감 시간 전에 처분됐다. 즉, 밤새 무슨 일이 터져 시장이 폭락할까 걱정하느라 위궤양에 걸릴 일이 없다는 뜻이다. 이후 기술이 발전해 한물간 전략으로 간주됐을지라도 1980년대 초에는 마치 넝쿨에 주렁주렁 달린 포도들을 따내듯 노다지를 캐는 최신 전략이었다. 그런탈증권의 트레이더들은 이 전략으로 쏠쏠한 수익을 올렸다. 장중 내내 아이저와 휘하 트레이더들은 주식가격을 옵션시장에서 평가되는 가격과 비교하면서 갭(gap)을 포착할 때마다 재빨리 거래에 나섰다.

1980년대 초 아이저의 부하 직원으로 일한 헬렌 클라크는 다음과 같이 설명했다. "만약 뉴욕증권거래소에서 IBM 주식 가격이 100달러고, 시카고옵션거래소에서 똑같은 IBM 주식의 옵션 가격이 99달러라면 시카고에서 사고 뉴욕에서 팔았죠." 이런 식으로 여러 차례 거래를 하다 보면 상당한 수익이 쌓였다.

당시 트레이더들은 컴퓨터 계산 프로그램의 도움 없이 머릿속으로 모든 정보를 추적해야 했다. 아이저는 최소한의 생각만 요구하는 시스템을 구축했다. 그는 잘 하려고 애쓸 필요도 없고, 그저 공식을 따르기만 하면 된다고 트레이더들에게 자주 말했다. 차익거래는 지루할 정도로 단조로운 작업이었다. 원숭이라도 훈련만 받으면 할 수 있을 정도였다.

출근 첫날, 코언은 아이저가 보조 트레이더 한 명과 함께 간단명료한 옵션 차익거래 전략을 통해 0.25달러나 0.5달러의 차익을 거둘 기회가 언제 나올지 시장을 샅샅이 조사하는 모습을 관찰했다. 거래가 뜸해진 시간대에 코언은 시장 상황을 보여주는 컴퓨터 화면들을 응시하다가 ABC라는 주식 종목을 지목했다. "내일 아침 이 종목의 시초가는 오늘보다 높을 것 같아요." 증권사에 첫 출근한 풋내기 신입 사원이었지만 코언은 본인이 트레이더로서 능력이 있다고 확신했다.

이 어린 갈색 더벅머리 안경쟁이가 과연 트레이딩이 뭔지 감이나 잡고 있을지 궁금해진 아이저는 낄낄 웃으며 말했다. "좋아. 어디 자네 생각대로 거래를 진행해 보게나."

코언은 이날 오후에 4천 달러를 벌었고, 다음 날까지 하룻밤 새에 4천 달러를 추가로 벌었다. 1978년도에 이는 의미 있는 수익이었다.

가격이 파도처럼 오르락내리락하는 모습을 지켜보고, 베팅하고, 위험을 감수하고, 보상을 얻는 과정을 거치면서 몸에서 아드레날린이 솟구친 코언은 트레이딩에 매료됐다. 이것이야말로 자신에게 딱 맞는 직업이라는 느낌이 들었다.

아이저는 깜짝 놀랐다. 다림질도 하지 않은 셔츠를 입고 출근할 정도로 둔감하고 경험 없는 풋내기 신입 사원이 어떻게 이토록 주가 등락 예측에 능할 수 있단 말인가?

아이저는 이렇게 술회했다. "나는 그가 일주일 안에 유명해지리란 예감이 들었습니다. 그토록 놀라운 재능의 소유자를 본 적이 없었으니까요. 기가 막혀서 그저 쳐다볼 따름이었죠."

"필통 속에 가장 예리한 연필"

뉴욕시 동쪽 롱아일랜드의 그레이트넥(Great Neck) 마을에는 매주 일요일 오후마다 침실 네 개짜리 단독주택 침실 창문 앞에 서서 누군가의 방문을 고대하는 꼬마가 한 명 있었다. 캐딜락 차량 한 대가 집 앞에 서자마자 꼬마는 나는 듯이 1층으로 뛰어 내려갔다. 다른 형제자매보다 먼저 현관문에 도달해 할아버지와 할머니를 보고 싶었기 때문이다.

스티븐 코언의 외할아버지 월터 메이어와 외할머니 매들린 메이어는 유산을 투자 포트폴리오에 넣어 투자 수익으로 생활했고, 한 달에 한두 번 손주들을 보러 딸의 집을 방문했다. 메이어 부부는 맨해튼에서 고급 레스토랑과 브로드웨이 극장을 찾으며 우아한 삶을 영위하고 있었다. 어린 시절 스티브*에게 외조부모는 주변 현실과는 다르게 풍요롭고 흥분되는 삶을 대변했기에, 그는 외조부모가 집에 올 때가 다른 어느 때보다도 좋았다. 외조부모는 늘 돈 얘기를 했고, 코언은 그 얘기 속의 교훈을 주의 깊게 들었다. 이를테면 돈이 있으면 은행에 예금해 이자를 받거나 투자할 수 있는데, 그동안 투자자는 거의 아무 일도 하지 않아도 돈이 불어나 다른 사람들의 시샘과 부러움을 산다는 것이다. 외조부모가 누린 경제적 자유는 부모의 재미없고 궁색한 삶과 너무도 대조적이었다. 꼬마 코언은 외할아버지처럼 주식시세표를 연구하기 위해 매일 밤 아버지가 퇴근해 집에 돌아올 때 가져온 《뉴욕포스트》 신문을 집어 들었다.

코언은 1956년 6월 11일, 잭 코언(Jack Cohen)과 패트리샤 코언(Patricia Cohen) 부부의 여덟 자녀 중 셋째로 태어났다. 뉴욕시에서 동쪽으로 32킬로미터 정도 떨어진 그레이트넥은 자녀들이 학교 공

• **스티븐 코언**_ 실제 이름을 부를 때 스티브로 불린다. 따라서 저자 역시 원서에서 스티븐 코언과 스티브 코언을 혼용해서 사용하고 있다. 본서는 저자의 표현을 그대로 따라 번역했다.

부를 잘해서 의사나 치과 의사 같은 직종으로 나가길 기대하는, 진보 성향의 유대계 전문직들이 모여 사는 부유한 교외 마을이었다. 소설가 스코트 피츠제럴드가 1922년부터 1924년까지 그레이트넥에서 살았다. 1925년 출간한 소설 『위대한 개츠비(The Great Gatsby)』에는 그가 이 지역에서 받은 영감이 반영되어 있다. 작가는 그레이트넥 마을의 북쪽, 롱아일랜드 해협 킹스 포인트 마을을 참고해서 그린 "웨스트 에그(West Egg)"라는 가상의 마을을 소설의 무대로 삼았다. 그레이트넥에서 자녀를 키우는 대부분의 아버지들은 하루에 몇 시간씩 기차를 타고 맨해튼 직장을 오가는 힘든 생활을 했지만 롱아일랜드에서의 삶을 만족해했다. 롱아일랜드에는 유대교 예배당과 좋은 학교와 큰 주택이 많았기 때문이었다.

그레이트넥에서 코언 가족은 경제적으로 하위 계층이었고, 스티브는 이 사실을 어린 시절부터 알고 있었다. 맨해튼 가먼트 지구(Garment District)가 이름 그대로 여전히 의류를 생산하던 시절에 코언의 아버지는 매일 아침 기차를 타고 맨해튼 의류 매장에 출근했다. 아버지는 맨해튼에서 매시나 제이씨페니 같은 백화점에 20달러짜리 의류를 납품하는 미네르바 패션이라는 사업체를 경영했다.

이 사업체는 늘 간당간당했기에 아버지는 밤늦게까지 일했다. 팻시(Patsy)라는 애칭이 붙은 어머니 패트리샤는 피아노 과외 교사로 일했다. 어머니는 지역 신문 《페니세이버(Pennysaver)》에 수강생 모집 광고를 내, 주로 동네 아이들을 상대로 베토벤이나 브라암스보다는 〈헬로, 돌리! (Hello, Dolly!)〉 같은 대중적인 곡을 꼼꼼하게 가르쳤다. 그녀는 면도날 같은 유머 센스를 가지고 "여보, 남들이 엿 먹이기 전에 당신이 먼저 먹여야 해요!" 하면서 남편을 자주 질책하는 냉혹하고 단호한 여성으로 집안의 버팀목이었다.

코언의 집은 늘 돈 때문에 압박을 받았다. 어머니와 아버지는 아이들의 외조부모가 곧 사망해 유산을 물려주면 그 돈을 어떻게 사용해 편히 지낼지 공공연하게 계획을 말했다. 코언은 체구가 작았지만 운동에 재능이 있어 야구팀에서는 투수로, 농구팀에서는 포인트가드로 뛰었다. 하지만 부모는 코언이 운동선수로서 재능을 펼치도록 지원할 여력이 없었다. 아들을 강사에게 보낼 돈도, 경기장에 데려다줄 시간도 없었다. 중학교 축구 감독이 메인주 호수 근처에서 운영하는 여름 캠프에 가는 동네 아이들이 많았는데, 1968년 여름에 참석한 코언은 이 캠프가 너무도 마음에 들었다. 코언에게 캠프는 황홀한 별천지였다. 생활비가 부족하다고 싸우고 아이들의 보챔에 돈이 없다고 짜증내는 부모와 떨어져서 다른 아이들과 똑같은 티셔츠를 입고, 똑같이 작은 소나무 오두막집에서 자고, 똑같은 조건에서 생활하는 평등한 공간이었으니까. 하지만 그해 여름 이후 코언은 캠프에 다시 가지 못했다. 반 친구들은 코언의 부모가 참가비를 낼 돈이 없기 때문이라고 믿었다.

그렇더라도 코언은 편애를 받으며 자랐다. 할머니는 여덟 형제자매 중 스티브가 가장 똑똑하다고 평가하며 그를 "필통 속에 가장 예리한 연필"이라고 불렀다. 이 말을 들은 코언은 자부심을 느끼고 기뻐했다. 그는 별로 공부하지 않고도 학교에서 좋은 성적을 받았다. 그의 형 개리는 어머니가 다른 형제자매에게는 핫도그를 주면서도 스티브에게만은 스테이크를 줬다고 회상했다. "내가 뾰로통한 얼굴로 불평하면 어머니는 '네 동생이 언젠간 우리를 먹여 살릴 거란다' 하고 타이르셨죠."

고등학교에서 코언은 정말로 열정을 쏟을 방과 후 활동을 하나 찾았다. 바로 포커였다. 코언은 "여러 친구들이 집을 돌아가며 하루 종일 늦은 밤까지도 포커를 쳤죠. 처음에 판돈은 25센트, 50센트 에서 시작했어요. 그러다가 나중에는 카드 한 장에 5달러, 10달러, 20달러로 판이 커졌죠. 고등학교 1학년 때 하룻밤 새에 천 달러를 따거나 잃을 수도 있었으니까요"라고 회상했다.

이런 카드 게임을 통해 코언은 자본주의의 중요한 교훈을 배웠다. 어린 코언이 느끼기에 자본주의에서 돈 버는 길은 두 가지였다. 하나는 어느 해 여름에 잠깐 해 보고 고되다고 느낀, 시급 1.85달러짜리 슈퍼마켓 창고 정리 일처럼 상대적으로 힘들게 돈 버는 길이다. 다른 하나는 꽤 흥미진진한 포커를 하며 친구들 돈을 따는 것처럼 쉽게 돈 버는 길이다. 그는 현금 한 뭉치를 주머니에 넣은 채 새벽에 집에 돌아와 아버지가 출근할 수 있게 아버지 자동차 열쇠를 제자리에 놓았다. 매일 아침 아버지가 어깨가 축 늘어진 채 출근하는 모습을 지켜보면서 코언의 머릿속에 떠오른 생각은 이것 하나였다. '난 저런 삶을 살고 싶지 않아.'

제타 베타 타우

코언이 와튼 스쿨에 합격하자 부모는 크게 기뻐했다. 조부모가 물려준 약간의 유산 덕분에 학자금 대출 부담에서는 벗어났지만, 책값과 용돈은 직접 일해서 벌어야 했다. 와튼 스쿨 캠퍼스에 도착하자마자 학우들이 소유한 BMW와 벤츠 차량들이 주차된 모습이 눈에 들어왔다. 또다시 코언은 자신보다 부유한 가정에서 자란 사람들에게 둘러싸이면서 가장 최고의 엘리트 사교 서클에서 배제되는 상황에 놓였다. 코언이 보낸 대학 생활의 중심은 남학생 사교 클럽 건물(fraternity house)이었다.

와튼 스쿨 문화는 배금주의에 따라 돌아갔다. 코언이 속한 남학생 사교 클럽인 제타 베타 타우(Zeta Beta Tau)는 와튼 스쿨 캠퍼스의 두 유대계 남학생 클럽 중 상대적으로 더 부유했다. ZBT의 애칭은 "억만금 클럽(Zillions Billions Trillions)"이었다. 코언은 밤이 되면 도박의 아지트로 변하는 ZBT 거실에서 10여 명의 친구들과 어울려 도박을 했다. 담배 연기 속에서 맥주병들이 쌓이는 가운데 코언은 테이블 중심에 앉아 게임을 주도했다. 코언은 테이블을 지배한 남학생 대여섯 명 중 한 명이었다. 테이블의 나머지 자리는 돈을 잃는 패배자들이 앉았는데, 날마다 면면이 바뀌었다.

1976년 어느 날 밤, 코언의 맞은편에 앉은 한 학우는 등골에 식은땀을 흘리고 있었다. 코언은 농담을 던지고 이빨을 드러내며 미소를 지었다. 그는 피리를 불어 뱀을 부리는 사람처럼 학우들을 홀려 도박에 돈을 탕진케 한다는 평을 듣게 됐다. 그는 성격이 원만하지 못했고 여자들의 관심을 받지 못했지만 학우들에게 경외의 대상이 됐다. 판돈은 대학생들만 참가한 게임치고는 다소 사치스러운 수백 달러에 이르러, 코언과 이따금씩 포커를 하는 학우들 입장에서는 부담을 느낄 만했다. 이날 밤 이 학우는 또 게임에서 져서 마른침을 삼키고 손실을 감내해야 했다. 그는 이번 학기에 코언에게 수천 달러를 잃었고, 질 때마다 다시는 이러지 않으리라고 다짐했었다.

남학생 사교 클럽에는 밤늦게까지 환각제를 복용하거나 맥주를 마시는 학생이 많았지만, 코언은 매일 아침 일찍 일어나《월스트리트 저널》을 읽었다. 그는 주식시장 동향을 주의 깊게 관찰하면서 학교 공부는 시간 낭비라고 여겼다. 하루는 통계학 시험 시간에 다른 학우들이 여전히 답안지를 작성하느라 끙끙대고 있을 때, 코언 혼자 자리에서 일어나 강의실 밖으로 나갔다. 자신이 관심을 가진 주식들의 종가를 확인하기 위해서였다. 그는 같은 책을 읽고 같은 방식으로 말하는 부잣집 자식들과 경쟁해서는 성공할 기회가 없다고 생각했다. 성공하려면 그들보다 앞서가야 했다.

수업 시간 사이에 코언은 학교 근처에 있는 필라델피아증권거래소에 가서 플로어를 티셔츠 차림으로 돌아다니며 트레이더들에 다가가 "어라, 스프레드*가 벌어져 있잖아요?" 하는 따위의 말을 걸어 귀찮게 했다. 그는 수업을 빼먹고 필라델피아에 있는 메릴린치 지점들을 방문했고, 거기서 뉴욕증권거래소에서 거래되는 주식들의 시세를 볼 수 있었다. "나는 그냥 그곳에 서서 쳐다봤어요. 그러면 증권시세 표시기(ticker)에서 수신용 테이프(tape)로 가격 정보가 찰깍찰깍 찍혀 나오는 소리가 들렸죠. 마치 주가가 50…50…50… 말하면서 지나가는 것처럼 보였죠. 그러곤 주가가 한 틱** 상승하든가 하락하곤 했어요. 이렇게 거래가 이루어지고 있는 모습을 볼 수 있었죠. 거래 모습을 슬로모션으로 관찰할 수 있는 장소였죠. 그리고 그 당시는 아니지만, 나중에 나는 내가 주가가 어느 방향으로 움직일지 추측하는 데에 꽤 능하다는 점을 깨달았어요." 코언의 회상이다.

코언은 도처에서 자신보다 재능이 떨어지는 사람들이 성공하는

---

* **spread_** 매도 주문 가격과 매수 주문 가격 간의 차이
** **tick_** 매매가 체결되는 가격 단위

모습을 보았다. 그리고 시세 테이프가 주가를 찍으며 찰칵찰칵 내는 소리는 코언이 염원한 성공의 열쇠가 됐다.

패트리샤와의 만남

연기가 자욱하고 참나무 판으로 벽을 장식한 엘레인스(Elain's)는 맨해튼 중동부 어퍼 이스트 사이드의 예술가들과 극장 관계자들이 많이 찾는 레스토랑이었다. 코언은 이곳 바에 앉아 술잔을 홀짝거리며 시간을 보냈다. 그는 생일날도 혼자 보냈다. 그에겐 친구가 별로 없었다. 창밖의 거리에는 비가 쏟아지고 있었다.

때는 1979년 6월이었다. 코언은 낮에 그런탈증권의 트레이딩 플로어에서 일하느라 지친 상태였다. 그곳에선 하루 종일 사람들이 "스티비(Stevie)!"라고 소리쳤다. 코언은 이 별명을 들을 때마다 진저리가 났다. "스티비"는 코언이 고등학교 때 가까운 친구였던 케니 긴즈버그의 형인 스티브 긴즈버그가 최근 그런탈증권에서 함께 일하게 되자, 아이저가 이름이 같은 둘을 구분하기 위해 코언에게 붙인 호칭이었다. 아이저가 지휘하는 작은 팀은 그런탈증권의 주요 수익원이 됐기에 CEO 하워드 실버먼은 아이저에게 많은 자유를 부여했다. 실버먼은 코언을 아꼈다. 실버먼은 스포츠카를 몰고 오만하고 야심만만한 투로 말하는 경영가로 자신의 가치를 공유하는 사람들을 좋아했다. 그는 코언이 배고픈 야심가라는 점을 꿰뚫어 보았고 그와 같은 인재들을 주위에 두고 싶었다.

코언은 전년도에 그런탈증권에서 트레이딩을 통해 점점 더 많은 돈을 벌기 시작했지만 회사 생활은 불만족스러웠다. 특히 그는 자신이 회사에 기여한 만큼 인정받지 못한다고 느껴 실망했다. 그에겐 친구가 별로 없었다. 엘레인스는 손님들로 붐볐고, 코언은 주변을 돌아보면서 스물세 살 독신남인 자신의 처지에 쓸쓸함을 느꼈다. 그때 한 여성이 시야에 들어왔다.

다리에 딱 붙는 실크 스커트와 하얀 민소매 옷을 입은 여성이 빗물을 뚝뚝 흘리며 레스토랑에 막 들어온 참이었다. 코언은 그녀를 쳐다봤다.

여성은 초조한 기색으로 주변을 보고 빗물에 젖은 머리를 말렸다. 이곳에서 친구를 만나 식사하기로 약속한 터였다. 하지만 혼잡한 맨해튼에서 소나기가 내리면 택시를 잡기가 불가능했기에 친구는 약속 시간보다 늦었다. 그녀는 바 옆에서 서성이며 친구가 언제 오나 문가를 쳐다보는 한편, 레스토랑 내부에 앉은 남자들의 눈을 피하려고 시선을 아래에 두었다. 이는 뉴욕시에서 살아가는 여성으로서 자연스러운 방어 전략이었다. 그러다가 어느 순간, 코언이 바라보는 모습을 발견하고는 그의 시선을 피하려고 고개를 다른 쪽으로 돌렸다. 코언은 몇 분간 여성을 쳐다본 뒤에 용기를 내 다가가기로 마음먹었다.

"안녕하세요." 그가 말을 걸었다. 미소를 지으려고 노력했으나 어색함을 감출 수 없었다.

"안녕하세요." 여성이 대답하며 약간 놀란 듯이 그를 쳐다봤다. '이 남자는 누굴까?'

그녀의 이름은 패트리샤 핑크(Patricia Finke)였다. 평소라면 코언처럼 너무 보수적이고, 너무 사무적으로 생긴 남자와 알고 지내려 하지 않았을 것이다. 패트리샤는 교외 주민들을 속물적으로 무시하면서 겉으로는 고상한 척하는 맨해튼 가정에서 자랐다. 다른 상황에서 만났다면 코언을 완전히 무시했을 것이다. 하지만 이때는 주름진 셔츠를 입고 맵시 없는 신발을 신은 그가 위험한 남자로 보이지 않았고, 자신에게 끌려 말을 건 듯 보였다. 그에게는 왠지 상처받기 쉬운 남자가 애원하는 듯한 분위기가 났다.

코언은 패트리샤에게 깊은 인상을 남기고자 13세 때 유대교 성인식에서 받은 돈을 모두 주식에 투자한 일화부터 시작해, 그런탈증권 상사들이 너무 많은 리스크를 무릅쓰고 거래하는 자신을 언짢아하고, 모든 동료들이 자신을 너무 건방진 남자로 여긴다며 으스댔다. "회사 사람들은 내가 카우보이인 줄 안다니까요." 한동안 패트리샤는 코언의 어깨 너머로 문가를 쳐다보면서 친구가 언제 오나 기다렸다. 하지만 결국 경계심이 누그러들고 코언의 이야기에 끌려들어갔다. 그녀와 코언은 몇 시간 동안 대화하게 됐다.

그날 밤, 자리를 뜨기 전 코언은 패트리샤를 설득해 전화번호를 알아냈다. 그 후 몇 주간 코언은 하루에 세 번씩 전화를 걸어 언제 다시 만날지 물었다.

그 후 몇 달간 둘은 데이트했다. 몇몇 친구들은 왜 패트리샤가 세련되지 못하고 후줄근하고 돈만 아는 듯 보이는 롱아일랜드 출신 남자와 만나는지 이해하지 못했다. 하지만 패트리샤는 유복하지 못한 가정에서 자라 고등학교를 마치지 못했다. 생활비를 걱정하며 살아가는 심정을 잘 알았다. 출판사에서 일하며 본인 생활비를 스스로 벌고 있었고, 맨해튼 웨스트 빌리지의 임대 아파트에서 살았다. 본인이 불행하다고 느끼지는 않았지만 부자가 되려는 코언의 열정이 매력적으로 보였음은 부인할 수 없었다. 그녀는 주식시장을 전혀 몰랐지만, 그는 끊임없이 주식시장에 관해 이야기하며 자신이 얼마나 많은 돈을 벌 계획인지 자랑했다. 그는 그녀를 행복하게 해 주겠다고 약속했다.

당시 코언의 인생은 별 볼 일 없었다. 침실이 하나고 전구들이 거의 다 나간 아파트에서 살았고, 일이 없을 때는 대부분 혼자 시간을 보냈다. 그는 아내를 원했다. 그는 패트리샤에게 관심이 쏠렸고 결혼하자고 조르기 시작했다. 시간이 흐르고 패트리샤가 승낙했다.

둘은 결혼하겠다는 사실을 양가 부모에게 알렸다. 결혼식은 맨해튼 구석의 조용한 동네 머리힐(Murray Hill)의 작은 교회에서 조촐하게 치러졌다. 하객이라곤 신부 들러리 한 명과 신랑 들러리 한 명, 이렇게 두 명뿐이었다. 얼마 지나지 않은 1981년도에 첫 아이 제시카 린이 태어났다. 마침내 코언은 가정을 꾸리게 됐다.

뉴욕 양키스의 4번 타자

"누가 저 빌어먹을 전화 좀 받아!"
로널드 아이저가 소리쳤다.

그런탈증권 트레이딩 부서에서는 여느 때와 다를 바 없는 아침이었다. 아이저 휘하의 트레이더들은 각자 자리에서 키보드를 두드리고 있었다. 보통 전화벨이 울리면 모두 신경 쓰지 않았고, 결국 누가 참지 못하고 가서 전화를 받아야 했다.

책상 위에 잔뜩 놓인 주식거래 내역을 기입하던 보조 트레이더 한 명이 주위를 돌아봤지만 근처에 쓸 수 있는 전화기가 없었다. "내겐 전화기가 없어요!"라고 소리쳤다.

전화벨은 계속 울렸다.

거래를 진행 중이던 코언이 벽에 걸린 전화기를 잡아 보조 트레이더의 책상에 던졌다. "전화기가 필요해? 여기 망할 놈의 전화기!" 몇 초 뒤, 둘이 동시에 일어서다 하마터면 부딪칠 뻔했다.

"야 이 자식아, 똑바로 보고 다녀!"

"제기랄!"

몇 분이 지나면 모든 직원이 아무 일 없었다는 듯 지냈다.

매일 이런 식이었다. 이러한 긴장을 관리하고 트레이더들이 쉬지 않고 생산적으로 일하도록 감독하는 것이 아이저가 맡은 역할이었다. 그는 다우존스 종목들을 트레이더들에게 배분했는데, IBM, 코닥, 허니웰처럼 변동성이 커서 수익 기회가 많은 종목들은 대개 본인이 맡아서 거래했다. 누군가 특정 종목을 계속 거래하지 않으면 다른 트레이더가 그 종목을 거래해 본인 종목으로 삼을 수 있었다. 보통 모든 트레이더들이 본인에게 배분된 종목만 거래하고 다른 트레이더의 종목은 건드리지 않았다. 코언만 빼고는.

하루는 트레이더 한 명이 아이저에게 하소연했다. 이 트레이더가 배정받은 메사 페트롤리엄은 변동성이 큰 기업이라 주가 움직임이 컸기에 수익 낼 기회가 많은 종목이었고, 누구나 이 종목을 거래하고 싶어 했다. "제가 거래하려 할 때마다 스티브가 먼저 거래합니다. 제 종목 가운데 메사가 최고인데 스티브가 절 죽이고 있어요!"

아이저는 코언에게 따졌다. "자네는 돈을 아주 많이 벌지만 다른 직원들은 자네만큼 성과가 좋지 못하네. '정말로' 자네가 메사를 거래할 필요가 있겠나?"

그러자 코언이 되받아쳤다. "뉴욕 양키스가 미키 맨틀에게 8번 타자로 치라고 할까요?" 아이저는 어깨를 으쓱했다. 반박하기 어려웠기 때문이다. 코언은 너무도 성과가 좋은 트레이더였기에 모든 규칙에서 예외가 됐다.

이전에 아이저는 자신이 이끄는 트레이딩 팀이 창출한 수익의 50퍼센트를 받기로 그런탈증권과 협상했다. 이는 한 달에 수백만 달러에 이르는 거금이었다. 트레이더들을 추가로 고용함에 따라 아이저의 팀은 그런탈증권 트레이딩 플로어와 인접한 더 큰 사무실로 이동했다. 신입 트레이더 중 다수는 드렉셀 번햄 램버트(Drexel Burnham Lambert) 출신이었다. 드렉셀은 공격적인 트레이더들을 육성하기로 정평이 난 투자은행으로 1980년대 월스트리트를 주름잡은 마이클 밀켄이 일한 곳이었다. 아이저의 팀은 더 넓은 사무실로 이동했음에도 불같은 성격의 남자들이 모여 있다 보니 서로 부딪칠 때가 많았다.

코언을 포함해 아이저가 이끄는 직원들로서는 당시가 금융권에서 경력을 쌓기에 최적의 시점이었다. 1981년에 취임한 로널드 레이건 대통령의 친기업 정책은 기회를 잡아 한몫 챙기려는 월스트리트의 트레이더들과 기업사냥꾼*들에게 날개를 달아 줬기 때문이다. 규제가 풀린 덕에 기업들이 돈을 빌려 경쟁사를 살 수 있게 됐고, 주식시장은 역사상 최장기간 대세 상승기에 들어섰다. 기업 인수 합

---

* **corporate raider_** 자산이나 가치가 제대로 평가받지 못하는 것으로 보이는 기업의 지분을 대량으로 매입하는 투자자를 가리킨다. 대량의 지분 매입 후 경영진을 개편하고 구조조정을 실시하는 등 기업 가치의 제고를 도모하지만, 기업의 장기적 가치보다는 단기적 가치를 높인 후 회사를 되팔기 때문에 사회적으로 많은 논란을 야기했다.

병이 빈번해졌는데, 드렉셀의 밀켄 제국이 정크본드(junk bond)라는 고수익 채권을 발행해 기업 인수에 필요한 자금을 조달하는 새로운 방법을 개발함으로써 이 추세에 기름을 부었다. 정크본드란 다른 채권에 비해 위험이 커서 신용평가사가 "투자 부적격 등급"을 부여한 채권을 말한다. 전에는 돈을 빌릴 수 없던 기업들이 정크본드라는 새로운 수단을 통해 경쟁사를 적대적으로 매수할 자금을 조달할 수 있게 됐다. 매일 차입매수(LBO)* 소문이 돌면서 타깃 기업들의 주가가 급등했고, 이러한 종목들을 사고파는 트레이더들은 수백만 달러를 벌었다.

이윽고 코언은 성공에 고무돼 대담해졌다. 그는 주식을 데이트레이딩** 하기 시작했고, 업계 변화에 시장이 어떻게 반응할지에 대한 본인의 직감을 믿고 기업 매수(takeover)와 기업 공개(IPO, initial public offering)와 같은 이벤트를 노려 포지션을 구축했다. "코언은 내가 본 트레이더 중 최고였습니다. 어느 누구보다도 훨씬 뛰어났죠. 주위에 아랑곳하지 않고 포지션을 고수하는 능력을 지녔습니다. 누가 파키스탄에 바나나 껍질을 흘리는 수준의 사소한 일로 모든 것이 급변하는 상황이 가끔 있죠. 코언은 이럴 때 초조해져서 포지션을 정리하는 인물이 절대 아니었습니다." 아이저 밑에서 일한 헬렌 클라크가 말했다.

코언이 다른 트레이더보다 훨씬 영리해서가 아니었다. 그는 단지 자신의 직감을 확신하고 재빨리 행동할 따름이었다. 그런탈증권의

* **leveraged buyout_** 인수 대상 기업의 자산과 수익을 담보로 금융회사로부터 자금을 차입해 기업을 인수하는 행위
** **day trading_** 하루 안에 시세 차익을 내려는 단기 거래

CEO 실버먼은 코언이 방금 일어난 거래 정보를 보여주는 시세 테이프를 보고 시장의 수급 상황을 직감하는 "시세 판독기(tape reader)"와 같았다고 회상했다. "그는 정말 탁월했습니다."

코언은 그런탈증권의 스타로 떠올라 리스크 한도 규정을 아무리 많이 어겨도, 아무리 성질을 내도 해고당하지 않게 됐다. 코언은 자신이 주가 향방을 자주 맞춘다는 사실을 알고 아이저의 무위험 옵션 전략을 버리고 포지션 헤지를 중단했다. 이러한 전략으로 거래의 리스크가 증가했지만 대개의 경우 수익성이 훨씬 높아졌다.

얼마 지나지 않아 코언은 연간 500만 달러에서 천만 달러를 벌어들이게 됐다. 그렇게 큰돈을 벌어 트레이딩 플로어에서는 자신감이 넘쳤지만 묘하게도 가정사에는 별 도움이 되지 못했다. 그는 짜증이 난 상태로 집에 돌아왔고 패트리샤와 말다툼을 벌였다. 자식에게 자상한 아버지가 되지도 못했다. 부자가 된 덕에 상류층과 어울릴 수 있었지만 코언 부부는 이런 환경이 어색했다. 퇴근한 코언은 낮에 진행한 모든 거래 내역을 비롯해 플로어 스페셜리스트에게 속은 일, 중개인이 주당 0.25 포인트 속인 일 따위를 꼬치꼬치 털어놓으며 모든 사람이 자기를 등쳐먹으려 한다고 아내에게 계속 투덜댔다.

모든 사람이 자기를 등쳐먹으려 한다는 코언의 감상이 완전히 사실무근은 아니었다. 이는 부분적으로 금융 산업의 구조에서 비롯된 결과였다. 월스트리트에서 코언처럼 작은 증권사 소속의 트레이더는 빳빳한 양복 차림의 사기꾼이 득실대는 거대 투자은행이나 증권사들과 힘든 경쟁을 해야 했다. 그런탈증권보다 훨씬 큰 금융사의 트레이더들이 하루 종일 코언에게 전화를 걸어 자신들이 정한 가격으로 주식을 떠넘기려고 시도했다. 코언은 자신이 무슨 제안이든 받아들일 것으로 가정하는 그들의 태도에 화가 났다. 한 동료가 말했다. "코언이 일상적으로 봉착한 상황은 이를테면 이런 거죠. 골드만삭스가 '우리는 10만 주를 90달러에 팔고자 합니다'라고 전화를 합니다. 그것은 코언에게 반대편 포지션을 안으라는 것이지요." 즉 골드만삭스가 파는 주식의 일부를 사라고 제안받았다는 뜻이다. 하지만 거의 모든 상황에서, 코언의 포지션에 있는 매수자는 골드만삭스와 반대편에 있는 것이 얼마나 불리한지 알고 있다. 골드만은 언제나 돈을 버는 라스베이거스 카지노와 같았고, 코언의 포지션은 카지노 입장객과 같았다. 코언은 '결코' 다른 사람을 배불리는 호구가 되고 싶지 않았다. 그는 골드만이 언제나 시장에서 가장 나은 정보를 쥐고 있는 듯 보이는 이유를 알고 싶었다. 그는 골드만과 제이피모건에게 이용당하는 대신 그들과 경쟁하고 싶었다. 그래서 골드만삭스가 전화했을 때 그는 골드만이 바라는 대로 움직이지 않겠다는 의사를 명확히 표명했다. 그는 자신도 골드만이 쥔 최고의 정보에 따라 최선의 가격에, 최고의 종목을 거래하고 싶었다.

1980년대 중반 코언의 거래 규모가 너무도 커져 코언이 막대한 거래 수수료를 증권사에 안겨 주는 고객이 되자 골드만삭스를 비롯한 거대 증권사들도 코언을 끌어들이려고 애쓸 수밖에 없었다. 마침내 코언은 월스트리트에서 어느 정도 명성을 얻기 시작했다.

월스트리트에서 위상이 높아짐에 따라 코언은 아이저 곁을 떠나 자립하면 더 많은 돈을 벌 수 있다는 사실을 깨달았다. 그는 자신이 아이저보다 큰일을 해낼 운명을 지녔다고 믿었다. 1985년에 코언은 그런탈증권과 협상해 아이저를 완전히 배제한 채 자신만의 트레이딩 팀을 구성해 트레이더를 고용하거나 해고하고 보상 금액을 회사와 직접 협상할 권한을 얻게 됐다. 사내에서 가장 많은 수익을 내는 트레이더라는 위상 덕분에 코언은 수익의 60퍼센트를 챙기고, 성과에 따라 연말에 2퍼센트에서 4퍼센트를 "특별 수당"으로 받는다는 파격적인 조건으로 그런탈증권과 계약했다. 이 계약으로 코언은 자신만의 펀드를 만든다는, 그래서 자신이 벌어들인 모든 수익을 자신이 챙긴다는 꿈에 한 발짝 더 다가섰다.

하워드 실버먼은 코언에게 800만 달러에서 천만 달러에 이르는 회사 자금을 맡기고 본사 23층의 더 넓은 사무실을 배정했다. 코언은 자신이 독립했다는 상징물로 이곳에 농구대를 설치했다. 와튼 스쿨에서 코언이 "제이 버드"라는 별명으로 부르며 가장 가깝게 지낸 친구 제이 골드먼이 코언 옆자리에서 함께 일하게 됐다. 코언의 거래 기록을 확인하고 트레이딩 행정 업무를 보조하도록 코언의 남동생 도널드가 회계원으로 고용됐다. 코언의 골프 강사가 사무직으로 채용됐고, 어시스턴트 한 명이 코언의 주식거래표를 기입하는 업무를 맡았다. 주식거래표는 증권사가 트레이더들의 당일 거래 내역을 결산하기 위해 필요한 자료지만, 코언은 주식거래표 작성을 거부해 해고당할 뻔한 적이 여러 번 있었다. 코언의 입장에서 생각하자면 트레이딩으로 돈을 벌 수 있는 시간에 왜 귀찮게 이런 걸 작성하겠는가?

트레이딩 팀의 책임자가 되자 코언의 괴팍한 성격이 두드러지게 드러났다. 그는 사무실 기온을 북극처럼 춥게 유지했다. 그는 이렇게 추운 곳에 있어야 더 맑은 정신으로 생각할 수 있다고 여겼고, 다른 직원들을 위해 온도를 올리지 않았다. 코언이 트레이더로 채용한 여동생 웬디는 사무실 책상 밑에 히터를 틀어 놓고 덜덜 떨면서 근무했다. 하루는 코언이 사무실에 들어오더니만 모든 카펫을 뜯어냈다. 카펫이 신경에 거슬린다는 이유 때문이었다. 코언의 트레이딩 팀은 대부분 그가 와튼 스쿨이나 그레이트넥 마을에서 알고 지냈던 인물들로 낯선 이방인들의 모임이었다.

유리벽 맞은편에는 아이저가 이끄는 옵션 부서가 몇 년 더 유지됐다가 문을 닫았다. 아이저의 무위험 차익거래 전략은 시장이 더 정교해짐에 따라 수익을 낼 기회가 급감했다. 아이저는 트레이딩 비즈니스의 변화 방향이 탐탁치 않자 플로리다로 떠났다. 이후 코언은 자신이 월스트리트에서 자리 잡도록 이끌어 준 멘토와 다시 대화를 나눈 적이 없었다.

RCA 내부자거래 조사

1980년대 중반부터 미국 주식시장을 주도한 뉴스는 기업의 인수 합병이었다. 카네이션, 유니언 카바이드, 다이아몬드 샘록 같은 대기업의 주가들이 월가에 퍼진 기업 매수 소문에 따라 매일 크게 출렁였다. 당시 주식을 거래한 거의 모든 사람이 그랬듯이 코언도 홍수같이 쏟아지는 소문에 압도당했다. 소문에 대처하느라 책상에서 좀처럼 벗어날 수 없을 정도였다. 산부인과에서 아내가 산고로 비명을 지르는 와중에도 코언은 회사로 전화를 걸어 슐룸버거 주식 매매를 지시하느라 아들 로버트가 태어나는 순간을 거의 지켜보지 못했다고, 코언 밑에서 일했던 트레이더가 말했다. 그는 당시 상황을 이렇게 회상한다.

"우리는 게임을 하듯 일했어요. 소문이 돌면 다들 매수 주문을 넣기 바빴고 거래 광풍이 불었죠. 그리고 당시엔 모든 소문이 사실로 확인됐습니다."

코언은 컴퓨터 화면을 보면서 시장에 떠도는 소문을 접하고 친구들과 투자 아이디어를 나누길 좋아했다. 코언은 마이애미 사무실에서 코언의 장부를 관리하는 남동생 도널드에게 투자 정보를 알려주기도 했다.

1985년 12월 어느 날 아침, 코언은 도널드에게 전화를 걸어 NBC 방송국의 모회사인 RCA 주식에 투자하라고 말했다. "그 회사에서 곧 구조조정을 단행할 거라는 소문이 들리는데, 이 방송국 주식은 아주 따끈따끈해." 코언은 이렇게 덧붙였다. "NBC가 자회사로 독립하면 주가가 20달러 오를 수도 있어."

주말에 RCA 주가 차트와 《포브스》에 올라왔던 과거 기사들을 살펴본 후 도널드는 피델리티 증권사의 개인 계좌를 통해 3월 만기 콜 옵션 20계약을 매수했다. 이를 통해 도널드는 3개월 뒤에 RCA 주식을 50달러에 매입할 권리를 얻었다. RCA 주가가 오른다는 데에 강하게 베팅한 셈이다. 코언도 개인 계좌를 통해 비슷한 투자를 했다. 훗날 패트리샤의 증언에 따르면 코언은 RCA에 대한 임박한 인수 정보를 와튼 스쿨 동기에게 들었다고 했다.

투자자들이 소문을 듣고 대거 매수에 나섬에 따라 RCA 주가는 안데스 산맥의 뾰족뾰족한 스카이라인처럼 지그재그 움직임을 보이며 상승했다. 코언이 도널드와 대화하고 6일 뒤, GE가 주당 66.5달러에 RCA를 인수한다고 발표했다. 이 발표로 RCA 주가는 더 급등했다. 코언은 이 거래로 2천만 달러의 수익을 거뒀다.

석 달 뒤, SEC가 보낸 서한이 그런탈증권 법무 팀 사무실에 도착했다. 봉투 안에는 소환장(subpoena)이 들어 있었다. SEC는 GE의 RCA 인수 발표 전에 내부자거래가 있었는지 조사 중이었다. RCA 인수 정보를 미리 알고 있던 트레이더들의 주식거래 내역을 SEC가 조사하고 있음이 분명했다. SEC는 코언이 와서 증언해 주기를 원했다.

사실, SEC는 워너 커뮤니케이션스, 제너럴 푸드, 유니언 카바이드 주식도 조사 중이었다. 모두 최근에 기업 매수의 대상이었던 기업들이었다. 비밀 유지 의무가 있는 내부자가 누설한 미공개 정보에 따라 주식을 거래하는 것은 증권거래법을 위반하는 행위였다. SEC는 기업 인수 제안이 발표돼 주가가 급등하기 직전에 코언과 관련된 사람들이 RCA뿐 아니라 이 세 기업의 주식을 매집한 사실에 주목했다. SEC는 일종의 내부정보 네트워크가 있는지 의심했다.

도널드도 소환장을 받았다. 불안해진 도널드는 코언에게 전화해 상황이 어떻게 돌아가는지 물었다.

코언은 "걱정 마. 당시 RCA 주식을 산 사람은 모두 조사를 받고 있으니까"라고 말했다.

하지만 코언도 내심 오금이 저렸다. 며칠 전, 코언과 휘하 트레이더들은 투자은행 드렉셀의 M&A 사업부 최고 임원 데니스 레빈이 변호사와 은행가들을 매수해 빼낸 비밀 정보로 대형 내부자거래를 주도했다는 혐의로 체포당했다는 소식을 듣고 겁에 질려 있었다. 레빈의 체포는 마이클 밀켄이 건설한 정크본드 제국의 붕괴를 알리는 신호탄에 불과했다. 이후 수개월간 전례 없던 기소가 줄줄이 이어지면서 뉴스 헤드라인을 장식했다. SEC는 레빈이 불법행위를 통해

1260만 달러의 이득을 챙긴 혐의를 제기하고, 그가 그 돈으로 변호사 비용을 충당하지 못하게 모든 자산을 동결했다.

1986년 6월 5일, 레빈이 탈세, 사기, 위증 혐의를 인정하고, 다른 월가 관계자들의 범죄 증거를 제공함으로써 법무부 수사에 협조하기로 동의한 그날 오후 6시경, 최고급 정장을 입은 코언이 맨해튼 남부 브로드웨이와 워스스트리트 교차로에 위치한 연방 정부 청사에 도착했다. RCA 내부자거래와 관련해 조사를 받을 참이었다. 그 런탈증권은 SEC에서 수석 법정 변호사를 역임한 오토 오버마이어(Otto Obermaier)를 코언의 변호인으로 선임했다. 비싼 와인과 모차르트 음악 애호가인 오버마이어는 이 분야에서 가장 유능하고 인맥이 좋은 변호사란 명성을 다시 입증하고자 했다.

거래 자료를 분석해 SEC 집행국(enforcement division)에 보고하는 금융 애널리스트 한 명과 SEC 변호사 한 명이 회의실에서 코언을 기다리고 있었다. 몇 마디 어색한 인사를 나눈 뒤 선서 증언(deposition) 절차를 시작했다. "이제부터 RCA 주식거래와 관련해 SEC의 조사를 시작하겠습니다. 우리는 연방 증권거래법 위반 여부를 판단하기 위해 이 자리에 모였고, 증인이 어떻게 RCA 주식을 거래했는지 듣고자 합니다."•

• **증거개시 절차_** 다음에 이어지는 내용은 미국 사법제도상 증거개시 절차(discovery)의 일부인 선서 증언 장면이다. 증거개시 절차란 재판이 개시되기 전에 당사자들이 가진 증거와 서류를 상호 공개해 쟁점을 정리하는 제도다. 증거개시 절차에서는 질의서를 보내 상대가 소유한 증거물의 사본을 요구할 수 있고, 증인을 선서 증언에 불러낼 수 있다. 선서 증언에서는 양측 변호사의 입회하에 질문하고 그 질의문답을 법원에서 인정한 속기사가 기록한다. 선서 증언은 상대방 증인을 재판 전에 불러내 증언하게 함으로써 사전에 변호사와 말을 맞출 기회를 제거하는 장점이 있지만, 상대측 변호사에게 방어의 기회를 제공해 줄 수 있는 단점도 있다.

SEC 변호사는 코언에게 오른손을 들고 선서할 것을 요구했고, 코언은 선서를 했다. SEC 변호사는 자신과 동료를 소개한 다음 코언에게 물었다. "소환장을 봤습니까?"

코언이 오버마이어를 가리키며 말했다. "'저 분'이 봤습니다."

SEC 변호사가 오버마이어를 힐끔 본 다음 다시 코언에게 물었다. "그럼 '증인'은 소환장을 봤습니까?"

오버마이어가 대신 대답했다. "그렇지 않을 겁니다. 아직 증인에게 소환장을 보여주지 않았습니다."

SEC가 코언에게 보낸 별도의 소환장에는 거래 기록을 비롯한 관련 문서 제출을 요청하는 내용이 적혀 있었다. SEC 변호사는 이 사실을 언급한 다음 코언에게 물었다. "우리는 아직 어떠한 문서도 받지 않았습니다. 오늘 문서를 제출하실 계획인가요?"

"아닙니다." 이번에도 오버마이어가 끼어들었다. SEC 변호사에게 그렇게 말은 안 했지만, 그들은 정부의 조사에 협조할 의사가 없었다. 대신 오버마이어는 헌법이 보장하는 의뢰인의 권리에 의거해 문서 제출 요청을 거부하겠다고 말했다.

"헌법상의 권리라니, 그게 뭔가요?" SEC 변호사가 물었다.

"누구도 본인에게 불리한 증언을 강요받지 말아야 한다는 헌법 조항 말입니다." 오버마이어가 대답했다.

"그건 증인에게 보장된 '수정헌법 제5조'의 권리인 진술 거부권이죠."

자꾸 가로막는 오버마이어에 짜증이 난 SEC 변호사는 코언이 직접 대답해야 한다고 고집했다. 증언 과정에서 이런 다툼이 자주 일어났다. SEC는 증인이 질문에 답변하길 거부할 때, 증인이 "수정헌법 제5조의 권리를 행사했다"는 사실을 늘 기록에 남기고자 했다. 이런 기록은 나중에 증인이 유죄임을 유추하는 근거가 될 수 있었다. 만약 잘못을 저지르지 않았다면 모든 사실을 털어놓지 않을 이유가 있겠는가 하는 논리였다. 물론 선서 증언에서 화이트칼라를 방어하는 변호인들도 이 점을 잘 알고 있었다. 따라서 설령 의뢰인이 수정헌법 제5조 권리를 행사하고 있더라도 의뢰인이 본인 입으로 "수정헌법 제5조 권리를 행사하고 있다"라고 말하지 않도록 하는 것이 변호인의 임무였다. 따라서 이 대목에서 양측이 교묘한 법적 공방전을 벌이기 마련이었다.

SEC 변호사가 다시 압박했다. "수정헌법 제5조를 근거로 문서 제출을 거부할 권리를 행사하겠다고 증인이 직접 말해야 합니다."

그러자 오버마이어가 응수했다. "나는 그렇게 생각하지 않습니다. 나는 지금 증인을 법적으로 대리하는 변호사로서 말하는 겁니다." 그에게는 코언이 한 마디라도 말하게 내버려 둘 의향이 없었다.

SEC 변호사와 금융 애널리스트는 서로 얼굴을 쳐다봤다. 오버마이어는 그들의 얼굴에서 체념하는 기색을 엿본 느낌이 들었다. 그들은 이미 졌다.

"생년월일은 언제고, 출생지는 어딥니까?" SEC 변호사가 코언에게 물었다.

코언은 오버마이어를 쳐다봤다. 둘은 이미 이런 상황에 대비해 예행연습을 해 뒀다. "지금 나는 불리한 증언을 강요받고 있기에 변호사가 사전에 조언한 바에 따라 그 질문에 대한 답변은 정중히 거절합니다."

"RCA 관련 미공개 정보를 보유한 상황에서 1985년 12월에 그런 탈증권을 대신해서 주식을 매입했습니까?"

"내 답변은 방금 전과 동일합니다."

양측은 줄다리기를 계속했다. SEC 변호사는 계속 질문을 던졌다. 1985년 12월에 본인의 개인 계좌로 RCA 주식을 매입했는가? 공식 발표가 나오기 전에 GE가 RCA를 인수할 것이라고 누군가 얘기해 줬는가? 1985년 12월에 RCA 주식을 사라고 누군가에게 추천했는가? 그때마다 코언은 같은 대답을 반복했다. 수정헌법 제5조의 권리를 행사한다고 말하지는 않았지만 그 권리를 계속 행사한 셈이다.

그러자 SEC 변호사가 물었다. "제이 골드먼 앤 컴퍼니를 알고 있습니까?" 그 회사는 코언의 친구이자 "제이 버드"라는 별명으로 알려진 제이 골드먼이 1985년에 그런탈증권을 떠나고 다음 해에 설립한 트레이딩 회사였다.

코언은 방심하지 않고 대답했다. "내 답변은 동일합니다."

증언은 20분 만에 끝났다. 로비로 내려가는 엘리베이터 안에서 오버마이어는 예상외로 수월하게 지나간 것이 믿겨지지 않았다. 그는 의뢰인이 기소당하지 않도록 최선을 다했다는 확신이 들었다.

반면 코언은 크게 동요하고 있었다. 일반인의 시각에서는 법 집행 기관의 질문에 답변을 거부하는 것은 대개 죄 지은 사람의 행동으로 보였다. 설령 무죄인 사람이 답변을 거부해도 말이다. RCA 내부 자거래 조사는 여전히 진행 중이었다. 코언은 생계 수단을 잃을 위기에 처했다고 느꼈다. 낮에 직장에서 평소보다 더 짜증을 내고, 저녁에는 주로 집에서 아내에게 SEC에 대해 장광설을 늘어놓았다. 주말에 하루 종일 누워 있기만 한 적도 있었다. 그는 자신이 부당하게 박해받고 있다고 불평했다. 아내는 아내대로 걱정했지만 아무 잘못을 저지르지 않았다는 남편의 말을 믿었다.

　그러던 어느 날, 편지 한 통이 도착했다. 법무부의 요구에 따라 코언 집의 통화 기록을 법무부에 보냈다는 통신사의 편지였다. SEC의 민사 사건 조사 외에도 형사 사건 수사가 진행될 가능성을 암시하는 신호였다. 아내는 편지를 읽고 비명을 질렀다. 그동안 코언이 최악의 경우 SEC에 돈을 내는 민사 조치로 끝날 거라고 말한 것과 완전히 다른 사태였기 때문이다. 형사 사건에서 유죄 판결을 받으면 감옥에 간다. 코언은 RCA 딜에 참여한 와튼 스쿨 동기에게 직접 정보를 들은 게 아니라 제3자로부터 간접적으로 정보를 듣고 투자했기에 불법이 아니라고 아내를 안심시켰다. 그렇지만 여전히 불확실성 때문에 코언 가족은 불안했다. 아내와 아이들은 매일 저녁 코언이 열쇠로 문을 열고 들어오는 소리를 들을 때마다 움찔했다.

　정부의 RCA 내부자거래 조사는 코언을 계속 당혹스럽게 만들었다. 그는 골프장에서 친구에게 이렇게 불평했다. "난 그냥 주식 트레이더로 어쩌다 이들 주식들을 거래했을 뿐이라고. 정부 때문에 가족과 내 인생이 아주 고달파졌어."

블랙 먼데이

　　　　　　　　　1987년 10월 19일 월요일, 코언은 평소보다 이른 오전 8시 전에 출근했다. 왠지 느낌이 안 좋았다. SEC의 조사에 노심초사한 코언의 사정과는 별개로, 주식시장은 수백 건의 합병 협상에 힘입어 상승세를 지속했고 코언이 이끄는 트레이딩 팀은 계속 수익을 내고 있었는데, 몇 주 전부터 균열이 일어나고 있었다. 그중 하나로, 워싱턴 정가의 의원들 사이에서 적대적 기업 매수에 쓰인 대출금의 이자 지급과 관련한 탈세 구멍을 막아야 한다는 논쟁이 벌어지고 있었다. 기업 합병들이 갑자기 중단되면 주가 상승세도 중단될 터였다. 투자자들은 신경이 곤두섰다.

지정학적 긴장도 걱정거리였다. 당시는 이란–이라크 전쟁이 장기간 진행 중이었다. 그 전 주 목요일인 1987년 10월 15일, 이란이 쿠웨이트 인근 해상에 있는 미국 유조선을 향해 미사일을 날렸다. 미국 정가에서는 대응책을 놓고 논쟁이 벌어졌다. 다우 지수가 100포인트 넘게 떨어졌다. 월요일 아침이 되자 세계 증시가 폭락했다. 이러한 증시 폭락은 중동 위기 공포, 유가 하락, M&A 붐 종식, 경기 후퇴 조짐, 일부 프로그램 매매의 자동 매도 사태 등이 복합적으로 작용한 결과로 보였다. 코언은 아침에 출근하자마자 이 모든 사태를 접하고 해외 증시와 아시아 증시가 얼마나 폭락하는지 보았다. 홍콩 지수가 하락했고, 유럽 증시도 온통 하락세였다. 코언의 포트폴리오에 구축된 상당한 쇼트 포지션이 일부 손실을 상쇄하고 있었다. 그는 컴퓨터 화면을 보면서 손실액이 얼마나 되는지 계산하고자 했다.

뉴욕 증시가 열리자 코언은 모든 보유 물량을 최대한 빨리 매도하기 시작했다. 문제는 다른 모든 시장 참여자도 코언처럼 행동했다는 점이다. 시장에 매수자가 완전히 사라지자 주가가 폭락했다. 뉴욕증권거래소의 플로어 트레이더들은 허둥지둥 매도 주문을 내느라 서로 부딪쳤다. 투자자들은 다음 날까지 주식을 보유하면 위험하다는 공포에 휩싸인 것인지 장 마감 한 시간을 남겨 놓고 매도세가 더욱 심해졌다. 블랙 먼데이(Black Monday)로 불리게 된 1987년 10월 19일 월요일 하루 동안 다우존스 산업 지수는 508포인트, 즉 23% 하락했다. 하루 하락률로는 역대 최대였다. 무분별한 차입금에 의존한 10년간의 증시 상승세가 갑자기 고통스럽게 중단됐다.

그런탈증권은 다른 많은 회사들처럼 실질적으로 폐업 위기를 맞았다. 코언 그룹은 자본을 절반 가까이 잃었다. 트레이더 일곱 명 모두 엄청난 손실로 거의 파산할 처지에 몰렸다.

하지만 판돈이 커질 때 코언은 거의 초인적으로 냉정을 유지하고 이성적인 거래 결정을 내리는 능력을 보였다. 주위 시장 상황이 온통 혼돈에 휩싸일 때 그는 기회를 보았다. 전직 직원의 회상에 따르면, 이날 거래 시간이 끝나자 코언은 충격에 휩싸여 손으로 얼굴을 감싸고 컴퓨터 모니터를 쳐다보던 트레이더들에게 이렇게 말했다. "이제부터 나 외의 모든 사람은 거래에서 빠지도록 하겠습니다. 내가 유일한 트레이더고 여러분은 나를 보조하는 사무원들(clerks)입니다." 코언의 의도를 제대로 이해한 사람은 없었지만 아무도 이의를 제기하지 않았다.

공포가 감도는 시기였다. 재산을 잃고 인생을 망친 사람이 속출했다. 드렉셀의 내부자거래 스캔들에 휩말린 키더 피바디(Kidder, Peabody & Co.)를 비롯한 증권사 직원 두 명이 사무실 창밖으로 뛰어내렸다. 수십억 달러를 빌린 기업들이 돈을 갚지 못함에 따라 정크본드 거품이 꺼지기 시작했다. 미국 전역에서 천 개가 넘는 은행의 도산을 유발한 저축대부조합 위기는 더욱 상황을 악화시켰다. 월스트리트는 위기에 빠졌다.*

하지만 코언은 통제력을 유지했다. 블랙 먼데이 후 한 달간 뉴욕 증권거래소 플로어 스페셜리스트들이 매일 아침 주식거래를 재개하고자 동분서주했는데, 코언의 "사무원들(clerks)"은 장이 열리기 전 그들에게 전화를 걸어 어느 가격대에서 거래가 시작될 것으로 보는지 물었다. 시장 붕괴의 충격이 아직 진행 중이었기 때문에 장이 열리는 시점에 시장 참여자들은 주가가 또 폭락할까 봐 공포에 떨었고, 바로 이때 최고의 거래 기회가 생겼다. 코언은 플로어 스페셜리스트들로부터, 이를테면 "질레트 주가가 어제보다 2달러 높게 출발할 것 같다"든지 하는 전망을 듣고 "촉"을 세웠다. 그리고 장이 열리자마자 최대한 많은 물량을 공매도했다. 공매도란 주식을 가지고 있지 않은 상태에서 매도하고 주가가 하락했을 때 다시 매수하는 매매 기법이다. 코언은 이후 수 주간, 듀퐁, GE, IBM 등 거의 모든 다우지수 종목을 공매도해 주가가 떨어질 때마다 수익을 거뒀다. 증시가 회복하려고 안간힘을 쓰는 시기에 이러한 공매도는 애국적인 행위는 아니었지만, 옆에서 지켜본 직원들은 감정을 배제하고 냉정히 거래하는 코언의 능력에 감탄했다.

---

* 저축대부조합은 단기예금을 받아 고정금리로 장기 주택담보 대출을 제공했기에 소위 만기 불일치(maturity mismatch) 문제를 내포하고 있었다. 하지만 이자율이 안정적으로 유지된 덕에 이 문제가 불거지지 않았다. 그러다가 1979년 폴 볼커 연방준비제도 이사회 의장이 인플레이션을 잡으려고 기준 금리를 급격히 높이자 단기예금 이자율이 올라갔다. 저축대부조합은 장기의 고정된 현금 흐름만 가지고 있었는데, 단기 이자율이 높아지자 역마진 문제에 봉착했다. 저축대부조합은 손실을 만회하고자 고수익을 노리고 정크본드 투자에 뛰어들었다. 초반에는 많은 이익을 누렸지만 정크본드 시장이 붕괴되면서 많은 저축대부조합들이 파산했다. 1986년에서 1995년 사이에 저축대부조합 3234개 중 1043개가 파산했다.

그런탈증권과 코언의 트레이딩 팀은 결국 위기를 넘겼다. 그러나 코언의 결혼 생활은 그러지 못했다.

코언과 패트리샤는 수개월간 심한 불화를 겪었다. 부부 클리닉을 누차 방문했지만 갈등은 깊어져만 갔다. 결국 코언은 1988년 6월 22일, 아내와 함께 살던 510제곱미터 면적의 맨해튼 이스트 엔드 애비뉴 아파트에서 나왔다. 이후 1년 반 동안 험악한 분위기에서 이혼 협상이 진행됐다. 이 시기에 더 유리한 위치에서 협상하려면 아내와 같은 집에서 거주해야 한다는 변호사의 조언을 따라 코언은 이스트 엔드 애비뉴 아파트로 돌아갔다. 코언은 이혼 합의 때까지 시간이 오래 걸릴 테니, 그동안 자신은 방이 스물여덟 개나 될 정도로 넓은 이 아파트에서 거주하겠다고 주장했다. 이 행동으로 부부 간의 갈등은 새로운 국면에 접어들었다.

양측 변호사들은 코언의 정확한 재산 현황과 연소득을 놓고 오랜 시간 다퉜다. 그는 그러한 정보를 아내에게 알려준 적이 없었다. 양측 변호사들은 재산과 소득 추정치를 놓고 밀고 당겼다. 마침내 코언은 본인의 총 재산이 1690만 달러라는 문서를 제시했다. 그는 이 중 절반가량인 875만 달러를 친구 브렛 루리와 함께 부동산에 투자했지만 수익이 나지 않아 875만 달러를 날린 셈이라고 주장했다. 남은 800만 달러가량의 재산을 아내와 반반씩 나눠야 했다. 코언은 현재 거주 중인 280만 달러 가치의 아파트를 패트리샤에게 양도하고 추가로 현금 100만 달러를 주겠다고 제안했다. 그리고 딸 제시카, 아들 로버트의 양육비로 매달 4000달러가량을 송금하고, 둘의 사립학교 학비와 캠프 비용도 부담하겠다고 제안했다. 패트리샤는 아파트를 팔아 더 작은 집으로 이사하기로 계획하고 이혼에 합의했다.

코언은 그해 400만 달러 이상을 벌었지만 전처에게 돈을 줘야 한다는 사실에 분개했다. 고급 백화점 버그도프 굿맨에서 8만 달러를 결제한 것을 비롯한 그녀의 과소비 행태를 불평했다. 이혼 합의서에 서명한 다음 날, 그는 심술궂은 기분으로 출근해 트레이더들에게 이렇게 말했다고 전해진다.

"어제 아내한테 왕창 뜯기고 온 참입니다. 손실을 만회하기 위해 여러분의 보수를 삭감할까 합니다."

직원들은 두 귀를 의심했다. 코언은 트레이딩 그룹 수익의 60%를 가져가면서, 그 돈으로 트레이더들에게 각자가 트레이딩으로 벌어들인 수익의 30%를 지급했다. 그리고 나머지 절반은 자기의 몫으로 돌렸다. 본인이 참여하지 않은 거래에서 발생한 수익임에도 말이다. 트레이더들 중에는 말단 사무직 봉급으로 시작해 지금 위치에 오른 인물도 많았다. 그런데 코언은 트레이더들이 가져가는 수익 30퍼센트 포인트 중 5퍼센트 포인트를 자신이 더 가져가겠다고 선포한 것이다.

한 트레이더가 망연자실해서 "이러실 순 없습니다"라고 말하자 코언이 쏘아붙였다. "꺼져. 내가 보스야."

블랙 먼데이의 우울한 기분은 그리 오래 지나지 않아 사라졌다. 주식시장은 새로운 대세 상승장에 접어들었다. SEC의 RCA 내부자거래 조사는 딱히 누구에게 책임을 묻거나 제재하지 않은 채 흐지부지 끝났다. 형사 사건 수사도 그렇게 끝났다. 이 모든 과정에서 다수의 금융범죄 혐의자들이 향후 이해하게 될 교훈이 하나 도출됐다. 수정헌법 제5조의 권리를 이용하면 금융범죄 수사도 빠져나갈 수 있다는 교훈이었다.

2장 야망과 성공

코언의 독립과 도전

　　　　　　　1992년, 코언은 트레이더들에게 오랫동안 구상한 계획을 발표했다. "나는 그런탈증권의 한계에서 벗어나고자 합니다. 이것이 앞으로 우리가 갈 방향입니다. 회사는 우리의 이익을 갈취하고, 우리의 활동을 제약하고 있습니다." 코언의 트레이딩 그룹이 그런탈증권과 같은 제도권 증권사의 산하 부서인 한, 투자 활동을 제한하는 엄격한 규제를 적용받을 수밖에 없었다. 예를 들어, 중요한 새로운 수익원으로 떠오르고 있는 IPO 주식에 투자할 수 없었다. 코언은 씩 웃으며 말했다. "다시 말해, 우리는 그런탈증권을 떠나 독립할 겁니다."

　당시까지도 그런탈증권은 그리 평판이 좋은 회사가 아니었으며, 규제 당국에게 여러 건의 조사를 받고 있었다. 부도덕한 일과 노골적 법률 위반 행위가 횡횡한 월스트리트에서 그런탈증권의 CEO 하워드 실버먼은 코언에게 완전히 권한을 위임했고, 코언은 큰 성공을 거뒀다. 14년 전 주니어 어시스턴트 트레이더로 출발한 코언은 어느덧 월스트리트의 스타가 됐다. 이제 서른여섯 번째 생일을 앞두고 있었고, 갓 이혼한 코언은 새로운 변화의 길을 택하기로 마음먹었다.

마침 그런탈증권을 나가 자기 회사를 차릴 때였다.

코언은 1992년에 자본금 2300만 달러, 직원 9명으로 구성된 SAC라는 헤지펀드를 설립했다. 코언이 개인 자금 1000만 달러를 투자했고, 그의 트레이더들과 친구들, 그리고 몇몇 투자자들이 나머지를 투자했다. 트레이더 중 다수는 20대 후반에서 30대 초반이었고 어린 자녀들이 있었다. 일부 트레이더들의 아내들은 안정된 직장을 떠나 코언이 설립하는 신생 회사에 승부수를 걸겠다는 결정에 반대하기도 했다. 비상시 뒤를 받쳐줄 대형 은행도 없는 상태여서 잘못하면 그들이 평생 모은 돈을 날릴 위험이 있었다.

초기 몇 주간 직원들에게는 긴장한 기색이 역력했다. 이제는 자기 돈으로 투자하는 것이었기에 덜컥 겁이 나서 종목을 사고팔 때마다 주저하고, 시장이 예상과 반대로 움직일 경우 얼마나 많은 돈을 잃게 될지 거듭 계산하기 일쑤였다. 코언은 한심하다고 꾸짖고 싶은 유혹을 뿌리치고 트레이더들의 자신감을 북돋아 주려고 노력했다. "이보게, 전과 달라진 건 아무것도 없다네!"

코언은 태연하게 위험을 감수하고 투자하는 직원들을 주위에 두고 싶었다. 그는 성공하려는 동기가 강하고 경쟁적인, 특히 대학 때 운동선수로 뛴 적이 있는 남자들을 신입 사원으로 선호했다. 자신처럼 두려움이 없는 미니 스티브 코언들로 회사가 꽉 차길 꿈꿨다. 사내의 전도유망한 트레이더들에게 가끔 이렇게 물었다. "자네가 인생에서 감행한 가장 위험한 일들을 말해 보게. 나는 과감히 뛰어들어 위험을 감수할 자신감을 지닌 녀석들을 원해."

영리하게 위험을 감수하는 것이야말로 주식시장에서 돈 버는 길이라고 코언은 믿었다. 좋은 투자 아이디어가 있어도 겁먹은 나머지 큰돈을 투자하지 않는다면 큰 수익을 거둘 수 없었다. 코언은 자신이 진행한 거래들 중 5퍼센트의 거래에서 전체 수익의 대부분을 거둬들인 점을 깨달았다. 만약 이 5퍼센트의 거래에서 적당한 금액만 투자했다면 수익은 훨씬 적었을 것이다. 하지만 코언에게 자연스러운 선택이 대다수 사람에게는 어려운 선택이었다. 두려움과 자기 의심에 사로잡히기 쉬운 인간 본성에 반하여 파충류처럼 냉정하게 행동하는 것이야말로 돌연변이처럼 이례적인 능력이었다. 그는 신입 사원을 면접할 때 이러한 자질을 갖춘 인물인지 파악하고자 최대한 애썼다.

코언의 투자 방법은 대다수 헤지펀드들과는 달랐다. 그는 매일 시장 구석구석으로부터 방대한 정보를 흡수하고, 매수 주문과 매도 주문이 시장에 밀려드는 양상을 관찰하고, 수만 주에서 수십만 주에 달하는 주식을 매입해 가격이 오르면 즉시 팔아치웠다. 주가가 떨어질 때는 같은 방식으로 공매도를 쳤다. 그는 칭송받는 데이트레이더였다. 그의 투자 스타일은 성공적으로 복제하기가 거의 불가능했다. 만약 코언의 거래 방식에 모델이 있다면, 그것은 1967년 스타인하트 파인 버코위츠라는 헤지펀드를 설립한 마이클 스타인하트가 채택한 투자 전략이었을지 모른다. 스타인하트가 주식 트레이딩에 뛰어든 1960년대는 연금 제도가 보편화되고, 평범한 사람들이 해마다 수십억 달러의 신규 자금을 주식시장에 투자한 시기였다. 퇴직 연금을 보장받은 미국 근로자의 수는 1950년도와 1970년도 사이에 세 배로 늘었다. 그리고 이 모든 돈들은 투자처가 필요했다. 주식 트레이딩은 이제 월스트리트에서 가장 빨리 슈퍼스타가 되는 길이 됐다. 한 번에 대량으로 거래하는 몇 안

되는 개인 투자자 중 하나인 스타인하트는 대형 증권사들이 대량으로 주식거래를 하고자 할 때 제일 먼저 자기에게 전화를 하고, 일반 투자자들이 공개시장에서 거래하는 가격보다 더 좋은 가격을 요구했다. 스타인하트는 이처럼 투자은행이나 증권사와 긴밀하지만 문제가 있는 관계를 통해 다른 투자자들보다 큰 이점을 누렸고 큰 수익을 올렸다.

수년간 헤지펀드들은 주류 월스트리트와 분리된 채로 존재했고, 주로 언론의 관심을 꺼리는 별난 사람들로 채워졌다. 1980년대에 조지 소로스와 폴 튜더 존스를 비롯한 몇몇 헤지펀드 매니저들이 유명 인사로 떠올랐지만, 그들이 정확히 무슨 일을 하는지는 여전히 대중에게 알려지지 않았다. 그러다가 세월이 흘러 이 똑똑한 괴짜들이 조용히 수십억 달러가 넘는 재산을 모았다는 사실이 알려지면서 언론이 관심을 기울이기 시작했다. 그들은 인도의 타지마할 규모의 저택들을 매입하고, 헬리콥터를 타고 롱아일랜드 해변 별장에 갔으며, 메트로폴리탄 박물관 소유의 미술품을 수집했다. 이에 따라 극심한 시기의 대상이 됐다.

코언은 약간 달랐다. 그는 딱히 수학 실력이 뛰어나거나 대학에서 글로벌 경제학을 공부하지도 않았으며, 독특한 투자 철학이 있는 것도 아니었다. 그는 단지 전통적인 월스트리트 금융회사의 보상 정도로는 만족할 수 없는 너무나 뛰어난 트레이더였을 뿐이다. 그는 자신의 헤지펀드를 설립함으로써 새로운 부와 권력의 세계로 들어가는 문을 열었다.

켄 리삭과의 만남

코언이 설립한 SAC는 날로 성장
해 거래 자금과 투자 규모가 커지면서 월스트리트 제도권 회사들의
주목을 받기 시작했다. 3년 만에 SAC의 자금 규모가 네 배로 증가
해 1억 달러에 육박했으니 당연한 일이었다. 코언과 휘하 트레이더
들의 일일 거래액이 너무도 커져 이제는 중개인들이 막대한 중개 수
수료를 노리고 SAC와 거래를 희망하게 됐다. 다만, 중개인들이 극
복해야 할 문제는 자신들을 고용한 대형 투자은행 다수가 헤지펀
드 전반에, 특히 코언에게 의심의 눈초리를 보내고 있다는 점이다.
SAC가 연간 100퍼센트의 수익률을 기록했다는 소문이 돌았는데,
대형사의 트레이더들은 코언이 틀림없이 사기를 치고 있을 것이라고
수군거렸다. 제이피모건은 코언과의 거래를 거부했다.

한편, 코언은 SAC가 계속 성장하길 바랐다. 이 바람이 이루어지
려면 새로운 투자자들이 필요했고, 뿐만 아니라 SAC가 상장(IPO)할
수 있도록 돕거나, 아니면 자신들 스스로는 달성할 수 없는 투자 아
이디어들을 제시할 영업 전문가들이 필요했다. 그는 스테이크를 먹
거나 골프 아니면 라켓볼을 치러 외출했다. 하지만 비즈니스를 목
적으로 사람들과 어울리는 일은 즐기지 않았다. 회사 확장에 필요
한 이런 종류의 인간관계를 형성하는 일에 능하지 못했다. 그는 사
교 클럽의 일원이 될 마음이 정말 없었다. 자신을 대신해 이런 일을
해 줄 전문가가 필요했다.

그는 이런 일에 완벽한 인재를 한 명 알고 있었다. 이름은 켄 리
삭으로 그런탈증권을 떠나기 얼마 전에 코언이 채용한 영업 책임자
였다. 눈동자가 푸르고 어깨가 넓은 리삭은 중개인들과 함께 골프

를 치고 술을 마시는 것을 좋아했다. 코언을 중요한 고객으로 대우하지 않던 대형 투자은행인 메릴린치, 골드만삭스, 리먼 브라더스와 계약을 체결할 정도로 수완이 좋았다. 리삭은 여러모로 코언과 정반대의 인물이었고, 둘은 즉시 의기투합했다.

리삭은 코언보다 좀 더 전통적인 관점으로 주식거래를 바라보았다. 미국에서 손꼽히는 증권사 리먼 브라더스에서 근무한 경력이 있는 그는 금융회사가 발표하는 기업 보고서가 어떻게 주가에 영향을 미치는지 알고 있었다. 메릴린치가 IBM을 비판하는 보고서를 발표하면 투자자들은 IBM 주식을 팔려고 할 것이고, 그러면 IBM 주가는 떨어질 것이다. 설령 보고서 내용이 틀렸더라도 유명 금융기관 애널리스트의 기업 평가는 해당 기업 주가 움직임에 막강한 영향력이 있다. 코언은 이러한 기본적인 메커니즘을 따르지 않아 손해를 볼 때가 있었다.

리삭은 골드만삭스와 퍼스트 보스턴의 증권 중개인들을 만나 코언을 해당 금융사 최고의 애널리스트들을 만날 합당한 자격이 있는 중요한 투자자라고 소개했다. 그 대신 해당 금융사의 증권 중개인들은 막대한 거래 수수료를 챙길 것이라고 리삭이 말했다. 리삭은 회사 밖 사람들과 만나지 않을 때는 코언과 함께 포트폴리오를 관리하면서 주식을 거래했다. 둘은 함께 일하고 여가 활동을 즐기는 단짝 친구였다. 평일에는 열심히 일하고 주말에는 골프를 치러 롱아일랜드의 글렌 헤드 컨트리 클럽으로 가거나, 스키를 타러 콜로라도 애스펀으로 갔다.

매일 아침 둘은 사무실에 도착해 신문을 읽고 주가를 확인하며 그 날 어느 종목을 거래해 돈을 벌지 결정했다. 어느 기업에 관한 뉴스가 나오거나 시장에 대량의 매수 또는 매도 주문이 나올 경우, 코언은 주가의 모멘텀을 이용할 준비를 했다. 코언은 주가가 오르려고 하면 사고 떨어지려 하는 순간에 파는 모멘텀 투자에 너무도 능했기에, 다른 회사의 트레이더들이 그가 하는 방식을 따라 하기 시작했다.

코언과 리삭은 본인들의 거래를 분석하고, 어떻게 해야 더 나은 성과를 거둘 수 있었을지 심도 있게 분석했다. 리삭은 최종적으로 그들의 투자 철학의 핵심을 단순하게 정리했는데, 즉 손해가 발생한 방식들은 지양하고 돈을 번 방식을 늘리면 이익을 창출할 가능성이 높아진다는 것이었다. 그들은 현명하게 손실을 통제하는 것이 돈을 버는 열쇠라고 믿었다. 이러한 방법을 학문적으로는 리스크 관리(risk management)라고 부른다.

그들의 거래는 보통 수익을 거뒀지만 항상 그런 것은 아니었다. 함께 일하게 된 지 얼마 지나지 않은 어느 날 장 마감 후, 두 사람은 맨해튼 어퍼 이스트 사이드의 냉동 요구르트 가게에 앉아 실패한 오후 거래를 주제로 얘기를 나눴다.

"이거 큰일인걸." 코언이 침울하게 말했다.

두 사람은 방금 전 노던 텔레콤 거래에서 막대한 손실을 본 참이었다. 주가가 38달러에서 31달러로 떨어졌지만 패배를 인정하고 싶지 않았고, 두 사람은 주가가 하락하는데도 더 많은 물량을 매수했다. 그들은 최악의 상황이 지나갔고 주가가 반등하리라 확신했다. 예나 지금이나 투자자들은 이렇게 주식을 손절해 돈을 잃길 두려워하고, 참다 참다 결국 주식을 매도하고 나면 주가가 급반등할지 모른다는 비이성적 믿음에 사로잡힐 때가 있다. 자존심 때문에 실패를 인정하지 못하는 셈이다. 그 한 거래로 입은 손실만 200만 달러에 가까웠다. 이 정도 손실로 회사 문을 닫지는 않겠지만 코언은 고통스러웠다. 그는 매일 모든 거래를 진지하게 대했고 어떠한 계산 실수도 용납하지 못했다. 속이 쓰린 나머지 이런 엄살까지 부렸다.

"이제 어쩌지? 먹고 살려면 택시라도 몰아야 하나?"

노턴 텔레콤 거래 이후, 코언은 거래가 불리하게 돌아가면 한계를 설정해 무슨 일이 있어도 팔고 나온다는 규칙을 엄격히 실천했다. 감정에 휘둘려서는 안 됐다.

앨릭스와의 재혼

롱아일랜드의 햄튼스(Hamptons)는 오랫동안 뉴욕 맨해튼 부자들의 여름 휴양지로 각광받은 지역이다.*
햄튼스는 서쪽 웨스트 햄튼부터 동쪽 몬타우크까지 대서양을 따라 동서로 길이가 63킬로미터 정도 펼쳐져 있는 지역인데, 코언이 자란 그레이트넥 마을에서 불과 141킬로미터 정도 떨어져 있다. SAC를 설립할 무렵 코언은 마침내 이곳에 거주할 여력이 생겼다. 코언과 리삭은 여름철에 이스트 햄튼에서 트레이딩 하기로 했다. 그래서 가정부와 수영장이 딸린 침실 다섯 개짜리 집을 렌트하고, 부유층 여성들이 푸들을 데리고 방문하는 동네 중심부의 커피 가게인 그랜드 카페 위층 사무실을 인수했다. 7월과 8월에 이곳을 트레이딩 본

• **롱아일랜드_** 동서 길이가 190킬로미터, 남북 길이가 37킬로미터에 달하는 거대한 섬이다. 롱아일랜드 서부에는 뉴욕시로 출퇴근하는 주민이 많고, 섬의 동쪽 반은 전원 풍경을 가진 휴양지가 많다.

부로 삼을 작정이었다.

코언은 부유한 독신 생활을 하면서 2주에 한 번 주말에 딸 제시카와 아들 로버트를 집으로 데려와 함께 지내면서 아빠 노릇을 하려고 했다. 전 부인 패트리샤는 코언이 자녀들과 함께 있을 때 충분히 주의를 기울이지 않는다고 생각했다. 코언은 혼자 살았고, 가끔 아이들을 집에 남겨둔 채 일하러 나갔다. 다섯 살 로버트가 코언의 이스트 햄튼 집 수영장에 빠진 것을 보고 코언이 옷을 입은 채로 뛰어들어 구한 적도 있었다.

코언은 혼자 지내고 싶지는 않았지만 이성과 교제하는 과정을 좋아하지는 않았다. 이성교제 소개업체 회원으로 등록해 여성 스무 명의 프로필을 보고 초대장을 보냈다. 코언의 초대에 응답한 여성은 한 명뿐이었다. 갈색 머리를 길게 기른 이 여성의 이름은 알렉산드라 가르시아(Alexandra Garcia)로 평소 앨릭스(Alex)로 불렸다. 그들은 코언의 맨해튼 아파트 인근 시끄러운 이탈리아 레스토랑에서 처음 만나 몇 시간 동안 얘기를 나누었다.

둘은 정기적으로 만나기 시작했다. 앨릭스는 가벼운 교제가 아니라 결혼을 전제로 만나고 싶다고 분명히 밝혔다. 일견, 앨릭스는 월스트리트에서 성공한 트레이더에게 어울릴 법한 여성이 아니었다. 맨해튼 북동부 이스트 할렘에서 자란 푸에르토리코 대가족 출신의 가난한 미혼모로 대학에 간 적도 없고 아들만 한 명 있었다. 그녀와 코언은 공통점이라곤 거의 없었다.

코언은 고통스러운 이혼을 겪은 후라 또다시 결혼하는 것이 좋을지 판단이 서지 않았다.

"어찌해야 할지 모르겠네." 코언은 그들의 여름 별장 근처에 있는 피자 가게에서 리삭에게 고민을 털어놓았다.

앨릭스는 청혼하라고 압박하면서도 이혼 시 재산 분할에 대한 혼전 합의서 작성은 거부했다. 코언은 몇 가지 이유로 심적 갈등을 겪었다. 우선, 아직도 패트리샤에게 마음이 끌렸다. 코언의 친구들은 패트리샤가 "매력적인 입술"이라는 별명이 붙은, TV 쇼 〈매시(M*A*S*H)〉의 섹시한 간호장교 마가렛 홀리핸과 닮았다고 말했다. 또한, 코언은 날로 늘어나는 재산을 보호할 조치를 취해 놓지도 않고 재혼한다는 것은 상상할 수 없었다. 코언이 어찌할 바를 모르고 고민하는 사이에 패트리샤와 앨릭스가 서로 미워하게 됐다. 패트리샤는 아이들을 데리고 코언의 집을 오갈 때마다 앨릭스와 마주쳤고, 두 사람의 갈등은 가끔 길거리에서 언쟁을 벌일 정도로 고조됐다.

하지만 리삭은 코언이 외로워했고 앨릭스에게서 행복을 느끼는 것 같았기에 이렇게 충고했다. "어서 반지를 준비해 청혼하게나. 그깟 반지야 3만 달러밖에 안 하지 않나? 청혼에 실패해도 3만 달러를 잃기밖에 더 하겠나?"

코언과 앨릭스는 몇 개월 사이에 최소 네 차례 충돌했다. 그때마다 앨릭스는 크게 화를 내며 지금 결혼하지 않을 거면 헤어지자고 협박했다. 코언은 마침내 리삭의 충고를 받아들여 앨릭스에게 청혼했다. 1992년 6월 6일, 코언과 앨릭스는 뉴욕 맨해튼의 플라자 호텔에서 정장을 입은 하객 300명이 참석한 가운데 결혼했다. 신랑 측 들러리는 리삭이 맡았다.

앨릭스는 즉시 남편에게 영향력을 발휘했다. 원래 코언은 대중의 관심을 받는 상황을 꺼리는 수줍음 많은 남자였다. 그렇지만 8

개월 뒤 앨릭스는 무슨 조화를 부렸는지 코언이 전혀 생각지 않던 일을 하도록 했는데, 바로 히스패닉 방송국의 유명 주간 토크쇼인 〈크리스티나 쇼〉에 아내와 동반 출현한 것이다. 이날 토크쇼 주제는 남편의 전처와 갈등을 겪는 아내의 이야기였다. "불쌍한 앨릭스는 불과 8개월 전 스티븐 코언과 결혼했습니다. 앨릭스는 전처와의 싸움이 '영원히' 끝나지 않으리라 생각하죠. 전처와 어찌나 앙숙인지 오늘 방송만 해도 미칠 듯이 짜증스러운 전처가 절대로 나오지 않는다는 조건에서만 출연하겠다고 말했답니다." 이 토크쇼의 오프라 윈프리 격인 금발의 사회자 크리스티나는 이 대목에서 극적 효과를 노리듯 몸을 앞으로 숙이며 잠시 침묵한 다음, 말을 이어 나갔다. "앨릭스 씨, 어떤가요. 전처가 정말로 미칠 듯이 짜증스러운가요?"

양아버지로서 부딪히는 훈육 문제를 얘기하리라 예상하고 방송국에 도착한 코언은 이날 방송 분위기에 돌덩이처럼 몸이 굳었다. 그래도 자신을 변론하고자 최선을 다했다. 교제를 시작한 뒤에도 코언이 전처와 계속 만났다고 크리스티나가 말하자 방청객들은 믿을 수 없다는 듯 탄식했다. 코언은 창백해진 얼굴로 주절주절 변명했다. "우리가 만난 첫해에 많은 일이 벌어졌어요. 당시 난 아직 앨릭스와 결혼할지 결정하지 못했고, 어쩌면 전처를 핑계 삼아 결정을 미뤘을지 모르죠. 상당한 진통 끝에 이혼을 했기에 아직 재혼할 준비가 되지 않았어요…. 우리는 한동안 밀고 당기기를 했어요. 그리고 몇 가지 경제적 문제도 있었죠…."

친구들은 코언이 출연한 방송을 보고 화들짝 놀랐다. 코언이 밝힌 당혹스러운 사생활 때문이기도 했지만, 애당초 조심성 많고 대중 앞에 나서기 싫어하는 코언이 TV 토크쇼에 출연한 사실 자체가 놀라웠다. 코언만큼 자신을 드러내길 싫어하는 사람도 없었으니까. SAC 직원들은 이 TV 출연을 앨릭스가 코언을 완전히 휘어잡은 신호로 생각했다.

여왕의 질투와 모함

코언은 맨해튼 이스트 79번가에 마련한 새 아파트에 회사 사람들을 초대해 1993년도에 기록한 놀라운 투자 성과를 자축하는 크리스마스 파티를 열었다. 모든 참석자가 그들이 벌어들인 막대한 수익에 고무되어 흥겨운 분위기였다. 바텐더들은 술잔에 술을 퍼부었다. 그러다 코언이 리삭의 어깨를 툭 치며 말을 걸었다. "잠깐 얘기할 수 있을까?" 둘은 빈방에 들어갔다.

3년 사이에 리삭은 코언에게 가장 없어서는 안 될 동료가 됐다. 리삭은 투자자들, 그리고 월스트리트 은행들과 소통하는 주요 인물이자 헤드 트레이더이면서 인사 채용 업무의 책임자였고, 모든 직원들이 문제가 생겼을 때 찾는 존재였다. 리삭의 회상에 따르면 코언은 이렇게 말했다. "자네는 SAC에 없어선 안 될 존재야. 그러니 자네를 20퍼센트 지분을 가진 무한책임 파트너로 임명하겠네."•

리삭은 이 말에 감격했다. 그는 코언의 동료로서 함께 펀드를 운

• **general partner**_ 헤지펀드는 소수의 투자자들이 파트너십을 결성해 만든 펀드로 무한책임 파트너(general partner)와 유한책임 파트너(limited partner)로 구성된다. 이를 보통 GP와 LP라고 부른다. LP는 펀드에 투자하는 투자자를 말하며, 펀드 운용에는 참여하지 않고 투자 금액 이상의 손실에 책임을 지지 않는다. 반면, GP는 펀드를 직접 운용하고 펀드에 손해가 발생한 경우 펀드의 재산을 넘어 개인 자산으로까지 상환 책임을 지는 무한책임을 부담한다.

영하면서 하루 종일 트레이딩 하는 일을 즐겼다. 파트너가 되면 회사 내 지위가 확고해질 뿐 아니라 훨씬 더 많은 돈을, 수천만 달러를 손쉽게 벌 터였다. 두 사람은 방을 나와 직원들에게 리삭의 승진 소식을 알렸다. 다수의 직원이 리삭을 좋아하고 존경했기에 그의 승진을 크게 반겼다. 리삭 같은 인재를 회사의 무한책임 파트너로 받아들이는 것은 안정적이고 합당한 선택으로 보였다.

1990년대 초, 유럽 증시의 IPO 주식 투자에 입지를 구축하기 위해 SAC가 채용한 트레이더인 워런 뎀시가 말했다. "스티브는 고독한 과학자 같았던 반면, 케니는 다른 사람과 어울리기 좋아했죠. 두 사람이 회사를 돌아가게 했어요. 케니는 사내에서 실질적 권한을 지녔죠. 최소한 내가 근무했던 기간에는 스티브가 케니와 의논 없이 진행한 일이 별로 없었던 것 같아요."

2년 뒤 SAC는 뉴욕 현대미술관에서 한 블록 떨어진 곳에 위치한 매디슨 애비뉴 520번지 건물로 사무실을 이전했다. 코언은 T자형 책상 가운데에 앉았고, 휘하 트레이더들은 코언의 양 옆쪽을 따라 길게 놓인 컴퓨터 모니터들 앞에 앉아 근무했다. 아래층에서는 프레스코화로 벽을 장식한 화려한 이탈리아 레스토랑 샌피에트로(San Pietro)가 영업했는데, SAC 트레이더들이 이곳의 주요 고객이 됐다.

SAC가 12개월마다 거의 두 배씩 성장하며 번성하는 동안 코언은 마음이 편치 못했다. 평생 꿈에 그리던 회사 창업에 성공했지만 개인적으론 여전히 불행했다. 이런 기분을 덜고자 아리 키브(Ari Kiev)라는 정신과 의사에게 의존하게 됐다.

키브 박사는 우울증을 치료하면서 성공할 수 있는 마음 자세를 갖도록 유도하는 데 능한 정신과 의사였다. 그는 올림픽에 출전하는 농구 선수들과 카누 선수들이 실패에 대한 두려움을 극복하고 더 나은 성적을 내도록 돕는 심리 치료사이자 코치로 일한 경력이 있었다. 모든 거래에서 승리하길 갈망한 코언은 이러한 경력이 마음에 들어 키브에게 SAC 사무실에서 종일 근무하며 직원들을 돌봐 달라고 요청했다. 콧수염이 무성하고 배가 약간 나오고 키가 큰 키브는 종종 트레이더 옆에 쓱 다가와 기분이 어떤지 물어봤다. 갑자기 옆에 나타난 키브를 보고 깜짝 놀라 문자 그대로 의자에서 벌떡 일어나는 트레이더도 있었다. 코언은 직원들이 투자 손실에 대한 공포를 극복하도록 격려해 달라고 키브에게 요청했다.

기본적으로 키브는 무자비하게 과감해지는 법을 가르치기 위해 출근한 셈이다.

키브는 트레이더들이 리스크를 편안하게 받아들이도록 돕고자 1주일에 한 번 장이 끝난 뒤, 그들을 회의실에 모아 놓고 집단 심리 치료 세션을 진행했다. 키브는 그들이 진행한 거래들을 이야기하도록 했고, 어떤 거래는 왜 성과가 좋았고 다른 거래는 왜 그렇지 않았는지를 이해하도록 유도했다. 키브를 미심쩍어한 직원의 회상에 따르면 그가 직원들 앞에서 이렇게 소개됐다고 한다. "여러분은 정말로 돈 벌 의욕이 넘칩니까? 여러분이 진정한 킬러가 되도록 도울 분을 여기 모셨습니다." 키브는 올림픽 선수들의 심리 치료사로 일한 경험을 근거로 대다수 사람이 공포에 사로잡혀 과감해지지 못한다고 믿었다. 누구는 마음에 드는 주식 25만 주를 살 준비가 됐지만, 누구는 투자를 주저한다. 왜 이런 차이가 발생할까? 키브는 이러한 망설임은 걱정의 한 형태이고 적절한 치료를 통해 극복할 수 있다고 믿었다.

키브는 트레이더들에게 눈을 감고 본인이 거래해서 수익을 내는 모습을 상상해 보라고 말했다. 그가 자주 사용한 구절은 "그 순간에 순응하기"와 "진실을 말하기"였다. "왜 성공을 거둔 거래에서 더 많은 돈을 투입하지 않았나요? 여러분이 잘한 부분은 무엇인가요? 돈을 잃지 않으려고 집착하는 태도는 승리에 방해가 됩니다. 손실을 회피하기 위한 트레이딩은 좋은 전략이 아닙니다. 여러분은 '승리'하기 위해 트레이딩 할 필요가 있습니다."

이 집단 심리 치료 세션은 트레이더들 사이에서 인기가 없었다. 키브를 사기꾼으로 여긴 트레이더들도 있었다.

"키브는 매우 공격적이었어요. 돈을 꽤 밝혔죠." 한 트레이더의 회상이다.

코언의 첫 아내 패트리샤는 키브의 동기를 의심했고, 키브가 코언을 상담하는 시간을 투자 조언을 받는 기회로 삼는다고 믿었다. 키브 입장에서 코언은 최고의 고객이었다. 코언은 엄청난 치료비를 지불할 돈을 지닌 거부일 뿐 아니라, 월스트리트 최고의 트레이더 중 하나인 그의 명성은 베스트셀러 작가가 되고자 하는 키브의 목표 달성에 도움이 될 터였다. 월스트리트에서 가장 강력한 트레이더 중 한 사람에게 조언하는 트레이딩 코치라는 자기소개는 책 판매와 고객 유치에 매우 효과적이었다.

일부 SAC 트레이더들은 키브가 코언이 보낸 스파이일지 모른다고 의심했다. 키브는 일부 직원들을 표적으로 삼아 그들의 고민을 알아내려 했다. 그는 수십 년간 심리 치료사로 일했기에 경계심을 누그러뜨리고 신뢰를 얻어 속마음을 실토하도록 유도하는 기술을 지녔다. 하지만 그에게 편안하게 속마음을 털어놓은 SAC 직원은 거의 없었다. 키브에게 말한 모든 내용이 코언에게 보고된다고 여겼기 때문이다.

헤지펀드는 운용자 측에게 극도로 유리한 구조를 지닌 투자펀드다. 운용 수수료가 비싸 운용자가 큰돈을 벌 수 있기 때문이다. 코언은 이 점을 최대한 이용하기로 처음부터 마음먹었다. 최고의 펀드 매니저인 '자신'에게 돈을 맡기고 싶은 투자자라면 합당한 대가를 지불해야 한다는 생각이었다. SAC의 투자 수익률은 너무도 훌륭했기에 업계 최고 수준의 성과보수를 책정할 수 있었다. SAC는 연말에 펀드 수익의 50퍼센트를 성과보수로 챙겨 갔다. 대다수 헤지펀드가 수익의 20퍼센트를 챙긴 것에 비하면 엄청난 규모였지만 투자자들은 불평하지 않았다. 오히려 코언의 헤지펀드에 투자하고 싶어 안달이었다.

이렇게 막대한 돈을 챙겼지만 코언은 자기 덕분에 다른 사람들이 부당하게 혜택을 입고 있다며 끊임없이 투덜거렸다. 중개인에게 지불하는 수수료든, 파트너에게 지급하는 보너스든, 정부에 내는 세금이든 다른 사람에게 빠져나가는 돈이라면 뭐든 아까워했다. 결국 뉴욕시의 세율이 너무 높고 맨해튼 사무실 유지비가 너무 비싸다는 생각에 이르렀다. 큰 성공을 거둬 더 확장할 필요가 있던 SAC로서는 뉴욕시를 떠나는 편이 비용 면에서 효율적으로 보였다. 그는 직원들에게 롱아일랜드의 북쪽 해협 건너편에 있는 코네티컷으로 SAC 사무실을 이전한다고 말했다. 그는 이미 뉴욕시 북동쪽의 연안 도시 스탬퍼드(Stamford)에 GE가 건설한 오피스 빌딩을 SAC의 새 사무실로 점찍어 두었다. 그는 이곳에서 회사를 경영하는 편이 훨씬 더 이득이라고 생각했다.

세금뿐 아니라 몇 년 전 회사를 출범할 때 직원들에게 지급하기로 약속한 돈도 아까웠다. 코언은 자신이 보기에 너무도 많은 돈을 갑작스럽게 벌기 시작한 직원들을 해고하거나 직원들이 마땅히 받아야 한다고 여긴 보수를 지급하길 거부했다. 나중에는 파트너에게까지 화를 냈다.

1997년 10월 어느 날 저녁, 코언이 리삭에게 전화를 걸어 충격적인 얘기를 꺼냈다. 앨릭스가 리삭의 유혹을 받았으나 뿌리쳤다는 말을 앨릭스에게 들었다는 것이다. 앨릭스는 코언에게 비즈니스 파트너와 아내 중 하나를 선택하라고 말했다. 리삭은 코언이 전한 내용에 충격을 받았다. 리삭은 자신이 앨릭스를 유혹했다는 주장을 부정했고, 자신은 현재 결혼생활에 만족하고 있다고 말했다. 리삭은 잇따른 건강상 위기를 맞았다가 막 회복한 참이었으며 아직 몸이 약했다. 1년 전에는 야구를 하다가 입은 부상 때문에 척추 수술을 받으려 입원했었다. 입원 중 척추가 대장균에 감염돼 거의 죽을 뻔했고, 한 달간 병원 침대에 누워 있어야 했다. 몸무게가 45킬로그램이나 빠질 정도로 죽을 고생을 했다.

리삭이 없는 동안 앨릭스는 회사에서 더 활개를 쳤다. 직원들에게 메모로 지시하고, 장이 끝난 뒤 남편을 태우려 회사를 방문했다. SAC 출신 트레이더의 회상이다. "그곳에서 스티브 부부는 말하자면 왕과 여왕이었죠. 저로서는 여왕의 뜻에 거스르기 어려웠어요." 다른 트레이더는 앨릭스를 말썽꾼이라고 표현했다. 직원들이 눈을 마주치지 않으려고 길을 비켰을 정도였다.

그렇지 않아도 앨릭스와 리삭 간의 갈등은 전부터 계속 고조되고 있었다. 마치 두 여인이 코언에게 사랑을 받으려고 신경전을 벌이는 것 같았다. 하지만 둘의 갈등은 그런 치정극과는 달랐다.

코언은 최고의 친구이자 비즈니스 파트너인 리삭에게 아내와 바람을 피우려 했다고 모함한 뒤, 즉시 회사를 떠나라고 지시했다. 그는 거의 화내지 않고 냉정을 유지한 듯 보였다. 리삭은 앨릭스의 주장이 사실이 아니며 자신을 해고하는 선택을 후회할 것이라고 코언을 설득했지만 코언은 뜻을 굽히지 않았다. 리삭은 당황스러웠고, 결국 개인 물품을 담은 상자를 들고 사무실을 떠났다. 참담한 기분이었다. 직원들은 리삭의 해고에 동요했다. 코언은 해고 사유를 직원들에게 전혀 설명하지 않았지만 곧 사건 경위가 알려졌다.

그 후 리삭은 월스트리트의 다른 회사에 취업할 수도 없었다. 코언을 고객으로 계속 붙잡으려는 회사들이 리삭을 채용하길 꺼렸기 때문이다.

"리삭을 헌신짝처럼 버린 때가 스티브의 진정 무자비한 측면이 처음으로 드러난 때였습니다." 한 전직 트레이더의 회상이다.

헤지펀드의 급부상

1998년 어느 월요일 아침, 장이 열리기 한 시간 전에 골드만삭스 직원들이 주간 회의에 참석하고자 모였다. 골드만삭스의 주요 고객들과 원만한 관계를 유지하는 일을 맡은 영업사원 한 명이 발표를 준비하고 있었다. 그는 가장 많은 수익을 안겨 주는 VIP 고객에 대한 긴급 정보를 발표하고자 했다.

"SAC 캐피털은 현재 골드만삭스 주식사업부(equity division)에 가장 많은 수수료 수익을 안겨 주는 고객입니다."

주식사업부는 골드만삭스 고객들의 모든 주식 트레이딩 업무를 책임지는 부서였다. 1990년대 말 기술주 거품이 한창이던 당시에 골드만삭스는 이 부서를 통해 상당한 이익을 창출했다. 당시는 빌 클린턴 행정부 2기 중반이었고, 미국 주식시장이 한창 호황을 누림에 따라 뉴욕시 택시운전사들이 너도나도 《배런스 (Barron's)》를 읽고 데이트레이더로 나서던 시절이었다. 매일같이 새로운 닷컴 기업의 대형 IPO가 진행되어 새로운 백만장자들이 쏟아져 잡지 표지에 등장하는 듯 보였다. 노인들은 수령한 연금을 주식시장에서 투기하는 데 썼다. CNBC 앵커들은 퀄컴과 램버스 같은 테크놀로지 기업들의 주가가 매시간 사상 최고치를 경신하고 있다고 열심히 보도했다. 마치 세상 사람들이 모두 부자가 되고 있는 듯 보였다.

이러한 기술주 거품이 커지기 전에는 월스트리트에서 누가 중요한 고객이고 누가 보상을 받는가는 명확했다. 수조 달러의 연기금을 운용하는 웰링턴, 피델리티, 스테이트 스트리트 같은 거대 뮤추얼 펀드들이 금융업계의 가장 중요한 고객이었다. 이러한 거대 뮤추얼 펀드들은 단기 거래를 하지 않고 장기 투자를 통해 수익을 기대했다. 주식을 한 번에 대량 매입해 수개월이나 수년 동안 보유함으로써 해당 기업의 실적에 따라 이익 또는 손실을 봤다. 골드만삭스, 모건스탠리, 샐러먼 스미스 바니 같은 투자은행의 영업사원들은 뮤추얼 펀드 매니저들과 원만한 관계를 유지하기 위해, 자사 애널리스트들이 작성한 기업 분석 자료를 제공하고 야구 경기장과 일식 레스토랑으로 데려가 대접했다. 한 전직 애널리스트의 표현처럼 투자은행과 뮤추얼 펀드는 "50세 백인 남자들이 다른 50세 백인 남자들에게 기업 분석 자료를 제공하는" 편리한 관계를 형성했다.

SAC 계좌를 맡은 골드만삭스 주식사업부 영업사원은 이 모든 기존 관행을 뒤엎으려 하고 있었다. 회의 참석자들은 그의 말에 당혹스러워했다. SAC란 이름을 처음 들어보는 참석자들도 있었다. 주식사업부 영업사원은 IBM 주식을 대량 매입해 수개월간 보유하며 골프나 치며 기다리다 배당금을 받는 뮤추얼 펀드와는 달리 SAC는 주식을 '트레이딩'하는 헤지펀드라고 설명했다. 그리고 SAC는 단순한 주식 거래자가 아니었다. 하루에도 수백 종목의 주식을 수십만 주씩 사고팔았다. SAC는 해당 기업의 장기적인 건전성이나 개발 중인 신상품이 성공해 향후 5년간 더 많은 직원을 채용할지에 관심이 없었다. SAC는 단기간의 주가 움직임을 따라가며 수익을 올리는 데에만 관심이 있었다.

골드만삭스는 SAC의 주문을 받고 주식 1주를 사거나 팔 때마다 수수료로 6센트를 받았다. 이 사실이 가진 의미를 이해하는 데 박사 학위를 취득할 필요가 없었다. SAC는 피델리티보다도 훨씬 작았지만 주식 거래량이 훨씬 많았기에 피델리티보다 더 많은 수익을 안겨 주었다.

SAC는 골드만삭스에 수백만 달러를 안겨 주는 대가로 그에 걸맞은 대우를 받길 원한다고 영업사원이 설명했다. SAC는 우대받길 원했다. 특히 골드만삭스 애널리스트의 보고서가 주가 향방에 영향을 미칠 수 있는 상황이라면 남들보다 먼저 보고서 정보를 제공받길 원했다. "기업 관련 전망치를 1페니나 2페니만 수정하더라도 SAC에 먼저 연락하세요"라고 영업사원이 말했다. 애널리스트가 특정 종목에 매수 또는 매도 의견을 내거나 해당 기업의 분기 이익 추정치를 수정하려 할 때, SAC는 누구보다 먼저 이 정보를 입수하고 싶어 했다. 어차피 기존에도 골드만삭스 애널리스트가 중요한 투자자들에게 전화를 걸어 주가에 영향을 미치는 기업 이벤트를 해석해 주면서 그들을 고객으로 붙잡아 두려 했는데, SAC에게 먼저 그런 서비스를 제공하지 못할 이유가 있겠는가? 이것이 그렇게 무리한 요구일까?

코언의 계좌를 맡은 경쟁 증권사의 영업사원은 코언의 요구를 이렇게 해석했다. "고객으로 찾아와 준만큼 '최선'의 가격으로 주식을 사고팔고 싶다는 거였죠. 코언은 거액의 수수료를 지불할 의향이 있었어요. 그 대신 수익을 내는 데 도움이 될 만한 정보를 다른 누구보다도 먼저 알려 달라고 우리 증권사에 요구했지요."

그날 아침 영업사원의 발표를 들은 골드만삭스 직원들 중에서 최소한 애널리스트 한 명은 코언의 대담한 요구에 충격을 받았다. 엄밀히 따지면 코언의 요구 사항이 불법은 아니었다. 하지만 이 애널리스트는 불편함을 느꼈다. 코언의 요구를 들어줄 경우 SAC가 시장에서 커다란 우위를 점하게 될 터였기 때문이다. 애널리스트가 "매수" 또는 "매도" 의견을 내기 직전에 SAC에 먼저 알려 줄 경우, SAC는 다른 투자자들이 애널리스트 의견에 어떻게 반응할지 예상하고 재빨리 주식을 사거나 팔아서 조금씩 수익을 내고 나중엔 결국 막대한 누적 수익을 얻을 수 있었다. '지저분한' 일이라는 표현은 과할지 몰라도 '내키지 않는' 일이었다. 하지만 골드만삭스 애널리스트들과 영업사원들은 고객에게 봉사하는 것이 자신의 임무라는 점을 이해했다. 투자은행은 군대와 아주 유사한 구조의 위계질서를 가진 조직이다. 가장 높은 계급의 군인에게 경례해야 하는 군대처럼 투자은행은 가장 많은 수익을 안겨 주는 고객을 우대해야 한다는 것이다.

골드만삭스 영업사원의 지시는 당시 월가에서 일어나고 있던 중요한 변화를 반영했지만, 대부분의 기존 직원들이 이 변화를 인식하기까지는 상당한 시간이 걸렸다. 헤지펀드의 설립은 금융업계에서 권력을 쥐는 새로운 길이 됐다. 골드만삭스나 모건스탠리에서 20년간 일해 수백만 달러를 벌었을 사람이 적절한 시점에 헤지펀드를 설립하면 거의 하룻밤 사이에 억만장자가 될 수 있었다. 월가에서 특이한 비주류 문화였던 헤지펀드는 몇 년 사이에 금융업의 중심으로 부상했다. 헤지펀드는 피델리티나 스테이트 스트리트 같은 뮤추얼 펀드보다 (거의 언제나 더 영리하고) 요구 사항이 많고 까다로웠다. 골드만삭스와 모건스탠리는 헤지펀드를 고객으로 잡아 두기 위해 많은 수고를 들여야 했다. 그렇지만 그렇게 수고를 들인 만큼 보상을 받았다. 수억 달러의 수익을 창출해 주는 헤지펀드가 최고의 리서치 정보에 가장 먼저 접근하거나 가장 먼저 전화를 받길 원한다면, 그렇게 해 주는 편이 투자은행 입장에서는 합리적이었다. 그렇게 해 주지 않으면 다른 회사와 거래할 테니까.

대저택의 구입

1998년 청명한 봄날에 코언과 앨릭스는 그들의 엄청난 신분 변화에 걸맞은 새로운 집을 구하기 위해 부동산 중개업자와 함께 몇 시간 동안 코네티컷주 그리니치(Greenwich) 지역을 돌아다녔다. 코언 부부는 이미 그리니치에서 거주 중이었다. 1993년 코언이 170만 달러에 구매하고 새로 단장한

6000제곱피트(168평) 면적의 랜치 하우스°에 살면서 여러 해 동안 추수감사절 식사에 손님들을 초대했다. 하지만 앨릭스는 더 넓은 집을 원했다. 당시 코언 부부를 지켜본 지인은 앨릭스가 부동산에 관심이 많았던 이유 중 하나가 혼전 계약 조건에 있다고 추측했다. 앨릭스는 이혼 시 거주 중인 주택을 받기로 했다는 것이다. 최소한 코언이 사무실에서 농담하면서 암시한 바에 따르면 그렇다. 코언은 동료에게 이렇게 말했다고 전해진다. "집은 아내 몫이야. 아내가 이혼할 때 챙겨 가는 퇴직금인 셈이지."

코언 부부의 식구는 늘어만 갔다. 앨릭스가 코언과 만나기 전에 낳은 아들이 한 명 있었고, 앨릭스의 부모도 코언 집에 살았다. 패트리샤가 낳은 코언의 자녀들도 주말에 코언 집을 방문했다. 코언과 앨릭스 사이에 딸이 셋 생겼는데 그중 둘은 쌍둥이였다. 그래서 더 넓은 집을 찾고 있던 앨릭스가 크라운 레인 30번지 주택을 처음 봤을 때는 너무 놀라 숨이 멎을 뻔했다. 이 집은 의류 할인점 심스의 창업자인 사이 심스(Sy Syms)가 보유했던 14에이커(약 1만 7천 평) 면적의 넓은 대지에 들어선 콜로니얼°°양식의 대저택이었다.

그리니치는 코언 가족이 거주지로 선호할 만한 지역이었다. 그리니치는 1920년대부터 주체할 수 없을 정도로 재산이 많은 부자들이 모여 살아 미국에서 가장 부유한 지역 순위에서 꾸준히 상위권에 오르는 곳이다. 그리니치는 뉴욕시에서 북동쪽으로 45킬로미터 떨어진 도시로 맨해튼에서 부를 쌓은 인물이 자연 속에서 아늑하게

• **ranch house**_ 옆으로 길쭉한 단층 단독주택
•• **colonial**_ 미국 북동부 지역에서 인기 있는 건축양식으로 현관문 위에 크라운 장식이 있고, 1층에는 거실, 부엌, 식당, 화장실이, 2층에는 침실과 욕실이 있는 구조다.

거주하기 좋은 위치에 있다. 석유왕 록펠러와 제이피모건 설립자인 존 피어폰트 모건의 상속자들이 거주한, 정문에서 현관까지 진입로만 수백 미터가 넘고 산울타리와 석벽으로 주변을 둘러친 대저택들이 있는 지역이기도 하다. 세월이 흘러 이 지역도 세대교체가 진행됐다. 헤지펀드 거물들이 자신만의 궁전을 지을 부지를 모색하고자 이 지역을 방문했다. 가장 먼저, 가장 요란하게 이 유행에 불을 지핀 인물은 폴 튜더 존스다. 1994년, 존스는 호주 모델 출신인 둘째 아내와 함께 롱아일랜드 해협이 보이는 괜찮은 저택을 1100만 달러에 매입해 허물고, 그 자리에 훨씬 큰 저택을 짓고 건물 지하에는 차량 25대가 수용 가능한 주차장을 건설했다. 멀리 떨어진 바닷가에서 보고 벨 헤이븐(Belle Haven) 요트 클럽 건물로 착각하는 사람들이 있을 정도의 대저택이었다.

크라운 레인 30번지 주택은 거의 2년간 안 팔리고 있다가 근래에 투자은행 베어스턴스의 임원인 로버트 스타인버그가 매입하려고 나섰다. 그에게 이 주택을 소개한 부동산 중개업자 루제로는 이 주택 자체에 딱히 매력은 없었으나 건물 주변에 이렇게 넓은 대지가 딸린 매물을 당시 시장에서 찾기 어려웠다고 회상했다. 스타인버그는 리스크 차익거래*부서를 지휘하는 베어스턴스 중역이었다. 그는 식구가 많았기에 이 집을 사기로 마음먹었다. 그날 밤, 스타인버그가 제시한 가격을 매도인 측 부동산 중개인에게 전달한 루제로가 스타인버그에게 전화했다.

• **risk arbitrage**_ 인수 합병 거래의 대상이 될 기업을 찾아서 투자하는 행위. 일반적으로 기업을 인수하고자 할 때는 현재 시장가보다 높은 값으로 주식을 매수하기 때문에 투자자가 보유한 종목이 인수 대상이 될 경우 커다란 차익을 거둘 수 있다.

"이거 어쩌죠. 그 집을 사겠다고 나선 사람이 또 있다고 합니다."
그로서는 참 희한한 상황이었다. 이토록 비싼 매물이 시장에 나오는 경우는 거의 없었고, 더군다나 1400만 달러가 넘는 돈을 내고서라도 집을 사겠다고 두 사람이 경쟁하는 경우는 금시초문이었다.

스타인버그는 누가 장난하나 의심이 들었다. 오랫동안 외면받은 집을 사겠다고 자신과 똑같은 금액을 제시한 사람이 있다니 믿기 어려웠다. 스타인버그는 더 높은 금액을 제시했지만 다른 고객도 가격을 높였다. 루제로에게 이 소식을 들은 스타인버그는 여전히 이 집을 사겠다고 고집했다. 그는 누가 얼마를 제시하든 자신은 무조건 2만 5천 달러를 더 내겠다는 의사를 매도인 측 중개인에게 전해 달라고 루제로에게 부탁했다. 루제로는 이 제안으로 거래가 성사되리라 예상했다. 그러나 루제로가 새 제안을 전달하자 매도인 측 중개인이 껄껄 웃기만 했다. 다른 고객이 비용은 상관없으며 전액 현금으로 지불하겠다고 했다는 것이다. "난 지금 스탬퍼드에 있는데, 지금 당장 수표장을 꺼내 대금을 지불하겠소."

루제로는 대체 이 고객이 누구인지 매도인 측 중개인에게 집요하게 물어 알아낸 후에 스타인버그에게 전화했다.

"스티브 코언이라는 남자가 그 집을 사겠답니다." 스타인버그로서는 처음 듣는 이름이었다.

다음 날 스타인버그는 코언의 계좌를 담당하는 베어스턴스 영업사원에게 가서 물었다. "스티브 코언이라는 사람을 아나?"

"네." 영업사원이 대답했다. 스타인버그가 무슨 의도로 묻는지 몰랐기에 모호하게 대답했다. "고객입니다."

"어떤 사람인가?" 스타인버그가 물었다.

코언은 헤지펀드 매니저로 베어스턴스의 중요 고객이라고 영원사원이 대답했다. 영업사원은 플라자 호텔에서 열린 코언의 결혼식에 참석했고, 그가 얼마나 뛰어난 트레이더인지 명성을 익히 들어 알고 있었다. 스타인버그가 아는 헤지펀드라고는 내부정보를 이용해 차익을 챙기다가 1986년 드렉셀 번햄 램버트 스캔들 때 검찰에 걸려 폐쇄해야 했던 이반 보스키가 운용한 헤지펀드뿐이었다. 월가에서 긴 역사를 자랑하는 주요 투자은행 베어스턴스의 이사회 멤버로서 스타인버그는 자신이 원하는 것을 한낱 데이트레이더 때문에 얻지 못한다는 것이 당황스러웠다. "그 남자 전화번호 좀 줘 보게."

스타인버그는 코언에게 전화를 걸어 자신을 소개했다. "내가 사려는 집을 선생님도 사겠다고 제안하셨다 들었습니다만, 내 아내가 그 집을 정말로 마음에 들어 합니다."

코언은 자신의 아내도 그 집을 사지 못하면 크게 상심할 테니 무슨 일이 있어도 집을 살 생각이라고 대답했다.

"그 집을 사는 사람은 선생님이 아니라 바로 '저'일 겁니다."

그렇게 호언장담하는 이유를 스타인버그가 묻자 코언이 답했다. "내가 선생님보다 돈이 많거든요."

스타인버그가 약이 올라 말했다. "이거 참 안 되겠군. 내가 제안 하나 하겠소. 내가 100만 달러를 줄 테니 이만 단념하시오."

"100만 달러가 뭐라고, 고작 그 정도에 물러날까요?" 코언은 잠시 침묵하다가 키득거리며 말했다. "이렇게 합시다. 동전 던지기로 결정하죠."

"뭐라고요?"

"누가 그 집의 주인이 될지 동전 던지기로 결정하자고요."

스타인버그는 모욕당한 기분이 들었다. 아내와 함께 살 집을 매입하기 위해 동전을 던졌다는 사실을 아내가 알면 기겁할 것 같았다. 터무니없는 제안이었기에 스타인버그는 거절했다.

코언은 전화를 끊고 부동산 중개인에게 전화해 입찰액을 1480만 달러로 높였고, 결국 현금을 내고 그 집을 샀다.

굴착기들이 줄지어 도착했다. 코언과 앨릭스는 크라운 레인 30번지 주택을 사자마자 공사에 착수했다. 이 주택은 그리니치에서 "변경"에 해당하는 북쪽 산림지대에 위치해 있었다. 그리니치 지역 주민들은 여러 대에 걸쳐 물려받은 부를 드러내지 않았다. 부의 과시를 벼락부자의 불안감이 투영된 작태로 여겼다. 하지만 새로이 억만장자 대열에 합류한 코언은 이러한 동네 풍토를 몰랐고, 설령 알았더라도 무시했을 것이다. 코언은 즉시 굴착기와 불도저를 동원해 땅을 다듬고 거대한 부속 건물을 지었다.

새로 지은 부속 건물에는 실내 농구장, 1.5층 높이의 유리 돔을 씌운 수영장을 조성했다. 뒷마당에는 6000제곱피트(168평) 면적의 아이스 스케이팅 링크를 건설했다. 빙판 위를 긁어내고 얇게 물을 뿌려 얼리는 스케이트 링크용 정빙기를 들여놓고 정빙기 보관소도 설치했다. 마사지실, 체육관, 퍼팅 그린을 갖춘 작은 골프 코스도 추가했다. 집 주위에는 2.7미터 높이의 석벽을 두르고 정교한 경비 시스템을 설치했다. 이렇게 해서 완성된 건물은 면적이 3만 5천 제곱피트(983평)에 달했고, 그 지역에서 가장 큰 건물 중 하나였다. 조경 공사를 위해서 덤프트럭 283대 분량의 흙을 실어 왔다.

"저건 집이 아니라 숫제 무슨 뉴욕식물원에 들어설 법한 대형 시설 같아요." 도시계획위원회에 접수된 이웃 주민 수전 헛의 불만사항이었다.

그리니치에서 39년간 부동산 중개업자로 활동한 루제로는 해마다 새로 부동산 중개업을 시작하는 신참들을 교육할 때 코언의 사례를 예로 든다. 루제로가 코언을 예로 드는 이유는 고가의 주택 매매를 중개할 때 두 종류의 부자를 마주치게 된다는 점을 설명하기 위해서다. "참 기묘한 사실이지만, 300만, 400만, 심지어 600만 달러짜리 집을 사는 부자들은 유복해 보일지라도 결국 월급쟁이일 뿐입니다. 여전히 지출이 봉급을 초과하지 않게 신경 써야 하지요."

하지만 둘째 유형의 부자는 다르다. 그들은 문자 그대로 돈 걱정을 하지 않는다. 가격이 얼마든지 간에 그냥 수표책을 꺼내 지불한다. 이러한 부자를 고객으로 삼으면 부동산 중개업자 입장에서는 편하다. 하지만 한 주택을 놓고 이런 부자와 제안 경쟁을 해야 하는 상황이라면 그냥 포기하는 편이 낫다고 루제로는 신참들에게 말한다.

"1000만 달러, 2000만 달러를 내고 집을 살 수 있는 부자는 지출에 대해 염려하는 일 따위는 없습니다. 스티브 코언은 지출에 대해 걱정할 필요가 없었죠. 그는 원하는 것은 뭐든지 얻었습니다."

3장 살인 타선

"하늘에서 내려다보는 눈"

1998년과 1999년 사이에 SAC는 의미 있는 기록을 달성했다. 5년 연속으로 해마다 자산을 두 배 가까이 불린 끝에 자산 규모가 10억 달러를 돌파한 것이다. 하지만 자산 규모가 커짐에 따라 SAC의 저돌적인 투자 전략은 점점 더 유지하기 어려워지고 있었다. 코언은 수억 달러의 펀드 자금을 운용했고, 그에 따라 SAC 펀드가 구축하는 포지션의 규모는 갈수록 커지고 있었다. 그러나 코언의 트레이딩 방법은 여전히 데이트레이딩 형태였는데, 그것은 적은 규모의 자금을 운용할 때나 효과가 있었다. 코언이 적은 규모의 자금을 운용할 때는 적당하게 의미 있는 포지션을 구축했다가 재빨리 빠져나올 수 있었지만, 이제는 그러기가 어려워지고 있었다.

매일 새로운 헤지펀드들이 탄생함에 따라 코언이 독보적으로 활약했던 영역으로 경쟁자들이 진입하고 있었고, 코언을 모방하는 트레이더들이 증가함에 따라 수익을 내기가 어려워지고 있었다. 다른 회사의 트레이더들은 코언이 특정 주식을 매입한다는 정보를 접하자마자 동일 종목을 매입하려 했다. 이에 따라 주식을 다 사들이기도 전에 주가가 올라 버려 과거처럼 손쉽게 이익을 낼 수 있는 기회가 사라졌다. SAC 트레이더들이 운용하는 자산이 커짐에 따라 새로운 투자 방식의 도입이 필요했다. 코언은 이 점을 고민하면서 회사내의 트레이딩 플로어를 둘러봤지만 제대로 된 애널리스트 회의에 어울리지 않는 실력 없는 롱아일랜드나 뉴저지 억양의 남자들뿐이었기에 짜증이 났다. SAC 트레이더들은 해당 기업의 실제 '상태'를 알지도 못한 채 매일 마이크로칩 기업과 바이오 기업 주식을 거래하고 있었다. 그들은 월스트리트에서 흔히 말하는 "투기자"로 분류하기에도 부족했고 정교하지 못한 도박꾼일 따름이었다.

코언은 금융업계가 바뀌고 있으니 이에 맞춰 SAC도 바뀌어야 한다고 생각했다. 자존심 때문이라도 이제는 바뀔 필요가 있었다. 코언은 그리 명예롭지 못한 어감을 지닌 "트레이더"가 아닌 현명한 투자자로 자신의 이름을 알리고 싶었다. 코언은 SAC를 업계에서 높이 평가받는 회사로 탈바꿈해서 전설적인 머니 매니저(money manager)로 이름을 알리겠다는 목표를 세웠다. 이 목표를 달성하려면 코언을 포함한 SAC 직원들이 모멘텀에 따라 맹목적으로 주식을 사고팔기보다는 더욱 정교하게 투자 방식을 분석하고, 향후 기업 실적을 중장기적으로 예측하는 방법을 배워야 했다. 그러려면 그때까지 SAC에 없던 유형의 사람들, 즉 그들이 거래하는 주식에 대해 잘 알고 있는 전문가들을 채용해야 했다. 골드만삭스와 모건스탠리 같은 투자은행들이 작성한 분석 보고서에 의존하기보다는 직접 기업이나 다른 경로를 통해 고급 정보를 얻을 수 있는 전문가가 필요했다. 코언은 장이 끝난 어느 오후에 이렇게 발표했다. "앞으로 우리 회사의 투자 방식을 바꾸고자 합니다."

코언은 이제부터 "근본적 강점(fundamental edge)"을 지닌, 다시 말해 특정 산업에 전문 지식이나 인맥을 갖춘 트레이더들만 회사에 두겠다고 고위 임원들에게 말했다. 코언은 회사 내 트레이더들을 일일이 찾아가 각각 헬스케어 트레이더, 소비재 전문가, 에너지 트레이더로 임명했다. 여기에 적응하지 못하고 전문가가 되지 못하는 직원은 회사를 나가야 했다. SAC 직원들이 기업과 산업에 대한 전문 지식 없이 주식거래만 신경 쓰던 시대는 끝났다.

코언의 결심으로 SAC는 전에 없던 유형의 인재들, 즉 겉이 번드르르하고 인맥이 좋고 아이비리그 대학에서 교육받은 전문가들에게 문호를 열었다. 회사를 재창조하기 위해 코언은 전문가들을 끌어 모으기 시작했다.

그는 기술주 트레이더로 데이비드 가넥을 채용했는데, 그의 아버지는 투자은행 도널드슨 러프킨 앤 젠렛(Donaldson, Lufkin & Jenrette)의 리스크 차익거래 부서를 지휘했던 부유한 투자 매니저였다. 그는 모건스탠리에서 원유와 천연가스 투자자로 명성을 쌓은 래리 서팬스키도 채용했다. 코언은 이렇게 새로 채용한 트레이더들이 어떻게 거래하는지 지켜볼 수 있도록 자신과 가장 가까운 위치에 자리를 배정했다. 이들이 앉은 자리는 1920년대 말 뉴욕 양키스 역사에서 최강 팀을 만든 베이브 루스와 루 게릭 같은 타자들 라인업에 붙은 별명인 "살인 타선"이라 불리게 됐다.

새 투자 방식에 적응한 기존 SAC 직원 중에는 대학 농구 선수로 뛰다 1992년부터 코언 밑에서 일한 리처드 그로든도 있었다. 전문 분야로 뭐를 맡겠냐는 코언의 질문에 그는 즉시 테크놀로지 기업, 그중에서도 반도체 제조사들을 선택했다. 그로든은 테크놀로지 기업이 성장세가 빠르고 신제품이 쏟아져 트레이딩 기회를 많이 제공한다고 생각했다. 그는 컴퓨터·휴대전화 부품 제조사들이 상호 의존적으로 연결돼 있는 공급 사슬(supply chain)을 파악하면 마이크로칩 산업을 분석할 수 있다고 믿었다. 공급 사슬에 있는 기업 하나가 실적이 나빠지고 있는지를 알아낸다면 다른 기업들의 실적을 추정할 수 있었다. 하지만 그런 정보는 입수하기 쉽지 않았다. 대부분의 부품 제조사들이 아시아에 있어 미국 투자자들이 접근하기 어려웠기 때문이다.

직장 밖에서 그로든은 도박을 즐기고 잘 웃는 사교적이고 유쾌한 친구라는 평을 받았다. 하지만 장중에 그로든과 같이 일해야 하는 직원들은 그와 얘기하길 무서워했다. "그는 온통 돈에만 관심이 쏠린 냉혈한이었죠. 5센트를 벌 수 있다면 할머니라도 팔 기세였습니다." 한 동료의 평이다.

그로든의 마이크로칩 투자 전략은 효과적이었다. 그는 비교적 적은 자금인 3천만 달러에서 4천만 달러를 운용했지만, 그가 기록한 수익률은 30퍼센트 정도로 위험 조정 수익률*로는 SAC 최고 기록이었다. 그렇지만 그로든은 코언을 크게 실망시켰다. 그는 자신이 입수한 정보를 코언에게조차 알려 주지 않으려 했을 뿐만 아니라 더 큰 금액으로 투자하려 하지 않았기 때문이다. 코언은 그가 투자 규모를 키운다면 훨씬 더 많은 수익을 올릴 수 있을 것으로 믿었다. 그로든은 아리 키브 박사의 조언을 받아들이기만 하면 훨씬 좋은 성과를 낼 만한 인물이었다. 그러나 그로든은 코언처럼 태연하

• **risk adjusted basis**_ 감수한 위험의 크기에 따라 조정된 수익률

게 큰 위험을 감수하는 유전자가 부족했고 돈을 잃을 가능성을 극히 싫어했다.

코언은 그로든이 하는 모든 일을 지켜볼 수 있게 자기 옆에 앉아서 일하라고 지시했다. 그로든은 코언이 듣지 못하게 작은 목소리로 트레이더들에게 주문하는 버릇이 생겼다. 자신이 5만 주를 사려고 하면 코언이 한발 앞서 10만 주를 사려 할 테고, 그러면 정작 자기가 사기도 전에 가격이 올라버릴 수 있기 때문이었다. 그로든의 트레이더들은 언제나 그의 말을 알아듣기 힘들어 고생했고, 못 들었으니 다시 말해 달라고 하면 "야 이 새끼야! 귓구멍이 막혔냐?"라고 버럭 화내기 일쑤였다.

그로든의 가장 중요한 조력자는 애널리스트 리처드 추벙 리(Richard Choo-Beng Lee)였다.

C.B. 리는 짙은 눈에 코가 넓고 납작하고, 윗배가 살짝 나오고, 옷차림이 허름한 조용한 남자였다. 주변인들이 볼 때 주식시장에서 수백만 달러의 수익을 안겨 주는 노련한 전문가의 풍채는 아니었다. 그러나 이 남자보다 아시아 테크놀로지 기업에 좋은 연줄이 있는 전문가는 없었다. 그는 끊임없이 세계를 돌아다니며 칩 제조업체들을 방문하고 귀중한 세부 정보를 수집했다. 그가 모은 정보는 더없이 소중했다.

그 결과 C.B. 리는 SAC 사무실에서 인기남이 됐다. 모든 직원들, 특히 코언이 그의 보고서를 보고 싶어 했지만 그로든은 보고서 공유를 꺼렸다. 듀크 대학교에서 공학 학위를 받고 존 핸콕 증권사에서 애널리스트로 일하던 그를 스카우트해 SAC에서 일하게 한 사람은 그로든이었다. 그로든은 C. B. 리의 "데이터 포인트"*를 이용해 체계적으로 거래를 진행하고 큰 수익은 아니더라도 재빨리 수익을 챙겼다. 반면, 공격적인 접근법을 선호한 코언은 수익 날 가능성이 높은 거래라면 최대한 많은 금액을 베팅해야 한다고 생각했다.

코언과 그로든은 리의 정보를 차지하려고 서로 다퉜고, 둘 사이에 고성이 오가는 말다툼이 잦아졌다. 그로든이 자꾸 리의 정보를 이용해 거래한 다음에야 정보를 공유하자 코언은 분노했다. 그는 자신이 직원들보다 먼저 주문을 넣을 수 있도록, 모든 SAC 직원이 입력하는 매매 주문 정보를 자신이 볼 수 있는 시스템을 설계하라고 사내 프로그래머들에게 지시했다. SAC에서 이 소프트웨어는 "하늘에서 내려다보는 눈(eye in the sky)"이라고 불렸다.

코언의 매일매일 감시에 수개월간 시달린 그로든은 감시에서 벗어날 방안을 마련했다. SAC의 맨해튼 지사인 시그마 캐피털 매니지먼트는 매디슨 애비뉴의 고층 건물 두 개 층에 입주해 있었다. 그로든은 곧 결혼하면 스탬퍼드 본사로 통근하기 보다는 맨해튼에서 근무하고 싶다는 핑계를 대며 자신의 트레이딩 팀을 그곳으로 옮겨 달라고 요청했다. 코언은 썩 내키지 않았지만 요청을 들어줬다.

맨해튼에서 그로든은 좀 더 자유를 누렸지만 이 상태는 오래가지 않았다. 1년 남짓 지난 2004년 1월, 코언은 그로든에게 다음과 같은 인스턴트 메시지를 보냈다. "올해는 C. B. 리의 조사내용을 보고

• **data point**_ 조사나 측정을 통해 파악한 한 가지 사실 정보. 어떤 평가의 기준 역할을 함

서로 작성해 보내주길 바라네. 그렇지 않으면 자금을 줄 수 없네."

그때까지는 C.B. 리가 그로든에게 전화 통화나 간략한 이메일 같은 비공식적인 방법으로 시장조사 내용을 전달했다. 그런데 코언은 자신을 비롯한 SAC 직원들이 두루 읽을 수 있도록 보다 형식적인 형태의 보고서를 요구하고 있는 것이다. 코언의 입장에서 휘하 트레이더들이 가장 귀중한 정보를 자신에게 가장 먼저 전달하도록 강제하려면 이 수밖에 없었다.

그로든은 이 요구에 질색했다. "회사 사람들이 동네방네 정보를 누출하게요?"

코언은 평소 버릇대로 문법이 틀린 문장들로 답장을 보냈다. "그럼 사표 쓰던가. 이건 회사 규칙이고, 자네라고 예외가 될 수 없네. 회사 외부 사람들은 C.B. 리의 정보를 접하는데 왜 나는 안 되나? 이건 분명 잘못됐고 바로잡아야지. 확실히 고치고자 하네. 마음에 안 들면 나가게."

그로든은 수년간 함께 일한 코언이 왜 갑자기 엄격하게 규칙을 적용하려는지 물으면서 협상하려고 시도했다. "C.B. 리에게 데이터 포인트가 담긴 정보를 구두 보고하도록 하죠. 제가 확인해 보고 타당한 정보라면 보실 수 있게 글로 작성해 전하겠습니다."

코언이 답했다. "그 걸로는 부족하네. 내게 늘 보고할 의무가 없다고 생각하는 직원을 보면 화가 나. 보고서가 없으면 내가 힘들게 추측해야 해. 그건 완전히 잘못된 것이지."

그로든은 "오케이"라고 짧게 답장을 보냈다. 다음 날 그는 사표를 제출했다.

SAC의 네이비 실

이제 SAC는 끊임없이 새로운 트레이더와 애널리스트를 채용할 필요가 생겼고, 이는 거의 감당하기 어려운 과제가 됐다. 코언은 모든 인생사를 트레이더의 태도로 접근했는데 직원들과의 관계도 다르지 않았다. 여러 해 동안 코언은 자신이 원하는 수익률을 달성하지 못한 직원 수십 명을 해고했다. 그로든처럼 좌절해서 나간 직원들도 있었다. 트레이더 입장에서 SAC 입사는 수류탄 안전핀을 뽑는 것과 같았다. 사망 '여부'가 문제가 아니라 언제 죽느냐가 문제였다. SAC는 많은 이들이 경력을 쌓은 직장이었지만, 더욱더 경력을 망친 직장이기도 했다.

스트레스가 심한 환경이었지만 의욕 넘치는 지원자는 부족하지 않았다. 헤지펀드, 특히 그중에서도 SAC는 모든 이에게 꿈의 직장이었으니까. 헤지펀드보다 돈을 많이 벌 수 있는 직장은 없었다. 직원 목숨이 파리 목숨인 SAC에서조차 여생을 편히 지낼 재산을 단기간에 모을 수 있었다. 새로운 후보자들을 찾는 일은 샐러먼 큐먼 팀장이 이끄는 진취적이고 공격적인 사업개발 팀의 몫이었다. 큐먼은 타고난 영업 전문가였다. 존스홉킨스 대학교 라크로스 선수 출신으로 형형색색의 원색 폴로셔츠를 입기 좋아하고, 빌 클린턴 대통령처럼 사람들을 끌어당기는 매력이 있었다. 그는 만나는 사람마다 "친구"라고 불렀고, 전용기를 타고 스포츠 내기에 거액을 걸며 화려하게 살았다. 그래서 별명이 "마이더스 왕"이었다.

큐먼의 임무는 월스트리트 최고의 트레이더들을 찾는 것이었다. 가끔은 그런 트레이더에게 접근하기 전에 수년 동안 경력을 조사하기도 했다. 당시 헤지펀드들이 우후죽순 생기면서 인재 채용 경쟁이 극심해졌다. 특히 SAC가 채용하려는 트레이더들을 먼저 채용하려 경쟁한 헤지펀드가 둘 있었다. 하나는 시카고에서 켄 그리핀이 설립한 시타델 인베스트먼트 그룹이고, 또 하나는 뉴욕에서 이즈리얼 잉글랜더가 운영한 밀레니엄 매니지먼트였다. 둘은 SAC와 유사하게 이벤트에 따른 주가 등락을 노리고 단기 투자하는 트레이더 수백 명을 거느린 헤지펀드였다.

SAC는 새 트레이더를 채용할 때 중요한 정보를 알려 줄 만한 상장회사 임원들과 얼마나 인맥이 있는 인물인지 따졌다. 예를 들어, 인터넷 기업 중역과 함께 햄튼스 지역에서 여름휴가를 보낸 트레이더는 채용 평가에서 좋은 점수를 받았다. 친구든 남학생 사교 클럽 지인이든 장인이든 아내든 정보를 얻을 수 있는 인맥이라면 뭐든지 중요하게 평가받았다.

2004년 말, 야심만만한 젊은 직원 한 명이 코언에게 심층적 리서치를 기반으로 투자하는, 전적으로 새로운 트레이딩 팀을 양성하자고 건의했다. 즉, 버크셔 해더웨이(Berkshire Hathaway)를 통해 여러 기업의 지분을 대량으로 매수해 수십 년간 보유해 큰 수익을 올린 워런 버핏처럼 산업을 심층 연구하는 전문가들로 구성된 트레이딩 그룹을 만들자는 제안이었다. 매 분기 실적 발표 때 나타나는 작은 주가 변동을 신경 쓰지 않고 기업의 본질적 가치를 연구하는 전문가 팀을 양성한다면, SAC가 주식거래에서 코언의 직감에 덜 의존해도 될 터였다. 이 새로운 트레이더들과 애널리스트들은 그들이 리서치하는 기업에 대한 전문가가 될 테니 말이다. 여러 회의를 통해 이러한 비전을 코언에게 제시한 청년은 20대 포트폴리오 매니저 매튜 그로스먼이었다. 그는 이 팀이 SAC에서 "에이스 팀(top gun)"이 될 것이고, SAC 최고의 인재들이 모여 코언의 포트폴리오도 관리할 것이라고 설명했다. 이 팀은 새로운 애널리스트와 트레이더들을 대거 영입하여 진용을 갖출 터인데, 이 팀은 SAC의 네이비 실(Navy SEAL) 같은 특수부대인 셈이었다.

이것은 코언이 이미 시도하려고 구상 중이던 아이디어의 확장판이었기에 그의 관심을 끌었다. 그로스먼이 건의한 계획은 부당이득을 취하는 모리배가 아닌 통찰력 있는 투자자로 보이고 싶다는 코언의 허영심을 자극했다. 월스트리트를 비판하는 사람들도 워런 버핏만은 대체로 존경했다. 은행장들과 재무장관들이 조언을 구하러 그에게 전화를 걸 정도였다. 리서치 팀 육성 계획은 사업적으로도 타당성이 있었다. 이제 SAC가 운영하는 자금 규모는 수십 억 달러에 이르렀기에 더 신중하고 장기적인 접근법이 바람직했다. 코언은 그로스먼이 마음에 들었다. 그는 특권을 누리며 자랐고 조숙했다. 매사추세츠의 엘리트 기숙사 학교인 디어필드 아카데미를 졸업하고 컬럼비아 대학에 진학했고, 줄리안 로버트슨이 설립한 선구적인 헤지펀드 타이거 매니지먼트가 최초로 모집한 대학생 인턴 자리를 꿰찼다. 그로스먼은 2002년 SAC에 입사했다.

코언이 더 흥분하기 전에 그로스먼은 세 가지 조건을 들어줘야 계획을 진행할 수 있다고 말했다. 첫째, 새 팀이 제대로 돌아가지 않더라도 자신에게 포트폴리오 매니저 자리를 줘야 한다는 조건이다. 둘째, 전체 팀 수익의 1퍼센트를 자신에게 보수로 지급해야 한다는 조건이다. 셋째, SAC 내에서 자신이 코언과 같은 수준의 권한을 행사해야 한다는, 특히 모든 직원이 자신의 지시를 코언의 지시와 동급으로 간주해야 한다는 조건이다. SAC의 많은 직원들이 너무 놀랐지만 코언은 그로스먼이 계획대로 진행하도록 허가했다.

그로스먼의 동료들은 코언이 20대 풋내기 직원에게 사실상 지시받는 모습을 보고 충격을 받았다. 코언은 직원들에게 이런 모습을 보인 적이 없었다.

코언이 그로스먼에게 홀린 듯 보인 기간에 대다수 직원은 그로스먼을 싫어했다. 애니메이션 〈심슨 가족(The Simpsons)〉에서 바트 심슨의 범생이 친구로 나오는 "밀하우스"가 그로스먼의 별명이 됐다. 애니메이션 속 밀하우스와는 달리 그로스먼은 작은 실수를 저지르거나 기회를 놓친 직원에게 코언처럼 잔소리하는 완벽주의자였다. 그는 자신이 미움받고 있다는 사실을 알고 괴로워했다. 그는 함께 어울린 몇 안 되는 동료들에게 중학교 때 괴롭힘을 당했고 부모의 이혼에 정신적 상처를 입은 탓에 "사교술이 부족"하다고 털어놓았다. 하지만 이유야 어쨌든 그는 직원들의 냉대에 속수무책이었다. 직원들이 잔뜩 있는 사무실에 그가 들어가면 갑자기 사무실이 고요해졌다. 이런 냉대 속에서도 그로스먼은 얼마 지나지 않아 연간 천만 달러 이상을 받게 됐다. 아직 서른도 되지 않은 나이에 부자가 된 그는 그리니치로 이사했고, 영화 〈007 골드핑거〉에서 제임스 본드가 탄 영국 스포츠카 애스턴 마틴(Aston Martin)의 파란색 최신 모델을 26만 9천 달러에 구입했다. 그는 가끔 SAC에 영입하려는 트레이더를 이 차에 태우고 다니며 SAC에 입사하면 이렇게 큰 부자가 될 수 있다고 설득했다.

코언이 계획을 진행하라고 허가한 후 그로스먼은 누구에게도 행선지를 말하지 않은 채 하루 종일 사무실에서 사라졌다. 그는 새로운 투자 팀을 위한 청사진을 만들어 왔다. 팀명은 "CR 인트린식 (CR Intrinsic)"이었는데, CR은 "누적 수익 (Cumulative Return)"을 의미했다.

피카소의 〈꿈〉

미술품은 부자를 사회적 영향력을 갖춘 유력 인사처럼 보이게 하는 마법을 부린다. 세계적 경매 회사 크리스티의 현대미술 전문가 루이치 구저는 이렇게 설명한다. "이제는 억만장자란 사실만으론 부족합니다. 억만장자는 한 200명은 넘게 있으니까요. 하지만 억만장자가 미술품을 하나 구매하면 부족했던 부분이 즉시 채워지죠. 새로운 사교계의 문이 열립니다. 예술가들을 만나고 IT 기업 경영자들과 마주치게 되죠. 미술품 구입은 가장 빨리 국제적 유명 인사가 되는 길입니다." 코언은 몇몇 직원이 고가 미술품들을 수집하면서 신문지상에 오르고 명성을 쌓는 모습을 목격했다.

SAC 트레이더 데이비드 가넥은 대학 시절 아내와 함께 작은 갤러리와 무명 예술가의 작업실을 찾아다니며 미술품을 수집하기 시작했다. 2000년도에 기술주 거품이 터진 뒤에도 가넥은 돈을 벌었다. 거의 모든 주식을 공매도해 놓고 있었고, 수중의 상당한 현금으로 유명 미술품들을 수집한 덕분이었다. SAC에서 가장 성공한 트레이더 반열에 오를 무렵 그는 제프 쿤스와 신디 셔먼 같은 세계적인 현대 예술가의 작품을 구하려고 틈만 나면 경매장을 찾는 듯 보였다. 바쁠 때는 여비서를 크리스티 경매장에 보내 어떻게 경매에 참가할지 전화로 지시했다.

이를테면 경매 시작 전 여비서에게 "이 작품에는 75만 달러를 초과해서 쓰지 말게"라고 지시하는 식이었다.

코언은 깊은 인상을 받았고, 한편으로는 시기심이 생겼다. 사람들은 가넥의 예술 안목에 경탄했다. 코언도 몇 년 사이 그림을 몇 점 모았지만 "수집가"라 자부한 적은 없었다. 영리한 트레이더로서 코언은 미술품 매매가 자신의 명성을 드높이는 길이자 큰돈을 버는 기회가 될 수 있다고 판단했다.

뉴욕의 미술품 딜러와 갤러리들은 나름 엄격한 규칙을 운영하면서 아무하고나 거래하지 않았다. 아무리 큰 부자라도 갤러리에 불쑥 들어가 집에 걸어 둘 모네(Monet) 그림을 살 수는 없었다. 미술 세계의 문지기들은 그리니치의 부유한 헤지펀드 매니저들이 마음대로 미술품을 사게 내버려 두지 않아야만 미술품의 가치를 높이 유지할 수 있음을 이해했다. 이것은 일종의 차별이었지만 시장경제학의 단순한 원리이기도 했다. 즉, 수요를 창출하려면 공급을 통제해야 한다는 원리다. 이러한 미술계에 대응해 월가의 수집가들은 자신을 미술계에 소개해 줄 인물을 고용했다.

코언에게 그 인물은 미술품 컨설턴트인 샌디 헬러였다. 그는 SAC에서 오랫동안 트레이더로 일한 마이클 스타인버그(Michael Steinberg)의 어릴 적 친구였다. 다수의 미술계 인사가 헬러를 기회주의자로 봤지만, 그가 부유한 미술품 구매자들 사이에 넓은 인맥을 지닌 사실은 부정하지 못했다. 헬러는 복잡한 미술계를 아직 이해하지 못한 부자 고객을 전문적으로 상대했다. 코언이 딱 그런 고객이었다. 헬러는 코언과 함께 갤러리를 돌아다니며 수집품을 늘리는 방법을 비롯해 미술계 이모저모를 설명했다. 그 과정에서 코언은 서서히 미술품 애호가로 바뀌고 미술품 수집에 빠졌다. 코언이 수백만 달러를 내고 미술품을 구매하면 뉴스에 올랐다. 한 예로, 2004년 코언은 4360갤런의 포름알데히드 수조에 죽은 상어를 넣은 데미언 허스트의 작품 〈살아있는 자의 마음속에 있는 죽음의 육체적 불가능성(The Physical Impossibility of Death in the Mind of Someone Living)〉을 800만 달러에 구매해 화제가 됐다. 단지 허영심에서 비롯된 결정만은 아니었다. 자신이 수집한 다수의 예술 작품에 순수한 애착을 느꼈으니까. 코언은 최고 수준의 작품만 수집한다고 자부했다.

2006년 가을, 피카소의 〈꿈(Le Reve)〉이 경매 시장에 나오자 코언은 본인의 컬렉션 수준을 한 차원 높일 기회로 봤다. 피카소 작품을 보자마자 소유욕이 불타올랐다. 피카소가 50세였던 1932년, 어린 애인 마리 테레즈 월터(Marie Therese Walter)가 안락의자에서 자는 모습을 에로틱하게 화폭에 담은 초상화였다. 어찌 보면 일종의 격조 높고 완곡한 외설물인 이 작품은 1997년 한 수집가가 4840만 달러에 매입했고, 2001년 카지노 산업의 제왕 스티브 원에게 넘어갔다. 5년 뒤인 2006년, 그는 이 작품을 팔기로 했다. 소식을 듣자마자 코언은 미술품 감정사를 캘리포니아로 보내 작품 보존 상태를 확인토록 했다.

감정사는 작품을 면밀히 조사하고 보존 상태가 양호하다는 보고서를 작성했다. 코언이 1억 3900만 달러에 작품을 사기로 하면서 거래가 성사됐다. 그다음 주말에 스티브 원은 거래 성사를 자축하는 칵테일파티를 열었다.

원과 아내 엘레인이 주최한 파티에 뉴욕 명사들이 다수 참석했다. 그중에는 영화 시나리오 작가 노라 에프론, 영화 제작자 니콜라스 필레기, 토크쇼 진행자 바버라 월터스, 유명한 변호사 부부 데이비드 보이스와 메리 보이스도 있었다. 윈은 코언에게 팔기로 한 피카소 작품을 자랑하고 싶어 입이 근질근질했다. "역대 회화 사상 최고가로 팔린 작품입니다." 2006년 6월 사업가 로널드 로더가 구스타프 클림트의 〈아델르 블로흐-바우어의 초상 I(Portrait of Adele Bloch-Bauer I)〉 구매에 지불한 1억 3500만 달러를 뛰어넘는 기록이라고 윈이 설명했다.

윈은 사무실 벽에 걸어놓은 피카소의 〈꿈〉을 친구들에게 보여 줬다. 코언의 그리니치 저택으로 보내지기 전에 마지막으로 볼 기회였다. 이 작품은 마티스와 르누아르의 작품들과 나란히 걸려 있었다. 스티브 윈은 손님들의 흥을 돋우고자 작품에 담긴 에로티시즘이라든지, 마리 테레즈 머리의 한 부분이 남자 성기 모양을 닮지 않았냐는 잡담이라든지, 1940년대와 50년대 맨해튼 아파트에 유명 미술품을 잔뜩 보관한 빅터 갠즈와 샐리 갠즈 부부가 피카소의 〈꿈〉을 소장했다가 다른 이에게 넘긴 사연을 늘어놓았다. 이렇게 흥에 겨워 썰을 풀던 와중에 팔꿈치로 캔버스를 치고 말았다. 그 순간 캔버스가 "끔찍한" 소리를 내며 찢어졌다고 노라 에프론이 회상했다. 주변이 순간 정적에 휩싸였다.

손님들이 공포에 질린 얼굴로 쳐다봤고 윈은 망연자실했다. "내가 뭔 짓을 한 거지? 이런 젠장, 맙소사."

그는 얼어붙은 분위기를 수습하려 시도했다. "음, 여러분이 아니라 내가 저지른 일이니 그나마 다행이군요. 그림일 뿐이에요. 내 그림이죠. 고칠 겁니다. 아무도 죽거나 다치지 않았어요. 그냥 그림일 뿐이죠. 피카소가 이걸 그리는 데 다섯 시간이 걸렸을 뿐이에요."

다음 날 윈에게 소식을 들은 뉴욕의 미술품 딜러 윌리엄 아쿠아벨라는 마치 사랑하는 이가 살해당한 듯 비명을 질렀다. "악, 안돼!" 윈의 아내가 훼손당한 그림을 들고 전용기로 뉴욕에 갔다. 공항에 대기 중이던 방탄 트럭이 이스트 79번가 타운하우스에 위치한 아쿠아벨라의 갤러리로 그림을 운송했다. 코언은 이곳을 방문해 그림의 훼손 상태를 확인했다. 비록 윈은 작품을 복구하리란 희망을 품었지만 당분간 거래를 중단하기로 합의했다.

실망한 코언은 쓴맛을 다셨다. 〈꿈〉을 손에 넣으려면 여러 해를 더 기다려야 했다.

마토마와 SAC의 운명적 만남

한편, 샐러먼 큐먼은 SAC의 새로운 부서인 CR 인트린식에서 일할 인재를 찾고자 고심했다. 좋은 수익률 기록뿐 아니라 영리하면서도 산업에 전문성을 갖춘 영리한 트레이더를 찾아야 했지만 이런 인물은 쉽게 찾을 수 없었다.

큐먼은 전도유망해 보이는 한 포트폴리오 매니저의 소문을 들었는데, 그는 보스턴의 작은 헤지펀드인 시리오스 캐피털 매니지먼트에서 일하는 생명공학(biotechnology) 분야 전문가였다. 당시 생명공학 산업은 수십 개의 제약회사들이 거대한 경제적 잠재력을 지닌 신약을 출시하기 위한 경쟁을 벌이면서 번성하고 있었다. 제약회사들이 하고 있는 일을 모두 이해하기란 쉽지 않았다. 미국에서 손꼽히는 비즈니스 스쿨인 스탠퍼드 경영대학원을 졸업한 지 얼마 지나지 않은 젊은 청년은 자신이 단순히 제약주에 대한 투자자가 아니라 외과의나 의료 연구자라도 되는 양 신중하면서도 불가해한 지식인 같은 분위기를 보여 주었다. 그의 이름은 매튜 마토마(Mathew Martoma)였다.

그런 마토마에게 큐먼이 접근했다. "SAC에서 일할 의향이 있습니까?"

마토마는 선뜻 답하지 못했다. 업계에 퍼진 SAC의 평판을 익히 들어 알고 있던 마토마는 과연 그곳에 들어가서 극심한 경쟁을 견딜 수 있을지 확신하지 못했다. 그는 조용하고 예의 바른 청년으로 공개적 경쟁을 즐기는 성격은 아니었다. 그렇지만 SAC 입사에는 거부하기 힘든 매력이 있었다. 바로 돈이었다.

큐먼이 세부 조건을 제시했다. SAC에 입사하면 SAC 내에서 중간 규모인 4억 달러가량의 포트폴리오 운영을 맡아 수익의 17퍼센트 이상을 받을 뿐 아니라, 코언에게 건의한 아이디어로 수익이 나면 일정 액을 나눠 받게 된다는 조건이었다. 가령 포트폴리오 연간 수익률이 15퍼센트일 경우 마토마가 받게 될 돈은 천만 달러가 넘었다. 이처럼 후한 조건을 제시하는 헤지펀드는 좀처럼 없었다. 게다가 마토마는 SAC 최고 인재들이 모인 신설 리서치 팀의 일원이 될 터였다.

그날 밤 마토마는 집에서 아내인 로즈메리와 함께 큐먼의 제안을 검토했다. 그녀는 의사였고, 마토마가 결정을 내릴 때마다 항상 의논 상대였다. 그들은 보상 조건과 유명 헤지펀드에서 근무하는 명예를 종합해 따져 보면 큐먼의 제안을 받아들일 가치가 있다는 결론에 도달했다. 2006년 6월 2일, SAC는 마토마에게 기본 연봉으로 20만 달러를 지급하고, 계약금 격인 일회성 인센티브로 200만 달러를 지급한다는 조건을 담은 입사 제안서를 정식으로 보냈다.

큐먼은 SAC 내부 보고서에서 마토마가 "생명공학 분야에서" 의사들 인맥을 포함해 상당히 많은 정보원을 가지고 있다고 평가했다. 마토마는 입사 제안서에 서명해 SAC에 보냈다. 마토마가 SAC에서 일을 잘 해내면 가족이 평생 일하지 않고도 먹고 살 정도의 재산을 모으게 될 터였다.

1974년 인도계 미국인 2세로 태어난 매튜 마토마는 부모를 경외하라는 가정교육을 받으며 자랐다. 마토마 가족은 명문대 진학과 학업 성취를 통한 사회적 지위 획득에 집착하는 한편, 이민자는 다른 미국인들보다 열심히 일해야 안정된 경제적 지위를 얻을 수 있다고 확신했다. 인도계 미국인들은 초등학교 2학년 때부터 받은 상장 수를 비롯해 학업성적과 자격증을 길게 나열한 이력서로 자신을 소개하는 문화를 지녔다. 마토마에게 SAC 입사는 큰돈을 벌 기회일 뿐 아니라 이력서에 추가할 자랑스러운 경력을 쌓을 기회였다.

2006년 여름, 마토마는 가족과 함께 코네티컷주 스탬퍼드의 아파트로 이사하고, SAC의 경쟁적 업무 환경에 적응해 나갔다. 둘째 아이를 임신 중이던 로즈메리는 소아과 의사로 일하기보다는 아내이자 어머니로 헌신하기로 결정했다. 로즈메리는 남편과 마찬가지로 보통 이상의 성취를 올린 인물로 남편 일을 자기 일처럼 받아들이고 끊임없이 조언했다. 마토마는 SAC에서 훌륭히 일을 해내기로 마음먹었다. 그는 고함을 지르는 트레이더가 아니라 적합한 자격증을 갖춘 사색가 유형의 남자로 그로스먼이 구상한 SAC의 새 이미지에 완벽히 들어맞았다.

어떤 면에서 마토마는 부모에게 칭찬받으려는 아이처럼 코언과 그로스먼이라는 요구 많은 두 아버지를 기쁘게 하고자 노력했다. 반에서 1등을 차지하고자 열심히 공부했던 고등학교 때처럼 일에 몰두했다. 오전 4시에 유럽 증시를 확인하면서 하루 일과를 시작하고, 미국 시장이 마감되고 집에 돌아오면 아내를 도와 아이들을 목욕시키고 침대에서 잠재웠다. 그런 다음에는 아내가 옆에서 자는 동안 밤늦게까지 리서치 보고서를 읽었다. 그는 서두를 필요가 있었다. 어서 수익이 날 주식 종목을 찾아야 했다.

헬스케어는 가장 흥미진진하고 예측 불가한 산업이었지만, 때로는 주식시장에서 가장 수익성이 높은 업종 중 하나이기도 했다. 이 업종의 기업들은 엄격한 정부 규제를 받으면서 사람들의 목숨을 구할 제품들을 개발하고 출시하고자 노력하고 있었다. 신약 개발을 비롯한 헬스케어 분야의 연구는 수십억 달러의 자원이 요구됐다. 모든 신약 임상시험은 도박이었고, 결과에 따라 해당 기업의 주가는 크게 출렁거렸다. 이처럼 변동성이 큰 업종은 코언 같은 트레이더에게 수익 낼 기회를 많이 제공했다.

마토마는 SAC 입사 당시 이미 두 기업을 눈여겨보고 있었다. 바로 엘란 코퍼레이션(Elan Corporation)과 와이어스(Wyeth)였다. 당시 두 기업은 바피뉴주맙(bapineuzumab) 또는 줄여서 "바피(bapi)"라는 알츠하이머병 신약을 공동 개발 중이었다. 신약 개발에는 엄청난 시간과 비용이 소요된다. 따라서 두 기업은 다년간의 신약 개발과 임상시험에 따른 비용을 공동 부담하기로 했다. 알츠하이머병 치료제는 마토마가 오랫동안 관심을 기울인 이슈였다. 듀크 대학교 시절에 대학병원 알츠하이머 병동에 자원봉사를 갔다 온 그는 이 질병의 치료제를 개발하는 기업은 돈방석에 앉으리란 생각이 들었다. 바피는 이전에 개발했으나 임상시험 중 환자의 두뇌가 심각하게 수축하는 증상이 나타나 출시를 포기해야 했던 알츠하이머병 치료제인 AN-1792를 개선한 약품이었다. 바피는 구조가 덜 복잡했고 동물실험에서 일부 효과를 보였다. 마토마는 이 신약이 상업적으로 큰 성공을 거둘지 모른다고 생각했고, 신약 개발과 관련한 모든 전문 지식과 임상시험 정보를 입수하고자 했다.

이를 위해 마토마는 고가의 금융 리서치 서비스를 비롯해 SAC를 통해 접근 가능한 모든 자원을 이용했다. 특히 그에게 흥미로운 정보를 제공해 준 업체는 "전문가 네트워크(expert network)"를 확보해 "투자자와 전문가들을 연결"해 주는 거슨 레먼 그룹(GLG, Gerson Lehrman Group)이었다. GLG는 마토마 같은 월가 투자자에게 수백 개 상장회사의 내부자들, 새로운 트럭 부품을 주문하는 직책에 있는 사람들, 또는 자신이 몸담은 산업, 경쟁사, 심지어 자신이 속한 회사에 대한 정보를 제공해 줄 수 있는 소매 체인점의 바이어들까지도 연결시켜 줬다.

투자자들은 GLG에게 수수료를 내고 이런 내부자들에게 접근했고, 내부자들은 두둑한 금액, 가끔은 시간당 천 달러 정도를 받고 투자자들에게 정보를 제공했다. 그러나 법적으로 따지면 회사의 직원들은 공개된 정보만 제공할 수 있었다. 최소한 원칙적으로는 그랬다.

1990년대 말까지 규제 당국이 내부자거래 혐의로 조사를 진행한 적이 여러 차례 있었다. 마이클 밀켄이 내부자거래 혐의로 기소된 사건을 본 트레이더들은 M&A가 발표되기 직전에 해당 기업 주식을 매입하는 행위를 삼가야 한다는 교훈을 얻었다. M&A 발표 직전에 일어나는 큰 주가 등락은 종종 SEC의 이목을 끌었다. 그 결과

2000년대의 트레이더들은 민감한 M&A 정보를 더 조심스럽게 다루게 됐다. 하지만 투자자들은 여전히 남보다 우위에 설 수 있는 정보를 절실히 원했고, 그런 정보를 얻고자 많은 노력을 기울였다. 헤지펀드 애널리스트들은 기업의 영업 상황에 대한 정보를 얻기 위해 쇼핑몰의 주차장을 관찰했고, 중국으로 사람을 보내 제품을 실은 트럭들이 얼마나 공장을 자주 들락거리는지 정탐했다. 기업이 SEC에 제출하는 신고서나 실적 발표처럼 이미 대중에게 공개된 정보는 근본적으로 트레이더에게는 쓸모가 없었다.

밀켄 사건 이후 몇 년 동안 단기 투자자들은 분기별 이익 발표에 관심을 기울였다. 특히 과학기술 분야 기업들은 분기별 이익 발표 후 주가가 급격히 오르거나 떨어졌다. 따라서 기업이 발표할 실적을 정확히 예상해 주식을 거래하는 것은 엄청난 수익을 거둘 수 있는 전략이 됐다. 하지만 이 전략이 통하려면 회사가 실적을 발표하기 '전'에 이익이나 손실이 얼마나 될지 정확한 정보를 입수해야 했다.

따라서 헤지펀드 트레이더들은 실적 정보를 얻으려고 많은 노력을 기울였다. 그들은 기업 중역들에게서 기업 내부 상황에 대한 힌트를 얻으려고 집요하게 캐물었다. 3분기 실적은 실망스러울까? 내년 성장 계획과 관련해 깜짝 발표가 있을까? 트레이더들은 최고재무책임자(CFO, chief financial officer)가 보인 "몸짓과 표정(body language)"부터 IR*담당자가 제공하는 공개적인 세부 정보는 물론 기업과의 접촉을 통해 얻을 수 있는 부스러기 정보까지도 주식을 사고파는 데 이용했다. 2000년도에 SEC는 이러한 정보 빼내기가 시

---

* **Investor Relation_** 기업이 투자자에게 정보를 제공하고 설명하는 홍보 활동

장에 악영향을 미친다고 보고, 이른바 "FD규정"으로 불리는 공정 공시 규정(Regulation Fair Disclosure)을 시행했다. 이 규정은 상장회사들이 회사의 경영과 관련한 중요 정보를 일부 투자자에게만 선택적으로 제공하는 행위를 금지했다. 기업들은 공개 발표와 언론 보도를 통해 모든 정보를 모든 이에게 동시에 제공할 의무가 생긴 것이다. 이 규정 덕분에 정보를 얻기는 훨씬 쉬워졌지만 정보의 가치는 훨씬 떨어졌다. 다른 모든 투자자들도 아는 정보를 이용해 수익을 내기란 어려웠기 때문이다. 트레이더들은 시장에서 우위를 점할 다른 방법을 찾아내야 했다.

그래서 트레이더들을 기업 경영의 중심에 있는 내부자들과 연결해 주는 GLG 같은 회사들이 생겨났다. 이른바 전문가 네트워크 기업이었다. 헤지펀드 트레이더들은 전문가 네트워크 기업을 정보 공백을 메울 방법으로 여겼다. GLG 설립자 마크 거슨은 설립 직후 이렇게 소감을 밝혔다. "우리는 헤지펀드가 기업 관계자에게 호의를 베풀어 달라는 듯이 '15분만 시간을 내 주실 수 있겠어요?'라고 다가가 정보를 얻는 것이 우스꽝스럽다고 생각했습니다. 헤지펀드들은 그 정보에 대해 얼마든지 비용을 지불할 텐데 말이죠. 그래서 우리는 둘을 연결해 줄 방법을 생각해 냈습니다."

물론 GLG는 자사는 컨설팅 회사일 뿐이며 중요한 미공개 정보를 월가 고객들에게 제공하지 않는다고 내부자들에게 말했다. 하지만 내부자들은 그 경계선이 어딘지 종종 헷갈렸다. 반면, 헤지펀드 투자자들은 자신이 원하는 정보를 정확히 알았고, 그 정보를 얻기 위해서라면 무슨 짓이든 하려 했다. SAC 트레이더들은 GLG의 서비스에 만족했고 연회비로 120만 달러를 냈다. GLG의 서비스를 이용하면 헬스케어, 정보 통신, 에너지를 비롯한 무수한 업종의 온갖 직급의 기업 관계자들과 대화할 수 있었다. GLG를 거치지 않고 독자적으로 시도했다면 이토록 다양한 기업 관계자들을 찾거나 만나지 못했을 것이다. SAC는 GLG의 최대 고객 중 하나였다.

2006년 8월 30일, 마토마는 바피뉴주맙 임상시험에 관여하는 의학 전문가 22명의 명단과 함께 이런 이메일을 GLG에 보냈다. "이 명단의 의사들이 귀사의 데이터베이스에 있습니까? 이들을 모두 만나 알츠하이머병과 AAB-001 약품에 관한 조언을 듣고 싶습니다. 데이터베이스에 없는 의사가 이 명단에 있을 경우 귀사가 접촉해 줄 수 있습니까?"

GLG의 네트워크에 등록된 한 내과의가 마토마에게 답장을 보냈다.

"나는 임상시험의 안전성 감시위원회(Safety Monitoring Committee)의 위원장입니다. 물론 나는 공개된 정보보다 많은 정보를 알고 있지만, 비밀 준수 의무가 있기에 공개가 가능한 정보만 제공할 수 있습니다."

그는 미시건 대학교 메디컬 스쿨의 석좌 교수이자, 존경받는 70대 신경과 전문의이자, 알츠하이머병 분야의 권위자였다. 그의 이름은 시드 길먼(Sid Gilman)이었다.

제2부

BLACK
EDGE

4장 월스트리트의 타락

헤지펀드 공매도의 위력

　　맨해튼 남부, 페더럴 플라자 26번지에 위치한 투박한 직사각형 건물인 연방 정부 청사는 보안용 바리케이드로 둘러싸여 있었다. 연방 법원이 바로 붙어 있었고 뉴욕 시청이 지척 거리에 있었다. 연방 정부 청사 앞에 도착한 마이클 보위(Michael Bowe)는 깊게 숨을 들이쉬고 건물 안으로 들어갔다. 회전문을 지나 검색대 위에 가방을 내려놓고 경비원에게 FBI 뉴욕 사무소를 방문하러 왔다고 용건을 말한 다음, 전신 스캐너가 설치된 검색대를 통과해 엘리베이터로 걸어갔다.

　　보위는 기업 소송 전문 로펌인 카소위츠 벤슨 토레스 앤 프리드먼(Kasowitz Benson Torres & Friedman)의 파트너이자 금융사기 사건 전문 변호사로 업계에서 유명했다. 불그스름한 얼굴빛, 넓은 어깨, 하늘빛 눈동자가 인상적인 아일랜드 출신으로 소싯적 술김에 싸움 꽤나 벌이다 나이 드니 점잖아져 구두와 캐시미어 스웨터 차림에 익숙해진 남자 같은 분위기가 외모에서 풍겼다. 2006년 11월, 보위는 SAC 캐피털을 포함한 몇몇 헤지펀드를 주가조작 혐의로 고소한 기업들을 대리해 두 건의 소송을 진행하고 있었다. 양측은 감정이 격해져 상대측 약점을 물고 늘어졌다. 보위는 2년 전부터 SAC와 코언을 조사 중이었다.

그가 맡은 한 소송의 의뢰인은 캐나다 제약회사 바이오베일(Bio-vail)이었다. 바이오베일은 회계 부정을 저질렀다는 소문이 돌아 주가가 급락했다. 이 회사 CEO는 헤지펀드의 공매도자들이 결탁하여 주가를 끌어내리려고 애널리스트들을 움직여 바이오베일을 비롯한 특정 기업들을 부정적으로 평가하는 보고서를 뿌렸다고 주장했다.

공매도자들은 시장에서 평판이 안 좋다. 남들의 불행을 반기며 돈을 벌기 때문이다. 공매도자는 주가가 하락하면 이익을 보기 때문에 자연스럽게 대다수 투자자에게 적으로 간주된다. 공매도는 주가가 계속 상승한다면 잠재적으로 무한대의 손실이 발생할 위험이 있어 리스크가 크다. 따라서 일반적으로 헤지펀드 같은 고도로 노련한 투자자들만이 공매도에 참가한다. 대다수 기업의 경영진은 자사를 과장해서 선전하는 경향이 있는데, 공매도가 이런 선전에 찬물을 끼얹는다고 보고 싫어한다. 따라서 공매도자는 시장에서 중요한 역할을 수행한다. 수년간 은폐될 수도 있는 회계 부정 같은 상장회사의 문제를 찾아낼 동기를 지닌 유일한 시장 참여자가 바로 공매도자이기 때문이다. 2001년 파산한 에너지 기업 엔론의 문제를 최초로 지적한 이들도 바로 공매도자들이었다.

하지만 공매도는 악용의 소지도 있다.

2년 전인 2004년, 보위는 바이오베일의 CEO 유진 멜닉과 처음 만났을 때 주가를 끌어내리려는 공매도자들에게 바이오베일이 표적이 됐다는 그의 주장을 미심쩍어했다. 그렇지만 어쨌든 돈을 받고 상담하는 입장인 만큼 멜닉의 말을 계속 들었다. 멜닉은 SAC 캐피털이 바이오베일에 관한 부정적 정보들을 시장에 퍼트리고 있다고 생각했기에, 보위에게 이 헤지펀드의 움직임을 조사해 달라고 의뢰했다. 그때까지 SAC는 보위에게 아무 의미가 없는 이름이었다. 헤지펀드 업계가 번성한다는 점은 잘 알고 있었지만 SAC의 명성이나 운영 방식에 대한 지식은 거의 전무했다. 보위는 소수의 개인들이 투자한 펀드가 억만장자 CEO를 공포에 질리게 할 수 있다는 사실에 깜짝 놀랐다.

간략하게 예비 조사를 해 보니 SAC와 스티브 코언에 관해 진지하게 다룬 기사라고는 2003년 《비즈니스 위크》가 보도한 "월스트리트 역사상 최강의 트레이더"라는 기사뿐이었다. 이 기사는 코언을 40억 달러의 펀드를 운용하며, 다른 누구보다 먼저 정보를 입수하고자 거래 수수료로 연간 1억 5천만 달러 이상을 지불한 공격적인 데이트레이더로 묘사했다. 월가의 거의 모든 논란들과 SAC가 얼마나 밀접히 연루됐는지 보여 주는 사례로 기사는 다음과 같은 일화를 소개했다. 생명공학 회사 임클론의 샘 와살 회장은 자사의 항암제가 정부 승인을 받지 못했다는 소식을 들은 다음 날, 한 SAC 트레이더의 전화를 받았다. 이때는 아직 이 신약 관련 소식을 공시하기 24시간 전이었다. SAC 트레이더는 다른 이들은 아직 눈치채지 못했지만 임클론의 주가 움직임이 이상하다고 말했다. (SAC의 전화는 마사 스튜어트가 와살과 통화하려고 하기 몇 분 전에 왔는데, 이후 스튜어트는 내부자거래와 위증죄 혐의로 재판을 받게 됐다. SAC 전화에는 아무도 답변하지 않았다.) 기사는 코언이 월스트리트에서 가장 많은 거래 수수료를 지불하는 고객 10명 안에 든다고 지적하면서,

"오랫동안 은둔한 기업인 하워드 휴즈 못지않게 베일에 싸인 인물"
이라는 누군가의 평을 인용했다.

"대체 이 코언이란 작자는 누굴까?"

이런 궁금증이 생긴 보위는 로펌 조사원 한 명과 함께 멜닉이 제기한 음모론의 실체를 파헤치기 시작했다. 헤지펀드 업계에서 가장 중요한 인물들이 누구냐고 월가에서 수소문해 보니 계속 SAC라는 이름이 들려왔다. SAC의 비즈니스 모델은 "비용이 얼마나 들든 제일 먼저 정보를 입수한다"라고 표현할 수 있었다.

보위는 코언을 감시했다. 출근하는 코언에게 조사원을 붙여서 누구와 식사하는지 미행하게 했다. 조사원이 보기에 코언은 거의 언제나 보디가드들에게 둘러싸여 있었다.

2006년 2월 23일, 바이오베일은 코언과 몇몇 SAC 직원이 바이오베일 주가를 조작했다며 소송을 제기했다. 피고 측에는 거슨 레먼 그룹도 포함됐다. 원고 측은 SAC 트레이더들이 공모해서 캐나다 달러로 50달러 부근에 있던 바이오베일 주가를 18달러로 떨어뜨렸다고 비난했다. 이러한 주장은 원래는 모든 투자자에게 동시에 공개해야 하는 정보를 미리 달라고 대형 투자은행들에게 요구할 수 있을 정도로 코언과 SAC가 주식시장에서 힘 있는 고객이라는 사실에 근거를 두고 있었다. 원고 측은 고소장에서 "SAC는 스티븐 코언의 지시에 따라 어떠한 비용을 들이더라도 정보를 입수하도록 자사의 트레이더, 매니저, 직원, 대리인 들을 극도로 압박한다"고 주장했다.

SAC를 비롯한 다른 피고들은 이러한 비난을 극구 부인하면서 바이오베일 주가의 하락은 회사의 사업상 문제 때문이었다고 주장했다. 이 주장은 전혀 근거가 없지는 않았다. 그렇지만 이 사건은 주목을 받았고 SEC가 조사에 착수했다. 그러자 언론이 이 사건에 관심을 기울이게 됐다. 바이오베일이 소송을 제기하고 한 달 뒤, 미국 CBS 방송의 시사 프로그램 〈60분(60 Minutes)〉에서 "몰락에 베팅하기(Betting on a Fall)"란 제목으로 바이오베일의 소송을 심도 깊게 분석하고, SAC의 비즈니스 행태를 극히 회의적인 시선으로 보도했다.

이 방송이 나갈 무렵, 주식시장은 연일 최고치를 경신하고 부동산 시장 거품은 더 빠르게 커지고 있었다. 이전 세대들이 누리던 연금이 사라져 감에 따라 미국 근로자들은 노후를 대비하려고 저축해 둔 돈을 주식시장에 투자하고 있었다. 이에 따라 다우존스 산업 지수 상승이 국민적 관심사가 됐다.

〈60분〉은 다수 투자자들 사이에서 부자가 된 분위기가 만연해 있지만 위협 요소도 있다고 분명히 지적했다. 그렇지만 여기서 지적한 위협 요소는 부동산 시장에서 커지고 있던 위험한 거품이 아니라 헤지펀드 공매도자들이었다. 이 프로그램은 대다수 미국인들이 존재하는지조차 몰랐던 거대한 금융 네트워크가 작동하고 있으며, 코언을 그 정점에 앉아 있는 강력한 펀드 매니저로 묘사했다. 코언은 대중에게 모습을 드러낸 적이 거의 없었기 때문에 CBS 제작진은 방송에 쓸 코언의 사진을 찾지 못했다. 사진 대신 보위의 조사원이 몰래 촬영한 흐릿한 비디오 영상을 방송에 내보냈다. 코언이 라스베이거스에서 열린 이종격투기 시합을 관람하고 승용차로 걸어가는 모습을 담은 영상이었다. 제작진은 멜닉의 인터뷰 영상도 방송했다. 그는 "부정적 언론 보도와 잘못된 정보라는 거대한 파도가 몰려오고, 큰일이 닥칠 것이란 소문이 돌면 사람들은 언덕으로 도망치지요. 이런 상황에서 우리 회사는 다행히도 살아남았습니다"라고 말했다.

전처 패트리샤의 고통

〈60분〉 방송이 나간 밤, CBS 방송국에서 몇 마일 떨어진 집에서 한 여성이 TV 앞에 앉아 줄담배를 피우고 있었다. 스티브 코언과 SAC를 폭로한 시사 프로그램을 보면서 패트리샤 코언은 숨을 가쁘게 들이쉬었다. 방송에서 묘사된 전 남편의 모습에 놀랐기 때문이다.

코언과 이혼을 마무리한 1990년도부터 그녀는 줄곧 이혼 조건에 불만을 품었다. 이혼 조건으로 현금 100만 달러와 맨해튼 아파트와 자녀 양육비를 받았지만 앞으로 살아가기에 충분하지 못했다. 그녀는 이혼 당시 남편이 수백만 달러를 벌어들이고 있었다고 생각했기에 불리한 조건으로 이혼에 합의해 줬다고 후회했다. 게다가 이혼 합의서에 서명하고 얼마 지나지 않아 부동산 시장 거품이 꺼진 탓에 당초 계획대로 아파트를 팔지 못했다. 돈이 떨어진 그녀는 코언에게 주당 10만 달러씩 더 달라고 요구했다. 둘 사이에 전쟁이 벌어졌지만 평범한 사람들의 눈에는 어처구니없는 싸움으로 보일 법했다. 패트리샤 측 변호사는 패트리샤와 당시 10세, 6세인 두 자녀가 "사실상 현금이 전혀 없는 탓에 거리로 내몰리기 직전에 있다"는 탄원서를 법원에 보냈다. 코언은 마지못해 양육비를 월 5200달러로, 그리고 나중에는 월 1만 400달러로 인상했다. 그렇지만 양육비는 막내 아이인 로버트가 브라운 대학교에 입학했을 때 다시 줄어들었다. 코언은 전 아내가 "애들과의 사이를 갈라놓으려는 계략을 끝없이 획책"하고 자신과 현 아내에게 "복수"를 하고 있다고 주장했다. 패트리샤가 다시 돈이 떨어졌다고 말하자 코언은 취직해서 돈을 벌라고 말했다.

〈60분〉 방송이 끝난 뒤 패트리샤는 이런 생각에 빠졌다. 전남편이 진짜로 정직하지 못한 사람이었을까? 이혼 과정에서 재산을 숨기거나 거짓말을 했을까? 그녀는 결혼 생활 중에 남편의 비즈니스에 거의 관심을 기울이지 않았다. 그 세대의 아내들이 대개 그랬듯이 남편이 보험 계약서나 은행 계좌 개설 서류에 서명하라고 하면 별 질문 없이 서명했다. 이제 15년이나 지났지만 아직도 코언이 얼마나 부자고 어떻게 부를 쌓았는지 어렴풋이 짐작만 할 뿐이었다.

컴퓨터 앞에 앉아 검색 엔진에 코언의 이름을 쳐보았다. 검색 결과 전에 본 적이 없는 기사 하나가 나왔다. 경제전문지 《포춘》이 "부도덕한 월가의 일면(Shabby Side of the Street)"이란 제목으로 2003년 보도한 장문의 기사로 결혼 당시 코언이 근무했던 그런탈증권을 다루었다. 기사는 그런탈증권을 타락한 기업으로 묘사했다. 1980년대와 90년대에 그런탈 중개인들은 내부자거래와 증권사기 혐의로 고소당했다. 그런탈은 성희롱 사건을 무마하고자 75만 달러를 합의금으로 지불했다. 그런탈 직원들은 사망한 고객들의 휴면계좌에 있던 1400만 달러를 10년간 횡령한 혐의로 기소당했다. 이외에도 기사에 언급된 범죄는 많았다. 기사를 읽은 패트리샤는 전남편이 헤지펀드 제국을 건설하는 여정이 어떤 환경에서 시작됐는지 감을 잡게 됐다. 내부정보를 이용해 RCA 주식을 거래한 혐의로 SEC의 조사를 받았던 1986년에 코언이 얼마나 초조해 했는지도 기억났다. 당시 코언은 매일 밤 그녀의 어깨에 얼굴을 대고 울었다.

다음 날, 패트리샤는 로펌 카소위츠 벤슨에 전화를 걸었다.

마이클 보위 변호사는 사무실에서 두 발을 책상 위에 올려놓은 채 앉아 있었다. 사무실은 한바탕 태풍이 휩쓸고 간 양 난장판이었다. 야구 운동복들이 의자 등받이에 걸쳐 있고, 아들이 받은 체스 트로피들이 사무실 한 구석에 잔뜩 놓였고, 컵과 서류와 폴더들이 사무실 이곳저곳에 흩어져 있고, 책상 위는 빈 공간이 없을 정도로 물건들이 어지럽게 놓여 있었다. 이때 전화벨이 울렸다. 전화를 받아 보니 여성의 목소리였다.

"제 이름은 패트리샤에요. 스티브 코언의 아내였죠. 변호사님이 관심을 보이실 만한 정보를 가지고 있습니다."

보위가 책상 위에서 다리를 내려놓고 자세를 고쳐 앉으며 물었다.

"원하시는 게 뭐죠?"

그녀는 조언이 필요하다고 말했다. 부당한 조건으로 이혼한 것 같은데 어찌해야 할지 모르겠다고 하소연했다. 현재 센트럴파크 웨스트 소재 침실 셋짜리 아파트에 사는데, 코언 명의로 된 집이고 후처 앨릭스가 매달 아파트 관리 상태를 점검하는 통에 자신은 남의 집에 얹혀사는 기분이고, 마침 현금도 떨어져 언제 거리로 쫓겨날지 몰라 불안하다고 토로했다. 그리고 오랫동안 비밀로 간직한 코언 관련 정보를 보위에게 털어놓겠다고 말했다. 그녀는 이렇게 폭로에 나서려고 해도 마음이 편치 못했다. 그동안 접촉한 모든 사람이 코언을 두려워했기 때문이다. 하지만 보위는 코언에게 겁먹지 않은 듯 보였다.

그녀는 보위의 사무실을 방문해 그런탈증권 시절 코언이 어땠는지 얘기했다. 코언은 패트리샤와 대화 도중에 1980년대 GE의 RCA 인수 정보를 사전 입수했다고 털어놓았다. SEC가 조사할 때 코언은 감옥에 갈까 봐 겁에 질렸고, 별 문제 없이 조사가 끝난 뒤에는 편집 증에 가까울 정도로 극히 조심해 가며 트레이딩을 했다. 코언은 변덕스럽고 화를 잘 참지 못했으며, 그녀가 보기엔 무능한 정신과 의사 한 명을 본사 사무실에 근무토록 했다. 그리고 그녀는 자녀들이 코언을 무서워한다고 생각했다.

보위는 어찌해야 좋을지 확신이 서지 않았다. 이혼 소송은 자신의 전문 분야가 아니었고, 패트리샤의 증언은 명백히 편향됐기 때문이었다. 하지만 증언 내용에는 구역질이 났다. 코언이 트레이딩 플로어에서 직원들을 가혹하게 다루고 무시한다는 소문이 떠올랐다. 눈앞에는 감정적, 경제적으로 크게 어려움에 처한 여성이 앉아 있었다. 이번 해에만 10억 달러 가까이 번 코언이 전처에게 적당히 떼어 주고 원만히 처리하지 않다니 믿기지 않았다. 오히려 코언은 전처에게 돈을 더 주지 않으려고 변호사들을 선임해 싸우고, 코언의 아내 앨릭스는 패트리샤의 드라이클리닝 영수증까지 들여다보고 있다는 게 아닌가.

보위는 먼저, 같은 로펌의 이혼 소송 전문 변호사 한 명을 패트리샤에게 소개했다. 패트리샤는 FBI에 가서 얘기해야 할지 보위에게 물어봤다.

"아닙니다." 패트리샤를 자기 사건의 증인으로 확보해 두고 싶었던 보위는 반쯤은 자기 욕심임을 알면서 말을 이어 나갔다. "FBI에 가서 말하면 안심이 되시겠죠. 하지만 FBI 증언이 어떤 결과를 낳을지 아셔야 합니다. 호랑이 입에 머리를 집어넣는 격입니다."

그 후 수개월이 지나는 동안 보위는 패트리샤에게 다른 연락을 받지 못했다. 그러다가 어느 날 오후 그녀의 전화를 받고 깜짝 놀랐다. "방금 전 FBI 요원과 장시간 만나고 왔어요."

보위는 너무 관심을 드러내지 않으려 했지만 궁금해져서 물었다. "그래요? 누구와 만나셨는데요?"

"B.J. 강이라는 요원이에요."

헤지펀드에 대한 고발

〈60분〉 방송이 나가고 몇 주 뒤, 보위는 이상한 전화를 또 받았다. 페어팩스 파이낸셜 홀딩스라는 캐나다 보험사의 중역이 건 전화였다. 그 중역은 바이오베일의 소송을 면밀히 지켜보았다. 바이오베일이 SAC를 고소한 내용이 남의 일 같지 않았기 때문이다. 그는 여러 헤지펀드 공매도자들이 페어팩스에 대한 부정적인 리서치 정보를 퍼트리고, 심지어 페어팩스 중역들까지 괴롭히고 있다고 말했다. 바이오베일이 제기한 소송의 사건들이 이미 벌어진 일이었다면, 페어팩스의 상황은 현재 진행형이라는 점이 달랐다. 인터넷 채팅룸에선 페어팩스가 도산하리란 얘기가 매일 나왔다. 보위는 어느 날 인터넷 게시판에 페어팩스 CEO가 캐나다를 출국했고, 캐나다 연방 경찰이 페어팩스 사무실을 압수수색 중이라는 소문이 범람한 후 페어팩스의 주가가 하락하는 것을 목격했다.

페어팩스 설립자인 프렘 왓사는 언론에서 종종 "캐나다의 워런 버핏"이라 칭하는 캐나다 억만장자다. 그는 모건 키건(Morgan Keegan)

이라는 멤피스에 있는 리서치·트레이딩 업체의 한 애널리스트가 몇 헤지펀드들과 손잡고 페어팩스에 관한 거짓된 정보들을 퍼트리고 있다고 주장했다. 이러한 헤지펀드 중 한 곳이 SAC 캐피털로 드러났다. 이 사건을 조사한 보위는 모건 키건 애널리스트가 자신이 작성한 페어팩스 보고서를 발표하기 전, 보고서 초안을 SAC와 다른 헤지펀드들에게 보냈음을 암시하는 듯 보이는 이메일을 발견했다. 보위는 헤지펀드들이 입맛대로 조작한 리서치 보고서를 이용해 내부자거래를 하고 있음을 입증하고 싶었다.

페어팩스를 엔론 같은 기업으로 매도하는 익명의 웹사이트들이 개설됐고, 페어팩스 직원들은 한밤중에 이런 장난 전화를 받기 일쑤였다. "페어팩스는 사기꾼 기업입니다. 늦기 전에 관두세요!" 페어팩스 주식을 공매도한 트레이더들은 FBI와 SEC가 페어팩스의 회계 부정 가능성을 조사하도록 로비했다. 뉴욕 남부지검도 수사를 개시했다. 페어팩스는 사업 구조가 너무도 복잡해 회계 문제를 쉽게 감출 수 있을 듯 보였다. 여러 헤지펀드의 트레이더들은 페어팩스 주식을 공매도해 주가가 떨어질 때마다 이익을 봤다. 150달러였던 페어팩스 주가는 110달러 밑으로 떨어졌다.

2006년 7월 26일, 보위는 SAC를 포함한 헤지펀드들이 페어팩스에 관한 거짓 소문을 시장에 퍼트리고 있다는 고소장을 뉴저지주 법원에 제출했다. 그는 헤지펀드들이 「부패 및 조직범죄 처벌법(RICO, Racketeer Influenced and Corrupt Organizations Act)」을 위반했다고 고소장에 적시했다. 흔히 리코(RICO)라고 불리는 이 법은 원래 마피아 두목에게 부하가 저지른 범죄에 대한 책임을 물어 처벌하려는 목적으로 제정됐다. 페어팩스는 손해배상금으로 50억 달러를 요구했다.

SAC를 포함한 피고 측은 그러한 혐의를 부인했다.[*]

페어팩스를 대리하여 고소장을 제출하고 몇 시간 뒤 보위는 한 통의 전화를 받았다. 뉴욕 남부지검 증권 팀의 헬렌 캔트웰(Helen Cantwell) 검사였다. "여기로 오실 수 있겠어요? 드릴 말씀이 있습니다." 목소리에 짜증이 묻어났다. 그녀는 FBI 요원 B.J. 강과 함께 페어팩스 관련 범죄 수사를 진행 중이었다. 검찰의 수사 대상은 페어팩스의 회계 부정이었지 헤지펀드의 비리가 아니었다. 보위가 제출한 고소장의 내용과는 정반대였던 셈이다. 페어팩스 측의 고소장을 본 검찰은 깜짝 놀랐다. 고소장 내용이 사실이면 검찰이 수사 방향을 완전히 잘못 잡은 셈이었으니까. 캔트웰을 비롯한 검찰 인사들은 속이 뒤집힌 듯 했다. 그들은 보위에게 다음 날 방문해 달라고 요청했다.

다음 날 아침, 보위는 맨해튼 남부 세인트 앤드류스 플라자 1번지의 뉴욕 남부지방 연방 검찰청을 방문했다. 회의실에 들어가니 테이블 한쪽 끝에 B.J. 강이, 반대편에는 SEC에서 온 조사관 한 명이 앉아 있었다. 테이블 가운데에 앉아 있던 캔트웰 검사가 의자를 가리키며 보위에게 앉으라고 했다. 모두 표정이 어두웠다.

"무슨 용건으로 부르셨습니까?"

보위의 질문에 캔트웰 검사는 뉴욕 남부지검이 페어팩스의 부정 여부를 수사 중인데, 이 수사가 종료될 때까지 페어팩스 측이 고소장을 제출하지 말았어야 했다고 말했다. 페어팩스 측이 제기한 소송

• SAC를 비롯한 헤지펀드들은 법원이 이 소송을 기각하도록 하는 데 성공했다. 법원은 SAC가 이 사건에서 경제적 이득을 취한 바 없다고 판단했다. 페어팩스는 2013년에 항소했다.—저자 주

때문에 검찰은 중요한 문제에 직면하게 됐다는 것이다. 정부는 페어 팩스의 부정 혐의를 조사해야 하는 것인지, 아니면 페어팩스 주식을 공매도하고 있는 헤지펀드 공매도자들을 조사해야 하는지? 캔트웰 검사는 페어팩스 측이 제출한 160쪽에 달하는 고소장의 모든 내용을 설명해 달라고 요청했다.

이후 세 시간 동안 보위는 고소장 내용, 즉 페어팩스 측이 배후로 지목한 SAC를 비롯한 헤지펀드들, 거짓된 소문과 장난 전화, 공매도와 내부자거래 혐의 등과 그것들을 뒷받침하는 증거들에 대해 설명했다. 그가 발언하는 동안 강은 메모를 했다.

좌중의 분위기는 차가웠지만 캔트웰 검사는 페어팩스 측의 주장을 살펴보겠다고 말했다. 그녀는 보위에게 감사의 말과 작별 인사를 했다.

헤지펀드, 규제의 무풍지대

마이클 보위는 투쟁을 기피하는 인물이 아니었다. 어떤 면에서는 투쟁을 추구했다. 그는 대부분의 인생 교훈을 펄 리버(Pearl River)에서 자라면서 배웠다. 펄 리버는 맨해튼에서 북쪽으로 한 시간 거리에 있는, 아일랜드 술집과 작은 장신구 가게가 밀집한 동네다. 이 동네 가톨릭 초등학교에 뉴욕시 경찰과 소방관의 자녀 800명이 다녔다. 쉬는 시간이 되면 아스팔트 운동장으로 아이들이 쏟아져 나왔다. 교사 한 명이 운동장에 나왔지만 다른 아이를 괴롭히거나 잔인한 놀이를 하는 아이들을 방관했다.

방과 후 아이들은 무리 지어 거리를 돌아다니고, 주먹싸움을 벌이고 다른 아이를 울리려고 했다. 이곳에서 보위는 중요한 기술들을 터득했다. 적의를 품은 사람들을 상대하는 법, 특정 상황에서 티 나지 않게 평범히 행동하거나 중요한 사람이 되는 법, 역경을 극복하는 법이 그것이다. 아버지는 맨해튼 북쪽 끝 인우드(Inwood) 지구의 한 소방서에서 소방관으로 일하다 심한 화상을 입고 퇴직했다. 키 작은 아일랜드계 어머니는 옆집 아이에게 맞고 울면서 돌아온 꼬마 보위를 부엌 조리대 위에 올려놓고 말했다. "얘야, 네 몸은 네 스스로 지켜야 한단다." 뉴욕 남부지검의 연방 검사들이 대부분 아이비리그 대학교를 졸업한 데 반해, 보위는 뉴욕시 소재 가톨릭 사립대인 포드햄(Fordham)을 거쳐 뉴욕대 로스쿨(New York Law School)을 졸업했고, 남과 충돌하는 일을 두려워하지 않았다.

뉴욕 남부지검에서 처음 대면했던 B.J. 강이 4개월 정도 지난 후에 보위에게 전화를 했다. 헤지펀드 관련 정보를 요청하기 위해서였다. 이 무렵 보위는 SAC 캐피털 어드바이저에 대해서 최고의 전문가가 되어 있었다.

"SAC를 비롯한 헤지펀드들과 이들이 저지른 내부자거래에 관해 추가로 알아낸 정보를 여기 와서 알려 주실 수 있겠습니까." 강은 특히 보위가 지적한 다수의 헤지펀드들이 사용하고 있는 "내부자거래 비즈니스 모델(insider trading business model)"을 더 자세히 알고 싶었다. 그래서 보위에게 두어 시간 방문해 질의에 응답해 줄지 물었다.

보위는 물론 그러겠다고 대답했다.

강은 FBI 증권사기 수사 팀에 합류한 지 얼마 되지 않았다. 그 전에는 뉴욕시 밖 번화가 상가 건물에 입점한 소형 증권사 지점의 사건들을 주로 수사했다. 이런 소형 증권사의 영업사원들은 낯선 이에게 전화로 조언을 듣고 투자해선 안 된다는 점을 모르는 주식 문외한들에게 싸구려 주식을 매입하라고 권했다. 이런 사건의 피해 금액은 크지 않았고, 소형 증권사 한 곳을 폐쇄하면 곧바로 그 자리를 다른 증권사가 채웠다. 강의 상사인 팻 캐럴은 이런 자잘한 사건보다는 대형 사기 사건들을 수사해야 한다는 생각이 들었다. 그래서 얼마 전 강을 사무실에 불러 이렇게 말했다.

"피라미드 사기와 주가조작 사건들은 이제 됐고, 앞으로는 헤지펀드들을 조사할 필요가 있네. 헤지펀드 업계는 아주 문제가 많은데 우리는 아직 조사해 본 적이 없어."

강은 무슨 말인지 확실히 이해하지는 못 했지만 고개를 끄덕였다.

캐럴이 계속 설명했다. "돈의 흐름을 추적하다 보면 헤지펀드들이 나올 거야." 캐럴은 헤지펀드들이 법을 어기고 있다고 말하지는 않았지만 헤지펀드들이 무슨 짓을 하고 있으며, 그리고 어떻게 그렇게 많은 돈을 벌어들이는지 FBI가 감도 못 잡고 있는 상황을 걱정했다. 매일 새로운 헤지펀드가 출범했고 수십억 달러의 투자금이 그리로 흘러들어 갔다. "앞으로 우리는 큰 그림을 생각할 필요가 있어."

강은 어릴 적 메릴랜드 교외에서 경찰 놀이를 하면서 수사기관에서 일하겠다는 꿈을 품었다. 강은 이러한 꿈을 이루고자 성공할 때까지 남보다 더 열심히 노력해야 한다는 부모님의 말을 실천했다. 옆자리 학생이 아침 7시에 등교하면 강은 아침 6시에 등교했다. 다른 학생이 아침 6시에 등교하면 강은 새벽 5시 30분에 등교했다. FBI 아카데미를 졸업할 때 강은 가장 중요한 사건들이 벌어지는 뉴욕에서 근무하게 해 달라고 요청했다.

캐럴의 사무실에서 나온 뒤로 강은 헤지펀드 업계를 공부하기 시작했다. 덕분에 업계 유수의 펀드 매니저들과 그들이 벌어들이는 믿을 수 없는 규모의 금액에 익숙해졌다. 라지 라자라트남이 설립한 헤지펀드로 업계 최고의 수익률 펀드 중 하나인 갤리언에 대해서도 대충 알게 됐다. 그렇지만 아직 헤지펀드 업계에 관해 더 배워야 했다.

금융계 정보원이나 증인들과 면담할 때 강은 항상 같은 질문을 던졌다. 헤지펀드 트레이더들 중 누가 가장 성공했나? 그들은 어떻게 돈을 버나? 사람들은 그들이 깨끗하다고 생각하나? 한 헤지펀드의 이름이 자꾸 거론됐다. 바로 SAC 캐피털이었다.

강이 가지고 있는 월가의 정보원에 따르면 SAC가 가장 수익성이 높고 공격적인 헤지펀드였다. 경쟁사들은 해마다 30, 40, 50퍼센트의 수익률을 올리면서 한 해도 손실을 기록하지 않는 SAC를 불가사의한 존재로 여겼다. 이보다 더 좋을 순 없어 보였다. 강은 SAC를 더 알고 싶었다.

그래서 보위를 부른 것이다. 오후에 회의실에 들어온 보위는 강에게 헤지펀드 세계가 어떻게 움직이는가에 대해서 자기의 생각을 오랜 시간 설명했다.

보위가 본 바에 의하면, 월가를 감시하고 규제할 책임이 있는 금융 당국은 눈치채지 못했지만, 이미 5, 6년 전부터 월가에서는 거대한 전환이 진행 중이었다는 것이다. 자본시장 시스템은 더 큰 공장을 짓고 신제품을 개발하고 더 많은 직원을 채용하려는 기업들에게 자본이 흘러가도록 돕기 위해 존재했다. 이 시스템은 경제 성장의 엔진이었다. 상업은행은 돈을 빌려주고, 투자은행은 주식과 채권거래, 기업공개(IPO), 합병과 기업 매수를 촉진함으로써 그 엔진이 돌아가게 했다. 2000년도 무렵까지 시장은 골드만삭스, 모건스탠리 같은 몇몇 대형 투자은행과 미국인의 퇴직금을 관리한 뮤추얼펀드 회사들이 지배했다. 그리고 이 모든 것은 거의 70년간 금융시장을 규제해 온 규칙과 규정들의 우산 아래서 작동했다. 물론 이 기간에도 규제 위반과 범죄 행위들이 발생했지만, 그러한 일들은 대부분 명확히 규정되고 예측 가능한 방식으로 발생했다. 대형 은행들은 대부분의 경우 무엇이 합법이고 무엇이 불법인지 구분할 줄 알았고, 준법감시부(compliance department)를 두고 경영 과정에서 법 위반이 발생하지 않도록 분명히 했다. SEC는 대형 은행들을 감시할 때 어느 부분을 살펴봐야 하는지 알고 있었다.

하지만 최근 10년 사이, 수십억 달러의 자금이 엄격한 규제를 받는 대형 은행에서 막대한 수익을 약속하는 공격적 투자 수단인 헤지펀드로 이동했다. 헤지펀드들은 경미한 규제만 받고 대부분 비밀스럽게 운영됐다. 보위는 "대형 은행의 규제 위반 사례들을 살펴보시죠. 그러한 행위들이 나쁘지 않다는 말은 아니지만, 위반 사례를 포함하여 대형 은행에서 발생하는 많은 사건들은 헤지펀드에서 일어나는 유형들과는 아주 다릅니다"라고 말했다.

보위는 헤지펀드를 현실적인 관점에서 설명했는데 헤지펀드 직원 중 다수가 독특한 배경을 가지고 있다는 것이다. 그들은 펀드 매니저와 친분 덕에 채용됐고 골드만삭스에 지원했다면 입사하지 못했을 것이다. 이러한 헤지펀드들은 엄격한 규제에서 벗어나 있으며, 준법감시부가 실질적으로 거의 작동하지 않았으며, 어떻게 하든 상관없이 트레이딩으로 돈을 벌 수 있는 사람을 채용한다는 경영 철학을 지녔다. SEC는 헤지펀드에 대해 단지 최소한의 정보만 가지고 있었다. 이 모든 상황을 종합해 볼 때, 강은 헤지펀드 업계에서 무슨 일이 벌어지리라고 생각했겠는가?

바이오베일과 페어팩스를 대리하여 헤지펀드 업계를 조사하는 과정에서 보위는 헤지펀드들이 새로운 형태의 지독한 타락을 잉태하고 있다고 확신하게 됐다. 헤지펀드 업계가 모기지(mortgage)를 비롯한 다른 부채들을 증권화 함으로써 이해하기 힘든 새로운 금융 상품들을 발명해 내는 동안, 트레이더들은 새로운 사기 수법을 개발하고 있었다. 금융범죄를 혁신한다는 점에서 헤지펀드는 실리콘밸리와 같았다.

정부 개입은 문제를 악화시켰다. 좋은 의도로 개입했으나 의도치 않은 결과를 낳아 문제가 커진 전형적 사례로 엘리엇 스피처(Eliot Spitzer) 뉴욕주 법무장관이 지휘한 수사를 꼽을 수 있다. 그는 2000년도에 월가 투자은행의 리서치 부서 수사에 착수해 3년 뒤, 많은 투자자들이 기업 건전성 평가의 길잡이로 삼는 리서치 보고서의 매도·매수 등급이 조작됐다고 고발했다. 또한 투자은행들이 애널리스트 보고서를 자사의 비즈니스를 키우는 영업 도구로 이용하고 있다는 혐의도 제기했다. IPO 인수와 M&A 자문으로 받는 수수료는 대형 투자은행들의 주요 수익원이었다. 특정 기업을 긍정적으로 평가하는 보고서를 내겠다고 약속하면 더 많은 자문 수수료를 챙길 수 있었다.

단적인 예가 1998년 아마존 주가가 400달러까지 오를 것이라 발언해 유명세를 탄 메릴린치의 인터넷 기업 애널리스트인 헨리 블로젯이다. 그가 팻츠닷컴(Pets.com), 이토이스(eToys.com) 같은 인터넷 기업들을 공개적으로 칭송하는 동안 메릴린치는 해당 기업과 거래해 매출을 올리려 했다. 하지만 그는 동료들에게 사적으로 보낸 이메일에서 인터넷 기업들이 과대평가됐다고 고백하며 익사이트앳홈(Excite@Home)을 "쓰레기," 다른 닷컴 기업들을 "똥개"라고 불렀다.

2002년 말 뉴욕주 법무부가 이러한 이해상충 문제를 폭로했고, 메릴린치, 골드만삭스, 리먼 브라더스, 제이피모건 외 월가 최고 금융사 여섯 곳과 합의(settlement)에 도달했다. 합의 조건은 해당 금융사들이 벌금과 배상금으로 수십억 달러를 내고, 새로 도입된 더 엄격한 규칙들을 준수하겠다고 약속하는 것이었다. 투자은행 업무와 리서치 부서는 완전히 분리돼야 했고, 애널리스트들은 자신이 창출한 투자은행 업무의 매출에 비례한 보상을 받을 수 없게 됐다. 금융계에서 가장 선망받던 직군이던 모건스탠리나 골드만삭스의 테크놀로지 애널리스트는 거의 하룻밤 사이에 옛 영광을 그리워하는 사서 신세로 전락했다.

이러한 변화가 진행되던 시기에 헤지펀드가 점점 더 대형 은행의 중요한 고객으로 떠오르고 있었다. 막대한 주식을 거래하는 헤지펀드가 내는 거래 수수료가 대형 은행의 주요 수익원이 됐기 때문이다. 헤지펀드는 수억 달러의 수수료를 내는 대가로 특별 서비스를 요구했고, 대형 은행은 헤지펀드를 고객으로 붙잡아 두고자 무슨 일이든 하기 시작했다. 가장 공격적인 헤지펀드들은 애널리스트가 특정 주식을 상향 또는 하향 평가할지 남들보다 먼저 알길 원했다. 숙련된 트레이더라면 물론, 숙련되지 않은 트레이더일지라도 그 정보를 이용하여 즉각 이익을 실현할 수 있었다.

한편, 스피처 등의 독립적 리서치 요구에 응하여 특정 기업 주식을 사야 할지 팔아야 할지 객관적 의견을 제공하겠다고 약속하는 소규모 리서치 업체들이 등장했다. 처음에는 좋은 아이디어처럼 보였지만 소규모 리서치 업체들은 제대로 된 준법감시부도, 지켜야 할 명성도 없었다. 일부 애널리스트들은 그러한 일을 할 수 있는 자격도 갖추질 못했다. 강력한 헤지펀드가 이런 소규모 업체에 접근해 특정 기업을 분석한 보고서를 사겠다고 제안하고, 그다음에는 어떤 회사에 대해 써달라고 하거나 심지어 보고서의 내용까지 참견하는 사태를 방지할 수단이 있는가? 보위는 헤지펀드들이 쉽게 시장을 조작할 수 있다고 믿었다. 이를테면 소규모 리서치 업체를 매수해 이미 공매도한 종목에 관한 부정적인 보고서를 발표하게 하고, 그 보고서가 주가를 하락시킬 때 이익을 취하는 식이었다.

마지막으로 보위는 강에게 거슨 레먼 그룹처럼 투자자들을 상장회사 경영진들과 연결을 도와주는 전문가 네트워크 기업을 설명했다. 신약 개발에 참여한 수백 명의 의사들과 테크놀로지 기업의 중간 관리자들이 전문가 네트워크 기업을 통해 헤지펀드 트레이더들에게 "상담"을 해 주고 돈을 챙기면서 부업을 하고 있었다. 상담자들은 비밀 정보를 제공해서는 안 됐지만, 그러한 일이 발생하지 않도록 막을 장치는 거의 존재하지 않았다. 헤지펀드들은 상담자들에게 수백만 달러를 지급했다. 누구나 입수 가능한 정보를 얻으려고 이런 거액을 지급했겠는가? 보위는 이런 만남을 비리의 온상으로 보았다.

보위와 강은 4시간 정도 대화했다. 강에게는 새로운 언어를 배우는 시간과도 같았다. 강은 메모지에 갈겨쓰면서 중간중간 "잠깐만," "다시 말해 주세요," "방금 한 말을 한 번 더 말해주시겠어요?"라고 보위의 말을 가로막고 질문을 던졌다.

강은 헤지펀드 업계의 비윤리성에 충격을 받았다.

보위가 말했다. "엄청난 돈이 걸려 있고 아무도 감시하지 않는 상황이라면 악행이 자행되기 마련이라고 우리 둘 다 알고 있죠." 그는 월가에서 다양한 비리들이 발생하고 있다고 주장했다. 일부는 선을 넘을락 말락 하는 경우, 일부는 선을 넘어버린 경우, 그리고 많지는 않지만 선을 과도하게 넘은 경우들이 있다. 보위는 최악의 비리가 자행되는 곳이 헤지펀드라고 확신했다.

"지금 제가 한 말을 믿을 필요는 없습니다. 그냥 월가에 가서 두 눈으로 보고 사람들과 얘기해 보세요. 이 문제는 릭의 카페(Rick's Cafe)에서 도박하는 것과 같습니다.* 바위를 치우고 그 밑을 살펴 보세요. 특히 SAC와 관련된 일들을 파헤쳐 보면 문제가 보일 겁니다."

---

* 이 문구는 영화 〈카사블랑카〉의 한 장면에서 나오는 대사인데, 릭 블레인의 카페는 나이트클럽이면서 도박의 소굴이었다. 이곳의 단골인 르노 대장이 "나는 여기서 도박을 하는 것을 보고 충격을, 충격을 받았어요"라고 하면서 이곳을 폐쇄해야 한다고 말했다.—저자 주

5장 에지, 독점적 정보

보스가 원하는 정보

월스트리트에서 가장 선망받는 직
장에서 일하는 것에는 많은 이점이 있지만, SAC 직원들은 종종 장
기간의 스트레스와 불확실성이 건강에 미치는 영향을 알아보는 실
험의 대상자가 된 기분이 들었다. 컴퓨터 배치와 좌석 배치, 이에 따
른 조직 내 위계 구조가 계속 바뀌었기에 아무도 자신의 현재 위치
에 안심하지 못했다. 자신의 경력을 끝장낼 만한 거대한 손실 가능
성이 늘 포트폴리오 매니저의 머리를 짓눌렀다. 정기적으로 SAC 본
사를 방문한 사람들은 부서 또는 트레이딩 그룹 하나가 이렇다 할
설명도 없이 통째로 사라진 것을 보고 깜짝 놀랐다. 하지만 이러한
변화는 새로운 기회를 낳았다. 마이클 스타인버그는 그 기회를 이
용하고자 했다.

스타인버그는 1996년 SAC에 입사해 코언의 핵심 기술주 트레이
더였던 리처드 그로든의 사무원으로 출발했다. 키 크고 어깨가 넓
은 대학 라크로스 선수 출신으로 비싼 사립학교 졸업생 같은 인상을
풍긴 스타인버그는 트레이딩 데스크 위에 상체를 숙인 채 그로든의
주식거래표를 작성하고, 거래에 문제가 생기면 전화기에 달려들어

중개인에게 연락하고, 상사들이 지시하는 일이라면 어떤 하찮은 일이라도 마다하지 않았다. 부모는 스타인버그가 대학 전공으로 철학을 선택하자 걱정했다. 철학은 너무도 비실용적 학문으로 보였기 때문이다. 그래서 스타인버그는 자신이 경제적으로 성공할 수 있다는 점을 부모에게 입증하기로 결심했다. C.B. 리가 수집한 테크놀로지 기업 정보를 공유하는 문제를 놓고 코언과 다툼을 벌인 끝에 그로든 이 회사를 관두자 스타인버그는 포트폴리오 매니저 자리에 올랐다.

포트폴리오 매니저로서 스타인버그는 자신이 채용한 애널리스트와 트레이더들로 팀을 구성하고, 이들의 도움을 받아 할당된 자금을 관리할 책임이 있었다. 그는 함께 일할 좋은 인재들을 찾고자 했다. 델, 애플, 인텔, 마이크로소프트, IBM 같은 컴퓨터 관련주를 분석할 직원을 찾던 스타인버그는 2006년 9월, 존 호바스(Jon Horvath)라는 36세 애널리스트를 채용했다. 6개월간 이어진 채용 과정에서 면접관 10명이 12번의 면접을 실시했다. 호바스는 이 과정을 끈기 있게 버텨냈다. SAC에 취업하고 몇 년 만 일하면 남은 인생은 스키를 즐기며 보낼 수 있으리라고 생각했기 때문이다.

호바스는 마약에 취한 듯 멍하게 보일 때가 많았지만 애널리스트 일을 열심히 했다. 호바스의 임무는 스타인버그에게 트레이딩 아이디어를 제안하는 것이었다. 그러나 평범한 아이디어여서는 안 됐다. 주가를 상승 또는 하락시키는 실적 발표 같은 이벤트가 발생할 때를 노려 주식을 매매하는 것이 SAC의 투자 방식임을 호바스는 재빨리 알아차렸다. 그렇지만 어떤 이벤트가 있는지 알아내야 하는 것이 문제였고, 그다음에는 그 이벤트에 대응해 롱으로 갈지 아니면 쇼트 포지션으로 갈지를 판단해야 했다. 호바스는 이러한 판단을 위해 정교한 스프레드 시트 자료와 이익 추정 모델을 만들었다. 실리콘밸리 인근 샌프란시스코에 아파트를 가지고 있던 그는 뉴욕시와 서부 해안 지방을 오가면서 세계 각지의 투자 콘퍼런스와 테크놀로지 기업들을 방문해 입수 가능한 모든 정보들을 캐냈다.

호바스가 SAC에서 일하게 된 지 수개월이 지난 2007년 초 경제가 흔들리는 조짐이 보였다. 미국 전역의 부동산 가격이 떨어지기 시작했고, 주택 담보대출 연체율이 치솟으면서 집값이 오를 것으로 보고 모기지 채권을 대량 매입한 은행과 투자자들이 위험에 노출됐다. 하지만 대다수 투자자는 엄습해 오는 재앙의 신호들을 무시했다. 비록 자신이 단기간에 부자가 됐어도 절대 실수하지 않을 만큼 영리해진 것은 아니라고 겸허히 인정한 사람들만이 재앙의 신호들을 감지했다. 5월에는 서브프라임 모기지 채권에 과도하게 투자한 베어스턴스 산하 헤지펀드 두 곳의 자산 가치가 급락했다. 몇 주 전만 해도 두 헤지펀드는 각각 200억 달러 이상의 자산을 보유했으나, 이제는 시장의 어느 누구도 두 헤지펀드가 보유한 모기지 증권을 기피했다. 베어스턴스 경영진은 두 펀드를 지원하기 위해 애를 썼지만 증권의 가치는 계속 떨어졌다. 7월 18일, 베어스턴스는 수십억 달러의 손실을 본 두 헤지펀드를 청산한다고 발표했다.

수많은 투자자들이 두 펀드의 파산이 암시하는 바를 파악하려 애썼다. 그저 작은 실패일 뿐일까, 아니면 다가오는 경제 위기의 전조일까? 호바스는 전자이기를 바랐다. 그는 모든 상황이 안정적이라 가정한 채 계속 일했고 스타인버그에게 아이디어를 건의했다. 호바스가 전부터 분석한 데이터 저장 기업인 네트워크 어플라이언스가 8월 첫째 날에 3분기 실적 전망이 크게 어둡다고 발표하자 주가가 5달러 떨어졌다. 전부터 이 기업을 유망하다고 봤고, 최악의 상황이 지나갔다고 판단한 호바스는 스타인버그에게 이 기업 주식을 추천했다. 호바스의 추천대로 스타인버그는 주식을 매입했다. 주가가 약간 반등했지만 한 달 뒤 발표한 실적에 시장이 실망해 주가가 다시 떨어졌다. 이 때문에 200만 달러의 손실을 본 스타인버그는 분노했다.

며칠 뒤, 사무실에 직원들이 없을 때에 스타인버그가 호바스를 불렀다. "나는 혼자서 주식을 데이트레이딩해서 수익을 낼 수 있네. 이 부분은 자네 도움이 필요 없어. 내가 자네에게 바라는 것은 남들은 모르고 우리만 이용할 수 있는 돈 되는 정보를 가져오는 걸세." 스타인버그는 잠시 뜸을 들였다가 다시 말했다. "자네는 지인, 기업이나 투자은행 직원들, 컨설턴트 등 자네의 모든 인맥을 동원해 그러한 정보를 '얻어 내야' 하네." 그는 호바스가 제대로 이해했는지 확인하듯 뚫어지게 쳐다봤다.

호바스는 그의 보스가 자신에게 원하는 바를 명확히 깨달았다. 내부정보를 구해 오라는 것이었다. 바로 확실하게 돈을 벌 수 있는 정보 말이다.

전화 도청

센트럴 파크와 메트로폴리탄 미술관에서 두 블록 떨어진 파크 애비뉴 925번지 건물은 맨해튼에서 가장 집값이 비싼 동네에 있다. 2차 대전 전에 조합원들이 돈을 모아 지은 아파트 건물로서 석회석으로 마감한 외벽과 크라운 몰딩 인

테리어 장식과 벽난로와 줄리엣 발코니가 고풍스러운 멋을 풍겼다. 2007년 6월 어느 날, FBI 특수 요원 데이비드 매콜(David Makol)은 예술적으로 장식된 환한 로비를 지나 엘리베이터를 타고 9층으로 올라갔다. 9A호 현관문을 두드렸다. 문을 열고 나오는 사람이 월가의 거물을 잡는 일에 협조해 주길 빌 따름이었다.

지난해부터 매콜은 라지 라자라트남 사건과 별개의 내부자거래 사건을 조사해 왔다. 헤지펀드 첼시 캐피털의 애널리스트가 스위스 은행 UBS의 투자심의위원회에서 일하는 친구로부터 내부정보를 받고 있다는 혐의를 받았다. 매콜은 UBS가 각종 주식과 채권 등급의 변경을 발표하기 전에 그 친구는 해당 정보를 첼시 캐피털의 애널리스트에게 전달했고, 애널리스트는 그 정보를 이용하여 거래하고 있다고 믿었다. FBI에게 체포당한 첼시 캐피털 애널리스트는 당황했고, 불법을 저지른 다른 월가 인물의 이름을 줄줄이 자백했다. 그중에는 헤지펀드 갤리언에서 트레이더로 일했고, 첼시 캐피털에서 동료로 지내는 데이비드 슬레인(David Slaine)도 있었다.

슬레인이 현관문을 열자 매콜이 FBI 배지를 보이며 말했다. "내부자거래 건으로 얘기할 게 있어서 왔습니다." 매콜은 FBI가 발견한 증거를 설명하고 중형을 선고받을 수도 있다고 겁을 줬다. "협조하지 않으면 딸을 영영 못 보실 수도 있습니다." 결혼해서 외동딸을 키우는 슬레인은 크게 동요했다. 슬레인은 변호사들과 상의 끝에 FBI에 협조하기로 결정했다.

매콜은 슬레인을 수십 차례 취조했다. 함께 일한 적이 있는 모든 인물에 관해 캐묻고 범죄 활동을 목격한 적이 있는지 물었다. 슬레인 입장에서 기소를 피하려면 아는 바를 모두 불어야 했다. 그는 가장 가까운 사람들을 포함해 자신과 일한 적이 있는 모든 사람에 관해 증언했다.

슬레인 주변에는 기업 변호사들이나 다른 트레이더들로부터 들은 내부정보로 거래하는 자들이 잔뜩 있었고, FBI는 이들을 일망타진하려 했다. 슬레인은 매콜의 지시대로 월가 친구들과 정보원들에게 전화를 걸어 통화 내용을 녹음했다. 그렇지만 이렇게 녹음한 대화는 일상적 내용이 많아 범죄 혐의를 입증할 증거로는 부족해 보였다. FBI 요원들과 검사들이 월가의 화이트칼라 범죄자들을 확실히 유죄로 잡아넣으려면 법정에서 반박이 불가능한 증거를 확보해야 했다. 그런 증거를 어떻게 구할 것인가? 매콜은 FBI 상사인 데이비드 체이브스와 슬레인 사건을 맡고 있는 리드 브로드스키 검사와 회의를 하는 동안 이 문제에 골몰했다.

"다음 단계로 넘어갈 필요가 있겠군요." 브로드스키가 말했다.

브로드스키는 그의 보스인 레이먼드 로히어(Raymond Lohier) 뉴욕남부지검 증권수사 팀장을 찾아가 수사를 더 진행하기가 어려워졌다고 보고했다. 그러자 로히어가 물었다.

"전화를 도청할 생각은 했나? 우리가 전화선을 '건드릴' 만한 구린 인물이 누구인지 알아 오게나. 도청 허가를 받으려면 신선한 정보를 가져와야 하네."

검사들은 단지 감에 의존하거나 추론 정도로 판사에게 전화 도청을 허가받을 수 없었다. 특정인이 전화상으로 범죄 활동을 논의하고 있음을, 즉 구린 인물임을 판사에게 입증해야 했다. 전화를 도청해 가며 내부자거래를 수사한 적은 그때까지 없었지만 내부자거래 정보망은 여러모로 조직범죄와 유사했다. FBI가 수사 중이던 다

수의 헤지펀드가 마피아 조직처럼 비밀스럽게 운영되고 수직적 위계
질서를 가지고 있었다. 다시 말해 문제의 소지가 있는 일들은 부하
들이 저지르고 보스는 이런 부하들의 행태를 모른 척하고 대부분의
수익을 챙겼다. FBI는 마피아를 수사할 때와 똑같은 도구를 사용할
필요가 있다고 느꼈다. 매콜은 슬레인이 가까운 친구이자 갤리언 트
레이더인 즈비 고퍼와 불법 정보를 논의하는 통화 내용을 녹음하게
했다. 이 녹음 자료를 증거로 제출하자 법원은 고퍼의 전화 도청을
허가했다. FBI는 바로 도청 팀을 투입했다.

파이트 클럽

비록 2007년 주식시장 전체의 연
간 수익률은 암울했지만, 이 해에도 SAC는 플러스 수익률을 기록
했다. 스타인버그 팀은 네트워크 어플라이언스 주식 매매로 손실을
보고도 2700만 달러의 수익을 거뒀다. 스타인버그는 이 수익의 31
퍼센트를 보상금으로 챙겼다. 이렇게 챙긴 돈으로 휘하 애널리스트
와 트레이더들에게 기여도에 따라 보너스를 지급했다. SAC에서 개
인의 가치는 금전적 보상에 따라 평가됐고, 스타인버그는 호바스에
게 상대적으로 적은 41만 6084달러를 지급했다. 같은 팀의 다른 애
널리스트가 150만 달러를 받은 것과 비교하면 호바스에게 강력한
경고 메시지를 보낸 셈이다. 호바스는 해고당할 위험에 처했음을 느
끼면서 새해에는 더 나은 성과를 내야겠다고 마음먹었다.

호바스는 지인들 중에서 SAC 상사들이 원하는 정보를 구해 줄
위치에 있는 인물이 있을지 고민했다. 부모든, 친구의 부모든, 이웃

이든, 의사든, 스키 친구든 모든 인맥이 잠재적으로 도움이 될 수 있었다. 현재는 소중한 기업 정보를 모르더라도 그런 정보에 접근할 수 있는 사람이 있을지도 몰랐다. 이를 테면, 빤한 정보원인, 자신을 위해 에지 정보를 수집하는 다른 헤지펀드의 애널리스트에게서 정보를 얻는 경우도 있었다. 특히, 호바스의 친구로서 애널리스트로 일하는 제스 토토라(Jesse Tortora)가 자주 정보를 알려 줬다.

토토라는 호바스와 정반대로 세련되고 자신감 넘치고 인맥이 풍부한 인물이었다. 최소한 겉으로는 그렇게 보였다. 토토라는 평범한 경로로 헤지펀드 업계에 들어왔다. 대학에서 공학을 전공한 토토라는 3년간 인텔에서 근무하고 프루덴셜 증권사의 기술주 애널리스트가 됐다. 증권사에서 애널리스트로 일할 때는 옛 인텔 동료들을 활용해 반도체 업계 정보를 얻을 수 있었다. 그는 이 정보를 여러 뮤추얼펀드와 헤지펀드 애널리스트들에게 전달했다. 프루덴셜의 고객이던 헤지펀드 갤리언과 SAC의 애널리스트들도 예외가 아니었다. 프루덴셜이 주식 리서치 부서를 폐쇄하자 토토라는 일자리를 잃었다. 그는 다이아몬드백 캐피털이라는 헤지펀드의 애널리스트 자리를 얻기 위해 미국 동부로 갔고, IT 업계에 쌓아 놓은 인맥 덕분에 다이아몬드백 캐피털에서 일자리를 얻었다.

토토라는 헤지펀드에서 돈을 벌려면 내부정보가 필요하다고 직감했다. 하지만 좋은 정보는 입수하기 쉽지 않았다. 좋은 정보를 얻으려면 대기업 내부에서 벌어지는 일들을 알 수 있는 직원과 수개월간 신뢰를 쌓고 관계를 형성해야 했다. 토토라는 이미 이런 인맥을 가지고 있었지만 언제나 더 많은 사람과 인맥을 구축하려 했다. 그는 자신과 친구들이 정보를 공유할 경우, 다시 말해 내부정보의

"파이트 클럽(fight club)"을 결성한다면 더 많은 정보를 최대한 이용할 수 있다고 생각했다. 토토라의 생각에 호바스는 선뜻 동의했다. 토토라는 자신이 신뢰하는 지인 몇 사람을 초대했다. 그중에는 프루덴셜에서 동료로 지냈고 레벨 글로벌 인베스터스라는 헤지펀드에서 애널리스트로 일하는 샘 애돈대키스(Sam Adondakis), 토토라가 프루덴셜에서 근무하던 시절 고객으로 상대했던 SAC 애널리스트 론데니스도 있었다. 데니스는 토토라의 제안을 받아들였지만 한 가지조건을 걸었다. 내부정보를 절대로 이메일로 보내지 말라는 조건이었다. 그는 전화로만 정보를 주고받길 원했다.

데니스의 조심성을 본받아 토토라도 이메일 사용을 신중하게 숙고했어야 했지만 그러지 않았다. 토토라는 계속 일을 진행하면서 모든 것을 이메일에 남겼다. 호바스, 애돈대키스 외에도 추가로 세 명을 내부정보를 공유하는 파이트 클럽 멤버로 받아들였다. 토토라는 멤버들을 서로 소개시킬 때 이런 이메일을 보냈다. "이메일에 관한 우리의 첫째 규칙은 (파이트 클럽 멤버들의 신원이 추적 가능한) 이메일 리스트를 만들지 않는다는 점입니다. 그러니 안심하고 즐기세요. 성과가 두 배로 오르고 보스의 총애를 받게 될 겁니다."

머니 머신(Money Machine)

2008년 초 경제가 공식적인 후퇴 국면으로 접어들었고, 미국 전역의 부동산 시장은 붕괴하고 있었다. 부동산 투기꾼이 몰렸던 라스베이거스와 마이애미 같은 지역의 하락세가 가장 심했지만 다른 지역 집값도 무너지고 있었다. 미국 10

대 도시 집값이 2000년도 이후 처음으로 떨어졌고 낙폭은 1987년 이래 최대치였다. 이러한 집들을 담보로 대출해 줬던 모든 은행들이 곤경에 처했다. 2008년 1월 11일, 뱅크 오브 아메리카가 미국 최대 주택 담보대출 업체인 컨트리와이드 파이낸셜의 파산을 막고자 해당 업체를 인수한다고 발표했다. 이후 금융 시스템 마비를 초래할 대형 파산을 막기 위해 줄줄이 이어진 구제 조치와 구제금융을 돌이켜보면, 2008년 1월은 이제 시작일 뿐이었다.

금융위기가 닥칠 무렵 SAC는 그야말로 성공의 정점에 있었다. 직원 수는 1200명에 육박하고, 자산은 170억 달러에 달했으며, 이 중 절반이 코언과 직원들의 자산이었다. 1992년 설립 이후, SAC 캐피털은 여러 혁신을 거쳤다. 처음에는 코언이 대학 친구들을 모아 데이트레이딩으로 돈을 버는 회사였다가, 그 후 아이비리그 출신들이 전문적으로 운영하는 회사로 성장했고, 나중에는 각기 다른 산업에 전문성을 가진 애널리스트들이 포진한 정보 수집 조직으로 변신했다. 마지막 변신이 가장 야심적인 행보였지만 코언은 여기서 만족하지 않았다. 아시아와 유럽에 SAC 지사를 열었고, 비상장 기업 지분에 투자하는 사모펀드 팀을 만들고, 채권 트레이딩 팀을 출범시켜 금융시장 구석구석까지 진출했다. 채권 트레이딩은 코언이 거의 모르는 분야였지만 SAC 펀드에서 차지하는 비중이 4분의 1에 달했다. 이전 18년의 기간 동안 SAC의 연평균수익률은 30퍼센트에 달했다. 이는 시장 평균수익률보다 몇 배나 높은, 도저히 불가능해 보일 정도로 엄청난 기록이었다. 코언은 자산이 100억 달러에 육박함으로써 세계적인 갑부 대열에 들었다.

코언과 그의 트레이더들은 본인들이 얼마나 부자인지 감추려하지 않았다. 스탬퍼드 본사 주차장만 봐도 직원들이 얼마나 큰 성공을 거두었는지 확연히 드러났다. 한 포트폴리오 매니저는 갈매기 날개처럼 위로 열리는 문이 달린 벤츠 차량을 몰았다. 또 다른 포트폴리오 매니저는 고급 스포츠카 마세라티를 몰았다. 몇 년 전 인턴으로 시작해 포트폴리오 매니저 자리에 오른 직원은 갈색 벤틀리 컨티넨털을 타고 다녔다. 스티브 코언의 측근이자 SAC 사장인 톰 콘히니는 두카티 오토바이로 출퇴근했고 가끔은 모터보트를 주차장에 가져다 놓았다. SAC 트레이더들은 주말에 헬리콥터를 타고 골프장을 다녔다.

한 컨설턴트가 SAC 본사를 방문한 다음 돌아가려고 주차장에서 차를 빼다가 잘못 후진해 15만 달러짜리 벤츠 1대, BMW 7시리즈 1대, SAC 트레이더 소유의 페라리 1대를 박았다. 컨설턴트는 혼비백산해 차 주인에게 사과했다. 그는 자신이 해고당하는 것으로 끝날 문제가 아니겠다고 겁을 먹었다. BMW 7시리즈를 소유한 여성은 소리치며 화를 냈지만, 나머지 두 남성은 비싼 장난감이 부서진 것일 뿐이라는 듯 침착했다. 페라리를 소유한 SAC 트레이더는 어깨를 으쓱하더니 "다른 페라리를 타고 집에 가야겠군" 하고 말했다. 고소득자가 넘치는 월가의 기준에서 봐도 SAC 직원들의 사치는 눈에 띄었다.

2006년과 2008년 사이에 SAC 규모는 두 배가 됐고, SAC의 일류 트레이더들과 애널리스트들은 1등 경주마처럼 우대받았다. 그들의 근육 피로를 풀어 주고자 여성 마사지사 세 명이 채용됐다. 직원들에게 가장 인기 있는 마사지사는 크리스탈이었다. 그녀는 트레이더들의 등 위를 걸으며 발꿈치로 눌러 피로를 풀어 주는 타이 마사지 전문가였다. 코언은 당시 10억 달러 가치 수준으로 평가받은 자신의 미술품 컬렉션 중에서 걸작들을 집무실 벽에 걸어놓았다. 코언의 집무실 유리 진열장 안에 전시된 기발한 조각상 〈자아(Self)〉를 보려고 주위를 서성이는 직원들도 있었다. 〈자아〉는 컨셉트 예술가 마크 퀸이 본인 혈액 4리터를 금형에 넣고 얼린 다음에 자신의 머리 모양대로 조각한 작품이다. 코언은 이 조각상을 적정 온도로 보관하기 위한 냉동 장치를 맞춤 제작했다. 그는 이 작품을 2005년 영국 현대미술 수집가 찰스 사치에게 280만 달러를 주고 구입했다. 수개월 전에는 찰스 사치의 미술품 컬렉션 중 〈살아 있는 자의 마음속에 있는 죽음의 육체적 불가능성(The Physical Impossibility of Death in the Mind of Someone Living)〉을 800만 달러에 구매했다. 영국의 현대 예술가 데미언 허스트가 포름알데히드 수조에 죽은 상어를 넣어 만든 이 미술품을 놓고 사람들은 포악한 포식자인 코언에게 잘 어울리는 헌정 작품이라고 농담했다.

코언은 하루 24시간 거의 모든 시간을 돈을 벌어들이는 일에 할애했다. 그래서 본인의 근면한 근로 의식 덕분에 SAC가 성공했다고 자부했다. 코언은 아침 일찍 일어나 집에서 금융시장을 분석하다가 보디가드 한 명과 함께 운전기사가 모는 회색 마이바흐를 타고 오전 8시경 본사에 도착했다. 코언이 집무실에 도착하기 전에 직원이 따뜻한 우유를 부은 오트밀 시리얼 한 그릇을 비닐 랩으로 싸서 코언의 책상 위에 올려놓았다. 트레이딩 플로어 중앙에 있는 코언의 트레이딩 책상은 12대의 컴퓨터 모니터를 올려놓아 흡사 비행기 조종석 같았다. 코언의 시간은 너무도 소중했다. 이발부터 회의까지 대부분의 활동은 오전 9시 30분부터 오후 4시까지 주식을 거래하는 코언을 방해하지 않는 선에서 스케줄이 잡혔다. 수년간 코언 옆에서 근무한 한 트레이더가 술회했다. "코언은 항상 책상에 앉아 모든 일을 처리했지요. 뭐든지 말이죠."

코언은 모든 입수 가능한 정보에 접근하고자 했다. 그래서 리서치 트레이더들을 채용해 정보를 정리하고 중요한 정보를 보고하게 했다. 코언은 부모를 방문하고자 라스베이거스에 가거나, 자신이 이사로 있는 브라운 대학교를 방문하고자 로드 아일랜드에 가거나, 아내 앨릭스와 여름휴가를 떠날 때, 목적지에 미리 선발대를 보내 자신이 주식을 거래할 수 있는 환경을 준비시켰다. 목적지에 추가로 방을 하나 더 빌려 본사 트레이딩 책상과 구분이 안 갈 정도로 똑같은 트레이딩 책상을 설치하게 했다.

매주 일요일 정오쯤에 코언은 노란색 태블릿 PC를 손에 들고 자택 집무실 책상에 앉았다. SAC 포트폴리오 매니저들이 한 사람씩 전화해 다음 주에 가장 유력한 투자 아이디어를 보고했다. 이 회의는 일요일 아이디어 회의라고 불렸고, SAC 포트폴리오 매니저들에게 늘 골칫거리였다. 보고는 5분 정도 진행됐고, 그동안 코언의 리서치 트레이더가 온라인으로 둘의 대화를 듣고 메모를 했다. 포트폴리오 매니저들은 코언에게 돈이 될 만한 아이디어를 제공해야 했고, 동시에 "확신 등급 점수(conviction rating)"를 매겨야 했다. 이는 얼마나 자신 있게 추천할 만한 근거 있는 투자 아이디어인지 표시하기 위한 방법이었다.

코언의 명령에 따라 코언의 계좌에 있는 돈으로 주식거래를 진행하는 트레이더들은 "집행 트레이더(execution trader)"라고 불렸다. 그들은 킬러처럼 지시받은 대로 그대로 실행하기만 했고 질문은 하지 않았다. 그들은 매일 코언을 대신해 시장에서 투자은행 사람들을 무자비하게 괴롭혔기에 월가에서 코언의 "똘마니"라고 불렸다. 하지만 집행 트레이더들은 매일 투자 정보를 얻어 내야 했고, 트레이딩 주문을 처리해야 했기 때문에 그 사람들과 좋은 관계를 유지해야 했다. 투자은행 직원들과 충돌하면서도 동시에 사이좋게 지내야 하는 어색한 일자리였다.

평일에 집행 트레이더가 어떻게 근무하는지 가상적으로 묘사하면 다음과 같다. 코언이 집무실에 도착해 오트밀 시리얼을 먹고 나면 주식시장이 열린다. 코언은 모든 트레이딩 플로어 직원들에게 말할 수 있는 화상 통화 캠코더인 "스티브-캠 (Steve-cam)"을 끄고 전화 통화를 한다. 몇 분 뒤 전화를 끊는다. 그는 "비공개" 방식으로 통화하기 때문에 측근들은 그의 통화 내용을 추측할 뿐이었다. 전화를 끊은 코언은 집행 트레이더에게 지시를 내린다. "넥스텔(Nextel) 주식 50만 주를 공매도하게."

그러면 집행 트레이더가 SAC가 주식을 공매도할 수 있도록 다른 회사가 보유 중인 주식을 빌려 오는 대주(stock loan) 부서 직원에게 연락한다. "넥스텔 50만 주를 빌려주세요."

집행 트레이더는 베어스턴스 주식 중개인에게 전화해 주문한다. "넥스텔 주식 50만주를 매도합니다."

베어스턴스 주식 중개인은 집행 트레이더가 코언의 지시를 전달할 뿐임을 알고 있지만, 혹시 문제가 생길 때 자신을 보호할 목적으로 매도 동기를 묻는다. "무슨 이유로 그런 주문을 하십니까?"

"누구 지시인지 아시잖아요." 집행 트레이더의 대답을 해석하면 이렇다. "스티브가 매도하는 겁니다. 이것 외에는 더 아실 것 없어요."

이때 베어스턴스 주식 중개인은 양자택일해야 한다. 첫째는 월가 최고의 트레이더인 코언이 무슨 이유에서인지 공매도 결정을 내렸음을 인지한 상태에서, 코언에게서 주식 50만 주를 떠맡아서 다른 매수자에게 떠넘기는 것이다. 둘째는 코언과 반대편에 서서 그와 거래해야 하는 확실히 꺼림칙한 역할을 거부하는 것이다. 이럴 경우 베어스턴스에 가장 많은 수수료를 안겨 주는 고객과 관계가 소원해 질 위험이 있다.

십중팔구 베어스턴스 주식 중개인은 코언이 공매도하는 주식 50만 주를 떠안는다. 그러면 집행 트레이더가 코언에게 보고한다. "넥스텔 50만 주를 매도했습니다."

"될 수 있는 한 최선의 가격으로 팔았나?" 코언의 물음에 집행 트레이더는 그렇다고 대답한다. 코언은 잘했다고 말하면서 50만 주를 더 공매도하라고 지시한다.

이때 코언의 집행 트레이더는 딜레마에 빠진다. 공매도 전략에 익숙한 다른 헤지펀드의 트레이더가 말하기를, "베어스턴스에 다시 전화할 수 있을까요? 아니죠. 베어스턴스 직원이 대체 무슨 이유로 공매도하는지 성가시게 캐물을 테니까요. 그러니 이번에는 모건스탠리에 연락합니다."

그래서 집행 트레이더는 모건스탠리에 전화한다. "넥스텔 50만 주를 매도합니다. 조건은 **빡빡할** 겁니다." 즉 최대한 높은 가격으로 넥스텔 50만 주를 매입해 달라고 모건스탠리 직원에게 말하는 것이다. 모건스탠리가 21달러 75센트에 매입하겠다고 제안한다. 집행 트레이더는 22달러에 매입하라고 고집한다. 모건스탠리 직원은 베어스턴스가 한 똑같은 계산을 할 것이다. 모건스탠리가 집행 트레이더의 제안을 받아들이면 코언이 매도하는 50만 주를 떠안아 공개시장에서 다른 시장 참여자들에게 50만 주를 팔아야 한다. 이때 대량의 매도 주문 때문에 주가가 떨어지기 마련이다.

한편 코언에게 받은 넥스텔 50만 주 중에서 20만 주를 간신히 판 베어스턴스는 갑자기 코언이 공매도하는 이유가 궁금해진다. 집행 트레이더에게 물어봤자 헛수고다. 그는 아무것도 모른 채 그저 코언의 지시를 전달하는 집행자일 뿐이니까. 코언이 공매도를 중단하라고 지시할 때까지 집행 트레이더는 다른 주식 중개인들에게 연락해 넥스텔 주식을 공매도하는 작업을 계속한다.

오후 4시 장이 끝난 뒤, 넥스텔이 다음 분기 실적이 실망스러울 수 있다는 전망을 내놓는다. 그래서 주가가 3달러 하락한다. 코언은 100만 주를 공매도한 덕에 300만 달러의 수익을 챙기는 반면, 베어스턴스는 90만 달러의 손실을, 모건스탠리는 150만 달러의 손실을 기록한다. 집행 트레이더는 베어스턴스와 모건스탠리에 연락해 향후 두둑한 수수료를 안겨 줘서 보상하겠다고 약속한다.

이렇게 "내가 오늘은 너에게 왕창 손실을 입히지만 나중에 보상해 줄게"란 전략을 매일 반복했다. SAC 직원들은 거래 주식이 달라지고 환경도 변했지만 해마다 다시 또다시 똑같은 이 전략이 통하는 것을 경이로운 심정으로 지켜봤다. 스티브 코언을 상대로 더 유리한 조건으로 거래하는 자는 없었다.

비극의 시작

금융위기가 심각해짐에 따라 세계적 갑부들조차 재산을 잃을까 걱정하기 시작했다. 평소 시장의 패닉에 무신경했던 코언조차도 트레이더와 포트폴리오 매니저들에게 너무 많은 리스크를 지지 말라고 경고하게 됐다. 2000년대 초중반 월가는 부동산 시장의 호황, 주택 모기지 상품과 파생상품의 복잡한 유통을 통해 막대한 수익을 거뒀다. 집값이 계속 오르기만 할 것이라 확신한 수백만 미국인들이 금융회사들의 도움과 부추김을 받아 무분별하게 돈을 빌렸다. 2000년부터 2007년 사이, 월가는 서브프라임 모기지(비우량 주택 담보대출)를 기초로 1조 8천억 달러 이상의 증권을 발행했다. 그런데 집값이 하락함에 따라 이 모든 증권이 위험하지 않을까 하는 의구심이 시장에 퍼졌다.

2009년, 세 개의 강력한 변화가 SAC에 영향을 미치기 시작했다. 첫째, 우울한 경제 환경이다. 경제를 예측하기가 날로 더 어려워짐에 따라 트레이더들은 안전하게 돈 벌 방법을 찾기가 어려워졌다. 둘째, 코언의 개인적 야망이다. 코언의 야망은 예전과 똑같이 원대했지만 야망의 내용은 바뀌고 있었다. 코언이 카우보이처럼 투자하던 시기는 끝났다. 코언은 규모가 작은 경쟁사들이 따라올 수 없는 리서치와 인맥으로 취득한 정보로 더 본질적인 투자 아이디어를 얻고자 했다. 셋째, 정부 당국이다. 2008년 금융위기를 계기로 월스트리트의 규제기관들 사이에 금융 산업의 질서를 바로잡으려면 SAC 같은 헤지펀드들을 엄중 조사해야 한다는 인식이 퍼졌다.

이처럼 격동하는 환경 속에서 SAC가 신설한 CR 인트린식의 새로운 헬스케어 포트폴리오 매니저인 매튜 마토마가 헛발을 디디며 비틀거리게 된다. 그는 자신의 능력을 증명하고 싶었다. 2008년 6월 25일, 마토마는 그의 트레이더 티모시 잰도비츠에게 지시하여 제약회사인 엘란과 와이어스의 주식을 매집하기 시작했다. 주식시장 역사상 2008년 6월은 대공황 이래 최악의 시기였고, 대다수 트레이더들은 무슨 주식이든 보유하길 꺼렸다. 하지만 마토마는 무슨 배짱인지 의지가 확고했다.

매튜 마토마는 장이 열리기 1시간 전에 잰도비츠에게 말했다. "오늘 장중에 엘란 주식을 75만 주에서 100만 주 정도 매입하고 싶습니다." 이는 시작일 뿐이었다.

6장 위험한 트레이더

확신 등급 점수 '9'

　　　　　알츠하이머병은 대략 500만 명의 미국인이 앓고 있는 진행성 뇌 질환으로 기억력 감퇴와 행동 변화를 유발한다. 자녀를 알아보지도 못할 정도로 정신이 퇴행해 감에 따라 수표책의 잔고도 못 맞추고, 자동차를 운전하지도 못하고, 심지어 양치질조차 못하고 혼란스러워하는 알츠하이머병 환자를 지켜보는 가족의 심정은 고통스럽다. 알츠하이머병은 과학자들이 특히 고전하는 난제다. 알츠하이머병의 진행을 멈추는 효과를 지닌 약은 아직 나오지 않았지만, 과학자들은 바피뉴주맙이라는 신약이 효과가 있을지 모른다는 희망을 품었다. 아일랜드에 본사가 있지만 뉴욕증권거래소에 상장한 제약사 엘란과 필라델피아에 본사를 둔 중형 제약사 와이어스가 AAB-001로 알려진 바피뉴주맙을 개발하기 위해 함께 팀을 구성했다. 신약 개발에는 엄청난 자원이 투입되기 때문에 두 회사는 비용을 분담하기 위해 공동 개발에 나선 것이다. 두 회사가 임상시험과 허가 절차를 거쳐 안전하고 효과적인 신약을 출시한다면 수십억 달러의 수익을 거둘 수 있었다.

알츠하이머병 치료는 바피의 임상시험 과정을 오랫동안 추적해 온 매튜 마토마 같은 월가 투자자들에게는 관심 밖이었다. 그들의 관심은 오로지 돈이었다. SAC의 포트폴리오 매니저들은 자신이 연구 중인 투자 아이디어의 업데이트 내용과 추천 종목을 적은 메모를 매주 코언에게 보내야 했다. SAC 준법감시부는 이러한 메모를 코언에게 보낼 때 사용할 별도의 이메일 계정인 steveideas@sac.com을 만들어서 이메일 내용을 모니터링했다. 마토마는 이 계정을 통해 바피를 강하게 추천했다.

메모는 미리 정해진 양식에 따라 작성됐다. 맨 위에는 주식 종목 이름을, 그 아래에는 포트폴리오 매니저가 생각하는 "목표가"를 적고 추천하는 매매 시점을 적었다. 이 메모에서 가장 중요한 항목은 포트폴리오 매니저가 자신이 제시하는 투자 아이디어를 확신하는 정도를 1부터 10 사이의 숫자로 표시하는 "확신 등급 점수(conviction rating)"였다. 2008년 6월 29일, 마토마는 엘란의 목표가를 40달러에서 50달러로 적은 메모를 코언에게 보냈다. 당시 엘란 주식은 26달러 부근에서 거래되고 있었다. 마토마는 그때까지 조사한 바를 근거로 엘란 주가가 크게 오르리라 예상했던 셈이다. 주가 상승을 견인할 이벤트를 적는 "기폭제(catalysts)" 항목에 마토마는 7월 말 열릴 국제 알츠하이머 콘퍼런스에서 제2차 임상시험 결과 발표가 있을 것이라 적었다. 마토마는 "확신 등급 점수" 항목에 숫자 "9"를 적었다. 와이어스 관련 메모에도 비슷한 내용을 적고, 마찬가지로 "9"를 기재했다.

확신 등급 10은 "절대적인 확신"을 의미하는데, 그것은 통상적인 조사 방법을 통해서는 얻기 불가능한 숫자였다. 누가 수익률은 차치하고 미래의 사건을 100퍼센트 확신할 수 있겠는가? 트레이더들은 자신이 아는 세부 내용을 코언에게 노출하지 않으면서 보고하는 정보의 가치를 전달하는 목적으로 등급제를 이용했다. 코언은 이 등급을 근거로 자신의 계좌로 매수 여부를 결정했다. 등급 시스템은 코언이 중요한 미공개 정보를 노골적으로 받는 모양새를 취하지 않도록 하여 코언을 보호하는 방법을 찾고자 늘 고심한 준법감시부의 아이디어였다. 그것은 회사의 가장 중요한 자산인 코언을 보호하기 위해 둘러친 해자(moat) 같은 것이었다.

SAC의 주요 헬스케어주 트레이더인 잰도비츠는 마토마가 추천한 제약주 엘란과 와이어스를 매입하는 일을 맡았다. 순식간에 복잡한 계산을 해내는 두뇌를 지닌 잰도비츠는 트레이더로서 적합한 인물이었다. 그는 대개 아침 7시에 사무실에 도착해 월스트리트의 회사들이 보낸 수십 개의 리서치 보고서 중 마토마에게 의미 있는 보고서만 골라내는 것으로 일과를 시작했다. 잰도비츠와 마토마는 장이 열리기 직전인 오전 9시 15분경에 만나 그 날 하루의 트레이딩 전략을 짰다. 시장을 계속 따라가며 적절한 시점을 포착함으로써 잰도비츠는 마토마가 엘란과 와이어스 주식 포지션을 더욱 크게 구축하도록 도왔고, 마토마는 코언에게도 두 제약사 주식을 매수하라고 강하게 추천했다. 마토마는 잰도비츠에게 추가로 매수 주문을 지시한 뒤에 "스티브에게 그 일을 보고했네"라고 말했다. 그는 코언이 승인한 일임을 확실히 해 두고 싶었다.

잰도비츠는 어떤 때에 포트폴리오 매니저가 확신 등급 점수 항목에 숫자 10을 적을지, 즉 자신이 추천하는 종목을 100퍼센트 확신한다고 보고할지 궁금했다. 그는 9가 적힌 경우를 본 적도 거의 없었다. 그는 이상한 느낌이 들었지만 자신이 걱정할 바가 아니라고 생각했다.

의사의 외도

마토마는 바피의 개발 과정에 관해 모든 것을 알고자 2년 이상 노력했다. 수백 명의 의사, 의료 연구자들과 대화한 그는 바피가 성공하리라고 낙관했다. 그리고 신약이 성공했을 때 자신이 거액의 수익을 올리길 희망했다.

마토마는 바피의 성공을 확신했다. 그가 이렇게 확신할 수 있었던 이유 중 하나는 특별한 정보원을 둔 덕분이었다. 바로 알츠하이머병의 전문가인 시드 길먼이었다. 길먼은 미시건 대학교 메디컬 스쿨 석좌 교수로 아내와 함께 앤아버에서 살았다. 길먼은 알츠하이머병과 치료 분야에서 최고의 권위자로 인정받았다. 그는 평생 알츠하이머병 치료제를 찾는 과정에 참여했다.

길먼의 삶에는 많은 성취가 있었지만 아픔도 많았다. 1932년 태어난 길먼은 LA 인근 항구 도시 이스트 로스앤젤레스의 가난한 러시아 이민자 가정에서 성장했다. 일용직으로 일하던 아버지가 길먼이 열 살 때 집을 나간 탓에 어머니 혼자서 세 아들을 키웠다. 이런 어려운 환경에서도 길먼은 열심히 공부해 UCLA 메디컬 스쿨에 진학했고, 하버드 대학교와 컬럼비아 대학교에서 의학 과목을 강의했다. 그는 1977년 미시건 대학교 신경학 과장으로 취임하면서 아내 린다, 그리고 두 아들과 함께 앤아버로 이사했다. 큰 아들 제프가 동성애자라고 고백했을 때 길먼은 이 사실을 받아들이지 못했고,

부자지간이 소원해졌다. 어릴 적부터 우울증을 앓은 제프는 가출하고 학교를 자퇴한 뒤 1983년에 자살했다. 비극적이게도 길먼의 어머니가 67세에 자살했는데, 그 끔찍한 악몽이 다시 발생한 것이다.

길먼 부부는 아들을 잃은 뒤 불화가 심해져 이혼하기에 이르렀다. 길먼은 1984년도에 정신분석가 캐롤 바버와 재혼했다. 둘 사이에는 자식이 없었다. 길먼은 남은 아들인 토드와도 사이가 원만치 못했다. 토드가 형처럼 동성애자라고 고백한 뒤로부터 부자지간의 대화가 단절됐다. 그 후 길먼은 사생활이 거의 없이 연구에만 몰두했다. 매사추세츠 종합병원 신경외과에서 근무하는 제자인 앤 영은 "길먼 교수님은 미친 듯이 일에 매달렸습니다"라고 회상했다. 길먼은 월요일부터 일요일까지 일주일 내내 연구실에서 살았다.

길먼은 대학에서 학생을 가르치고 연구하는 일 외에는 대부분 무보수로 일했다. 여러 정책자문위원회에서 일했고, 뇌와 중추신경계에 영향을 미치는 치매 등의 질환을 주제로 학술 논문 수백 편을 썼다. 300만 달러의 보조금을 받는 연구 프로젝트들을 이끌었고, 아홉 권의 책을 저술하거나 편집해 그의 분야에서 명성을 얻었다.

길먼은 헤지펀드에 관해서는 거의 몰랐지만, 2001년 거슨 레먼 그룹(GLG)의 매니저에게 컨설턴트가 되어 달라는 제안을 들었을 때 흥미를 느꼈다. 그는 여유 시간을 낼 수 있었고 보수도 괜찮다고 봤다. 이후 그는 전에는 전혀 만나지 않았을 유형의 사람들과 1년에 수백 차례 대화하게 됐다. 그들은 파킨슨병부터 다계통위축증, 알츠하이머병까지 다양한 의료 분야에 관심이 있는 약삭빠른 트레이더들과 애널리스트들이었다. 그들은 예의 바르고 의료 분야에 배경지식이 있었으며, 그들이 던지는 질문은 언제나 길먼의 깊은 지식에 대한 찬사를 담아 길먼을 흡족케 했다. 그들은 일반적 사교 모임 참석자들이라면 지루해했을 단백질 반응이나 복용량 변경 같은 잘 알려져 있지 않은 전문 내용을 자세히 설명해 달라고 요청했다.

아이러니한 표현이지만 GLG는 "지식 브로커(knowledge broker)"를 자청했다. 실제로 GLG는 얼마를 들여서라도 우수한 정보를 사려는 전문 투자자들에게 정보를 전달하는 가교 역할을 했다. 길먼은 이 작은 시장 비리에 가담하는 것을 불쾌히 여기지 않았다. 오히려 정반대였다. "내가 매일 상대한 학생들과 전혀 다른 시각을 가진 사람들과 대화할 기회였습니다. 보수도 좋았죠. 소일거리라고나 할까요. 재미있었죠." 부수입이 필요해서 뛰어든 활동은 아니었다. 이미 대학에서 연간 31만 달러를 받고 있었으니까. 이 돈은 미국 중서부에서 생활하기에 넉넉한 소득이었다. 하지만 본인 은행 계좌의 잔고가 매달 불어나는 모습을 보는 것도 나쁘지 않았다. 헤지펀드 트레이더와 30분만 통화하면 GLG는 1000달러를 입금해 줬다. 이는 최고의 기업 변호사가 받는 상담 비용의 두 배 가까운 금액이었다. 게다가 직접 만나 30분간 대화하면 2000달러를 받았다.

곧 길먼은 자신이 늘 하는 일을 말할 뿐인데도 연간 수십만 달러를 컨설팅비로 받게 됐다. 그렇다고 생활 방식이 극적으로 바뀌지는 않았다. 한 학생의 회상에 따르면 길먼은 비싼 장난감을 자랑하는 호사스런 사람은 아니었다. 그렇지만 항공기 일등석을 탄다든지 자동차 서비스를 이용한다든지 하는 소소한 사치는 부렸다.

길먼은 헤지펀드 업계 사람들과 얘기하는 일에 점점 더 많은 시간을 할애했고, 이 모든 일을 학계 동료들이 보지 않는 곳에서 진행했다. 그러면서 점점 더 은밀한 이중생활에 빠졌다.

그는 이해 상충을 우려하여 제약주에는 절대로 투자하지 않았다. 그렇지만 자문위원회 활동이라든지 논문 기고 등 과거에 거의 무보수로 열중하던 일보다는 헤지펀드 관계자들에게 컨설팅해 주는 일을 우선하게 됐다. 길먼만 이런 것은 아니었다. 다수의 친구와 동료들 역시 길먼처럼 헤지펀드 관계자들과 만났다. 사실, 의학계는 월가에게 포섭당하고 있었다. 점점 더 많은 의학 전문가들이 돈을 받고 머니 매니저들에게 정보를 제공했다. 2005년《미국 의학협회 저널(Journal of the American Medical Association)》은 미국 의사의 10퍼센트 가량이 월가 투자자들과 돈으로 엮인 관계이며, 이는 1996년도에 비해 7.5배 증가한 수치라는 연구 결과를 발표했다. 비공식적 수치는 아마도 훨씬 더 높았을 것이다. 이 논문은 의사들이 금융권 관계자들에게 이토록 빠르게 포섭당하는 것은 "역사상 전례가 없는 현상 같다"고 지적했다.

신약 개발 과정은 무척 많은 시간과 돈이 소요된다. 따라서 제약사들은 신약 개발보다는 기존 제품의 마케팅이나 이미 허가받은 약품을 새로운 용도로 변경하는 약물 재창출(drug repurposing)에 더 관심을 기울이고 있었다. 신약 개발이라는 값비싼 과정에 돌입한 제약사는 임상시험 단계를 통과해야만 미국 식품의약청(FDA)의 승인을 받아 신약을 시판할 수 있었다. 임상시험의 첫 단계인 임상 1상에서는 소수의 지원자에게 신약을 투여해 신약이 안전하고 효과가 있는 것으로 드러나면 임상 2상으로 넘어간다. 임상 2상에서는 200명 내외의 환자들에게 신약을 투여하는데, 여기서도 신약의 안전성과 효과가 입증되면 임상 3상으로 넘어간다. 임상 3상에서는 두 개의 독립적 연구를 수행하여 신약이 이전 임상시험 단계에서 관찰했듯 안전하고 효과가 있는지 확인한다. 2004년, 엘란은 바피의 임상시험 참가자의 부작용 여부를 확인하기 위하여 신약 개발 과정을 점검할 독립적인 임상의(clinicians)들로 구성된 안전성 감시위원회를 설치하고 길먼을 위원장으로 선임했다.

바피의 임상시험에 관여한 모든 이들은 전 개발 과정에 대한 기밀 유지 약정서에 서명했다. 기밀 유지 약정서에는 이런 내용이 있었다. "당신과 당신의 직원들은 임상시험의 최종 결과가 일반에게 공개되기 전까지 제3자에게 임상시험이나 AAB-001에 대해 언급해서는 안 됩니다. 애널리스트, 헤지펀드 직원, 투자자, 신문 기자, 다른 제약사 임원이 임상시험 관련 정보나 임상시험 결과에 대한 당신의 견해를 묻고자 접근할 수 있습니다." 이런 경고 문구도 있었다. "중요한 미공개 정보를 알고 있는 상태에서 엘란이나 와이어스 주식을 거래하면 연방 정부와 주 정부의 증권거래법에 의거해 민사책임이나 형사책임을 질 수 있습니다."

처음에 길먼은 기밀 유지 약정을 준수하고자 최선을 다했다. 그는 그것이 자신의 명예가 달린 일임을 알고 있었다.

정보의 누설

임상시험 시작 직후부터 바피의 우려스러운 부작용을 지적하는 보고서들이 안전성 감시위원회에 도착했다. 두뇌 후두부가 붓는 혈관성 부종(vasogenic edema)이 두뇌 스캔 검사에서 발견됐다. 길먼은 걱정됐다. 그는 이전 알츠하이머병 치료제 AN-1792의 임상시험에서도 환자 두뇌가 붓는 부작용을 목격했다. 제약사들은 일부 환자에게서 심각한 뇌염이 발생한 사례들을 보고받고 2002년도에 임상시험을 중단해야 했다. 이러한 사례는 신약이 유해하다는 증거였기 때문이다. 이번 실험에서는 다를 듯 보였다. 신약 연구진이 볼 때 알츠하이머병은 "베타 아밀로이드(beta amyloid)"라고 부르는 "끈적끈적한 단백질(sticky protein)" 또는 플라크(plaque)가 환자의 뇌 안에 쌓이면서 발생하는데, 이것이 뇌세포 간의 소통을 차단한다는 것이다. 바피는 바로 이 플라크를 공격하도록 설계됐다. 길먼은 환자의 뇌가 붓는 현상이 신약 성분이 혈관으로 들어가 플라크를 제거하고 있다는 신호이길 바랐다.

이후 수개월 동안 길먼과 마토마는 바피뉴주맙 임상시험에 관해 자주 통화했다. 몇 시간 동안 통화할 때도 가끔 있었다. 둘은 여러 의학 콘퍼런스에서 만나 커피를 마셨고, 마토마는 아내 로즈메리와 자녀들을 데리고 콘퍼런스가 열리는 지역을 방문했다. 로즈메리는 여전히 남편의 모든 일에 깊이 개입했다. "남편은 혼자서 일을 처리하지 않았어요. 언제든 저와 함께 의논했죠." 마토마는 자신이 조사한 내용과 구상한 투자 아이디어를 아내에게 자세히 설명하고 각 종목에 얼마나 투자할지 함께 논의했다. 로즈메리는 살림과 자녀 양육을 전담해 남편이 일에 전념하도록 했다. 마토마와 로즈메리는 집에서 바피 얘기를 자주 입에 올렸다. 그들은 대화 도중에 추임새처럼 "뱁솔루틀리!"라고 외쳤다.•

길먼은 헤지펀드 트레이더 수십 명에게 컨설팅을 해 줬지만 그중에서도 가장 중요한 고객은 마토마였다. 마토마는 대화 중에 집에

• **Bapsolutely_** 바피뉴주맙과 '물론이지'를 뜻하는 영어 absolutely를 합친 조어이다.

서 아내와 어떻게 지내는지, 자녀들과 친하게 지내기가 얼마나 힘든지 시시콜콜히 털어놓으며 길먼과 친분을 쌓으려 했다. 처음에 길먼은 마토마의 인간적 접근을 꺼렸다. 헤지펀드 관계자와 친하게 지내는 것이 부적절하다고 생각했기 때문이다. 그렇지만 왠지 모르게 마토마가 잘됐으면 하는 마음이 생겼다. 마토마가 성공하길 바랐고, 마토마가 성공하면 기쁠 것 같았다. 마토마를 보면 장남 제프가 생각났다. 마토마는 길먼을 아버지뻘 어른으로 대했다. 친근감이 생기자 누설해서는 안 되는 영역으로 대화가 진행돼도 눈치채지 못하게 됐다. 마토마는 점점 더 노골적인 질문을 던졌다. 신약에 문제가 없는지 여부를 파악하고자 바피의 임상시험에 참여한 환자들에게서 무슨 부작용이 나타났는지 중점적으로 캐물었다. "무슨 부작용이 있을 수 있나요?" 하고 계속 질문했다. 철저한 사전 조사를 통해 신약의 부작용으로 혈관성 부종이 생길 가능성을 파악한 마토마는 실제로 그런 부작용이 생겼는지 듣고 싶었다. 만약 혈관성 부종 같은 부작용이 있으면 신약 승인이 무산될 소지가 있기 때문이었다.

어느 날, 마토마가 집요하게 캐묻자 길먼은 거북해졌다. 실제 임상시험에서 어떤 부작용을 목격했는지 답하지 않으려고 학술 용어를 써 가며 모호하게 대답했다. "예를 들어, 루푸스, 류마티스 관절염처럼 대량의 항체를 만들어 내는 병을 앓으면 통증이 생겨요. 머리가 아프고, 등이 아프고, 관절이 아프고…."

마토마가 말을 끊었다. "그래요? 그거 아주 흥미롭군요." 잠시 침묵한 다음, 대화 주제를 바피의 임상시험으로 되돌리려 했다. "선생님은 '실제로' 무엇을 목격하셨나요?"

발설해서는 안 되는 비밀 정보를 묻고 있음을 깨달은 길먼은 "그건 말할 수 없어요"라고 대답했다.

마토마는 길먼이 임상시험에서 목격한 바를 알아내고자 계속 물었지만 모호한 답변만 돌아왔다.

"항체가 대량 발생하는 경우, 주로 관절 부위에 비특이성 증상이 나타날 수 있지요. 이를테면 요통이라든지, 두통이라든지, 관절 통증이라든지, 그 밖에 다른 종류의 류마티스성 증상이 발생할 수 있어요."

마토마가 다시 물었다. "임상시험에서 '실제로' 발생했나요?"

"그래요." 마토마의 집요함에 견디지 못하고 무심코 실토한 길먼은 속이 메슥거렸다. 안전성 감시위원회는 환자에게서 혈관성 부종 증상이 나타났다는 보고서를 누차 받았다. 비록 미공개 정보였지만 이런 부작용 가능성을 어떻게든 파악한 마토마가 실제로 그런지 길먼에게 확인받으려고 계속 물어본 것이다. 그리고 길먼은 부작용이 있음을 방금 확인해 줬다. 임상의들은 혈관성 부종이 유해하다는 신호인지, 효과를 거두고 있다는 신호인지, 아니면 둘 다인지를 놓고 여전히 논쟁 중이었다. 길먼은 부작용이 있음을 마토마에게 알려줌으로써 넘어서는 안 될 선을 넘은 느낌이 들었다. 하지만 이제 와서 부정할 수도 없는 노릇이었다.

이후 길먼은 바피 연구에 대한 세부 기밀 사항을 마토마에게 정기적으로 알려 주기 시작했다. 이를테면, 혈관성 부종이 어떻게 신약의 효과를 입증하는 신호가 될 수 있는지, 투여량을 달리하면 환자에게 어떤 영향을 미치는지, 알츠하이머병과 관련된 특정 유전자를 보유한 환자가 신약에 어떻게 반응하는지 알려 줬다. 마토마는 이 모든 정보에 만족하지 못하고 더 많은 정보를 요구했다. 특히, 부작용이 나타난 환자의 수를 알고 싶었고, 더 깊이 알면 알수록 큰 도움이 될 터였다. 길먼은 자신이 제공하는 정보로 마토마가 어떤 일을 할지 생각하지 않으려 애썼다.

SAC의 엘란 투자 논쟁

SAC의 트레이딩 플로어에서는 큰 소리로 논쟁을 벌이는 일이 드물지 않았다. 코언은 각기 다른 의견을 지닌 애널리스트와 포트폴리오 매니저를 대립시켜 각자 자신의 관점을 옹호하는 모습을 지켜보길 좋아했다. 이러한 사내 풍토에서 엘란과 와이어스 주식거래는 뜨거운 논란을 촉발했다. 마토마는 비교적 신참이었음에도 코언은 그의 추천에 따라 두 종목에 막대한 포지션을 구축했다. 대다수 SAC 트레이더들은 그 이유를 이해하지 못하고 당혹스러워했다. 사람들은 의문을 제기하기 시작했다.

제이슨 캅이 이끄는 또 다른 헬스케어 트레이딩 팀 역시 바피의 임상시험 과정을 조사해 왔지만, 그들은 다른 결론에 도달했다. 그들은 신약이 실패할 것이라고 생각했다. SAC에서 캅의 역할 중 하나는 애널리스트들에게 주식 가치 추정 모델을 만드는 법을 가르치는 것이었다. 그는 직원들 사이에서 인기가 좋았고, 아직 30대 초반에 불과했지만 멘토를 자처하며 자주 조언해 줬다. 사내 정치와 처신에도 능한 남자였다.

캅과 휘하에 있는 2명의 애널리스트인 데이비드 머노와 벤저민 슬레이트는 최근 3년 연속으로 막대한 수익을 올렸고, 회사에서 최고의 헬스케어 트레이딩 팀으로 인정받았다. 세 사람 모두 특히 마토마를 좋아하지 않았는데, SAC 계좌에서 와이어스 주식을 발견하고 깜짝 놀라 어찌 된 영문인지 묻고 다녔다.

"어째서 우리 회사가 와이어스 주식에 10억 달러급 베팅을 하는 겁니까?" 이렇게 따져 묻는 칸에게 코언이 최종 정답이라도 공개하듯 통명스레 말했다.

"그건 웨인의 포지션일세."

웨인이라는 이름은 SAC의 트레이딩 플로어에서 경외의 대상이었다. 웨인 홀먼은 SAC에서 포트폴리오 매니저로 일하다가 퇴사한 인물이었다. SAC로 오기 전에는 예일대와 뉴욕대 의과대학원을 졸업하고 메릴린치에 입사한 제약주 애널리스트였다. 코언은 여러 차례 홀먼에게 접근한 끝에 겨우 보상 조건을 합의해 SAC로 데려왔다. SAC에 입사하자마자 홀먼은 거의 모든 직원을 제치고 막대한 수익을 올리기 시작했다. 마토마는 홀먼을 "헬스케어의 신"이라 불렀다.

2006년 홀먼이 SAC를 떠나 자신의 헤지펀드인 리지백 캐피털 매니지먼트를 시작했을 때 코언은 8억 달러를 투자했다. 이때 코언은 다른 SAC 출신이 설립한 회사에 투자할 때보다 훨씬 유연한 조건으로 계약했다. 코언은 홀먼 없이 헬스케어 주식에 투자하길 꺼렸기에 홀먼에게 계속 조언해 달라고 요청했다. 홀먼은 더 이상 SAC 직원이 아니었지만, 와이어스에 관해 조언해 주는 대신 SAC의 와이어스 투자 수익 중 20에서 30퍼센트를 "자문 수수료"로 받기로 계약했다. 코언은 보통 이런 조건을 제시하지 않았지만 홀먼은 그럴 가치가 있는 인물이었다.

홀먼은 바피 시판에 베팅하려면 엘란보다는 와이어스 주식에 투자하는 편이 더 합리적이라고 믿었다. 와이어스가 규모도 크고 더 다양한 제품을 판매하는 제약사이기에 설령 바피의 임상시험이 실패해도 엘란보다 타격을 덜 입으리란 계산에서였다. 하지만 엘란은 바피의 임상시험 성공에 사운이 걸려 있었다. 바피 외에 엘란이 개발 중인 신약이라고는 다발성경화증 치료제 티사브리(Tysabri)뿐이었기 때문이다. 그러나 티사브리조차 일부 환자에게서 뇌 전염 부작용을 일으키는 결함을 보였다. 홀먼은 바피가 임상시험을 통과하지 못할 경우 엘란 주가가 폭락하리라 예측했다. 모든 변수를 종합해 볼 때 엘란 주식 매입은 너무 위험한 선택이었다. 코언은 홀먼을 헬스케어의 신으로 여겼지만 엘란 주식에 관한 한, 홀먼의 조언을 무시하고 마토마를 전적으로 신뢰하는 모습을 보였다. 마토마는 코언의 계좌에서 구축된 포지션에 "이름표"를 달게 된 것이다. 다시 말해, 마토마가 엘란 주식 투자의 책임자이자 투자 수익을 배분받을 인물로 간주됐다는 뜻이다. 와이어스 포지션의 경우도 마찬가지였다.

머노와 슬레이트는 코언이 변동성이 심한 두 제약주에 왜 그리 많은 리스크를 무릅쓰는지 이해할 수 없었다. SAC는 항상 공격적으로 투자했지만 코언은 자신의 리스크 관리 기술을 자랑스러워했다. 한 번의 거래로 확보 가능한 수익이 잠재적 손실을 상쇄할지 신중히 평가하는 것은 헤지펀드의 생존과 직결되는 필수 기술이었다. 단 한 건의 신약 실험에 대한 베팅 규모가 너무 커서 실패할 경우 입는 손실이 그 해의 모든 펀드 수익을 날려 버릴 수 있다면, 그것은 확실히 신중하지 못한 선택이었다. 머노와 슬레이트는 마토마를 누차 찾아가 엘란과 와이어스의 주식 그리고 바피의 임상시험에 관해 토론할 의향을 있는지 물었다.

머노가 "메모를 공유합시다"라고 말하면, 마토마는 "좋습니다"
라고 대꾸했다. SAC가 엘란에 절대로 투자해서는 안 된다고 생각
한 머노는 설렁설렁 대답하고 확실한 근거를 제시하지 않는 마토마
에게 무척 화가 났다.

처음에 머노와 슬레이트는 마토마가 그토록 자신만만하게 두 제
약주에 투자하는 근거가 무엇인지 알아내려고 리서치 과정에서 마
토마가 밟은 단계들을 추적했다. 머노와 슬레이트는 제약 분야에 전
문 지식이 있었기에, 특히 머노는 신경과학 박사 학위까지 받은 터이
어서 마토마가 어떤 분석을 거쳐 결론에 도달했는지 알아낼 수 있으
리라 자신했다. 그러나 거듭해서 살펴봐도 마토마가 틀렸다는 확신
밖에는 들지 않았다. 유일하게 남은 설명은 뭔가 구린 일이 벌어지
고 있다는 것이었다. 걱정이 된 머노와 슬레이트가 캅에게 물었다.

"대체 마토마가 무슨 꿍꿍이속인지 짐작이 가세요?"

캅은 진지하게 걱정하기 시작했다. 캅은 머노와 슬레이트를 SAC
최고의 헬스케어 애널리스트로 여겼다. 그러한 둘이 SAC의 엘란과
와이어스 주식 포지션이 잠재적으로 재앙과 같은 위험이라고 생각
한다면 그냥 넘어갈 수 없었다. 캅은 회사를 지키고 싶었다. 결국
SAC가 위기에 빠지면 '본인'의 보너스도 날아갈 테니 말이다. 그래
서 코언을 찾아가 의논하려 했지만 벽에 대고 말하는 기분이었다.

"그냥 내버려두게. 마토마에게 따지지 말고. 그는 자네 직원이 아
니지 않나. 이 일에 신경 끄게."

코언의 대답에 머노가 마토마와 홀먼을 지칭하며 물었다. "그들
이 정말로 뭔가 '알고' 있거나, 아니면 그들이 매우 '감'이 좋다고 생
각하시나요?"

"까다로운 질문이군. 난 마토마가 그에 가장 가까운 인물이라 생각하네."

며칠 뒤, 슬레이트가 같은 질문을 던지자 코언이 귀찮다는 듯 손짓하며 모호하게 답했다. "마토마는 이 분야에 좋은 인맥이 많은 듯 보이네." 코언은 머노와 슬레이트가 부정적인 말로 "잔칫상에 재 뿌린다"고 비난하고 슬슬 짜증내기 시작했다.

극도로 공격적인 헤지펀드 트레이더들이 시장에 늘어남에 따라 주식 투자에서 돈을 벌기란 포커에서 돈 따는 것보다 더 어려워졌다. 다른 플레이어들이 어떤 패를 가졌는지를 알아야 할 뿐 아니라, 그들이 자신의 패를 어떻게 '생각'하는지도 알아야 했다. 가끔은 기업들이 긍정적 뉴스를 발표해도 이미 트레이더들이 그 뉴스를 예상하고 있었기에 주가가 떨어지기도 한다. 다른 모든 시장 참여자들이 예상하는 바를 추측하는 것이 기업 제품을 이해하는 것만큼이나 중요해졌다. 이 사실을 아는 머노는 바피의 임상시험 결과가 얼마나 좋게 나와야 엘란과 와이어스 주식에 베팅한 모든 투자자에게 긍정적 뉴스가 될 수 있을지를 조사했다.

머노, 슬레이트 그리고 캅은 성가실 정도로 코언에게 거듭 물었다. 마토마는 자신이 신약 임상시험 결과를 안다고 '생각'하나요, 아니면 그는 이미 임상시험 결과를 '알고' 있나요? 코언은 답변을 거부했다.

SAC는 세계에서 가장 강력한 헤지펀드 중 한 곳으로 성장했지만, SAC에서 가장 재능 있는 직원들은 행동거지가 청소년 수준으로 떨어져 서로 말다툼하고 뒤에서 음모를 꾸몄다.

마토마는 태연한 척 행동했지만 속으로는 점점 더 견디기 어려워졌다. 머노가 코언의 마음에 의혹의 씨앗을 뿌려 자신의 성공을 훼방 놓으려 한다는 느낌이 들었다. 마토마는 월스트리트 액세스(Wall Street Access)라는 다른 전문가 네트워크 기업을 통해 바피의 임상시험에 관여하고 있는 또 다른 의사를 소개받아 길먼에게서 받은 정보를 재확인했다.

사내에서 논쟁이 계속됐지만 코언은 입장을 바꾸지 않았고, 결국엔 머노와 슬레이트에게 완전히 물러서 있으라고 말했다. 그는 더이상 엘란 주식에 관해 잔소리를 듣고 싶지 않았다.

블랙 에지의 위험

제이슨 캅은 정보를 분류하는 방법을 개발해서 휘하의 모든 애널리스트들에게 가르쳤다. 이 방법을 이용하면 어떤 정보가 안전하고 어떤 정보가 불법 소지가 있는지 이해할 수 있었다.

캅의 정보 분류 체계는 투자 정보를 세 범주로 구분했다. 첫째는 "화이트 에지(white edge)"다. 리서치 보고서나 공개된 문서를 통해 얻을 수 있는, 분명하고 누구라도 쉽게 활용할 수 있는 정보를 말한다. 솔직히 그리 큰 가치가 없는 정보지만 이런 정보를 이용하면 곤경에 처할 일은 없다.

둘째는 "그레이 에지(gray edge)"인데, 좀 모호한 면이 있다. 이 범주의 정보는 성실히 제 할 일을 하는 애널리스트라면 누구나 약간의 노력 끝에 구할 수 있다. 예를 들어, 기업 IR 담당자가 "예, 우리 예상보다 상황이 조금 안 좋게 흘러가고 있어요" 같은 말을 할 수 있다.

과연 이것이 중요한 미공개 정보일까? 확실한 방법은 2000년도부터 코언 밑에서 근무한 변호사인 피터 너스바움에게 문의하는 것이다. 너스바움은 고압적인 인물은 아니었지만 사무실 밖 벽에 수면 위로 모습을 드러내는 상어 그림을 걸어 놓았다. 일부 직원들은 그가 위압감을 주려고 이런 그림을 걸어 놓았다고 수군거렸다.

너스바움이 정보의 특정 부분이 SAC에 문제가 될 수 있다고 판단할 경우, 해당 주식은 거래 제한 목록에 올라 SAC 직원들은 거래할 수 없었다. 따라서 트레이더들은 정말로 어쩔 수 없을 때만 그를 찾아갔다. 너스바움은 내부 감사관과 마찬가지였다.

셋째는 "블랙 에지(black edge)"인데, 이는 명백히 불법인 정보를 의미한다. 트레이더가 이런 종류의 정보를 입수할 경우, 즉시 해당 주식의 거래는 금지돼야 한다. 최소한 원칙적으론 말이다. 거의 대부분의 트레이더들이 거래에 이용한 정보는 그레이 에지였지만, 애널리스트들은 일을 하는 과정에서 불가피하게 이런 유형의 정보, 즉 블랙 에지를 접하게 된다. 예를 들어 아직 발표되지 않은 실적이라든지, 곧 유치하게 될 대규모 투자 같은 정보 말이다.

캅은 이처럼 화이트, 그레이, 블랙으로 정보의 위험도를 구분하는 완곡어법이 자신의 휘하 직원들에게 유용하다고 느꼈다. 이 완곡어법 덕분에 휘하 트레이더들이 자신이 하는 일을 더 솔직히 털어놓을 수 있었다. 캅은 직원들에게 말했다. "한 번 잘못하면 감옥에 가고 인생 망칠 수 있네. 그럴 가치가 있는 거래는 없어."

물론, 현실적으로 그들 모두 머니 게임의 플레이어로서 법의 처벌을 받지 않는 범위에서 최대한 가치 있는 정보를 구하고자 애썼다. 에지는 바다에 해당했고, 그들은 그 바다에서 헤엄치고 있었다. 그리고 코언은 이 바다에서 가장 과감하게 헤엄치는 자를 채용할 때 흡족해했다.

칸의 입장에서 볼 때 마토마는 정보의 질과 합법성을 평가하는 간단한 규칙들조차 묵살하고 있었다. 그는 너무 위험한 행보를 보이고 있었다. 칸은 마토마가 허세를 부리고 있을지 모른다는 생각이 들었다. 포트폴리오 매니저들이 확신에 찬 듯 허세를 부리며 코언에게 대규모 포지션을 구축하도록 설득한 다음, 운 좋게 투자가 성공하면 막대한 보너스를 챙기는 것인데, 그것은 사실 도박인 것이다. 칸은 전에도 그런 경우를 본 적이 있었다. 아니면 무언가 불법적인 일이 진행되고 있을지 모른다는 생각이 들었다.

머노는 칸과 비슷한 의구심을 드러내면서 코언이 자기들 말은 안 듣고 마토마 말만 듣는다고 한탄하는 이메일을 친구들에게 보냈다. 머노는 슬레이트에게 보낸 이메일에서 "애초에 이 일에 참견한 우리가 바보지. 누가 봐도 그럴 걸" 하고 투덜댔다. 그는 마토마가 "블랙 에지"를 쥐고 있다고 주장하는 한 이길 도리가 없다고 탄식했다.

7장 전설로 남을 거래

알츠하이머병을 해결할 남자

2008년 봄, 금융위기가 점점 더 심화되면서 SAC 트레이더들이 돈을 잃지 않으려고 힘겨운 싸움을 하고 있을 때, 정부는 드디어 내부자거래의 조사에 착수할 만반의 준비를 마치고 있었다. 2008년 3월에 베어스턴스가 정부의 긴급 구제안에 따라 제이피모건 체이스에 매각됐다. 이 시점부터 투자자들은 전에 본 적이 없는 환경에 발을 내딛게 됐다. 무슨 수를 써도 통하지 않는 듯 보였다. 트레이더들이 애써 모은 귀중한 정보가 트레이딩 목적으로는 무용지물이 됐다. 기업들이 예상보다 나은 실적을 발표해도 주가가 급락했다. 시장은 한쪽 방향으로 쏠렸는데, 그 방향은 하방이었다.

시장이 악화되던 바로 이 시기에 라지 라자라트남 휴대전화 도청 신청이 B.J. 강이 서명한 진술서와 함께 비밀리에 연방 법원에 제출됐다. 법원은 정부기관에게 개인의 전화 감청 허가를 쉽게 내주지 않는다. 도청 신청은 먼저 워싱턴 D.C.의 법무부가 심사한 다음, 범죄가 일어나는 지역을 관할하는 법원에 하게 된다. 도청 허가를 받기 위해서는 FBI가 도청하려는 전화선으로 범죄가 진행 중이고, 서면 조사나 협력자를 찾아내는 방법 같은 다른 수사 방법을 총동원해 보았으나 역부족이었다는 증거를 반드시 제출해야 한다. 흔히 "타이틀Ⅲ"*로 약칭되는 도청만이 정부기관이 범죄 활동을 중단시킬 수 있는 유일한 수단임을 법원에 납득시켜야 한다.

SEC와 FBI가 12개월간 수사한 뒤인 2008년 3월 7일, 뉴욕 남부 지검은 제라드 린치 판사로부터 30일간의 라자라트남 전화 도청을 허가받았다. 미국 역사상 최초로 FBI가 월가 프로들이 무슨 일을 하고 있는지 엿듣게 된 것이다.

한편, 코언은 점점 더 경제를 비관하게 됐다. 그는 시장 붕괴가 다가오고 있다고 직원들에게 말했다. 전체 직원들에게 이런 이메일을 보냈다. "원유 가격이 크게 떨어지지 않는 한, 과연 시장이 지금 수준을 유지할 수 있을지 모르겠습니다. 나라면 시장이 반등할 때 주식을 처분하겠습니다."

이상하게도 코언의 비관주의는 엘란과 와이어스에는 적용되지 않았다. 당시 SAC는 회사의 리스크 관리 규정을 위반할 정도로 엘란과 와이어스에 대해 너무도 거대한 포지션을 헤지 없이 구축한 상태였다. 오히려 2008년 6월 4일 그리니치 자택에서 코언이 전 메릴 린치 투자은행가 출신인 엘란의 CEO 켈리 마틴을 만나 식사하도록 마토마가 일정을 잡으면서, 바피에 대한 마토마의 예상이 맞으리라는 코언의 확신은 더욱 굳어져만 갔다. 대다수 투자자는 수십억 달러짜리 기업의 최고경영자와 식사는 고사하고 사적으로 대화할 기회를 전혀 가질 수 없지만 코언은 달랐다. 그는 원한다면 수십억 달

• **Title Ⅲ_** 1968년 제정된 「범죄 단속 및 가두 안전 종합법」 중 도청에 관한 조항들

러짜리 기업을 사들일 수 있었고, 대부분의 최고경영자들은 코언이 요청한다면 개인적인 시간을 낼 의향이 있었다.

마토마는 머너와 슬레이트가 코언에게 계속해서 엘란 주식을 매도하라고 설득하고 있는 상황에서, 마틴이 코언을 만나서 그들의 엘란 투자에 더욱 큰 확신을 줄 수 있기를 기대했다. 엘란은 심각한 회계 문제를 일으킨 전력이 있었기에, 코언은 CEO를 직접 만나 이야기를 나눠 보면 엘란 주식의 대량 보유에 따른 불안감을 덜 수 있으리라 예상했다. 늘 사람 보는 눈이 예리하다고 자부한 코언은 마틴을 만나 인간적으로 어떤 인물인지 가늠해 보고 싶었다.

마토마와 코언은 신약 실험이 어떻게 진행되고 있는지에 대해 힌트를 얻어내기 위해 최선의 전략을 미리 짰다. 마토마는 마틴에게 던질 질문 목록을 조심스럽게 작성했다. 임상시험 상황에 관한 단서를 얻기 위해 마틴이 말하는 것 이외에 그의 보디랭귀지를 면밀히 관찰하여 비언어적인 단서까지도 놓치지 않으려 했다. 마토마가 작성한 첫 질문의 요지는 이랬다. "최근 귀사는 투자자들에게 보낸 메시지에서 AAB-001을 계속 강조하셨습니다. 임상 2상 과정에 있는 AAB의 성공이 귀사의 시장 지배력 확립에 얼마나 중요합니까?"

식사 중에 코언은 마틴이 말하는 모습을 관찰했는데, 마틴은 뭔가 낙심한 듯 착 가라앉은 분위기를 풍겼다. 세계 최대의 의학적 위기 중 하나를 해결하기 직전에 있는 기업의 경영자가 보일 법한 활기와 집중력은 찾아볼 수 없었다. 코언은 바피가 실패하리란 직감이 들었다.

엘란의 CEO가 떠난 뒤 코언은 마토마에게 말했다. "저 자는 알츠하이머병을 해결한 남자처럼 보이지 않는 걸."

2주 뒤 긍정적인 뉴스들이 나왔다. 2008년 6월 17일, 엘란과 와이어스는 바피의 임상 2상에서 "고무적인 주요 결과들"을 얻었다고 발표했다. 이 발표는 임상시험이 어떻게 진행되고 있는지에 대한 예비적 지표에 불과했지만, 그래도 희망적이었다. 두 제약사는 임상 3상 연구에 돌입하겠다는 결정을 공개적으로 재확인했다. 기분이 들뜬 마토마는 장이 열리기 전에 코언에게 이메일로 이 소식을 알렸다.

코언이 답장했다. "음, 잘 됐네."

SAC에서 가장 공개적으로 엘란 주식 보유에 반대한 머노는 좌절했다. 여전히 엘란 주식에서 수익보다는 손실 위험이 크다고 믿은 머노가 다시 우려를 표명하자 코언이 히죽거렸다.

"또 시작인가. 2라운드를 벌일 셈인가. 마토마와 1라운드부터 마치고 오게."

장이 열리자 두 회사의 주가는 몇 달러 올랐다. 코언과 마토마는 두 종목을 수십만 주 더 매입했다. 그달 말까지 CR 인트린식은 2억 3300만 달러어치의 엘란 주식, 8000만 달러어치의 와이어스 주식을 보유했다. 코언은 자신의 포트폴리오에도 4억 달러어치의 엘란과 와이어스 주식을 보유했다. 모두 합치면 7억 달러가 넘는 규모였다.

제이슨 캅은 부하 직원인 머노와 슬레이트가 마토마를 의식해 많은 시간을 낭비하는 점에 화가 나서 둘에게 훈계했다. "이제 그는 우수 직원으로 돋보이는 반면, 자네들은 얼간이 신세가 됐어. 자네들이 그에게 본때를 보여 주려고 많은 시간을 허비한 탓에 '나' 역시 바보가 된 기분일세. 이제 그에게 신경 끄게나."

한편, 마토마는 두 주식을 더욱 매집하고 있었다. 이처럼 포지션은 점점 더 커지고 있었고, 이 시기에 "스티브-캠"으로 하루 종일 그녀의 보스인 코언의 대화를 듣고 있는 여비서는 개인 계좌를 만들기 위해 SAC 간부직에 지원했다. 여비서가 개인 계좌로 사고 싶은 주식은 엘란과 와이어스 딱 두 종목뿐이었다.

암호 '너겟'

두 제약사는 2008년 7월 28일 시카고에서 열리는 국제 알츠하이머 콘퍼런스(ICAD, International Conference on Alzheimer's Disease)에서 바피의 임상시험 최종 결과를 발표하기로 했다. 근래 가장 뜨거운 관심을 받는 의학 연구 발표가 예정되었기에 과학계 학술회의치고는 화려하게 열렸다. 하얏트 맥코믹 플레이스 호텔에서 5일간 열린 이 학술회의에 세계 각지에서 찾아온 과학자들과 연구자들 이외에도 월스트리트의 애널리스트 수백 명이 참석했다.

콘퍼런스 3주 전 엘란은 바피 임상시험의 최종 결과를 발표할 사람으로 길먼을 선택했다. 보통 때였다면 기뻐서 자리에서 일어날 만큼 큰 영광이었지만 불행히도 길먼은 건강에 이상이 생겼다. 림프종 진단을 받아 항암 화학치료를 받고 있었다. 낙담한 길먼은 엘란의 의료 담당 이사에게 이런 이메일을 보냈다. "지금 나는 머리가 거의 다 빠져 이 모습으론 인디애나 존스 영화에 사악한 과학자로 출연할 수 있을 뿐입니다. 만약 제가 참석한다면 만화 캐릭터 대디 워벅스(Daddy Warbucks)처럼 보이게 셔츠에 다이아몬드 장식을 달면 좋겠군요."

제약사 경영진은 탈모와 상관없이 길먼이 가장 적임자라는 자신들의 생각을 분명하게 전달했다. 건강상 가능한지 묻자 길먼은 가능하다고 답했다. 길먼은 자신이 발표자로 뽑혔다는 사실을 비밀로 유지했어야 했지만 즉시 마토마에게 알렸다. 콘퍼런스의 기조연설 발표자로서 길먼은 바피의 임상시험 결과를 숨김없이 모두 볼 수 있는 최초의 인물 중 한 명이 됐다. 엘란과 와이어스는 임상시험 결과가 새 나가지 않도록 기밀 유지에 노력을 기울였다.

길먼이 전 세계에 신약의 임상시험 결과 발표를 준비하는 동안 주식시장은 하락세를 이어 나갔다. 2008년 7월 15일, SEC는 시장을 진정시키기 위해 금융주 공매도를 금지하는 긴급조치를 내렸지만 투자자들은 이 사실에 더 겁을 먹었을 뿐이다. SAC 포트폴리오가 매일 계속 손실을 내는 상황은 코언에게 이례적이고 어색한 경험이었다. 코언은 정부 개입 등의 조치로 시장 상황이 진정되리라는 믿음을 완전히 잃었다. 모든 직원에게 보내는 이메일에서 시장이 더 폭락할 가능성을 경고했다. "설령 시장이 반등하더라도 1, 2개월 정도에 그칠 테고 그 뒤에는 시장이 다시 약세를 보이리라는 점을 확실히 알리고자 합니다. 다시 말하건대, 이후 몇 주간은 시장 지표들이 계속 저점을 돌파할 수 있습니다."

2008년 7월 15일 화요일, 길먼은 전세기를 타고 엘란의 샌프란시스코 의료 시설로 이동해 임상 2상을 감독한 팀들과 만났다. 의사들이 임상시험 데이터를 해석하는 일을 돕는 통계학자들도 만났다. 알츠하이머병 치료제를 찾는 여정에서 결정적 순간이었다. 기밀로 유지됐던 모든 자료가 최초로 완전히 "공개"되는 시점이었다. 자료 공개 전 엘란에서 바피 연구를 이끈 의사인 앨리슨 흄은 길먼에게 이후 보게 될 모든 내용을 비밀로 해야 한다고 신신당부했다.

자료를 넘겨보면서 길먼은 흥분했다. 처음에 훑어봤을 때는 신약이 알츠하이머병 고위험 유전자를 지니지 않은 환자들에게 의미 있는 효과를 발휘한 듯 보였다. 그리고 고위험 유전자를 지닌 환자들도 긍정적 추세를 보이는 듯 했다. 길먼은 신약의 가능성에 고무됐다.

하지만 더 자세히 자료를 살펴보자 용량 반응(dose response) 결여 문제가 눈에 띄었다. 즉, 알츠하이머 증상이 약물 투여량 증가에 비례하여 완화되지 않았다는 뜻이다. 길먼은 학생들에게 용량 반응이란 개념을 설명할 때 찬장에서 두통약을 꺼내는 상황을 예로 들었다. "두통 환자가 아스피린을 한 알 먹으면 증상이 조금 완화될 겁니다. 두 알 먹으면 더 완화되겠죠. 세 알 먹으면 더욱 그렇고요." 하지만 바피의 실험에서는 그런 상관관계가 나타나지 않았다. 투여량을 늘려도 치료 효과가 뚜렷해지지 않는다면 해당 약물이 효과가 있다고 볼 수 없었다.

그렇지만 길먼은 더 긍정적인 부분에 집중해 이미 시작된 임상 3상이 계속 진행할 가치가 있다고 주장할 근거를 찾으려 애썼다. 바피는 환자에게 안전한 약물로 보였는데, 이는 중요한 대목이었다. 바피에는 몇 가지 사소한 부작용과 한 가지 중요한 부작용인 뇌가 부어오르는 혈관성 부종이 있었다. 혈관성 부종은 심각한 문제가 될 소지가 있었지만 의료진이 투여량을 줄이면 대처 가능한 부작용으로 보였다. 투여량을 줄여 부작용이 사라진 다음에 다시 투여량을 늘리면 됐다.

길먼은 임상시험 결과를 12분 안에 효과적으로 전달하기 위해 엘란 팀들과 함께 방대한 데이터를 편집해 파워포인트 문서를 만들었다. 길먼은 다음 날 비행기를 타고 집으로 돌아갔다. 엘란의 흄 박사는 길먼에게 발표 자료를 검토할 시간을 주기 위해 그다음 날인 2008년 7월 17일 목요일에 프레젠테이션 초안을 이메일로 보냈다. 이메일 제목은 "ICAD 발표 비밀 자료. 배포 금지"였다. 이메일에는 "별도의 이메일로 암호를 보내겠습니다"라는 말과 함께 암호가 걸린 파일이 첨부돼 있었다.

한 시간 뒤, 흄이 작성한 새 이메일이 도착했다.

"길먼 박사님, 암호는 '너겟(nuggets)'입니다."

지옥에서 온 사자

그날 저녁 집에서 길먼은 발표 자료를 다시 검토하면서 여러 도표와 차트에서 결론을 도출하는 작업을 했다. 평생 몸에 익은 과학 탐구의 시간이었다. 발견과 계시의 흥분에 빠져 어서 누군가에게 내용을 전하고 싶어서 견딜 수 없었다.

그때 전화가 울렸다. 마토마였다. 맨 먼저 던진 질문은 임상 결과였다.

길먼이 대답했다. "결과가 고무적이더군. 용량 반응 결여랄지 플라세보 그룹*의 증상 감소랄지 몇 가지가 걱정되긴 하지만 말일세." 길먼은 바피가 알츠하이머 고위험 유전자 집단보다 알츠하이머 고위험 유전자를 지니지 않은 집단에서 더 강한 효과를 보였는데, 이

---

* placebo group_ 신약의 효과를 비교하기 위해 가짜 약을 복용하는 환자 집단

는 이상적이지 않은 결과라고 설명했다. 그렇지만 그는 뇌 속에 쌓인 플라크를 공격하는 단백질 성분을 지닌 신약이 효과가 있는 듯 보인다고 말했다.

둘은 한 시간 반 동안 발표 자료의 세부 내용에 대해 이야기했다. 마토마는 수십 개의 질문을 던지면서 감정을 거의 드러내지 않았다. 길먼은 계속 주절주절 지껄였다. "이 결과는 확실히 임상 3상을 보장할 걸세…. 나는 매우, 매우 낙관적이네."

그때 마토마가 화제를 바꾸고자 끼어들었다.

"박사님, 몇 달 전 돌아가신 삼촌 때문에 장례식에 참석하느라 정신이 없었는데요. 그래서 지금 전 몸 상태가 안 좋습니다." 그러면서 말꼬리를 흐렸다. 삼촌은 앤아버에서 살았는데, 삼촌의 가족을 방문할 계획이 있다고 마토마가 말했다. "토요일에 그곳에 갈 예정입니다. 그때 어디 안 나가실 거죠? 찾아뵙고 싶은데요."

길먼이 잠시 생각한 뒤 대답했다. "음, 좋아. 들르게나." 그는 평소 거의 매주 토요일마다 그랬듯 연구실에서 시간을 보낼 생각이었다.

이틀 뒤인 2008년 7월 19일 토요일 오전 10시경, 길먼은 미시건대학교 캠퍼스에 차를 몰고 가 메디컬 스쿨 건물 옆 주차장에 주차했다. 전자 신분증을 인식기에 대고 인적이 드문 건물 단지로 들어가 주차장을 지나쳐 연구실로 걸어갔다. 연구실에 들어가자마자 연구에 몰두했다. 오후 2시경 전화가 울렸다. 마토마가 밖에 있었다.

마토마를 아래층 홀에서 연구실까지 안내하면서 길먼이 물었다. "점심은 먹었나? 나가서 뭐 좀 먹을까?"

"아니요, 괜찮습니다."

"그럼, 앉아서 얘기나 할까?"

그때 마토마가 곧바로 본론으로 들어갔다고, 훗날 길먼이 술회했다. "콘퍼런스 발표 자료를 볼 수 있을까요?"

길먼은 잠시 주저했다. 그러다가 컴퓨터로 가서 발표 자료를 화면에 띄운 다음, 마토마가 스크롤을 움직여 발표 자료를 살펴보도록 옆으로 비켰다. 마토마가 눈을 가늘게 뜨고 차트와 이미지들을 보는 동안 길먼이 설명해 줬다. 신약의 용량 반응을 보여 주는 슬라이드가 화면에 뜨자 길먼은 말을 멈췄다.

"이 결과에 대해 어떻게 생각하시나요?" 마토마가 물었다.

여전히 임상 결과에 희망을 품고 있던 길먼은 어쩌면 다소 방어적으로, 용량 반응의 결여와 플라세보 그룹의 증상 감소에 대한 우려를 다시 표명했다. 하지만 이러한 결과가 바피뉴주맙의 명백한 효과를 부정하지 못한다고 생각했다. "이건 큰 문제가 아니라 상대적으로 작은 문제일세. 알츠하이머병에 효과가 있는, 효과가 있는 듯 보이는 치료제는 이번이 처음일세. 최소한 임상 2상에서 말이지." 신경 과학을 얘기할 때면 언제나 그랬듯 길먼이 활기 넘치는 목소리로 떠들었다. "이번 결과는 확실히 임상 3상을 진행할 가치가 있음을 보여 준다고 생각하네. 이거 흥분되는 걸."

길먼이 열띠게 설명하는 동안, 마토마는 슬라이드를 넘기면서 임상시험 결과가 투자자 입장에서 매우 실망스럽다는 점을 파악했다. 바피는 소규모 환자 집단에서만 효과가 있는 것으로 나왔다. 임상시험의 방법론을 고려하면 이러한 결과조차 불확실했다. 이 결과를 확실히 하려면 추가적인 임상시험이 필요했다.

바피에 대한 시장의 기대 심리는 너무도 부풀어 올랐다. 임상시험 결과가 발표되기까지 아직 9일이 남았지만 시장이 임상시험 결과를 어떻게 해석할지 마토마는 뻔히 알 수 있었다. 임상시험 결과가 발표되면 엘란과 와이어스 주가가 폭락할 것이 확실했다.

슬라이드를 다 본 뒤, 마토마는 길먼에게 전화기를 좀 써도 되겠냐고 물었다. 마토마는 그날 오전 디트로이트 공항에서 자신을 태워 주고 근처에서 대기 중이던 택시 운전사에게 전화를 걸었다. 마토마는 길먼과 함께 밖으로 나가 작별 인사를 했다. 기다리고 있던 택시에 탄 마토마는 곧바로 공항으로 가서 오후 4시행 델타 항공을 타고 뉴욕 존 F. 케네디 국제공항으로 돌아갔다.

길먼은 연구실로 돌아가 오후 내내 연구를 계속했다. 그날 저녁 아내와 함께 외출해 친구인 맥신, 로니와 함께 식사했다. 그는 낮에 있었던 일을 잊으려고 힘껏 애썼다.

비밀 매도 작전

"오늘 아침 통화할 수 있을까요?" 매튜 마토마가 코언에게 보낸 이메일 제목이었다. "중대한 용건이 있습니다."

주말 아침이면 커피를 마시고 신문을 보며 한가롭게 시간을 보내는 것이 대다수 시민의 일상이지만, 미시건 대학교에서 돌아온 직후인 2008년 7월 20일 일요일 아침, 마토마는 어느 때보다 다급했다. 스티브 코언과 빨리 통화할 필요가 있었다.

코언은 집 전화번호를 이메일로 알려 줬다.

오전 9시 45분, 마토마가 코언에게 전화를 걸었다. 둘은 20분간 통화했다. 통화를 끝낸 뒤 마토마는 그들이 보유한 모든 엘란과 와이어스 주식, 당시 기준으로 10억 달러가 넘는 목록을 담은 이메일을 코언에게 보냈다. 이메일을 읽은 코언은 수석 트레이더 필립 빌하우어에게 메시지를 보냈다. 코언은 엘란 주식 매도를 최대한 빨리 시작하길, 그리고 아무도 눈치채지 못하게 조용히 진행하길 원했다.

그다음에 코언은 헬스케어주를 조언해 주는 웨인 홀먼에게 이메일을 보냈다. "오늘 일찍 차를 타고 돌아갈 생각입니다." 기상 악화로 헬리콥터를 탈 수 없을 테니 예정보다 일찍 돌아가기로 했다고 설명한 코언은 엘란과 와이어스를 약칭으로 언급했다. "우리 엘과 와이에 관해 얘기합시다."

다음 날 아침, 빌하우어는 사무실에 일찍 도착해 코언의 지시를 수행할 준비를 했다. 코언은 엘란과 와이어스 주식 매도 상황을 아무도 눈치채지 못하게, 다른 직원들이 볼 수 없는 계좌들을 찾도록 빌하우어에게 지시했다. 포지션을 이런 식으로 청산하는 것은 흔치 않은 일이었고, 빌하우어가 12년간 SAC에서 근무하는 동안 처음으로 지시받는 일이었다. 하지만 남들 몰래 주가에 영향을 미치지 않고 막대한 주식을 팔아 치우기란 코언 입장에서도 쉽지 않았다.

코언 휘하의 다른 트레이더들과 마찬가지로 빌하우어는 자신과 직접 관련이 없는 일에는 참견하지 않은 편이 낫다는 것을 경험을 통해 배웠다. 최근 시장에서 논란이 되고 있는 주식의 매도는 특히 관심을 불러일으킬 가능성이 있었다. 엘란과 와이어스는 SAC가 가장 많이 보유한 종목들이었기에, SAC 포트폴리오 매니저는 물론 외부의 중개인들도 SAC가 엘란과 와이어스 주식을 팔고 있다는 사실을 눈치챌 수 있었다. SAC는 400개가 넘는 증권사 계좌를 가지고 있었고, 이 중 한 계좌를 통해서 엘란과 와이어스 주식을 매도해도 소문이 퍼질 가능성이 높았다.

빌하우어는 영업 팀 직원에게 문의한 결과 "비밀" 판매용으로 남겨 둔 계좌가 두 개 있으니 그 계좌로 거래하라는 답변을 들었다. 빌하우어는 보조 트레이더인 더그 시프에게 자신은 잠시 외출할 테니 대신 거래를 진행하라고 지시하고 코언과 긴밀히 소통을 유지하라고 당부했다.

엘란 주식은 코언의 계좌, 마토마의 계좌, 그리고 CR 인트린식 계좌에 분산되어 있었다. 시프는 그날 종일 거래하는 동안 계속 빌하우어와 연락했다.

장이 끝난 뒤 빌하우어가 마토마에게 일일 거래 상황을 전달했다. 그날 하루 그들은 평균 35달러 가격에 대략 150만 주 정도를 팔았다.

"저와 스티브 외에는 아무도 이 사실을 모릅니다." 빌하우어가 덧붙였다.

다음 날 아침 코언은 150만 주를 더 팔라고 지시했다.

오전 8시 50분에 빌하우어는 이런 인스턴트 메시지를 코언에게 보냈다. "40만 주. 34.97달러. 모두 다크풀." 다크풀이란 익명으로 주식을 거래하는, 거래소 외부의 사적인 거래시스템을 말한다.* 이때는 아직 주식시장이 열리지 않았다.

---

* **dark pool**_ 거래를 희망하는 투자자들로부터 매도·매수 주문을 받되 바로 매매를 체결시키지 않고 장 종료 후 당일의 거래량 가중 평균 가격으로 매매를 체결하는 시스템이다. 호가와 수량이 공개되지 않아 장중 시장가격에 영향을 주지 않는다. 주문의 익명성이 보장되기 때문에 포트폴리오를 노출시키지 않고 비밀스럽게 매매하기를 원하는 기관투자자들이 주로 이용한다.

오전 9시 11분에 빌하우어가 15만 주를 더 팔았다고 암시하는 인스턴트 메시지를 보냈다. "55만주. 34.93달러."

그다음에는 "66만주. 34.91달러"라는 메시지를 보냈다.

코언이 답장을 보냈다. "계속 매도."

이후 9일 동안 코언의 트레이더는 엘란 주식 1050만 주를 매도했다. 다른 트레이더가 SAC가 보유한 와이어스 주식을 같은 방식으로 매도했다. 시장에서는 누구도 SAC가 매도하고 있음을 눈치채지 못했다.

포지션을 청산한 뒤에도 코언은 멈추지 않았다. 보유한 주식의 매도가 모두 끝나자 코언은 9억 6천만 달러어치의 엘란 주식 450만 주를 공매도했다. 불과 1주일 남짓한 사이에 코언은 엘란 주식에 대해 손바닥 뒤집듯이 정반대의 베팅을 한 셈이다.

하비 피트의 특강

빌하우어가 SAC의 엘란 주식을 매도하기 시작한 날, 한 남자가 스탬퍼드시에 위치한 SAC 본사를 방문했다. 장이 끝난 직후인 초저녁에 찾아온 남자의 이름은 하비 피트(Harvey Pitt)였다. 피트는 2003년 SEC 위원장직을 사임한 후 칼로라마 파트너스라는 컨설팅사를 설립했다. 그는 SEC에서 근무한 경험을 살려 컴플라이언스와 규제 부문의 전문가로서 민간 기업들에게 자문을 제공했다. 그는 누구보다 잘 아는 분야인 내부자거래에 관해 직원들에게 강의해 달라는 SAC의 요청을 받고 본사를 찾아온 참이었다. 그는 뉴욕 소재 로펌, 프라이드 프랭크 해리스 슈라이버 앤 제이콥슨(Fried, Frank, Harris, Shriver & Jacobson)에서 기업 변호사로 활동하던 1980년대에 마이클 밀켄 사건에서 핵심적 역할을 수행했다. 악명 높은 기업 사냥꾼인 이반 보스키의 변호인으로 형량 조정 제도(plea bargain)를 이용해 유죄를 인정하고, 밀켄 수사에 협조하는 대신 형량을 감경 받기로 검찰과 협상한 사람이 바로 피트였다.

피트는 코언과 SAC를 잘 알지 못했다. 그저 SAC가 큰 성공을 거둔 거대 헤지펀드라는 사실만 알 뿐이었다. 만약 SAC가 역사에서 교훈을 얻었다면 직원들이 이미 내부자거래에 관한 교육을 받았으리라 생각했다.

피트는 1980년대와 90년대 월가의 여러 스캔들을 목격하지 않은 젊은 트레이더일수록 합법적으로 활용 가능한 정보와 불법 정보를 구분하는 법을 꾸준히 배울 필요가 있다고 생각했다. 그렇지 않으면 과거와 같은 일들이 반복될 게 뻔하기 때문이다. 피트는 전에도 여러 차례 강연한 내용을 SAC 직원들에게 전하려 했다. 이를테면, 증권법 규제의 현재 상황과 미공개 중요 정보의 정의, 문제의 소지 없이 정보를 이용하는 상식적 전략 등이다. SAC 임원들은 모든 직원이 한 명도 빠지지 않고 참석해 강연을 들을 것이라고 말했다. 준법감시부 임원 한 명이 책상에 앉아 있던 트레이더들을 억지로 끌어내 구내식당으로 끌고 갔다.

피트는 사람들로 꽉 찬 강연장으로 안내받았다. 피트의 강연을 SAC 지사 사무실로 중계할 방송용 카메라들이 설치되어 있었다. 강연 시작 전 피트가 주변을 둘러보니 코언이 보이지 않았다. 피트는 권위를 풍기는 낮고 칼칼한 목소리로 강연을 시작했다. 그는 내부자거래가 미국의 모든 주는 물론 SAC가 영업하는 모든 국가에서 불법이라는 사실을 트레이더들과 포트폴리오 매니저들에게 상기시키는 것으로 서두를 열었다. "내부자거래는 규제 당국이 관심을 두고 지켜보는 사안입니다." 피트는 당국이 전년도에만 100건이 넘는 헤지펀드 내부자거래 사건을 조사했다고 설명했다.

그는 언론 역시 트레이더의 불법행위를 보도하려고 혈안이 되어 있다고 지적했다. 불법을 저지르는 트레이더보다 완벽한 악당이 없으니까. "어느 누구에게도 이메일을 비롯한 전자 통신 수단으로 메시지를 보내거나 보이스메일 메시지를 남기지 마십시오. 그 메시지를 언론이 보도하거나 당국이 열어 보는 사태를 보고 싶지 않다면요." 피트는 강연 내내 코언의 부재가 신경 쓰였다. 피트가 강연할 때는 기업의 대표가 맨 앞줄에 앉아 있는 것이 보통이었기 때문이다. 훗날 피트가 회상했다. "보통은 내가 강연할 때마다 거의 모든 직원이 참석합니다. '특히' CEO들이 더 그렇죠. CEO는 모든 직원이 모인 자리에서 연설하려 하거든요."

코언이 참석하지 않았어도 피트는 말을 이어 나갔다. "트레이딩하기 전에 일단 멈춘 다음 생각해 보시기 바랍니다. 만약 믿기지 않을 정도로 너무 좋아 보이는 거래 기회가 있다면, 대개의 경우 문제의 소지가 있습니다."

SEC 전 위원장이 전문가 네트워크 기업의 서비스를 이용하면 컨설턴트에게 비밀 정보를 들을 위험이 있으니 조심하라고 강연했지만, 내부정보를 이용한 주식거래는 SAC 직원들에게 흔한 일이었다. 오후 5시 직전, 한 기업의 발표가 뉴스 와이어에 올라왔다. 데이터 네트워크 기업인 브로케이드 커뮤니케이션 시스템이 인터넷 서비스

업체에 스위치와 라우터를 공급하는 파운드리 네트워크를 인수한다는 발표였다. SAC의 CR 인트린식은 파운드리 네트워크 주식 12만 주를 보유 중이었다. 이는 존 호바스와 제스 토토라의 "파이트 클럽"에 속한 애널리스트인 론 데니스의 추천에 따른 투자였다. 데니스는 파운드리 인수 정보를 3일 전 캘리포니아에 있는 헤지펀드 친구에게서 들었다. 그리고 그에게 정보를 알려 준 사람은 파운드리 네트워크의 최고정보책임자였다.

"무엇이 '미공개' 정보인가?" 하비 피트가 SAC 직원들 앞에 띄운 슬라이드에 적힌 질문이었다. "널리 공시되지 않았거나, 또는 비밀이 유지된다는 기대 속에 받았다면" 그 정보는 미공개 정보다. 아직 발표되지 않은 합병 정보는 피트가 볼 때는 물론 누가 정의해도 명백한 내부정보였다. 정보를 들은 데니스는 SAC 포트폴리오 매니저에게 파운드리 인수가 임박했다고 알렸고, 그는 주식을 대량 매입했다. 인수 발표 후 파운드리 주가가 32퍼센트 상승하면서 SAC는 55만 달러의 수익을 챙겼다.*

피트가 강연을 마치자 월가 최고의 트레이더가 SEC 전 위원장을 만나고 싶어 한다는 말을 전달받았고, 그는 코언의 집무실로 안내받았다. 둘은 악수를 나눴다.

"와 주셔서 감사합니다." 코언은 이렇게 말하고는 다시 트레이딩 컴퓨터로 몸을 돌렸다. 피트는 곧바로 코언의 집무실을 나왔다.

---

* 론 데니스는 내부자거래 혐의로 조사를 받았으나 혐의를 인정 또는 부인하지 않은 채 증권업계에 영원히 재취업하지 않고 벌금 20만 달러를 납부한다는 조건으로 2014년 SEC와 화해했다.—저자 주

또 다른 정보원

　　　　　　　　7월 28일 월요일 오후, 조엘 로스
가 시카고 도심의 하얏트 맥코믹 플레이스 호텔 로비를 지나가고 있
었다. 이 호텔은 미시간 호수를 굽어보는 거대하고 밋밋한 고층 건
물이라 대기업 행사 장소로 각광받았는데 이날은 과학자들로 넘쳤
다. 국제 알츠하이머 콘퍼런스의 첫 날이었고, 다음 날 오후에는 길
면의 바피의 임상시험 결과 발표가 예정되어 있었다. 로스는 뉴저지
에서 노인 질환에 대해 많은 임상 경험을 쌓은 학자이자, 바피의 임
상시험에 참여한 환자 25명을 담당한 의사였다. 그는 콧수염을 기
르고 특이한 넥타이를 매고 다녀 주위의 이목을 끄는 인물이었다.

　바피 연구에 참여한 모든 의사들이 이날 저녁 호텔의 작은 회의
실에 마련된 비공식 저녁 만찬에 초대받았다. 그들은 그 자리에서
임상 2상 결과에 대해 사전 보고를 받을 예정이었다. 로스는 자리
에 앉아 모든 참석자에게 배포된 비밀 유지 확인서에 서명했다. 엘
란에서 바피 연구를 이끈 앨리슨 흄이 앞에 나와 바피가 어떤 효과
를 보였는지, 그리고 바피 연구에서 달성하고자 했던 목표를 설명했
다. 그리고 참여한 환자들의 구성과 특징을 비롯해 임상시험을 어
떻게 설계했는지 반복해서 설명했다. 드디어 로스가 기다리던 슬라
이드가 등장했다. 제목은 "사후 효험 분석(Post Hoc Efficacy Analysis)"
이었다.

　로스는 화면에 뜬 숫자들을 보고 침울해졌다. 용량 반응이 없었
기 때문이다. 로스는 하버드 메디컬 스쿨의 저명한 알츠하이머 연구
자에게 몸을 기울이며 말을 걸었다. "죄송합니다만, 전 통계 분석에
밝지 못해서요. 저 슬라이드의 의미는 무엇인가요? 신약이 효과가

없고 실패했다는 뜻인가요?"

다른 의사가 어두운 표정으로 고개를 끄덕였다. "신약은 효과가 없습니다. 실패했어요."

로스는 호텔 로비로 달려갔다. 그는 마토마와 만나기로 미리 약속을 잡아 뒀다. 마토마 역시 콘퍼런스에 참석 중이었다. 마토마는 신약 임상시험 기간 동안 로스를 접촉했다. 둘은 로스가 속한 전문가 네트워크를 통해 연락을 주고받았다.

호텔 아트리움이 내려다보이는 유리벽 앞에서 기다리고 있던 마토마가 로스를 보자마자 물었다. "어땠습니까?"

로스가 답했다. "결과는 부정적이네. 신약은 효험이 없어요." 로스는 바피 연구에 수십억 달러가 투입됐고, 수십 명의 환자와 그들의 가족이 신약에 희망을 품고 임상시험에 참가하리라 짐작했다. 그런데 그 모든 노력이 물거품이 된 셈이다. 개인적으로 실망했다. 그렇지만 그는 자신이 진료하는 일부 환자들이 신약 투여 후 증상이 호전되었다고 믿었고, 그들이 계속 신약을 투여받길 희망했다. 그는 마토마에게 부정적인 결과에도 불구하고 자신이 진료하는 일부 환자들의 증상이 호전되었기에 자신은 여전히 바피에 희망을 품고 있다고 말했다.

그러자 마토마가 대꾸했다. "통계적 증거는 다르게 나오는데도 어떻게 선생님은 그렇게 말씀하시는지 모르겠군요." 마토마는 임상시험 결과가 통계적으로 의미가 있는지 없는지 판가름하는 p값(p-value)을 비롯해 방금 전 만찬 자리에서 연구자들에게 공개된 몇 가지 수치들을 정확히 인용했다. 이때는 임상시험 결과가 아직 대중에게 공개되지 않은 시점이었다.

로스는 정신이 멍해졌다. 어떻게 마토마가 그러한 세부 내용을 알 수 있었을까? 마치 마토마가 방금 전 자신이 본 프레젠테이션 자료를 본 것만 같았다. 하지만 로스는 그런 일은 불가능하다고 생각했다.

마토마가 또 따져 물었다. "그리고 용량 효과는 어떻고요? 임상시험의 용량 효과를 보고도 신약을 그렇게 높이 평가하십니까?"

로스는 언짢은 목소리로 말했다. "난 용량 효과는 신경 쓰지 않아요. 내가 진료하는 환자들만 생각할 뿐이지." 로스는 알츠하이머병으로 고통받는 환자들에게 이토록 무관심한 작자와 어울리게 된 점이 당혹스러웠다. 마토마는 병동에서 비참한 죽음을 기다리는 노인들을 걱정하지 않았던가? 그들을 위해서는 바피가 효과가 있어야 했다. 로스는 곧 마토마와 헤어지고 호텔 방으로 돌아갔다.

엘란 주가의 붕괴

다음 날 오후, 공식적인 프레젠테이션이 진행될 호텔 연회장은 인파로 붐볐다. 1700석이 꽉 찼고 자리에 앉지 못한 사람들이 통로와 연회장 뒤편에 서 있었다. 의학계의 위대한 돌파구가 될 신약의 성공 여부가 대중에게 발표되기 직전이었다.

길먼은 몸 상태가 좋지 못했다. 그 주에 항암 화학치료를 잇달아 받은 탓에 기진맥진했다. 연단으로 올라가 안경 위치를 바로잡고, 두 손으로 강연대를 꽉 쥐었다. 연회장은 고요해졌다. 길먼은 22개 슬라이드 자료 중 첫 장을 화면에 띄우고 발표를 시작했다. 발표 제목은 "알츠하이머병의 수동적 면역 치료 과정에서 얻은 고무적 임상 자료(Encouraging Clinical Data from Passive Immunotherapy in Alzheimer's Disease)"였다. 길먼은 임상 2상 연구의 목적과 설계 방법을 설명한 다음, 신약의 안전성을 설명했다.

신약 투여량과 환자의 인지 능력 개선 간의 상관관계가 크지 않음을 보여주는 일련의 파란색 및 녹색 막대그래프들과 함께, 신약의 효험을 분석한 슬라이드 여섯 장을 길먼이 넘기는 동안 청중석 여기저기서 불빛이 켜졌다. 그때는 이미 장이 마감된 뒤였지만, 월가의 애널리스트들이 엘란과 와이어스 주식을 팔라는 문자메시지를 펀드 매니저들에게 급하게 보내느라 벌어진 현상이었다.

청중석에 있던 한 애널리스트는 "당시 너무 급히 문자를 보내느라 숨넘어가는 줄 알았어요"라고 회상했다.

길먼의 발표가 끝나자마자 마토마의 직속 애널리스트인 케이티 린든이 자리에서 벌떡 일어나 호텔 방으로 달려갔다. 린든은 그날 내내 마토마를 보지 못했다. 평소 둘은 이러한 산업 행사를 함께 방문해 최대한 많은 발표를 보고 정보를 수집하고자 각기 다른 일정표대로 움직였고, 나중에 각자 수집한 정보를 취합했다. 린든은 SAC 포트폴리오 상태를 보고 싶어서 SAC 직원들이 구축한 포지션 상황을 보여주는 내부 시스템인 파노라마(Panorama)에 접속했다. 린든은 다음 날 장이 열리자마자 엘란과 와이어스 주식이 폭락하리라고 확신했다. 폭락은 기정사실이었고 낙폭이 문제일 뿐이었다.

파노라마에 접속하자마자 린든은 잠시 동안 숨을 죽였다. 이전에 본 적이 없을 정도로 굉장히 빠른 속도로 여러 포트폴리오에서 돈이 오가고 있었다. 린든은 대관절 무슨 상황인지 가늠할 수 없었다.

자정 직후 마토마가 그녀에게 이메일을 보냈다. "임상시험 결과 발표는 어땠습니까? 식사 때 화제가 됐나요?"

린든이 답장을 보냈다. "데이터는 괜찮았다고 봅니다. 하지만 내가 기대한 만큼은 아니었고, 지금까지 공매도에 저항한 투자자들의 기대 심리를 충족시킬 만큼 괜찮지는 않은 것 같습니다." 린든은 SAC가 엘란과 와이어스 주식에 대한 포지션 상황이 어떤지 궁금해 죽을 지경이었다. "어제 당신이 와이어스 주식 포지션을 보유한 것을 봤습니다. 임상시험 결과가 우리의 포지션에 어떤 영향을 미칠 것이라 생각하시는지 듣고 싶습니다."

그날 저녁, 팀 잰도비츠는 SAC 사무실에 앉아서 블룸버그 모니터를 통해 언론들이 바피의 임상 결과를 알리는 기사들을 보고 있었다.

헤드라인들을 클릭하다 보니 이런 생각이 들었다. "이거 좋지 않은데."

주식시장이 마감한 뒤였지만, 시간 외 거래에서 엘란과 와이어스 주식은 이미 상당할 정도로 폭락했다. 잰도비츠는 누군가 SAC의 포지션을 일부라도 매도했거나 최소한 헤지를 걸어 놓았기를 빌면서 파노라마에 접속했다. 그러나 파노라마에 엘란과 와이어스 매도 기록은 없었다. 이로써 잰도비츠는 SAC가 최소 1억 달러의 손실을 봤다고 확신했다. 그것은 실로 무서운 재앙이었다.

국제 알츠하이머 콘퍼런스 관련 뉴스가 쏟아지고 있는 바로 이 때, 벤저민 슬레이트와 데이비드 머노가 광분한 상태에서 제이슨 캅에게 이메일을 보냈다. "신약이 실패했습니다."

캅은 머리가 아파졌다.

슬레이트와 머노는 고소해할 때가 아니었다. 그들이 아는 한 SAC는 막대한 손실을 봤기 때문이다. 자칫 회사의 미래가 위험해질 수 있었다. 그렇지만 머노는 통쾌함을 금치 못했다. 그동안 자신이 계속 옳았고 마토마가 전적으로 틀렸음이 입증됐기 때문이다.

잰도비츠는 일주일에 이틀 정도는 뉴욕 사무실에서 일했지만, 다음 날 아침 스탬퍼드에 있는 SAC 본사에 보고하는 일은 잊지 않았다. 그는 마토마가 해고당하리라 확신했다. 자신도 해고당할 가능성이 꽤 높았다. 이처럼 재앙적인 손실을 본 적이 또 언제 있었는지 기억이 나지 않았다. 과거에 자신이 연루되었던 손실보다 몇 배 이상 큰 손실이었다. 향후에 무슨 일을 하며 살아야 할지 잠깐 생각해 보았다. 이처럼 막대한 손실과 연루된 자신을 채용할 회사가 있을 것 같지 않았다.

다시 책상으로 가서 파노라마를 확인해 봤다. 파노라마에서는 엘란과 와이어스 주식에 대한 포지션이 나타나지 않았다. 장이 아직 열리지 않은 시간대였는데 어찌된 영문일까. 뭔가 이상했다. 잰도비츠는 마토마에게 전화를 걸었다. "우리의 엘란 주식은 어떻게 됐나요?"

마토마가 간략하게 답했다. "우리는 현재 그 종목을 들고 있지 않습니다."

잰도비츠는 안도감이 들었다. 겨우 실업자 신세를 모면한 것 같았다.

주식시장이 열리기 직전에 잰도비츠는 인스턴트 메시지를 받았다. 다섯 살 때부터 소꿉친구로 알고 지낸 제이피모건 영업 사원이 보낸 문자였다.

"마토마가 엘란에서 극적으로 탈출했다면서?"

잰도비츠가 답장을 보냈다. "자세히 말할 순 없지만, 이번 주에 우리는 '아주' 괜찮았어."

"축하. 축하. 희소식이네. 친구. 다행이야."

"전설이 될 만한 일이지." 잰도비츠는 재앙적인 임상시험 결과 발표 전에 엘란 주식을 모두 팔아치운 다음에 다시 공매도를 친 거래는 언젠가는 월가 역사상 가장 전설적인 거래 리스트에 오르리라 생각했다. "맥주 한잔 하자. 좀 더 자세히 얘기해 줄게."

사실, 잰도비츠는 SAC가 엘란과 와이어스 주가 폭락의 재앙을 어떻게 피했는지를 몰랐기 때문에 어리둥절한 상태였다. 마토마가 확신 등급 점수 9를 적을 정도로 확실한 투자라며 엘란과 와이어스 주식을 매입해야 한다고 얼마나 누누이 강조했던가. 마토마와 코언이 갑자기 마음을 바꿀 만한 일이 벌어진 게 틀림없었다. 그리고 그일은 자신도 모르게 은밀히 진행된 것이다.

국제 알츠하이머 콘퍼런스 직전에 엘란 주가는 33달러를 살짝 밑도는 수준이었다. 바피의 결과를 본 과학자들은 의견이 분분했다. 신약이 여전히 잠재력이 있다고 생각하는 과학자도 있었고, 부정적으로 해석한 과학자도 있었다. 어쨌든 혼란스러운 결과라는 점만큼은 연구자들이 동의했다. 반면, 월가의 해석은 명확했다. 엘란 주가는 그날 아침 21.74달러로 출발해 이틀 만에 10달러 밑으로 떨어졌다. 와이어스 주가는 그나마 약간 나았다. 이 두 종목에서 투자자들이 입은 막대한 손실은 월가에서 화제가 됐다. 트레이더들은 이번 일로 누가 업계에서 쫓겨나고, 누가 주가 폭락을 이용해 수백만 달러를 벌었을지 추측했다. 비밀에 쌓여 있던 임상시험 결과를 알지 못한 채 최근 몇 주 전부터 두 기업 주식을 매입해서 보유하고 있던 투자자들은 모두 돈을 잃었다.

마지막 오찬과 배신

바피의 임상시험 결과로 시장이 충격을 받은 날, 마토마는 길먼과 점심 식사를 하기 위해 시카고 페닌술라 호텔에 도착했다. 이 호텔에서 영업하는 상하이 테라스는 시카고에서 북경 오리구이를 가장 잘하는 집으로 소문난 중식 레스토랑으로 중국 전통 의상 치파오를 입은 웨이트리스들이 손님을 맞았다. 마토마는 자리에 앉자마자 길먼에게 물었다. "엘란 주가가 어떻게 되었는지 들으셨나요?"

길먼은 질문이 거슬렸다. "아닐세. 난 주식과 거리가 먼 사람이야."

"아주 와장창 폭락해 난리가 났어요." 실제로 엘란 주가는 30퍼센트 이상 하락했다.

길먼은 깜짝 놀랐다. 자신은 여전히 바피뉴주맙에 가능성이 있다고 믿고, 임상 3상에서 상업적으로 의미 있는 결과가 나오리라 예상했기 때문이다. "프레젠테이션을 할 때 내가 뭔가 실수했나?"

"시장은 절반의 환자에게만 효과 있는 신약을 좋아하지 않으니까요." 마토마가 말했다.

며칠 뒤, 마토마는 SAC 본사에 돌아가 잰도비츠를 사무실로 불렀다. 잰도비츠는 엘란 거래의 결정 과정에서 자신이 배제당한 것 때문에 여전히 화가 난 상태였다.

마토마가 사과했다. "코언 회장님이 엘란 매도 결정을 자네에게 말하지 말라 하셔서 어쩔 수 없었네."

"어째서죠?" 잰도비츠가 기분이 상해 반문했다. 그는 수개월간 엘란 주식 매수 포지션을 구축해 온 트레이더였다. 그런데 왜 갑자기 그를 빼놓고 거래를 진행했을까?

"회장님은 나와 빌하우어만 알고 있으라고 지시하셨어." 마토마는 수개월간 신약 임상시험이 성공하리라 확신했으나 마지막 순간에 다행히도 생각을 바꾸었다고 덧붙였다. "내가 최근 몇 주간의 메모들을 검토해 봤더니 더 이상 확신이 들지 않더군."

길먼은 여름 내내 림프종 항암 치료를 받고 서서히 회복했다. 여전히 몸은 약했지만 머리카락이 다시 자라기 시작했다.

길먼은 몇 주간 마토마의 연락을 기다렸지만 전혀 소식이 없어 놀랐다. 자신을 아버지처럼 대한 그가 항암 치료를 마친 자신의 안부를 묻지 않고 지나가다니 믿기지 않았다. 언제나 자신의 건강을 염려하며 안부를 묻던 그 마토마가 말이다. 9월이 되자 길먼이 참지 못하고 이메일을 작성했다. "여보게, 잘 지내나. 한동안 소식이 없던데, 잘 지내고 있으면 좋겠군." 애써 아무렇지도 않은 척 글을 써 내려갔다. "주식시장 혼란과 엘란 주가 하락으로 자네가 타격을 입지 않았길 바라네." 2008년 여름과 가을 주식시장이 연일 하락하고, 은행 구제 조치와 금융시장 패닉이 언론 헤드라인을 장식함에 따라 길먼은 마토마와 그의 처자식이 걱정됐다. 그는 이렇게 이메일을 마무리했다. "어쨌든 전화할 필요는 없네. 난 별로 달라진 게 없으니까. 그저 자네가 어떻게 지내는지 궁금할 따름일세. 잘 지내게나."

마토마는 수개월 뒤 시애틀에서 열리는 의학 콘퍼런스에서 길먼을 만나기로 GLG를 통해 일정을 잡았다가 취소했다. 그 뒤로 둘이 다시 만난 적은 없었다.

델(DELL)의 내부정보

2008년 여름, SAC 직원이 연루된 사건은 이뿐만이 아니다. 신약 임상시험 결과로 엘란 주가가 여전히 하락하던 시기에 SAC 기술주 애널리스트 존 호바스는 상사인 마이클 스타인버그에게 큰 이익을 안겨 줄 정보를 입수했다. 호바스는 내부정보 공유 서클을 결성한 친구인 제스 토토라에게 컴퓨터 회사 델(Dell)이 실망스러운 실적을 발표하리란 정보를 들었다. 토토라에게 이 정보를 말해 준 사람은 전에 델에서 함께 일했던 동료인 샌딥 고열이었다. 토토라가 일하는 헤지펀드인 다이아몬드백 캐피털은 델 정보를 전해 주는 고열에게 대가를 지급했다. 고열이 일하는 회사는 직원의 외부 컨설팅을 허용하지 않았기 때문에 고열의 아내에게 연간 7만 5천 달러를 지급하고 있었다. 고열이 유출한 내부정보에 따르면 델의 매출 총이익(gross margin)은 시장의 기대치보다 낮을 듯 보였다. 당시 델 주가는 비교적 강세를 보이고 있었는데 고열의 정보가 사실이라면 델 주가가 떨어질 확률이 높았다.

보통, 토토라는 이런 정보를 다이아몬드백 캐피털의 상사인 토드 뉴먼(Todd Newman)에게 먼저 보냈다. 먹이를 주는 사람에게 죽은 쥐를 물어다 주는 고양이처럼 자신에게 보너스를 주는 상사에게 제일 먼저 정보를 물어다 주는 셈이다. 그다음에는 SAC 애널리스트 존 호바스, 샘 애돈대키스, 레벨 글로벌에 있는 친구, 그리고 이메일 그룹에 있는 다른 멤버들에게 보냈다. 토토라는 델 실적 발표 3주 전인 2008년 8월 5일, 다음과 같은 이메일을 보냈다. "델 관련 확인 사항. 월가에서 델의 매출 총이익률을 18.3퍼센트로 예상하지만 실제 수치는 17.5퍼센트일 것 같음. 좋아 보이지 않지만 아직 확정은 아니고 바뀔 수 있음." 주식시장에서 올바른 방향으로 베팅하려면 시장에서 다른 사람들의 예상치를 파악하는 것이 매우 중요하다. 호바스는 델의 실적 발표에서 매출 총이익률이 시장의 기대치보다 낮은 17.5퍼센트로 나올 경우 주가가 하락하리라 예상했다. 호바스로부터 정보를 받은 스타인버그는 그달 말에 있을 회사의 실적 발표를 노리고 델 주식을 공매도하기 시작했다.

호바스는 스타인버그와 코언에게 자신의 가치를 증명하고픈 마음이 강했다. 그의 기본 임무는 컴퓨터 기업들에 대한 리서치 작업을 하고, 스프레드 시트를 작성하고, IR 담당자들과 관계를 증진하고 정보를 캐내는 일이었다. 이외에도 호바스는 토토라로부터 받고 있는 최신 정보를 스타인버그에게 제공하고 있었다. 보통, 각 분기의 마지막 달, 델이 분기 실적을 발표하기 직전에 토토라는 구체적인 예상 실적 정보를 호바스에게 보냈다. 토토라는 누구에게 이런 정보를 들었는지 절대 밝히지 않았지만 회사 내부의 고위 임원에게서 얻은 정보임이 분명했다.

2008년 8월 18일, 호바스는 오랫동안 계획한 대로 멕시코 서부 휴양지 카보 산 루카스(Cabo San Lucas)로 휴가를 떠나 해안가 콘도에 숙박했다. 그는 여기서도 델 주식 상황에 대해 계속 점검했다. 토토라는 호바스와의 통화에서 지난 2개월간 전달한 정보가 옳았음을 확인해 줬다. 델의 실적은 실망스러운 수준을 넘어 아주 참혹할 것이라고 토토라가 말했다. "이 정보가 새 나가지 않게 각별히 주의해 주게."

호바스는 즉시 스타인버그에게 전화해서 토토라에게 받은 정보를 전달했다. 전화를 끊은 호바스는 비밀 유지를 확실히 당부하지 않은 점이 마음에 걸려 곧바로 이메일을 보냈다. "델에 관해서 특별히 비밀을 유지해 주시기 바랍니다. 정보가 새 나가지 않게 각별히 주의해 달라는 토토라의 요청 때문에 드리는 말씀입니다."

델 분기 실적 발표 3일 전인 8월 25일, 스타인버그는 델 주식에 300만 달러가 넘는 공매도 포지션을 구축했다. 이날 호바스는 코언이 직원들의 투자 아이디어를 보고받을 때 쓰는 "스티브 아이디어 계정"에서 보내온 이메일을 받았다. 제목은 "코언 섹터 포지션 상황"이었고, 내용은 이랬다. "다음과 같은 코언 계좌 포지션과 관련해 최신 정보나 보고할 내용이 있는 직원은 회신해 주시기 바랍니다." 그 밑에는 코언이 SAC 개인 계좌로 델 주식을 보유한 상태임을 나타내는 차트가 있었다. 호바스는 위경련이 일어나는 느낌이었다. 자신과 스타인버그는 델 주가 하락에 베팅했는데 코언은 상승에 베팅했기 때문이다.

호바스는 완곡하게 절제된 표현으로 훗날 이렇게 술회했다. "스티브는 돈을 잃는 걸 좋아하지 않았습니다. 스티브에게 손실을 보게 하는 직원은 그의 눈 밖에 났죠."

호바스는 "코언 회장님이 델에 롱 포지션을 택했습니다…"라는 메모를 달아 스타인버그에게 그 이메일을 재전송했다.

주말에만 머무는 햄튼 자택에서 이메일을 확인한 스타인버그는

불안해졌다. 만약 호바스가 틀렸으면 어쩌지? 이 시점까지 스타인
버그가 구축한 공매도 포지션은 거의 천만 달러로 그에게는 큰 규
모였다. 공매도 포지션은 특히 위험했다. 예상과 달리 상황이 전개
되면 뼈아픈 손실을 볼 수 있었다. 스타인버그는 답장을 보냈다.
"흥미롭군…. 나는 아직 코언 회장님에게 아무것도 말하지 않았어.
우리 견해를 보고해야 할 텐데. 그러려면 리스크와 보상의 비교치
를 적절히 산출할 필요가 있네. 최고 확신을 10점, 최소 확신을 1점
이라고 친다면 자네의 확신은 어느 수준인가?"

두 사람은 코언에게 무슨 내용을 어떻게 보고할지를 놓고 24시간
동안 토론했다. 코언 이외에 SAC의 또 다른 포트폴리오 매니저인
가브리엘 플로킨도 델 주식에 6천만 달러의 롱 포지션을 가지고 있
었다. 두 사람은 플로킨이 입수한 정보가 얼마나 정확한지를 파악하
기 위해 그와 이메일을 주고받았다.

돈을 잘 버는 직원을 스타로 대우하는 SAC에서 플로킨은 확실히
상승세에 있었다. 그는 신용카드 사용량과 쇼핑몰 인구 이동을 분
석하는 공식을 개발했고, 이를 통해 여름에 실적이 나아질 소비재
주식을 찾을 수 있다고 주장했다. 어떤 방법으로 분석했든 그의 투
자법은 효과가 있어 보였다. 그는 막대한 수익을 올렸다. 플로킨은
코언처럼 수백만 달러를 시장 리스크에 노출해 놓고도 집에서 편히
잘 수 있는 남자였다. 코언은 플로킨의 말에 점점 더 귀를 기울였다.
애초에 코언에게 델 주식을 매입하라고 설득한 이도 플로킨이었다.

다음 날인 8월 26일, 스타인버그는 서로 반대되는 시각을 지닌
듯 보이는 플로킨과 호바스에게 델의 주가 전망을 묻는 이메일을 보
냈다. 스타인버그는 오후 12시 37분에 스타인버그는 매출 총이익을

gm이라고 약칭한 은어를 써 가며 델의 매출 총이익이 시장 기대치보다 낮게 나올 것 같다는 이메일을 보냈다. "이보게 플로킨, 우리는 이번 분기 델의 gm이 실망스럽게 나올 것 같은데. 이 점이나 관련 사안에 대해 이견이 있으면 알려 주게."

플로킨은 답장에서 "저도 그런 큰 리스크가 있다고 생각합니다" 하고 인정했지만, 호바스보다 델을 매우 낙관적으로 봤다. 그는 델의 매출 총이익 수치에 영향을 미칠 듯 보이는 요소들을 나열한 다음 이렇게 물었다. "델의 매출 총이익율을 어떤 방식으로 산정하시나요? 어떻게 전망하십니까?"

플로킨은 스타인버그에게 이메일을 보낸 다음 코언에게 전화를 걸었다. 둘은 몇 분 간 대화했다.

호바스는 델의 예상 실적에 대해 확신 등급 점수를 표기하기를 주저했다. 그러나 멕시코 휴양지에서 여름휴가를 보내고 있던 호바스는 자신의 정보가 얼마나 믿을 만한지 피력하고자 오후 1시 9분에 또 다른 이메일을 작성했다.

"저는 회사의 내부자로부터 나온 이 정보를 다른 사람을 거쳐 입수했습니다. 이번 정보는 3분기에 관한 것인데, 지난 두 번의 분기에 관한 정보는 매우 정확했습니다." 호바스는 자신의 정보원은 델이 발표할 매출 총이익과 수익이 대다수 애널리스트들의 추정치보다 낮게 나올 것으로 예상한다고 덧붙였다. 그리고 발송 버튼을 눌렀다.

이메일을 받은 플로킨은 내용을 이해하느라 몇 분간 숙고한 다음 답장을 보냈다. "음, 자네의 확인이 사실이라면 확실히 부정적인 소식이군. 하지만 최근에 내가 틀렸다고 조언해 준 사람들이 나중에 가서 보면 모두 틀렸더군…. 그러니 이번에는 어떤가 보세."

스타인버그는 호바스가 보낸 정보가 새 나가지 않게 조심해 달라고 플로킨에게 요청했다.

플로킨은 "그러겠네"라고 답했다.

플로킨은 호바스의 "정보"를 다소 회의적인 시각으로 봤다. 그렇지만 플로킨은 호바스의 "델 관련 정보" 이메일을 앤서니 바카리노에게 보냈다. 그는 코언에게 델 주식 관련 최신 정보를 전달하는 임무를 맡은 트레이더였다. 그런 다음 플로킨은 포트폴리오에 있던 델 주식 30만 주를 매각했다. 그래도 여전히 210만 달러 규모의 델 주식에 대한 롱 포지션이 남았기에 잠재적 위험은 상당했다.

바카리노의 공식 직책은 "리서치 트레이더"였다. 그는 소매 및 소비재 주식을 거래하는 모든 포트폴리오 매니저들의 투자 활동을 모니터링하고 코언에게 보고했다. 사적인 자리에서 코언은 바카리노를 자신의 "정보 파이프"라고 불렀다. 코언은 SAC 포트폴리오 매니저들이 어떤 주식 종목이 유망하다고 보고한 다음에 정작 본인 포트폴리오에서는 그 종목을 매도하는 경우가 가끔 있음을 알았다. 자신보다 큰 자금을 운용하는 코언이 개입하면 정작 본인의 매매가 방해받을 수 있기 때문이다. 코언은 리서치 트레이더 다섯 명에게 SAC 내부에서 이루어지는 트레이딩 활동을 매의 눈으로 감시하라고 지시했다. 코언은 자신이 보유하고 있는 포지션과 반대 방향으로 단 한 주라도 거래하는 직원이 있을 경우 즉시 보고받길 원했다. 코언은 바카리노에게 "직원들이 하는 말이 아니라 하는 행동을 주시하게"라고 누누이 말했다.

그런 바카리노였기에 호바스의 "델 관련 정보" 이메일을 받자마자 롱아일랜드 이스트 햄튼 여름 별장에서 일하고 있는 코언에게 즉각 보냈다. 그리고 코언의 휴대전화로 전화를 걸었다.

바카리노와 통화한 직후 코언은 델 주식을 팔기 시작했다. 이후 2시간 만에 코언은 보유 중이던 델 주식 50만 주를 전량 매도했다.

그로부터 48시간 후인 8월 28일, SAC 직원들이 수개월간 논쟁하고 추측한 델 분기 실적이 발표되는 순간이 다가왔다. 델은 장 마감 직후인 오후 4시에 실적을 발표했다. 델이 발표한 수치는 토토라가 예상했던 것처럼 17%로 내려가 아주 좋지 않았다. 다음 날 델 주가는 25.21달러에서 21.73달러로 13.8퍼센트 하락함으로써 8년 만에 최대 하락폭을 보였다. 코언은 미리 델 주식을 매도한 덕분에 150만 달러의 손실을 회피했다.

델이 발표한 실적 수치를 확인한 스타인버그는 호바스에게 이메일을 보냈다. "아주 대단한 정보였어. 처음부터 끝까지 아주 잘해 줬어."

호바스는 몇 분간 성취감을 만끽했다. 드디어 중대한 공로를 세운 것이다. 흡족한 기분으로 토토라에게 메시지를 보냈다. "고마워!!! 자네 덕분에 살았어!!!"

당시 호바스는 알지 못했지만, SAC에서 델의 2분기 실적을 정확히 예측한 사람은 호바스만이 아니었다. 토토라는 자신이 만든 정보 공유 그룹의 멤버이자 SAC 애널리스트인 론 데니스에게도 델의 매출 총이익과 수익 정보를 똑같이 전해 줬다. 토토라는 8월 28일 오후에 론 데니스와 통화했고, 1시간이 채 지나지 않아 CR 인트린식에서 데니스의 상사로 있는 포트폴리오 매니저 역시 델 주식을 공매도하기 시작했다.

델이 실적 발표를 한 후 토토라는 데니스에게 인스턴트 메시지를 보냈다. "너무 고마워하지 말라고."

데니스가 답장을 보냈다. "자네가 최고야! 자네에게 빚을 졌네." 데니스의 상사는 델 주식 공매도로 80만 달러의 수익을 거뒀다.

하지만 좋은 정보로 큰 성과를 낸 경우에 왕왕 그렇듯 성공의 감격은 또다시 그런 성공을 거둬야 한다는 압박감에 가려진다. 내부 정보가 효과를 발휘할 때마다 다음 분기에 대한 기대감이 커졌다. 다음 분기에도, 그다음 분기에도 마찬가지였다. 더 많은 에지를 입수해야 한다는 압박은 날로 커졌다. 마치 마약에 중독되듯 내부정보에 중독되는 셈이었다.

그날 저녁 늦게 코언이 스타인버그에게 이메일을 보냈다. "델 주식 건은 수고했네."

스타인버그가 답장을 보냈다. "감사합니다. 이 늙은 개가 아직 사냥할 수 있다는 것을 보셨을 겁니다."

제 3 부

BLACK
EDGE

8장 정보원

정보원 포섭

　　2009년 1월의 차가운 밤, 맨해튼 남서부 뉴욕증권거래소 근처인 트라이베카의 에퀴녹스 체육관에서 운동을 마친 30대 초반 남자가 어깨를 움츠리고 싸늘한 공기를 가르며 집으로 걸어가고 있었다. 어깨가 넓고 수염이 덥수룩한 이 남자의 이름은 조너선 홀랜더(Jonathan Hollander)였다. 90분간의 웨이트 트레이닝과 서킷 트레이닝을 마치고 귀가 중이던 이때 시각은 저녁 8시 30분경이었다. 몸이 땀범벅이고 배가 고팠다. 테이크아웃 식당에서 음식을 싸 가지고 집에 가서 배를 채우고 일을 좀 할 생각이었다. 뉴욕 시청 인근 머레이 스트리트에서 발걸음을 재촉할 때 등 뒤에서 그를 부르는 소리를 들었다. "홀랜더 씨!"

　우호적인 어조는 아니었다. 뒤를 돌아보니 어두운 오버코트를 입은 남자가 권총을 찬 벨트를 드러낸 채 서 있고, 그 뒤에 몸집이 약간 더 크고 똑같은 복장을 한 남자가 서 있었다. 뒤에 서 있던 두 번째 남자가 말을 걸었다. "지금 바쁘십니까? 할 얘기가 있습니다."

　첫 번째 남자가 홀랜더의 면전에 신분증을 내밀었다. 너무 코앞에 들이밀어서 글자를 알아보기 힘들 정도였다. "저는 FBI 요원 데이비드 매콜입니다. 내부자거래에 관해서 여쭤볼 게 있습니다. 어디서 얘기할까요?"

홀랜더는 당혹스러웠다. 혈당이 떨어지고 배가 고픈 상태에서 심장 박동이 빨라지니 꿈을 꾸듯 정신이 약간 몽롱해졌다. 배를 좀 채워야겠다고 말한 다음, 어색한 분위기 속에서 FBI 요원들과 함께 두블록을 걸어 길모퉁이의 홀푸드 슈퍼마켓 매장에 들어갔다. 조명이 밝은 매장 내부의 샐러드 바에 가서 종이 그릇에 음식을 담는 동안 매콜과 동료 요원이 옆에 서 있었다. 요란한 요가 옷을 입은 여성 뒤에 서서 계산할 차례를 기다렸다. "뭐 좀 드실래요?" 하고 물었지만 두 FBI 요원은 사양했다.

계단을 올라가 위층 구석 테이블에 앉았다. 배를 채우는 동안 매콜이 계속 얘기하는 통에 마음이 심란해졌다.

"선생님이 SAC 캐피털에서 일하실 때 내부자거래에 가담한 사실을 알고 있습니다. 선생님이 유죄임을 알고 있습니다. 수사에 협조하시는 편이 좋을 겁니다."

홀랜더는 냉정을 유지하려 노력했다. 이런 상황에서 어떻게 해야 하는지는 알고 있었다. 그는 SAC에서 전술 행동 평가(Tactical Behavior Assessment)라고 부르는 교육을 받았다. 이 전략은 타인의 보디랭귀지에서 속임수를 쓰고 있는지 여부를 어떻게 간파할 수 있는지를 가르치는 교육이다. 코언은 전직 CIA 요원들을 초빙해 SAC 직원들에게 이 기술을 가르쳤는데, 이는 회사의 트레이더들과 애널리스트들이 기업 경영진이 실적이나 회계 문제를 솔직히 털어놓고 있는지 파악하는 데 도움이 되리라 생각했기 때문이었다. 거짓말을 들키지 않으려면 긴장한 티를 내지 말라는 교육 내용이 떠올랐다. 가령, 몸을 움찔한다든지, 옷의 보풀을 뗀다든지, 안경을 만지작거리는 행동은 본인이 거짓말하고 있음을 드러내는 신호다. 또한 '솔직히'란 표현은 본인이 솔직히 말하고 있지 않음을 드러내는 신호라는 점도 떠올리고 이 표현을 쓰지 않으려 노력했다.

SAC 최고의 엘리트 리서치 팀인 CR 인트린식에서 홀랜더는 주니어 레벨의 애널리스트였기에 고위급 임원들과 접촉한 적이 거의 없었다. 홀랜더가 트레이딩을 진행하려면 상사인 제이슨 캅을 거쳐야 했다. 홀랜더는 언제나 맞는 분석만 내놓는 애널리스트는 아니었지만 직원들에게 널리 호감을 얻었다. 그에겐 독특한 구석이 있었다. 맨해튼 북부 흑인 동네인 할렘에 가서 저소득층 아이들의 농구 코치로 봉사하는가 하면, 맨해튼 도심에 위치한 인기 멕시칸 레스토랑의 지분을 보유했다. 운동하다 부상당하기 일쑤였고, 힘줄이 찢어지고 어깨가 골절된 적도 있었다. 한번은 애인이 모욕을 받았다며 술집에서 싸움을 벌였는데, 상대 얼굴을 때리다가 손뼈가 다쳤다. 고위 임원에게 걸리면 그냥 넘어갈 사안이 아니었기에 캅과 동료 직원들은 홀랜더가 소프트볼 경기 중에 손을 다쳤다고 둘러댔다.

매콜은 홀랜더가 몇 주 전 CR 인트린식을 떠난 사실을 알았다. 2008년 SAC는 28퍼센트 손실을 기록한 뒤 직원 수십 명을 해고했다. 2008년은 SAC가 1992년에 비즈니스를 시작한 후 16년 동안 유일하게 손실을 기록한 해였다. 코언은 비싼 화환 주문을 취소하고, 마사지 치료사를 해고하고, 직원들에게 고급 음료 제공을 중단한 뒤 SAC 설립 이래 가장 가혹한 정리 해고를 단행했다. CR 인트린식이 폐쇄되고 홀랜더가 해고당했다. 그렇기에 FBI는 홀랜더를 유력한 수사 협조자 후보로 점찍었다.

매콜은 홀랜더가 SAC에 재직했을 때 했던 일들을 꽤 아는 듯한 모습을 보였다. FBI는 홀랜더가 슈퍼마켓 체인인 앨버슨 주식을 거래한 사실을 알았다. 홀랜더는 앨버슨 인수에 관여한 친구에게 사전에 정보를 들었다. "우리는 라메시 씨를 체포했습니다." 매콜이 언급한 라메시가 바로 홀랜더에게 앨버슨 정보를 알려 준 친구였다. 런던의 블랙스톤 그룹에서 일하던 라메시는 바로 그때 즈음 뉴욕 JFK 공항에서 FBI 요원들에게 체포당했다. "다른 친구 두 분도 감옥에 갈 겁니다. 수사에 협조하지 않을 경우 선생님도 같은 신세고요."

매콜은 맞서 봐야 소용없다고 압박했다. 월가 부자가 뉴욕 배심원단 앞에서 무죄 판결을 받을 가능성이 없다면서 수사 협조를 권했다.

홀랜더는 분개했다. 주식에 무지한 FBI 요원들이 생사람 잡는다는 생각이 들고 억울했다. 앨버슨 주식거래는 인정하지만 앨버슨은 오래전부터 인수되리란 소문이 돈 기업이고, 자신은 이 회사 주식을 6개월간 사고팔았다. 앨버슨 주식을 매입하기 전에 작성한 재무 분석 자료도 가지고 있었다. 앨버슨이 보유한 부동산 자산 가치가 시가총액보다도 높았다. 이런 재무 분석은 자신의 특기였다. 2003년 스탠퍼드 경영대학원에서 MBA 학위를 받은 뒤, 메릴랜드에서 아버지를 도와 "트리플 넷 리스(triple net lease)"라는 임대차 차익거래 방법을 개발했다. 그들은 아웃백 스테이크하우스 같은 레스토랑 체인점이나 월그린 같은 식료품 체인점이 입점한 부동산을 매입한 다음 해당 체인점에 부동산을 임대했다. 임대차 계약 방식은 체인점이 세금과 각종 유지 비용을 부담하는 대신 일반적인 임대차 계약보다 저렴한 임대료를 내도록 했다. 홀랜더 부자는 낮은 임대료를 받아도 저렴하게 부동산 매입에 필요한 자금을 조달할 수 있었기 때문에 충분한 차익을 남겼다. 이 전략은 투자자가 해당 지역의 사정과 부동산 시장을 아주 잘 이해하고 있을 때 효과적이었다.

이러한 경험을 높이 사서 SAC가 자신을 채용한 것이라고 홀랜더가 설명했다. SAC는 홀랜더의 부동산 금융에 관한 전문성을 원했다. 앨버슨 거래는 그가 부동산 지식을 활용해 투자한 교과서적 사례였다. 그는 앨버슨 거래에 어떠한 부정행위도 없었다고 항변했다.

그 말을 들은 FBI 요원들은 미심쩍어했다. 매콜은 다른 기업에서 일하는 홀랜더 친구들의 이름을 더 언급하며 그들이 감옥에 갈 거라고 말했다. 그리고는 주머니에서 종이 한 장을 꺼내 과장된 동작으로 펼쳤다. 종이에는 인물도가 그려져 있었다. 형사 영화에는 범죄자들의 관계를 나타낸 인물도에 사진들이 여러 색상의 핀들에 꽂힌 채 벽에 붙어 있는 장면이 나오는데, 매콜이 내민 인물도도 꼭 그랬다. 헤지펀드 갤리언의 설립자인 라지 라자라트남과 함께 최소한 스무 명 이상의 포트폴리오 매니저들과 트레이더들의 얼굴 사진이 있었다. 그중 일부는 홀랜더와 함께 일한 적이 있는 사이였다.

그림의 중앙에 잘 아는 얼굴이 있었다. 스티브 코언이었다.

매콜은 코언 얼굴을 가리키며 말했다. "스티브에 관해 선생님이 모르는 바가 많습니다." 코언은 홀랜더가 모르는 온갖 음침한 일에 은밀히 관여했다. 매콜은 코언이 마피아 두목인 양 말했다. "그에게 당하지 않으려면 보호가 필요할 겁니다. 하지만 걱정 마세요. 우리가 선생님을 보호하러 왔으니까요."

홀랜더는 매콜의 말이 어디까지 사실인지 혹은 얼마나 과장되었는지 몰랐지만 초조해졌다.

"이미 우리와 협조 중인 SAC 직원이 셋이나 됩니다." 매콜은 시베리아처럼 넓은 인물 차트의 중앙에서 멀리 떨어진 한쪽 구석을 가리키며 "선생님은 지금 여기에 있습니다"라고 말했다. "사실 선생님은 여기에 있을 필요도 없지요. 우리는 선생님이 이 차트에서 빠지시길 원합니다. 우리가 선생님을 도울 수 있도록 선생님도 우리를 도와주시죠." FBI 요원들은 홀랜더에게 정보원이 되어 수사에 협조해 달라고 제안했다.

홀랜더는 생각할 시간을 달라고 말했다.

FBI 요원들과 헤어진 홀랜더는 운동복 바지와 티셔츠 차림으로 아파트로 돌아갔다. 룸메이트가 얼마 전 이사 간 탓에 혼자 살고 있었다. 그는 앨버슨 파일을 꺼내 살펴보기 시작했다. FBI 요원들이 지적한 주식거래가 있기 1년 전인 2005년도에 CR 인트린식 동료들 앞에서 발표한 25장짜리 파워포인트 자료가 보였다. 이 발표 자료에는 앨버슨의 자산 가치가 얼마나 되는지 보여 주는 자세한 재무 분석과 모형이 들어 있었다. 그는 앨버슨 주식 매입에 앞서 방대한 연구를 했다.

두어 번 데이트한 적이 있는 여성에게 전화를 걸었다. 로펌, 슐트 로스 앤 제이블 소속 변호사였다. 변호사를 선임하고자 하는데 누가 좋을지 알아봐 달라고 요청했다. 30분 정도 지난 밤 10시 30분에 집 전화기가 울렸다. SAC의 법률 고문 피터 너스바움이었다.

"FBI 요원들을 만나셨다고 들었습니다."

홀랜더는 간담이 서늘해졌다. 대체 SAC 측이 어떻게 알았을까?

"으레 있는 일입니다." 너스바움이 말했다. "우리는 당신이 문제가 될 만한 일을 저지르지 않았다고 생각합니다. 걱정 마세요. 우리가 보호해 드리겠습니다. 변호사 비용을 포함해 필요한 건 다 우리가 제공하죠. 모든 게 잘 풀릴 겁니다."

수사의 확대

연방수사국 특수 요원 B.J. 강은 브로드웨이 거리의 연방 정부 청사 광장을 가로질러 왼쪽으로 돌아 듀언 스트리트로 접어든 다음, 통풍 터널을 지나 폴리 스퀘어로 갔다. 쌀쌀한 3월 아침이었고 양복 재킷이 강풍에 날려 벌어졌다. 그는 허벅지까지 내려오는 블레이저 양복 재킷을 좋아했다. 늘 엉덩이에 차고 다니는 권총집을 감출 수 있기 때문이었다. 강은 검찰 동료들과 회의하는 데 필요한 CD 묶음을 들고 걸음을 재촉하고 있었다.

강은 1년 이상 라자라트남 수사에 매달려 왔다. 수사는 라자라트남을 넘어 월가에서 일하는 트레이더와 헤지펀드 매니저 수십 명으로 확대됐다. 최근 수개월 사이 수사가 순조롭게 진행됐다. FBI는 골라낸 협력자를 통해 다른 트레이더가 저지른 잘못을 입증할 증거를 수집한 다음, 해당 트레이더를 도청하겠다는 허가를 받았다. FBI는 새로운 도청을 통해 강을 비롯한 요원들이 더 많은 증인을 포섭하기 위해 사용할 녹음 자료를 수집했다. 수사 명단에 오른 이름이 계속 늘었고, 강은 향후 수사 계획을 세심히 작성하며 머릿속에서 퍼즐 조각들을 맞추느라 다른 일에 신경 쓸 겨를이 없었다.

이 무렵 FBI 수사관들과 연방 검사들은 라자라트남이 유죄 판결을 받으리라 확신했다. 문제는 그와 함께 잡아넣을 관련 범죄자들의 수였다. 1년 넘게 도청을 진행한 이 시점에서 수사를 더 확대할지 말지 결정해야 했다. 수사진은 라자라트남과 그의 친구들을 기소할 방대한 증거를 확보했다. 어쩌면 필요 이상의 증거를 확보했다. 그러나 매일매일 새로운 도청 테이프에서 새로운 인물들이 등장했고, 다른 펀드의 트레이더들이 내부자거래에 관여된 증거가 나타나면서 수사가 계속 확대됐다. 각 트레이더들을 조사하려면 귀중한 자원과 시간을 소모해야 했다. 충분히 물고기를 잡았다 판단하고 그물을 배로 끌어 올릴 시점은 언제일까? 더 많은 범죄자를 체포하려고 시간을 끌다가 라자라트남 일당이 수사를 눈치채고 증거를 인멸하거나 미국을 떠날 위험도 있었다. FBI, 연방 검찰 그리고 SEC는 체포 없이 수사를 계속 진행한다면 더 많은 트레이더의 비리를 적발할 수 있을 것으로 생각했다. 반면, 라자라트남을 체포하면 그 즉시 모든 월가 관계자가 FBI의 전화 도청에 주의를 기울일 게 뻔했다.

더 중요한 사실은 라자라트남을 체포하면 궁극적 수사 목표인 스티븐 코언과 휘하 트레이더들, 그리고 포트폴리오 매니저 수백 명이 경각심을 품고 경계할 것이라는 점이었다.

이런 와중에 수사진이 넘어야 할 의외의 벽이 있었다. 수사를 주도한 두 FBI 요원인 강과 매콜이 서로 공을 다투었다는 점이다. 강과 마찬가지로 매콜은 강한 동기를 지닌 유능한 요원이었다. 협력자나 전화 도청을 통해 새로운 유력 단서가 입수될 때마다 둘은 누가 먼저 수사하는지 경쟁하듯 급히 달려들었다. 그들이 수사하는 내부자거래는 여러 헤지펀드, 로펌, 기업 중역 들이 서로 얽히고설켜 너무도 복잡했기에 강과 매콜은 수사 과정에서 자주 부딪혔다. 가령 한 요원이 추적하던 증인이 다른 요원이 수사하는 사건에서 갑자기 나타나는 경우가 있었다. 매콜은 증거를 수집하기 위해 하루 16시간씩 몇 주째 일을 했지만 자신이 수집하려던 증거를 강이 이미 확보해 놓은 적이 많았다.

서로 경쟁했지만 둘 다 매우 유능한 요원이었다. 뉴욕 남부지검 검사들은 둘이 협력하면 누구도 막을 수 없는 슈퍼맨 같은 요원이 탄생해 증권범죄가 지구상에서 사라질 것이라고 농담했다.

강은 남부지검을 방문해 엘리베이터를 타고 레이먼드 로히어 증권수사 팀장을 만나러 가는 도중에 매콜과 경쟁 심리를 억누르려 애썼다. 강은 이곳에서 매콜 요원, 앤드류 마이클슨 검사, 리드 브로드스키 검사와 함께 수사 방향을 놓고 회의를 벌였다. 두 FBI 요원은 다른 점도 있었지만 한 가지 점에선 의견이 일치했다. 라자라트남과 주변 인물들을 잡아넣을 뿐 아니라 헤지펀드 업계 전반으로 수사를 확대할 증거가 충분히 쌓였다는 점이었다. 두 FBI 요원이 수사 확대 의욕을 강하게 드러내자 마이클슨 검사와 브로드스키 검사는 순간 서로 쳐다봤다. 수사 확대는 흥미로운 생각이었다. 수사를 확대할 논거들은 명백히 존재했다. 우선, 어둠 속에서 은밀히 운영된 강력한 헤지펀드 업계 전반에 만연한 부패를 근절해야 한다는 대의명분이 있었다. 잇따른 헤지펀드 관계자 기소 소식이 언론을 뜨겁게 달굴 터였다. 그리고 법을 집행하는 기관이 월가에 겁먹고 뒤로 물러선다는 비판도 듣기 싫었다. 그들의 보스인 로히어는 앞으로 공격적으로 수사를 진행한다면 어떤 리스크가 있을지 물었다.

두 FBI 요원은 다음과 같이 말했다. 더 많은 사람을 수사하고 더 많은 증인을 확보할수록 수사 사실이 누설될 가능성이 커진다. 현재는 회의실에 있는 FBI 요원과 검사들을 포함해 단지 몇 명만 전체 수사 상황을 알기에 기밀이 유지되고 있다. 더 큰 거물을 잡으려면 더 많은 협력자를 확보해야 하는데, 이 과정에서 기밀 누설 가능성이 자연스레 증가한다. 로히어 팀장과 검사들은 수사 확대의 첫걸음으로 FBI가 근래 확보한 도청 자료를 이용해 몇몇 트레이더에게 접근하는 데에 동의했다. 강과 매콜이 접근해 협력자로 포섭하려고 계획한 트레이더는 넷이었다. 즉, 과거 라자라트남 밑에서 일했던 캘리포니아 소재 헤지펀드 매니저 알리 파, SAC 애널리스트로 일하다 알리 파의 파트너가 된 리처드 C.B. 리, 캘리포니아에서 투자 리서치 회사를 운영하는 칼 모티, 보스턴 소재 펀드 매니저 스티브 포투너였다. 이것이 위험한 행보라는 점에 모두 동의했다. 한 명이라도 수사 협조를 거부하고 헤지펀드 업계 동료들에게 FBI가 전화를 도청하고 있다고 경고할 경우 수사 전체가 종칠 위험이 있었다.

강과 매콜이 각각 지휘하는 두 FBI 수사 팀은 4월 1일을 디데이로 잡았다. 강은 먼저 알리 파에게 접근하고, 매콜은 모티에게 접근하기로 했다. 포투너는 다른 요원이 포섭하기로 했다. 사태가 기대와 다르게 흘러갈 경우에 대비한 비상 계획도 마련했다. FBI 수사 팀은 내부자거래가 급증하는 2분기 실적 발표 시즌에 때맞춰서 협력자들을 포섭해 새로운 도청 녹음 자료를 확보하길 바랐다. 강은 즉시 비행기 표와 호텔을 예약하고 출장 일정을 짰다.

전에도 이처럼 새로운 전개로 수사의 진로가 바뀔 것 같은 순간이 몇 번 있었지만, 이번에는 왠지 더 중요한 순간처럼 보였다. 4월 1일이 되자 뉴욕 남부지검 검사들은 FBI의 포섭 결과를 초조하게 기다렸다. 1년 동안 허리가 휘도록 고생하며 강도 높게 진행한 수사가 단 하루 만에 물거품이 될 것인가? 그동안 진행한 수사가 실제로 얼마나 견실한 성과를 낼지 곧 드러날 터였다.

더러운 헤지펀드

　　　　　　　　　　　2주일 뒤인 2009년 4월 16일, B. J. 강이 새로 협력자로 포섭한 증인들이 뉴욕 남부지검 청사에 도착했다. 알리 파와 C. B. 리는 함께 헤지펀드를 운영하는 절친한 친구 사이였지만 두 사람 모두 친구가 같은 건물에 있다는 사실을 몰랐다. 강이 캘리포니아에 가서 각자에게 따로 접근했고, 두 사람은 서로에게 말하지 않은 채 수사에 협조하기로 동의했기 때문이다. FBI가 아는 한, 강이 방문한 뒤로 둘은 서로 말한 적이 없었다.

한 요원이 로비에서 알리 파를 만나 6층으로 안내했다. 마이클슨 검사는 엘리베이터에 누가 없는지 확인한 다음, 파의 파트너인 C. B. 리를 5층으로 안내했다. 마이클슨 검사와 조슈아 클라인 검사는 마치 아무 일도 없는 양 행동하며 파가 있는 방과 리가 있는 방을 오갔다. 검찰의 목표는 둘이 각자 상대방을 배신하고 수사에 완전히 협조하도록 압박하는 것이었다. 둘이 이상한 낌새를 느끼지 못하게 해야 했다. 섬세한 주의가 요구되는 상황이었다.

"연방 정부 요원에게 거짓말하는 것은 별도의 범죄행위로 처벌받습니다." 클라인 검사는 조사 과정에서 사실이 아닌 내용을 말할 경우 위증죄로 기소당할 수 있다고 리에게 상기시켰다.

처음에 리와 파는 수사 협조의 첫걸음인 불법행위 인정을 주저했다. 둘은 예전에 강에게 들은 수사 협조만이 기소를 피할 유일한 길이라는 말을 검사들에게 다시 들었다. 검사들의 작전은 검찰이 유죄 판결을 받아내기에 충분한 증거를 쥐고 있다고 생각할 만한 도청 내용을 어떻게 입수했는지 드러내지 않은 채 들려주는 것이었다. 한편, 리와 파는 검찰이 허풍으로 낚시하는 건지 아닌지 알기 전에는 어떤 것도 인정하지 말고, 이것저것 털어놓지 말라는 조언을 변호사에게 들었다.

"전 아무 짓도 안 했습니다. 그저 대만에 가서 회사 관계자들을 만났을 뿐이지 매출 수치는 알아내지 못했습니다." 이런 리의 항변에 강이 반문했다.

"그게 진짜 사실입니까? 매출 수치를 전혀 알아내지 못했다고요?"

강은 노트북을 열어 리가 반도체 제조사인 엔비디아의 실적 수치를 알려 준다고 들었다는 증언이 담긴 디지털 음성 파일을 재생했다. 수사 당국은 반도체 기업의 내부정보를 보내는 아시아 지역 정보원들에게 리가 매 분기 2천 달러씩 송금했다는 증거를 이미 확보하고 있었다.

강이 말했다. "이만하면 알겠죠? 허튼 수작 마십시오."

리와 파는 고민했다. 중범죄 혐의로 조사받는 사람들은 종종 심각한 동요를 일으킨다. 잠도 제대로 못 자고, 마약에 손댈 때도 있으며, 돈 문제, 정신 불안, 중요한 타인의 분노 등 관련된 온갖 위기에 대처해야 했다. 리는 사뭇 초연한 태도를 취했다. 그의 파트너보다 분석적이고 덜 감정적인 모습이었다. 반면, 파는 언제라도 정신이 붕괴할 듯 동요했다. 하지만 징역형을 받을 뿐 아니라 재산을 잃을까 걱정한 건 두 사람 모두 마찬가지였다.

한 번은 리의 변호인이 마이클슨 검사를 밖으로 불렀다. "나는 의뢰인도 돕고 검사님도 돕고 싶습니다. 그러려면 한 가지 알아야 할 점이 있습니다. 검사님이 제 의뢰인에 관해 아는 정보가 무엇입니까? 수사 협조가 타당함을 판단할 수 있도록 제게 정보를 약간만 공유해 주십시오." 그러자 강이 녹음 자료를 더 재생해서 들려줬다.

"이번이 유일한 기회입니다." 클라인 검사가 리에게 말했다. "수사에 협조하지 않으면 검찰이 기소해서 유죄를 입증하고 감옥에 보낼 수밖에 없습니다."

리와 파는 서서히 굴복하기 시작했다.

둘이 가장 먼저 해야 할 일은 월가 친구들에게 의심을 사지 않은 채 펀드를 폐쇄하는 것이었다. FBI 정보원이 된 뒤에는 더 이상 투자자를 위한 트레이딩을 계속할 수 없기 때문이었다. 둘이 운영한 펀드는 전년도 수익률이 10퍼센트에 육박할 정도로 꽤 괜찮은 실적을 올렸기에, 설명도 없이 갑자기 펀드를 폐쇄했다간 의혹을 불러일으킬 수 있었다. 따라서 핑계거리가 필요했다. FBI 요원들의 조언에 따라 둘은 펀드 수익을 놓고 다툰 사실을 펀드 폐쇄 이유로 발표하기로 했다. 리가 무직 상태가 됐다는 소식이 뉴욕에 전해지자마자 다른 헤지펀드들의 고용 제안이 쇄도했다.

이제 리와 파는 공식적으로 B.J. 강의 조력자가 됐다. 둘은 수사관의 질문에 답하는 일부터 전 동료들에게 전화를 걸고 도청 장치를 부착한 채로 전 동료들을 만나 대화를 녹음하는 일까지, 무슨 일이든 언제든지 하도록 요구받았다. 심지어 수사관이 요구하면 최고의 친구들마저 배신해야 했다.

라자라트남의 갤리언 펀드도 월가의 대표적인 헤지펀드였지만, 정부의 눈에는 갈수록 SAC 캐피털이 태양이고, 나머지 모든 것들은 그 주위를 돌고 있는 위성처럼 보였다. FBI 요원들은 라자라트남이 가장 경쟁 상대로 의식한 펀드 매니저가 코언이었다는 이야기를 다수의 정보원들로부터 들었다. 라자라트남은 SAC에서 일했던, 심지어 코언이 해고한 트레이더들을 채용하고선 흡족해했다. 코언은 전설이었고, 월가의 사람들은 그를 업계 최고라고 칭송했다. 그렇지만 FBI는 여전히 코언의 회사를 정확히 파악하지 못했다. FBI 요원들은 좀 더 파보기로 결정했다. C.B. 리는 1999년부터 2004년까지 SAC의 반도체 애널리스트로 근무했기에 코언의 펀드가 어떻게 운영되는지 FBI에게 알려 줄 가능성이 상당히 컸다.

리는 강에게 SAC가 어떻게 일하는지에 대해 말해 줬다. 전에도 몇몇 투자회사에서 일한 적이 있지만, 코언의 펀드에 입사한 뒤에는 더 공격적으로 나서라는 압박을 사방에서 받았다. 리는 SAC 직원들을 만족시키는 유일한 방법은 내부정보를 얻어 오는 것이라고 느꼈다. SAC에서 근무한 90년대 말부터 2000년대 초는 테크놀로지 기업들이 대부분의 생산 시설을 미국에서 아시아로 이전하는 시기였다. 리는 중국어에 능통했고 대만과 중국 본토에 인맥을 가지고 있었다. 대다수 대만 기업 관계자들은 미국법의 규제를 신경 쓰지 않았고, 비밀 정보를 리에게 누설하는 행위가 미국법을 위배하는지도 걱정하지 않았다. 리는 영리했고, 일단 입수한 내부정보를 어떻게 활용해야 할지 알았다. 업계 경력이 쌓이면서 그는 반도체 업계의 사이클에 대한 직감이 예리해졌고, 이러한 직감을 활용해 수익을 낼 트레이딩 기회를 찾을 수 있었다.

리는 SAC의 내부 지형과 특이한 구조도 증언했다. SAC는 자전거 바퀴처럼 조직됐다. 각자 애널리스트들과 트레이더들로 구성된 팀을 이끄는 100명가량의 포트폴리오 매니저들은 자전거 바퀴의 바퀴살(spoke)에 해당했다. 모든 일의 중심에 있었던 코언은 자전거 바퀴의 축(hub)에 해당했다. SAC에서는 정보가 모든 일을 움직였다. 각 팀은 특정 업종을 전문 분야로 삼고 해당 업종의 주식 30개 정도를 거래했다. 이를테면, 테크놀로지, 헬스케어, 대형 마트인 타겟(Target)이나 GE 같은 소비재 산업으로 분류했다. 그리고 각 팀은 가장 많은 수익을 낼 투자 아이디어를 찾으려 경쟁했다.

각 팀은 다른 팀과 아이디어를 공유하는 일은 거의 없었고, 코언에게만 제공했다. 코언은 최고의 아이디어를 골라 본인이 직접 주식을 거래했다. 이러한 방식은 대다수 헤지펀드의 경우와는 달랐다. SAC처럼 팀마다 각기 다른 포트폴리오를 운영하고 서로 경쟁하게 하는 헤지펀드는 드물었고, 대다수 헤지펀드에서는 팀들이 하나의 포트폴리오를 공유했다. 코언은 모든 주변 직원들이 무슨 일을 하는지 볼 수 있었던 반면, 다른 모든 직원들은 고립된 상태로 일했다.

코언은 아이디어를 제출하기 전에 거래를 진행하는 직원을 적발할 경우 노발대발했다. 그리고 누군가 멍청한 이유로 손실을 볼 경우 코언이 표출하는 분노는 이루 말로 다 표현할 수 없었다. 좋은 성과를 낸 트레이더는 프로 스포츠 선수처럼 보상을 받았다. 성과를 내지 못한 직원은 형편없는 주식을 손절하듯 곧 해고당했다. 일하기에 즐거운 직장은 아니었다.

리의 임무 중 하나는 코언이 거래에 이용할 내부정보를 얻어오는 것이었다. "나는 기업들에 전화를 걸어 실적 수치를 빼 오라는 기대를 받았죠." 리는 SAC가 "더러운" 곳이라 느꼈다고 강에게 말했다.

이것은 바로 강이 듣고 싶어 한 말이었다.

리는 직원들이 저지르는 잘못으로 코언이 처벌받지 않도록, 코언을 트레이더들과 애널리스트들로부터 차단시키는 방법으로 SAC의 구조가 설계됐다고 설명했다. 모든 거래 아이디어는 포트폴리오 매니저를 통해 여과됐고, 코언에게 전달되기 전에 얼마나 자신 있는 아이디어인지 보여 주는 등급이 부여됐다. "확신도가 높은" 아이디어는 애널리스트가 왜 그렇게 확신하는지 설명 없이 코언에게 보내지는 것이다. 코언은 확실하게 돈 벌 수 있는 아이디어들을 원했다. 시스템이 이렇게 설계된 덕분에 코언은 트레이더들이 어떻게 정보를 입수했는지 알 필요가 없었다.

리가 SAC를 떠난 지 5년이 넘었기에 검찰에 제공한 특정 거래 정보는 기소하기에는 너무 늦었다. 하지만 그의 설명 덕분에 수사 당국은 코언의 세계에 대해 많은 것을 알게 됐다.

처음에 강은 리의 증언을 어떻게 활용할지 난감했다. SAC는 마치 미래를 예측할 수 있다는 듯 모든 거래에서 수익을 내는 것으로 보일 정도로 막대한 수익을 올리는 헤지펀드였다. SAC는 다른 펀드들이 겪는 수익과 손실의 부침도 없이 해마다 막대한 수익을 냈다. SAC의 애널리스트들과 트레이더들은 극심한 성과 압박에 시달렸고, 성과를 낼 경우에는 막대한 보너스를 받았다.

강은 생각했다. "그래서 어쩌라고?" 직원들을 쥐어짜는 것은 불법이 아니었다. 그것이 불법이라면 월스트리트의 절반이 문을 닫을 판이었다.

잠시 뒤 강은 리에게 들은 내용을 다른 월가 정보원들에게 들은 내용과 비교하기 시작했다. 강의 수사에 협조한 다른 펀드의 트레이더들은 항상 이렇게 말했다. "'내' 펀드가 더럽다고 생각하시나요? SAC가 어떻게 하는지 확인해 보세요." 그들은 SAC 트레이더들이 내부정보를 빼 오거나 심지어 거짓 정보를 퍼트려 주가를 조작하라는 압박까지 받는다고 말했다.

강은 "더 파보면 분명 뭐가 더 나오겠는데" 하는 생각이 들었다.

FBI 요원 간의 충돌

수사진 입장에서 내부자거래 수사 확대는 커다란 모험이었다. 수사 확대를 결정했다가 어려운 문제들이 닥쳐 양자택일 상황에 처할지도 모를 일이었다. 수개월간의 도청과 회유와 야근을 비롯해 온갖 노력을 기울여 방대한 증거를 수집했는데, 고작 라지 라자라트남과 친구 두어 명을 기소하는 사건으로 종결된다면? 아니면 월가에 만연한 탐욕과 부패, 그리고 승리 지상주의를 고발하는 거대한 사건이 될 수 있을까?

수사 확대를 결정할 경우 새로 달성해야 할 임무가 두 개 있었다. 이 임무의 내용은 이전의 수사 내용보다 훨씬 더 대담했다.

첫째, 전문가 네트워크 기업이라는 미로 같은 세계를 조사해야 했다. 투자자들은 전문가 네트워크에 돈을 내고 상장회사 직원들을 만나 정보를 들었다. 이러한 전문가 네트워크를 이용하는 것은 헤지펀드 업계에 만연한 행태였다. 일단 한두 펀드가 전문가 네트워크를 활용하면 다른 펀드들도 경쟁사를 따라잡기 위해 똑같이 할 수밖에 없었다. 전문가 네트워크가 내부정보의 거래에 연막을 쳐 주고, 트레이더들은 이 정보를 활용해 다른 투자자들을 희생시켜 막대한 돈을 벌고 있다는 사실이 이제 수사진에게 분명해졌다.

둘째, 코언을 기소하기에 충분한 증거를 수집해야 했다. SAC 폐쇄는 다른 헤지펀드들에게 강력한 본보기가 될 수 있었다.

전문가 네트워크 기업 수사에 착수한 FBI가 밟은 단계는 간단명료했다. 즉, 더 많은 전화기를 도청하는 것이었다. FBI는 강을 비롯한 FBI 요원들이 수집한 휴대전화 도청 자료를 근거로 프라이머리 글로벌 리서치(PGR, Primary Global Research)가 가장 질이 나쁜 전문가 네트워크 기업 중 하나라고 판단했다. C.B. 리는 헤지펀드 투자자로 가장해 PGR 컨설턴트들과 접촉함으로써 전문가 네트워크 기업의 통화 내용이 어떤지 FBI에게 보여 줬다.

강이 보기에 전문가 네트워크 비즈니스는 완전히 부패의 온상이었다. 일부 전문가들은 "양질의" 정보를 제공한다는 소문이 헤지펀드 업계에 퍼진 덕에 전문가 네트워크의 컨설턴트로 계속 채용됐다. 강은 이런 전문가들이 제공하는 정보가 십중팔구 불법 정보라고 예상했다. 약삭빠른 헤지펀드 관계자들이 대중에 공개된 정보를 얻으려고 수천 달러씩 내고 컨설턴트를 만나겠는가? 일각에서는 PGR이 수수료를 아주 높게 내는 VIP 고객에게만 "최고"의 컨설턴트들을 만나게 해 준다고 의심했다. 최고의 컨설턴트를 만나는 고객은 누굴까? PGR의 VIP 고객 중 하나는 2009년도에만 52만 달러의 수수료를 낸 SAC였다.

두 FBI 요원, 데이비드 매콜과 제임스 힝클이 PGR 전화선의 도청을 허가받는 데 필요한 증거를 수집하기 시작했다. 둘은 PGR을 통해 훨씬 더 많은 일들이 벌어지고 있으리라 확신했다.

공교롭게도 이때 강과 매콜 사이에 쌓인 긴장이 폭발했다. 두 요원은 각각 별도의 FBI 수사 팀을 이끌었다. 강은 C1 팀을, 매콜은 C35 팀을 이끌고 내부자거래를 수사 중이었고, 상대 팀이 전년도에 수사한 영역을 늑대처럼 맴돌았다. 새로운 협력자에게 접근하려 할 때마다 강이나 매콜은 상대 팀의 수사에 방해가 되지 않을지 문의해야 했다. 두 요원은 자신의 활동 내역을 밝히길 꺼렸고, 이런 폐쇄성 때문에 수사 속도가 느려졌다. 그리고 양측은 수사 진행에 자신들의 공이 더 크다고 끊임없이 인정받으려 했다.

강은 C.B. 리와 알리 파를 도청하는 과정에서 자신이 먼저 PGR 관련 정보를 입수했는데, 매콜이 전문가 네트워크 기업 수사를 선두 지휘한다며 불만을 품었다. 로히어 증권수사 팀장은 외교술이 뛰어났고, 양측을 중재하는 데 많은 시간을 들였다. 하지만 결국, 한없이 인내심을 발휘하던 로히어 팀장마저 인내심이 바닥날 지경에 이르렀다. 강과 매콜 간의 전쟁은 조직 내에서 농담처럼 화제에 올랐다. PGR 수사를 놓고 한바탕 싸움이 벌어지자, 로히어는 화가 머리끝까지 나서 두 사람을 자기 사무실로 오라고 명령했다.

"자네 둘은 여기 남아서 좀 대화를 하게." 로히어는 강과 매콜에게 화해할 때까지 사무실을 나오지 말라고 분명히 지시한 다음에 둘만 남겨두고 방을 나갔다. 두 FBI 요원은 서로 협조하겠다고 마지못해 약속했다.

내부자거래를 함께 수사하던 검사들과 FBI 요원들은 다시 협력 정신을 되찾았고, 또 다른 목표인 스티브 코언을 잡기 위한 방안을 모색하고자 브레인스톰 회의를 했다. 코언 기소에 필요한 증거를 수집하는 방법은 기본적으로 두 가지였다. 하나는 코언과 가까운 인물을 협력자로 포섭하여 도청 장치를 부착한 채 코언과 대화하고, 코언이 불법 정보로 거래한다는 증거를 수집하는 것이다. 다른 하나는 코언의 전화기를 도청하는 허가를 연방 판사로부터 받아내는 것이다.

코언을 도청하려면 코언에게 전화를 걸어 비리 내용이 담긴 통화를 할 협력자 한 명이 필요했다. 코언과 가까운 새로운 인물을 협력자로 포섭하려면 그를 협박할 정도의 범죄 증거가 필요했다. 누구를 포섭 대상으로 삼을지 선택하는 일도 간단치 않았다. 코언의 범죄 사실을 입증할 정보에 접근하려면 충분히 가까운 인물을 포섭해야 했다. 하지만 코언과 너무 가까워서 FBI가 접근한 사실을 코언에게 알려 줄 위험이 있는 인물은 곤란했다.

코언을 도청할지, 측근을 포섭할지 선택의 기로에서 매콜과 강은 정반대 의견을 보였다. 서로 으르렁거리는 둘 사이에서 그런 의견의 대립은 그리 놀랄 일도 아니었다. 강은 코언 밑에서 일한 경력이 있는 C.B. 리라는 유력한 협력자를 확보한 만큼, 그에게 코언과 통화해 증거를 수집하게 한 다음, 이를 근거로 코언 도청 허가를 받자고 주장했다.

반면, 매콜은 코언의 측근을 포섭하자고 주장했다. 그는 SAC 포트폴리오 매니저 한 명을 유력한 협력자 후보로 점찍었다. 그는 5억 달러 규모의 포트폴리오를 관리하고 있었는데 코언이 신뢰하는 인물로 보였다. 매콜은 그가 포섭되리라고 확신했다. 단지, 준비할 시간이 더 필요했을 뿐이다.

검사들은 더 기다릴 시간이 있을지 확신하지 못했다. 로히어 증권수사 팀장과 다른 검사들은 포트폴리오 매니저를 포섭하는 대신 코언의 전화기를 도청하기로 결정했다. 강은 필요한 증거를 통화 중에 이끌어 내는 방법을 C.B. 리에게 지도했다. 강의 계획은 리가 코언에게 전화를 걸어 다시 SAC에서 일할 수 없을지 문의하도록 하는 것이었다. 그는 자신의 "에지(edge)"에 대해 이야기하고 귀중한 인맥을 열거함으로써 옛 보스에게 미끼를 던진다. 이 계획이 성공할 경우, 그들은 도청뿐만 아니라 SAC 캐피털 내부에 스파이를 침투시킬 수 있었다.

도청의 실패

FBI는 SAC 포트폴리오 매니저들이 코언에게 전화상으로 다음 주 트레이딩 아이디어를 보고하는 일요일 아이디어 회의의 존재를 파악했고, 이 전화를 도청의 첫 타깃으로 결정했다. 하지만 일요일 아이디어 회의 때 코언이 어느 전화기를 사용하는지는 파악하지 못했다. 전화기 하나를 골라 도청 허가를 받아야 했는데 후보는 넷이었다. 스탬퍼드 본사 전화, 그리니치 자택 전화, 이스트 햄튼 별장 전화, 코언의 휴대전화였다. 그중에서 그리니치 자택 전화를 도청하기로 결정했다. 강과 마이클슨 검사는 코언의 집 전화기를 7월부터 30일간 도청하겠다는 허가를 받기 위해 신청서를 작성했다. 7월은 3분기 실적 발표 시즌과 맞아 떨어졌다.

하지만 FBI와 뉴욕 남부지검은 중요하고도 빤한 사실 하나를 간과하고 말았다. 여름철에는 뉴욕의 습도가 열대우림 수준으로 치솟는 탓에 모든 금융계의 중요한 인물을 모두 롱아일랜드의 햄튼스 지역으로 거처를 옮긴다는 사실이었다. 전통적으로 월가 중역들의 아내는 자녀, 가정부와 함께 이 지역 별장에서 여름을 보냈고, 중역들은 여기서 뉴욕시로 통근했다. 7월과 8월에는 억만장자가 탑승한 수상 비행기와 헬리콥터들이 마치 드론처럼 롱아일랜드의 상공을 오갔는데, 코언도 그들 중 한 명이었다. 코언은 수사 당국이 도청한 첫 1개월 동안에 그리니치 자택에 거의 머물지 않았다. 그렇지만 검찰은 그리니치 자택 전화기로 도청한 몇몇 통화 내용을 증거로 제출해 도청 기간을 30일 연장하는 허가를 받았다.

강은 도청한 내용을 뉴욕 남부지검 마이클슨 검사에게 매일 보고했지만, 스티브 코언은 라지 라자라트남보다 훨씬 더 신중하게 정보를 다루는 인물임이 드러났다. 보통, SAC 포트폴리오 매니저들은 코언과 통화 중에 실적을 비롯한 자료를 공유하기 전에 "다른 사람과 논의했습니다" 같은 모호한 말들을 했다. 이런 통화에서는 코언이 법정에서 유죄 판결을 받게 할 결정적 단서를 찾을 수 없었다. 포트폴리오 매니저가 논의했다는 "다른 사람"은 기업 내부자든 외부 컨설턴트든 다른 펀드 매니저든 불특정 인물을 가리키는 표현이었다. SAC 포트폴리오 매니저들은 암호로 정보를 전달할 때도 가끔 있었다.

수사진은 한 통화 녹음에 기대를 품었다. 통화에서 애널리스트가 한 회사의 공급 체인 라인에 있는 다른 포인트들을 살펴보는 "유통망 확인(channel checks)"을 언급하면서 코언에게 수상한 수치를 말한 듯 보였는데, 이 정보는 비즈니스가 얼마나 잘되고 있는지를 의미했다. 하지만 이것만으로는 구체적인 증거가 되지 못했다.

통화 파일을 들은 검사들은 코언이 기소당할 여지를 남기지 않는 빈틈없는 대화로 내부정보를 입수하는 인물이라는 인상을 받았다. 코언은 종종 논의 주제와 정보 출처를 미리 이해한 상태에서 대화하는 듯 보였다. 자만에 빠지고 방심한 나머지, 자신이 얼마나 정보원이 많은지 자랑하고 다닌 라자라트남과 대조적으로 코언은 조심성이 많고 계산적이었다. 통화 녹음에서 드러난 정보만으로는 검찰이 코언을 기소할 수 없었다.

어느덧 두 번째 도청 기간이 끝났고 판사는 도청 기간을 연장해주지 않았다.

SEC의 좌절

2009년 8월 16일 늦은 오후, SEC 뉴욕 사무소에 전화벨이 울렸다. 집행국 변호사인 산제이 와드와(Sanjay Wadhwa)는 서류가 산더미처럼 쌓인 책상에서 벗어나 창문 밖을 바라봤다. 창밖에는 골드만삭스 직원들이 반바지 차림으로 아령을 들거나 러닝머신 위를 걷는 직원용 체육관이 바로 보였다. 월가에서 가장 많은 수익을 올리는 투자은행 골드만삭스가 최근 건설한 세계 본부가 바로 옆에 있었다. 세계무역센터에서 북쪽으로 두 블록 떨어진 곳이었다. 와드와의 사무실 창문에서는 골드만삭스 본사 건물 10층의 옥상 정원이 훤히 보였다. 아마 이 옥상 정원에 식물들을 줄지어 심는 데만도 정부에서 일하는 대부분의 변호사들이 받는 연봉의 다섯 배 이상은 들었으리라.

와드와는 돈 생각을 지우려 애썼다.

평범한 SEC 직원의 머릿속을 지배하는 생각은 보통 두 종류다. 하나는 대형 로펌에 취직할 경우 받는 연봉이다. 또 하나는 그렇게 좋은 기회를 차 버리고 월가의 부정과 싸우는데도 거의 인정받지 못하는 점에 대한 섭섭함이다. 대공황 이래 최악의 금융위기에 접어든 지 아직 1년도 지나지 않은 시점이었다. 지난 가을에 리먼 브라더스가 파산했고, 은행들은 무너지고 있었고, 증시 폭락으로 수백만 명의 사람들이 퇴직 연금 계좌의 가치가 주저앉는 것을 보고 있었다. 집값이 급락했고, 질 낮은 서브프라임 모기지를 포장해 전 세계 투자자들에게 판매한 투자은행의 부패한 메커니즘이 드러났다. 버니 메이도프의 200억 달러에 달하는 폰지 사기 행각이 밝혀졌고, SEC가 여러 해 동안 명백한 경고 신호들을 무시했음이 드러났다. 시장이 이처럼 침울했던 시기는 없었다.

1934년 설립 이래 수십 년간 SEC는 월가가 경외하는 공권력이었고, SEC 변호사들은 자신의 판단과 정치적 독립성에 자부심을 느꼈다. 그러나 최근 수년 사이에 조직 문화가 바뀌었다. 무기력증이 깊이 뿌리내렸다. SEC 집행국 직원들은 거대한 사건을 조사하는 과정에서 공개적으로 제지받았고, 소환장 하나 발부하려 해도 4단계의 승인을 거쳐야 했고, 그 과정이 수 주일이나 걸리기 일쑤였다. 이러한 변화는 부분적으로 SEC 위원장인 크리스토퍼 콕스의 의중이 반영된 결과였다. 1988년부터 캘리포니아주 공화당 하원의원이었던 콕스는 2005년 조지 W. 부시 대통령에 의해 SEC 위원장으로 임명됐다. 콕스는 자유시장과 기업 친화 정책을 적극 옹호하고 규제에 소극적인 인물이었다. 규제 당국이 월가의 거대 은행과 주요 투자자들에게 지시를 내려서는 안 되며, 금융계가 스스로 나쁜 행태를 감시할 수 있다고 믿었다.

와드와는 SEC의 분위기에 실망했지만 패배감에 휩싸이지는 않았다. 뭐니 뭐니 해도 그는 자신의 일을 사랑했다. 최근 2년간은 라자라트남 사건 수사를 조용히 도왔는데, 이것은 그의 경력에서 가장 획기적인 사건이었다. 2006년도에 평범한 불만 접수로 출발해서 SEC 역사에서 가장 중요한 사건 중 하나로 커져 버렸다. 이 사건 조사에 참여한 것은 그의 인생에서 가장 즐거운 경험이었다.

와드와는 인도 출신으로 19세 때 미국으로 이주했지만 인도의 좌파적 정책에 따른 영향이 아직도 깊이 남아 있는 남자였다. 아버지는 영국 소비재 기업에 종이 포장 용기를 공급하는 캘커타 소재 기업의 고위 임원이었고, 어머니는 학교 교사였기에 빈곤에 허덕이는 인도에서 상당히 유복한 집안이었다. 1980년대에 부모는 정치적·경제적 기회가 줄어드는 인도 사회를 탈출하고자 세 자녀와 함께 미국 플로리다로 이주하기로 결정했다. 인도 정부의 자산 국외 반출 제한 규정 탓에 가족은 미국으로 이주하는 과정에서 빈털터리가 됐다. 아버지는 라이트 에이드(Rite Aid) 같은 식품 잡화 매장에서 일했고, 와드와는 아버지를 도와 일했다. 대다수 미국인이 이름도 들어 본 적이 없는 텍사스 로스쿨을 졸업하고 뉴욕 대학교에서 석사 학위를 받은 와드와는 월가와 깊은 관계가 있는 대형 로펌, 스캐든 압스(Skadden, Arps, Slate, Meagher & Flom)에서 수년간 일했다. 그러나 로펌 일에 만족하지 못하고 2003년도에 SEC에 지원했다. 그리고 SEC에 들어가자마자 내부자거래 사건들을 집중적으로 담당했다.

2009년 여름에는 FBI와 긴밀히 협력해 라자라트남 사건, 그리고 여기서 파생된 다른 헤지펀드 사건들을 조사했다. 와드와는 내부자거래 수사를 담당한 FBI 요원들과 하루에도 몇 번씩 통화했다.

전화기를 확인해 보니 발신자 번호가 뜨지 않았다. 이렇게 전화할 사람은 FBI 요원뿐이었다. 와드와는 전화기를 들었다.

B.J. 강이었다. "지금은 세부 내용을 말할 수 없습니다만, 지난 여름 SAC에서 큰일이 벌어졌다고 믿을 만한 근거가 있습니다. 엄청난 거래였고 엄청난 이익이 발생했어요. 회사 내에서도 많은 말들이 있었다고 합니다."

와드와는 SAC와 비밀에 가려있는 창업자 스티브 코언에 관해 들어 본 적이 있었다. 라자라트남 사건을 수사하는 과정에서 코언의 이름이 여러 차례 등장했기 때문이다. 그는 SAC가 월가에 강력한 영향력을 행사한다는 사실을 알았다. 코언은 소폭의 주가 등락에 대규모 베팅을 하는, 지속 가능해 보이지 않는 방식으로 막대한 부를 쌓았다. 코언은 기업의 사업 구조나 거시 경제에 대한 깊은 이해를 토대로 주식을 수년간 대량 보유하는 워런 버핏 같은 투자자가 아니었다. 주식 매매 스타일에 관한 한 코언은 워런 버핏과 정반대 위치에 있었다.

와드와와 통화에서 강은 SAC에서 벌어진 "큰일"이 무엇인지 자세히 설명하지 않았다. 둘은 수개월간 함께 일했지만 기밀 정보에 접근할 권한에 차이가 있기 때문이었다. FBI는 수사기관인 반면, 와드와가 속한 SEC는 민사 집행 기관이었기 때문에 강은 법에 따라 수사기관이 입수한 모든 정보를 와드와와 공유할 수 없었다. SEC에 속한 누구라도 마찬가지였다. 특히 도청과 관련한 어떤 정보도 말해서는 안 됐다.

"어느 분야의 주식거래인지 아시나요?" 와드와가 물었다.

"제약 분야입니다."

SAC 조사 팀의 출범

와드와의 사무실은 온통 서류 천지였다. 커다란 서류 정리함이 서류 파일로 꽉꽉 찬 것도 모자라 곳곳에 고소장, 증언 녹취록, 소환장 양식서가 쌓여 있고 몇몇 서류는 소파 위에 아무렇게나 흩어져 있었다. 낮잠을 잘 수도 있는 소파였지만 와드와가 실제로 그런 적은 없었다. 창턱에 놓인 《월스트리트 저널》은 노랗게 변색되어 있었다. SEC에서 가장 어수선한 사무실이라 말할 순 없어도 깔끔히 면도하고 늘 넥타이를 맨 양복 차림으로 근무하는 와드와의 모습과는 대조적인 풍경이었다.

주식시장의 수상한 매매 동향을 보고하고 추적하는 메커니즘은 비극적일 정도로 너무 낡았다. 금융 규제기관들은 마치 디지털 시대에도 여전히 책 뒷장에 꽂힌 종이 카드에 대출자 이름과 대출 일자를 적는 늙은 사서마냥 딱할 정도로 시대에 뒤쳐졌다. 이런 금융 규제기관의 관료들이 매일 수조 달러가 오가는 시장의 안정성을 책임지는 위치에 있었다. 수상한 거래, 이를테면 인수 발표 하루 전 해당 기업의 옵션 거래량이 급증하는 현상을 발견한 투자은행 직원이나 투자자는 금융산업감독청(FINRA)*에 신고한다. 수상한 거래를 보고받은 FINRA는 이상매매 조사 의뢰서를 SEC에 보낸다. 조사 의뢰서는 의심스러운 거래를 고발하는 서한으로 구체적 내용이나 분석은 담고 있지 않다. SEC가 조사 의뢰서를 받으면 보통 조사에 착수한다.

그러나 문제는 조사 의뢰서가 도착해도 모두 조사로 연결되지 않는다는 점이었다. 증권사기 사건 조사의 단초가 되는 조사 의뢰서는 워싱턴 D.C.의 SEC 본부로 보내지고, SEC는 자체 데이터베이스에 관련 내용을 저장한다.

---

* **Financial Industry Regulatory Authority_** 미국 증권시장을 규제·감독하는 기관은 정부기관과 자율규제기관으로 구분된다. 자율규제기관은 거래소시장을 규제하는 증권거래소와 장외거래를 규제하는 FINRA로 다시 구분된다. 미국의 Nasdaq 시장은 원래 장외시장에서 출발하여 FINRA의 전신인 NASD의 규제를 받았고, 지금은 FINRA의 규제를 받고 있다. 증권거래소나 FINRA는 자기가 규제하는 주식시장에서 수상한 거래가 발생하면 그 내용을 SEC에 이첩하여 정밀한 조사가 이루어지도록 조치한다.

강과 통화를 마친 와드와가 FINRA의 시장감시부*책임자에게 전화를 걸었다.

"SAC 캐피털이 지난여름 진행한 대형 거래에 대한 조사 의뢰서가 FINRA에서 우리 쪽으로 넘어왔던가요? 무슨 이벤트가 터질 무렵에 SAC가 진행한 거래일 텐데요." 막대한 수익을 올리는 주식거래는 대부분 주가를 급등 또는 급락시킬 뉴스가 터지기 직전에 일어난다는 사실을 와드와도 잘 알고 있었다.

FINRA의 책임자는 조용히 웃으며 말했다. "그렇게 말씀하시면 좀 우스운데요. 그 조사 의뢰서는 지금 제가 가지고 있어요…. 저번에 반송돼 와서 다시 읽어 봤어요." 즉, SEC가 조사를 거부하고 조사 의뢰서를 FINRA로 다시 돌려보냈다는 뜻이었다.

"정말인가요? 무슨 내용인가요?"

그는 세부 내용을 언급하지 않으면서 "수상한 거래가 있어 보낸 조사 의뢰서였어요. 아무튼 엄청나게 큰 거래였어요"라고 말했다.

와드와는 조사 의뢰서가 FINRA로 되돌아간지 얼마나 됐는지를 물었다.

"거의 1년이 다 되어 갑니다."

그 말은 들은 와드와는 얼굴을 찡그렸다. 시장감시부장은 SEC에 조사 의뢰서를 접수하고 조사에 착수할 만한 사람을 찾으려 여러 부서를 "헤맸다"고 설명했다. 여러 부국장들에게 조사 의뢰서를 보여 줘도 아무도 관심을 표하지 않았다는 것이다.

---

* **Office of Market Surveillance_** 시장감시부는 Nasadq 시장에서 이루어지는 모든 거래를 모니터링하면서 수상한 거래가 없는지 여부를 감시하는 부서다. 불법적인 거래로 의심되는 사안은 SEC에 이첩한다.

내부자거래 사건의 조사에 착수하려면 트레이더가 기업 내부정보에 접근 가능한 누군가와 연락을 취했고, 불법적 정보 전달이 있었음을 입증해야 했다. 그러한 입증을 위해 자료 제출을 요구하는 소환장을 보내야 하는데, 그 이전에 SEC 변호사는 소환장을 보낼 수 있는 허가를 받기 위해 SEC 전체 위원회에 가서 진술해야 한다. 그러면 아마 공화당 소속 위원들이 퍼붓는 질문에 답해야 했다.*

이처럼 까다로운 절차들 때문에 조사 의뢰서를 받아도 원래 원칙처럼 신속히 "자료를 수집"해 조사에 착수할 수 없었다.

와드와가 물었다. "저에게 보내 주지 않으시겠어요?"

다음 날 FINRA로부터 조사 의뢰서가 첨부된 이메일을 받았다. 열어 보니 이런 생각이 들었다. "맙소사, 이건 B. J. 강이 전부터 얘기한 사건이잖아."

2008년 9월 5일에 제출된 이 의뢰서에 정보를 제공한 사람은 RBC 캐피털 마켓이라는 증권회사에 근무하는 트레이더로 추정됐다. 그는 SAC의 엘란과 와이어스 주식 매도를 눈치채고 다음과 같이 FINRA에 민원을 제기했다. "2008년 7월 29일 오후 5시, 엘란과 와이어스의 연구진이 시카고 국제 알츠하이머 콘퍼런스에서 알츠하이머병 치료제인 신약의 임상 2상 결과를 발표했습니다. 많은 언론인, 리서치 애널리스트 그리고 기관투자자들이 이 콘퍼런스에 참석했습니다." 그는 SAC가 임상시험 결과 발표 전 이틀 동안 15개 계좌

---

* **SEC_** 5명의 위원으로 구성된 위원회 조직으로 주요 의제를 다수결로 결정한다. SEC는 정치적 중립을 유지하기 위해 5명의 위원 중 같은 정당 출신이 3명까지만 허용된다. 따라서 보통 3:2로 공화당이 많거나 민주당이 많게 된다. 여기서 공화당 위원들이 질문을 퍼붓는다는 의미는, 공화당은 기업 친화 정책을 견지하기 때문에 분명한 혐의를 잡지 않은 경우에는 내부자거래 조사 착수에 매우 보수적이라는 의미이다.

를 통해 주식을 대량 매도함으로써 1억 8200만 달러의 손실을 회피했다고 추산했다. "엄청난 거래 규모와 그로 인한 막대한 잠재적 이익이 아주 수상한 시점에 발생했기에 조사를 의뢰하는 바입니다." FINRA는 이 민원을 받고 SAC의 의혹 있는 거래의 불법성 조사를 위해 SEC로 정식 조사 의뢰서를 보낸 것이다.

조사 의뢰서를 읽은 와드와는 SAC에서 무슨 문제가 또 드러날지 궁금해졌다. 라자라트남 사건보다도 커질 가능성이 있는 이 사건을 누가 맡아 줄지 고민했다.

마침 얼마 전 SEC 뉴욕 사무소의 새로운 소장으로 부임한 아멜리아 코트렐이 생각났다. 그녀는 밑에 아직 사건을 본격적으로 맡지 않은 찰스 라일리 변호사를 데리고 있었다. 둘이라면 SAC 사건을 맡아 줄 것 같았다.

와드와는 라일리에게 이메일을 보냈다. "어이, 찰스, 잠깐 와 주겠나?"

라일리는 여름휴가에서 막 돌아온 참이었다. 젊고, 열의 넘치고, 지나칠 정도로 예의 바른 라일리는 SEC에 들어온 지 1년이 됐는데, 아직 사건을 맡은 적이 없어 맥이 빠진 상태였다.

라일리는 종종걸음으로 홀을 지나 와드와의 사무실로 들어가 테이블에 앉았다. 옆에는 아멜리아 코트렐 소장이 앉아 있었다. "이것 좀 봐 주십시오" 하고 와드와가 테이블 위에 엘란 조사 의뢰서를 펼쳤다. 모두의 시선이 조사 의뢰서에 고정됐다.

SEC가 최근 조사한 사건들과 비교하면 SAC 사건에 얽힌 돈은 실로 어마어마했다. 와드와가 거의 3년간 한시도 눈을 떼지 않고 조사한 라자라트남 사건에서 정부 당국이 입증 가능했던 11차례의 거래에서 적발한 불법적 수익은 5500만 달러였다. 이는 역대 최대급 내부자거래 사건 중 하나에 해당됐다. 그런데 SAC가 "운 좋게" 신약 주식거래를 통해 본 이득은 이 기록을 가볍게 넘었다. 노련한 펀드 매니저가 확실한 정보도 없이 이토록 대규모 베팅을 할 확률은 극히 희박했다.

SAC 캐피털이란 이름은 이전 사건에서도 등장했다. SEC 변호사들의 첫째 의문은 조사 의뢰서에 적힌 금액의 정확성 여부였다. 그들의 경험으로 볼 때 펀드가 한두 종목에 이처럼 막대한 금액을 베팅하는 일은 드물었다. 리스크 관리는 트레이더의 성공을 좌우한다. 예상이 빗나갈 경우 회사 전체가 위태로워지는 투자를 감행해서는 업계에서 오래 버틸 수 없다. 조사 의뢰서에 적힌 금액이 틀렸거나 여러 투자자의 거래를 합산한 금액일지도 모를 일이었다.

아직 증거는 부족했지만, 이 조사 의뢰서가 월가에서 가장 악명 높은 회사인 SAC를 조사하는 계기가 될 소지가 있었다. 라일리는 가슴이 뛰었다. 그토록 기다려온 대형 사건 조사가 드디어 시작될 지도 몰랐다.

라자라트남의 체포

2009년 여름과 가을 내내, B.J. 강은 SAC와 코언 관련 정보를 수집했다. 특수한 통화 기록 장치 (pen register)를 사용해 라자라트남이 미국을 뜰 계획을 세우는 징후가 없는지 감시했다. 라자라트남이 전화를 걸거나 받을 때마다 통화 상대의 전화번호가 통화 기록 장치에 떴다. 덕분에 라자라트남이 어떤 사람과 어떤 패턴으로 연락하는지 꽤 상세히 알게 됐다.

2009년 10월 15일 새벽, 강은 스마트폰 문자메시지 수신 알람 소리에 잠에서 깼다. 라자라트남이 통화하고 있음을 알리는 문자메시지였다. 처음에는 새벽에 무슨 일이 있을까 싶어서 확인하지 않으려고 했으나 결국 확인했다. 라자라트남이 딸에게 전화를 걸어 통화하고 있었다. 새벽 3시에 누군가에게 전화를 걸다니 이상한 일이었다. 거의 무의식적으로 강은 옷을 입기 시작했다. 왠지 극적인 일이 일어날 것 같은 확신이 들었다. 출입국 관리를 관할하는 관세국경보호청(Office of Customs and Border Protection)에 연락했고, 라자라트남이 다음 날인 10월 16일 런던으로 가는 비행기 표를 방금 전 구입했다는 정보를 들었다. 긴급 상황이었다. 강은 비상사태임을 알리기 위해 상사에게 전화했고, 둘은 함께 FBI 뉴욕 사무소의 나머지 요원들을 깨우기 시작했다.

강은 급하게 집을 나서 업무용 포드 차량을 타고 비행기가 활주로를 이륙하듯 뉴저지 턴파이크 고속도로를 달려 FBI 사무실에 도착했다. FBI 요원들은 라자라트남이 런던행 비행기를 타도록 놔둬서는 안 된다는 점에 동의하고, 라자라트남과 동료 몇 명을 즉시 체포하기로 결정했다. 라자라트남 일당이 미국을 뜰 경우 범죄인 인도 절차에 수년을 허비할 가능성이 높았기 때문이다. FBI는 라자라트남 일당을 체포할 팀을 급하게 구성했다.

다음 날 아침 6시, FBI는 이스트 53번가의 일부 도로를 막고 라자라트남의 맨해튼 자택을 급습했다. 몇 분 뒤, 강이 수갑을 찬 라자라트남과 함께 걸어 나왔다.

9장 왕들의 죽음

뉴욕 남부지검 검사장

　　　　　　　맨해튼 남부, 세인트 앤드류스 플
라자 1번지의 뉴욕 남부지방 연방 검찰 청사는 두껍고 견고한 느낌
이 나는 저층 건물로 연방 법원 건물에 가려 대로변에서는 잘 보이
지 않는다. 어쩌면 검찰 청사가 들어서기에는 나름대로 좋은 위치일
지 모른다. 검찰 청사 안에는 무표정한 경비원들이 근무 중이며, 그
곳의 카펫은 너무 얇아 거의 밑이 비칠 정도였고, 이곳 화장실 바닥
은 자세히 보지 않는 것이 좋다. 이 건물의 물리적 환경은 안에서 근
무하는 검사들이 행사하는 권력과 너무도 대조적으로 소박해 보인
다. 어쩌면 이 점이 포인트다. 그들은 로펌 연봉에 비하면 박봉을 받
지만 너무도 중요한 일을 하고 있다. 검사들은 꾀죄죄한 사무실 모
습에서 자부심을 느낀다.

　2009년 10월 16일 오후, 프리트 바라라(Preet Bharara)는 집무실
책상에 앉아 창밖의 이스트 리버(East River)를 바라봤다. 그는 8주
전 뉴욕 남부지검의 검사장으로 취임해 어린 시절 꿈을 이룬 데 이
어, 방금 전 휘하 검사들이 라지 라자라트남을 체포해 왔다는 보
고를 받은 참이었다. 맨해튼과 브롱크스, 그리고 뉴욕주 일부 지역

을 관할하는 뉴욕 남부지검은 아마도 미 법무부 산하 지방 검찰청 가운데 가장 영향력이 강하고 위상이 높은 곳일 것이다. 남부지검은 관할지의 위치 때문에 미국에서 가장 굵직한 테러, 마약, 조직범죄, 가장 중요한 금융범죄 사건들을 수사한다. 바라라 지검장은 남부지검 소속 검사 200명이 수사하는 수십 건의 사건들을 파악하느라 여전히 애먹고 있었다. 그중에서도 대중의 관심을 받은 사건으로는 소말리아 해적의 미국 화물선 납치 사건, 관타나모 수용소 수감자 사건이 있었는데, 당시 대중이 가장 큰 관심을 보인 사건은 뭐니 뭐니 해도 금융범죄 사건들이었다. 라자라트남 사건은 언론의 뜨거운 관심을 받았다.

수많은 미국 국민이 금융위기로 어려움을 겪고 있었기에 월가에 대한 대중 정서는 매우 부정적이었다. 많은 가정들이 집을 잃고 거리로 내몰리는 동안 정부의 구제금융 덕에 생존한 AIG 등 월가 금융사 직원들은 또다시 수천만 달러를 보너스로 챙겼다. 내부자거래 사건들은 금융위기와 직접 연결되는 문제는 아니었지만, 바라라의 수사 우선순위에서 가장 앞에 있었다. 라자라트남이 체포되기 전 내부자거래 수사는 외부에 이름이 알려지지 않은 극소수 검사들에 의해 매우 느리게 진행됐다. 그러나 월가 금융범죄 수사를 자신의 핵심 업적으로 삼으려는 정치적 야심을 품은 언론 친화적인 바라라가 지검장에 취임하면서 내부자거래 수사가 마침내 외부에 공개됐다. 그리고 그에게는 그럴 만한 이유가 있었다. 그의 비교 대상으로 가끔 언급된 전 뉴욕 남부지검장 루디 줄리아니는 1980년대 말 마이클 밀켄과 이반 보스키를 수사해 전국적 명성을 얻었고, 1994년부터 2001년까지 뉴욕 시장을 역임했다. 뉴욕 남부지검장으로 새로 취임한 바라라로서는 이러한 전례가 신경 쓰이지 않을 수 없었다.

바라라는 1968년 인도에서 태어나 갓난아기 적에 인도인 부모 품에 안겨 미국으로 건너왔고, 그들은 뉴저지 몬머스 카운티에 정착했다. SEC의 와드와를 비롯한 다수의 인도인 이민자 가정이 그랬듯이 바라라의 부모도 조국의 빈곤과 정치적 불확실성에서 벗어나기 위해 미국으로 건너왔다. 그는 아버지가 열심히 공부해 미국에서 의사 면허를 취득하고 몬머스 카운티의 해안 도시인 애즈버리 파크에서 소아과를 개업하는 모습을 지켜봤다. 자식들 미래에 모든 것을 투자하려 마음먹은 부모는 바라라와 그의 남동생 비니트 바라라를 엘리트 사립학교에 보냈다. 부모는 자녀들이 어린 시절부터 탁월한 학생이 되기를 기대했다. 바라라는 아버지에 대해 이렇게 회상한다. "제가 98점을 받아오면 아버지는 왜 100점을 못 받았냐고 물으셨죠." 부모는 두 형제가 의사가 되길 바랐다. 남동생 비니트는 아버지가 규율을 강조하는 엄격한 분이었다고 회상한다. "학교, 공부, 점수를 강조한 아버지 때문에 극도의 경쟁으로 내몰렸죠."

프리트 바라라는 고등학교를 수석 졸업하고 1986년도에 하버드대에 입학해 정치행정학을 전공했다. 일부 학우들은 별로 공부하는 것 같지 않은데도 좋은 학점을 받는 그를 신기해했다. 그는 주말에 웰즐리 대학교에 다니는 여자 친구와 데이트하거나 친구들과 술 먹고 정치 토론을 벌였다. 컬럼비아 로스쿨에 진학해서는 마이클 뮤케이시 지방법원 판사에게 재판 실무 강좌를 들었다. 뮤케이시는 훗날 조지 W. 부시 대통령 시절 법무장관이 된 인물이다. 그의 강좌를 들으니 검사가 되려는 열망이 생겼다. 2000년부터 2005년까지 뉴욕 남부지검에서 검사로 근무한 후, 2005년에 찰스 슈머 상원의원의 수석 법률 보좌관이 됐다. 그 후 바라라는 부시 대통령이 2006년 12월 지검장 8명을 집단 해고한 사건이 정치적인 의도에서 비롯된 숙청이라는 사실을 밝히는 슈머 상원의원의 질의 과정을 도왔다. 이 사건은 2007년 앨버토 곤잘러스 법무장관이 사임했을 정도로 큰 파장을 일으켰다. 바라라는 슈머의 수석 법률 보좌관으로 계속 근무하다가 버락 오바마 대통령에 의해 뉴욕 남부지검 검사장에 임명됐다. 바라라가 뉴욕 남부지검장 취임 선서를 한 날, 《뉴욕타임스》는 "슈머의 보좌관이 지검장에 취임하다"란 제목의 기사를 실었다. 바라라는 더 이상 누군가의 "보좌관"으로 언급되고 싶지 않았다.

바라라가 지검장으로 오자마자 뉴욕 남부지검 안팎의 법조인들은 분위기 변화를 감지했다. 그는 냉소주의적 시각을 종종 드러내는 신랄한 유머 감각의 소유자로 끊임없이 언론의 관심을 받았다. 바라라 직전에 근무한 몇몇 전임자 시절에는 검찰청이 무엇을 하고 있는지에 대해 외부 홍보 활동이 거의 없었다. 그리고 검사들 역시 수사 과정에서 언론의 관심을 받기 싫어했다. 따라서 검찰의 수사 활동과 사건들은 외부에 잘 알려지지 않았다.

그러나 바라라는 언론을 다르게 접근했다. 그는 전문적인 홍보 인력을 영입해 자신의 업적을 언론에 알리게 했다. 그리고 기자회견을 열어 카메라 앞에서 연설했다. 갑자기 특정 사건들에 관한 검찰 내부 논의에서 언론이 어떻게 보도할 것인가가 고려 대상이 됐다. 바라라는 자신이 갈수록 더 큰 사건을 수사하는 인물로 언론에 비춰지는지 늘 확인했다.

라자라트남이 체포되고 몇 시간 뒤 바라라는 기자회견을 열었다. 뉴욕 남부지검 청사 1층 로비에 방송국 인력이 몰려 촬영 준비를 하고, 여러 줄로 놓인 접이식 의자에 기자들이 착석해 수첩에 받아 적을 준비를 했다. 바라라는 그렇게 많은 카메라 앞에 선 적이 없었다. 법무부 휘장이 그려진 연단 앞에 선 바라라는 수십억 달러를 관리하는 헤지펀드들과 회사의 비밀 정보를 누설한 기업 내부자들이 연루된 거의 "전례가 없는" 규모의 내부자거래 사건을 발표하고자 나왔다고 말했다.

바라라는 라자라트남과 5명에 대한 기소 내용을 브리핑하기 전에 푸른 눈을 반짝이며 말했다. "오늘 우리는 월가의 사기 행각에 단호한 행동을 취했습니다. 피고인들은 '네가 가려운 곳은 긁어 주면 나도 편의를 봐줄 테니 서로 손잡자'라는 불법 거래의 세계에서 살았습니다." 바라라는 1초간 뜸을 들인 다음 말을 이어 나갔다. "탐욕은 가끔, 좋지 않습니다."*

SAC 캐피털 맨해튼 사무소에서 트레이딩 모니터들이 설치된 책상 앞에 앉은 마이클 스타인버그는 자기가 읽고 있는 뉴스를 믿을 수가 없었다. 라자라트남은 수십억 달러 규모의 헤지펀드를 운용했고, 투자자이자 자선가로 널리 존경받는 인물이었다. 그의 동생인 렌간은 2003년에 코언에게 해고당하기 전까지 SAC에서 근무하기도 했다. 그런 인물의 집에 갑자기 FBI 요원들이 불쑥 찾아와 수갑을 채우고 연행하다니 믿기 어려웠다.

---

* **Greed, sometimes, is not good_** 1986년, 이반 보스키는 UC 버클리 경영대학원 졸업식에서 "탐욕은 좋은 것(Greed is good)"이라고 연설했다. 이 말은 1980년대의 시대정신인 월가의 금융 만능주의를 상징적으로 표현한 것으로 볼 수 있다. 그러나 보스키는 이 연설을 하고 얼마 지나지 않아 FBI에 체포됐다. 바라라의 표현은 보스키의 말을 비튼 것이다.

사무실 옆을 지나가는 호바스를 보고 안으로 들어오라고 손짓했다.

"무슨 일이시죠?" 뉴욕의 트레이딩 데스크를 뒤흔들고 있는 뉴스를 모르고 있던 호바스가 물었다.

"라지가 오늘 아침 체포됐네." 스타인버그가 대답했다.

그 말을 들은 호바스는 애써 태연한 척했지만 속으로는 너무도 놀라 심장이 오그라드는 기분이었다.

호바스는 스타인버그의 사무실을 태연하게 나가자마자 책상으로 달려가 라자라트남 체포 관련 뉴스를 검색해서 읽기 시작했다. 그는 제스 토토라와 즉시 통화해야 했다. 만약 당국이 대대적으로 수사를 진행했다면 그들의 "파이트 클럽" 이메일들도 당국의 수사망에 들어갈 게 확실했다. SAC 직원들은 FBI가 어떻게 갑자기 내부자거래를 공격적으로 수사하게 됐는지에 대해 이런저런 말들을 하며 술렁거렸다. 뿐만 아니라 SEC 역시 본래 해야 할 일을 시작한 것도 분명했다. 아직 수사 범위가 어디까지인지 알려진 바가 거의 없었다. 사람들은 누가 정부의 수사에 협조하는지 추측할 뿐이었다. 체포가 있은 지 며칠 후, 호바스, 토토라, 그리고 애돈대키스는 맨해튼 미드타운에서 긴급 회동해 점심을 먹으며 대책을 논의했다. 그들은 이메일 사용을 중단하고 전화로 연락하기로 했다.

스타인버그는 갈수록 호바스에게 편집증적으로 짜증을 냈다. "자네가 정말로 신뢰하지 않는 투자자들에게는 연락하지 말게. 전화가 도청되고 있고, 도청 장치를 부착한 사람들이 돌아다니고 있어."

전처의 복수

　　　　　　　　　　사무실 밖 미드타운 거리는 평소처럼 차량 소리로 시끄러웠지만 마이클 보위 변호사는 더듬거리며 휴대전화를 받았다.

"여보세요?" 보위의 목소리에서 불안감이 묻어났다.

로펌, 카소위츠 벤슨 소속의 43세 변호사에게 최근 수개월은 힘든 시기였다. 우선, 바이오베일을 대리하여 SAC에 제기한 소송이 기각됐다. 2년간 대부분의 시간과 에너지를 이 소송에 쏟았던 보위로서는 굴욕적인 일이었다. 그러나 그는 바이오베일이 회계 부정 혐의로 조사를 받게 된 사실이 훨씬 더 굴욕적이었다. SEC는 전년도에 투자자들에게 손실을 은폐했다는 혐의를 제기하며 사기 혐의로 바이오베일을 고소했다. 바이오베일은 SEC와 화해하는 조건으로 천만 달러를 내기로 동의했다. 보위는 애초에 이 사건을 맡은 것부터가 잘못이었다고 비난받았다. 헤지펀드들이 바이오베일에 제기한 일부 문제는 사실로 드러났다. 바이오베일은 '실제로' 부정행위를 했다. 보위는 남은 변호사 생활 동안 이 사건이 계속 오점으로 남을까 두려웠다.

보위에게 전화를 건 사람은 스티븐 코언의 전처인 패트리샤 코언이었다. 보위는 수개월간 그녀와 연락하지 않았다. 그는 그녀에게 무슨 일이 있었는지 궁금해졌다.

그녀는 들뜬 목소리로 말했다. "큰일이 터질 것 같아요. 정부가 리코(RICO)를 적용해 스티브를 기소할 거래요."

3년 전 보위를 처음 만난 뒤로 패트리샤는 자기 나름대로 전남편의 활동을 조사하느라 바쁘게 지냈다. FBI의 수사와 묘하게 평행

선을 그린 셈이다. 패트리샤는 코언이 죗값을 치르게 하고 싶었다.

자식들이 다 자라 할 일이 줄어든 패트리샤는 코언의 비리를 파헤치는 일에서 일종의 보람을 느꼈다. 2006년에 그녀는 「연방 정보공개법(Freedom of Information Act)」을 근거로 1980년대 중반 SEC가 GE의 RCA 인수와 관련한 내부자거래를 조사한 자료를 공개해 달라고 요청했다. 그 결과 코언이 수정헌법 제5조가 보장하는 묵비권을 행사해 답변을 거부한 선서 증언 녹취록 사본을 얻었다. 그녀는 SEC가 어디까지 코언을 조사했는지 전혀 알지 못했다. 그녀는 그런탈증권 시절 코언의 전 동료들에게 연락해 당시 코언이 얼마나 많은 돈을 벌었는지, 그리고 그 돈으로 무슨 일을 했는지 파악하고자 했다.

SEC의 코언 수사 파일을 읽던 중에 패트리샤는 법원이 SEC에 보낸 1987년 사건 파일 내용을 보게 됐다. 이 사건 파일을 찾은 패트리샤는 놀라운 사실을 발견했다.

패트리샤 모르게 코언은 브렛 루리를 고소했다. 한때 친구였던 부동산 변호사 브렛 루리와 1980년대에 함께 구매한 부동산을 놓고 벌어진 일이었다. 이혼 협상 기간에 코언은 루리와 함께 투자한 부동산이 가치가 없다고 주장해 패트리샤에게 분할하는 재산 금액을 확 줄였다. 코언과 루리는 오랫동안 쓰디쓴 법정 다툼을 벌인 끝에 합의에 도달했다. 결국 루리는 파산해 비참한 신세가 됐다.

패트리샤는 몇 가지 점에서 충격을 받았다. 우선, 이혼 조건 협상 시기에 코언이 자산을 숨긴 점을 알게 되어 충격이었다. 그리고 코언이 친구인 루리를 너무 가혹하게 대한 점에도 충격을 받았다. 자신이 알지 못했던 코언의 계좌들과 주택 담보대출 목록들도 발견했다.

보위에게 전화를 걸고 몇 주 뒤, 패트리샤는 코언, SAC 캐피털, 코언의 남동생 도널드가 자신을 오랫동안 속인 행위가 리코법 위반에 해당한다며 고소했다. 패트리샤는 그런탈증권 동료들에게 들은 이야기, 비참한 결말을 맞이한 브렛 루리의 사연, SEC에서 받은 서류들을 비롯해 그동안 조사한 바를 고소장에 모두 적었다. 그녀는 남편이 와튼 스쿨 시절 학우인 브루스 뉴버그에게 들은 내부정보를 토대로 RCA 주식을 거래한 사실을 자신에게 고백했다고 주장했다. 뉴버그는 투자은행 드렉셀 번햄 램버트에서 마이클 밀켄이 증권사기 혐의로 고소당할 때까지 밀켄의 트레이더로 일했다. 그녀가 고소장에서 주장한 바에 따르면, 뉴버그는 훗날 유죄 판결을 받은 드렉셀의 M&A 담당 책임자인 데니스 레빈에게 그 정보를 들었다. 리코법은 원래 조직범죄를 처벌하려는 목적으로 1970년도에 도입된 연방법이다. 패트리샤는 이 법을 근거로 코언이 결혼 생활 중 사기를 쳤다고 주장하는 것이었다. 그녀는 코언에게 3억 달러의 배상금을 요구했다. 이는 코언에게 폭탄이나 마찬가지였다. 코언은 전처의 주장을 극구 부인했다.

보위는 관련 기사를 읽으면서 고개를 절레절레 흔들었다. 애당초 전처에게 돈을 더 주지 않으려고 싸우는 길을 택해 이 지경에 이른 코언이 이해되지 않았다.

의문의 통화 기록

수십 명의 사람들, 즉 제약사의 경영진, 이사회 멤버, 변호사, 은행가, IR 담당자, 그리고 의사 들이 바피의 임상시험과 어떤 식으로든 관련이 있었다. 이들은 임상 시험이 어떻게 진행되고 있는지와 같이 철저하게 통제된 미공개 정보에 접근 가능했던, 엘란을 비롯한 다른 회사들의 내부자들이었다. SEC 뉴욕 사무소의 찰스 라일리는 이들을 추적하고자 했다. 조사 기간이 얼마가 걸리든 상관없었다. 이 사건을 제대로 조사하려면 SAC의 누군가에게 신약의 임상 결과를 말해 줄 위치에 있는 사람이 누구인지 파악해야 했다.

2009년 말, 라일리는 내부자들의 통화 기록 자료를 통신사에 요청했다. 그는 누가 투자회사 직원과 접촉했는지 알아내고자 통화 기록을 면밀히 분석했다. 통화 자료 분석에 능통한 SEC 조사관 닐 헨델먼의 도움을 받아 수십 페이지에 달하는 통화 분석 자료를 작성했다.

라일리는 어린 시절 경험으로 이러한 종류의 노동에 익숙했다. 노스 다코다에서 자란 라일리의 어린 시절은 TV 영화처럼 구구절절했다. 베트남전에 C-130 수송기 조종사로 참전한 아버지는 훈련 임무 중에 사망했다. 이때 라일리의 나이가 여섯 살이었다. 간호사였던 어머니가 혼자서 네 아들을 키웠고, 어머니의 헌신과 교육 덕분에 아들들은 독실한 가톨릭 신앙, 성실한 근로 의식, 훌륭한 도덕심을 가지게 됐다. 라일리는 예일대를 거쳐 미시건대 로스쿨에 입학하고, 로펌 아킨 검프 스트라우스 하우어 앤 펠드(Akin Gump Strauss Hauer & Feld)에서 일했다. 형은 존스홉킨스 메디컬 스쿨에 진학했고, 남동생은 아버지처럼 비행기 조종사가 됐다. 라일리는 가족을 위해서나 자신을 위해서나 열심히 살아야겠다고 마음먹었다. 2008년 SEC에 입사한 이후 라일리는 근면하고 규칙을 철저히 지키는 직원이라는 평판을 얻었다. 아무리 사소한 일이라도 매사를 원칙대로 처리했다.

컴퓨터 모니터로 명단을 보던 라일리는 두 의사의 이름이 눈에 띄었다. 한 명은 시드 길먼인데, 그는 2008년 7월 엘란과 와이어스 주가 폭락을 촉발시켰던 임상 결과를 의학 콘퍼런스에서 발표했던 의사였다. 다른 한 명은 조엘 로스였는데, 그는 자신의 환자들에게 직접 신약을 투여하면서 임상시험에 참여했던 의사였다. 라일리와 헨델먼은 로스의 통화 기록에서 SAC 직원 전화번호를 사용하는 누군가와 여러 차례 통화한 사실을 발견했다. 그렇지만 이 통화 기록만으로는 로스가 SAC 포트폴리오 매니저 또는 트레이더 누구와 통화했는지 알 수 없었다. 라일리는 의문의 전화번호를 SEC 데이터베이스에 입력된 SAC 직원 전화번호들과 맞춰 보는 작업을 했다. 의문의 전화번호가 누구의 번호인지 알아내고자 계속 구글 검색을 하고 전화번호부를 뒤졌다. 무미건조한 작업을 몇 시간이고 계속해야 했다.

대체 로스와 통화한 트레이더는 누구일까? 이 의문이 계속 라일리를 성가시게 괴롭혔다. 어떻게든 알아낼 방법을 강구해야 했다.

연이은 투자 실패

SEC가 엘란과 와이어스 주식거래에 관한 세부 정보를 수집하는 동안, 매튜 마토마는 SAC에서 다시 놀라운 성공을 거두고자 안간힘을 쓰고 있었다. 바피뉴주맙에 베팅한 마토마는 초조감에 휩싸이기도 했지만, 어쨌든 인생에 한 번 있을까 말까한 성공을 맛봤다. 마토마는 그해 938만 달러의 보너스를 받았다. 이러한 성공을 다시 거두기란 쉽지 않았다.

코언은 마토마가 바피 거래에서 보인 실력을 또 보여 줄 수 있을지 확인하고 싶었다. 마토마는 코언에게 해마다 훌륭한 투자 아이디어를 제공함으로써 SAC 최고의 포트폴리오 매니저 반열에 오를 잠재력을 지녔다. 그는 동료들의 기대감을 무겁게 느끼면서 바피처럼 수익성이 높은 투자 아이디어를 찾으려고 노력했다.

2010년, 마토마는 캘리포니아에 본사를 둔 생명공학 기업 인터뮨(InterMune)에 주목했다. 인터뮨은 시중에 판매 중인 제품이 아직 하나도 없었다. 인터뮨은 미국에서만 10만 명가량이 존재하는 폐섬유증 환자에게 도움이 될 치료제 에스브리엣(Esbriet)을 개발 중이었다. 인터뮨 투자는 전적으로 에스브리엣이 미국 식품의약청(FDA)의 승인을 받는다는 쪽에 베팅하는 셈이었다. 인터뮨은 에스브리엣 임상시험을 진행 중이었고 기대감을 부추기는 홍보를 했다. 애널리스트들은 에스브리엣이 임상시험을 통과하면 연간 10억 달러의 매출을 올릴 것이라 전망했다.

마토마는 인터뮨을 코언에게 적극 추천했다. 2010년 4월 말까지 SAC와 코언은 450만 주에 육박하는 인터뮨 주식을 매집했다. 그러나 5월 4일, FDA가 에스브리엣 출시를 허용하지 않는다고 발표하자 주가가 즉시 충격을 받았다. 전날 45달러에 마감한 인터뮨 주가는 FDA 발표에 패닉에 빠진 헤지펀드들이 물량을 내던지면서 9달러로 폭락했다. 인터뮨 주식의 8퍼센트 이상을 보유하고 있던 코언은 큰 손실을 봤다. 어지간한 트레이더의 경력을 끝장낼 정도의 재앙 같은 손실이었다.

손실을 계산한 코언은 고위 임원들을 모아 마토마에 대한 징벌 방안을 논의했다. 그의 포트폴리오는 "임계점"을 넘는 손실을 기록했기에 자동으로 청산되어야 했다. 하지만 마토마는 2008년도에 막대한 수익을 안겨 준 공이 있었다. 마토마가 거둔 수익이 아니었으면 2008년도는 SAC에 재앙과 같은 해였을 것이다. 최고위험관리자(chief risk officer)인 데이비드 애틀러스는 마토마를 즉시 해고해야 한다고 주장했다. 마토마를 스카우트한 톰 콘히니와 샐러먼 큐먼은 그에게 다시 기회를 줘야 한다고 주장했다. 그들은 겨우 애틀러스를 설득했다. 코언은 마토마에게 다시 기회를 주기로 했다. 하지만 이 기회가 마지막 기회라는 점을 명확히 했다.

마토마는 이 소식을 듣고 기뻐서 코언에게 이메일로 심정을 토로했다. "지난 주 회장님의 결정에 다시 감사드립니다. 다른 결정을 내리실 수도 있었다는 사실을 알고 있습니다. 제가 실적이나 리스크 관리에 있어서 회장님의 신뢰를 다시 회복하려면 갈 길이 멀다는 것을 알고 있습니다. 빨리 회복할 수 있도록 최선의 노력을 다 하겠습니다." 그는 인터뮨의 CEO에게 "해명을 들었다"고 코언에게 설명했다. 인터뮨 CEO는 FDA가 신약 출시를 허가하려는데 고위 관료가 이례적으로 개입하는 바람에 마지막 순간에 "부정적 방향"으로 일이 틀어졌다고 말했다.

"SAC는 저에게 특별한 장소입니다. 저는 SAC에서 쌓은 경력과 견줄 만한 다양한 경력을 지니고 있습니다. 하버드, 스탠퍼드, 듀크에서 대학과 대학원 과정을 마쳤고, 헬스케어 기업을 설립해 매각했고, 최근 30년 사이 최대 규모로 연방 정부가 지원한 과학 프로그램의 책임자로 근무했습니다. 이 모든 경험에 비추어볼 때 SAC

는 제가 잠재력을 모두 발휘할 수 있는 직장임을 확신합니다…. 저는 이곳이 얼마나 영감을 주는 직장인지 회사 밖 사람들에게 알리고 싶습니다." 마토마의 이메일은 이렇게 이어졌다. "이번 주의 사건들은 제게 극도로 실망스러웠습니다. 하지만 제가 나갈 길에서 과속방지턱 정도에 불과한 사건들이라고 믿습니다. 저는 여전히 많은 것을 SAC에 제공할 수 있고, 이를 입증할 기회를 주신 회장님께 감사합니다. 읽어 주셔서 감사합니다. 매튜 올림."

마토마는 코언의 환심을 사려고 잔뜩 아첨하는 이메일을 보냈지만 별 도움이 되지 않았다. 그는 SAC가 돈을 잃은 포트폴리오 매니저를 어떻게 처벌하는지 곧 알게 됐다. 그가 투자할 수 있는 자금 규모가 줄어들었고, 이 때문에 이전에 본 손실을 만회하기가 더욱 어려워졌다. 이러한 상황은 마토마가 스스로의 힘으로 빠져나오기 힘든 소용돌이가 되어 버렸다. 게다가 마토마는 얼마 지나지 않아 또다시 손실 한도에 도달해 포트폴리오를 청산해야 하는 상황에 몰렸다.

2010년 5월, 애틀러스가 다시 마토마의 해고를 권고했다. 이번에는 톰 콘히니도 동의했다. 콘히니는 마토마가 "소모용" 직원일 뿐이고, SAC에는 마토마처럼 큰 손실을 보지 않고도 마토마보다 꾸준히 이익을 내는 포트폴리오 매니저들이 많다고 주장했다. 그는 마토마가 SAC에서 근무한 4년 가까운 세월 동안 바피 거래를 제외하면 수익이 나는 투자 아이디어를 제공한 적이 없다고 지적했다. 톰 콘히니는 코언에게 이런 이메일을 보냈다. "그는 엘란 주식을 거래할 때에만 운 좋게 얻어걸렸을 뿐입니다."

한 밤의 증거 파쇄 소동

2010년 11월 19일 금요일 밤 10시 직후 《월스트리트 저널》은 다음 날 아침 종이 신문에 실릴 기사를 웹사이트에 게재했다. "광범위한 내부자거래를 수사 중인 미국 정부"라는 제목을 단 이 기사의 내용은 마치 법정 스릴러 영화의 예고편 같았다.

"정통한 관계자의 관측에 따르면, 내부자거래를 3년간 수사한 연방 정부 당국이 미국 각지의 컨설턴트, 투자은행가, 헤지펀드와 뮤추얼펀드 트레이더들과 애널리스트들을 기소할 준비에 착수했다"는 문장으로 시작한 기자는 다음과 같이 써 내려갔다. "수사가 결실을 맺으면 특정 산업이나 기업과 연결되어 있는 전문가들로부터 트레이더들에게 미공개 정보가 넘어가는 새로운 수법을 비롯해, 미국 금융시장에 만연한 내부자거래 악습이 폭로되리란 것이 연방 정부 관계자의 전망이다."

기자는 그때까지 완전히 극비리에 진행된 FBI와 SEC의 수사 내용을 놀랍도록 상세히 보도했다. 기자는 전문가 네트워크 기업인 PGR을 주요 수사 목표 중 하나로 지목했고, 정부가 수사 중인 제약사 몇 곳을 언급했다. 또한 기자는 SAC에서 C. B. 리의 상사이자 기술주 트레이더였던 리처드 그로든이 소환장을 받았다고 보도했다.

정부 입장에서 이 보도는 수사 진로를 완전히 바꿔버릴 수 있는 심각한 기밀 누설이었다. 이제 월가는 법무부가 예상을 훨씬 뛰어넘는 규모의 수사를 벌이고 있다는 사실을 눈치채게 됐다. 라지 라자라트남 사건은 시작일 뿐이었다.

전직 SAC 포트폴리오 매니저였던 도널드 롱주일(Donald Longueil)

이 특히 이 기사를 접하고 깜짝 놀랐다. 롱주일은 2010년 4월에 실적 부진을 이유로 SAC에서 해고당했다. 그는 고소득을 올릴 수 있는 또 다른 헤지펀드 일자리를 찾는 중이었고, 3주 뒤에는 결혼식을 올릴 예정이었다. 그런데 이런 기사가 보도됐으니 신경이 쓰였다.

롱주일은 경쟁심이 매우 강했고 경쟁해서 이기려는 마음 자세로 일했다. 키가 크고 군살이 없고 머리를 면도한 롱주일은 여가 시간에 자전거 경주 훈련에 매진했다. 그는 겨울스포츠도 광적으로 좋아했다. 노스 이스턴 대학을 졸업한 뒤 2002년 미국 솔트레이크 시티 동계올림픽에 출전할 스피드 스케이팅 국가 대표 팀에 선발되고자 도전한 적도 있었다. 롱주일은 2008년에 기술주 포트폴리오 매니저로 SAC에 합류했다. SAC 재직 시절, 롱주일은 보스턴에서 근무하는 SAC 포트폴리오 매니저 노아 프리먼(Noah Freeman)과 친구가 됐다. 그는 하버드대 졸업생으로 스피드 스케이팅 선수들의 모임인 베이 스테이트 스피드 스케이팅 클럽(Bay State Speedskating Club)에서 롱주일을 만나 선수로서 경쟁한 적이 있었다. 롱주일과 프리먼은 둘 다 30대 초반이었고 스포츠 선수 시절처럼 승리에 집착하는 마음가짐으로 일했다. 프리먼은 너무도 승리에 집착한 나머지 "팀 사이코(Team Psycho)"라는 트라이애슬론 클럽에서 비신사적으로 경기한다는 이유로 쫓겨나기도 했다.

미드타운 맨해튼 아파트에서 약혼녀와 함께 있던 롱주일은 기사를 다시 읽었다. 기사는 마치 자신과 SAC 친구들을 겨냥한 것처럼 느껴졌다. 약혼녀를 바라보며 이대로 검찰 수사를 받아 인생이 산산조각 나는 건 아닐지 걱정이 들었다. 그는 아직도 이렇게 좋은 여성과 결혼하게 되었다는 게 믿기지 않았다. 외모에서 흠잡을 데가 없는 금발 미인일 뿐 아니라 프린스턴 대학교에서 생물학을 전공하고 와튼 스쿨에서 MBA 학위를 받은 재원이었다. 약혼녀는 와튼 스쿨에서 상당히 뛰어난 성적을 거두었기에 보스턴 컨설팅 그룹에 취직해 경력을 쌓고 있었다. 프리먼이 신랑 측 들러리로 결혼식에 참석할 예정이었다.

월가에서 8년간 근무하면서 롱주일은 애플과 텍사스 인스트루멘트를 포함한 여러 기업에 광범위한 정보망을 구축했다. 롱주일은 기업 내부자들을 정보원으로 확보하고자 비싼 레스토랑에서 식사를 대접하고 골프장에 초대했으며, 가끔은 스트립 클럽에서 밤을 보냈다. 그 대가로 기업 내부자들은 롱주일에게 내부정보를 제공했고, 롱주일은 이 정보를 토대로 SAC에서 주식을 거래했다.

정보원이 제공하는 정보가 너무도 방대했기에 롱주일은 부지런히 메모하는 습관을 들였다. 시간이 흐른 뒤에도 양질의 정보를 추적 가능하도록 정보원과 대화할 때마다 세부 내용까지 메모했다. 롱주일과 프리먼은 또 다른 친구이자 소규모 헤지펀드 매니저인 사미르 바라이(Samir Barai)와도 정보를 공유했고, 이 정보를 토대로 함께 주식을 거래했다. 하지만 이렇게 내부정보를 이용했어도 SAC에서 실적은 신통치 않았다. 롱주일은 기밀 정보를 빼내도 주식시장 경쟁이 너무 심한 탓에 큰 수익을 내기가 쉽지 않다고 불평했다. 결국 그는 코언에게 해고당했다.

롱주일은 침실 테이블을 뚫어지게 쳐다봤다. 그곳에는 USB 플래시 드라이브가 놓여 있었다. 롱주일과 프리먼은 이 USB 플래시 드라이브를 "로그(the log)"라는 별명으로 불렀다. 그 드라이브에는 정보원들과 대화할 때 기록한 메모들이 담겨 있었다. 그 드라이브가

"넌 이제 끝장이야" 하고 자신을 비웃는 듯 보였다.

롱주일은 USB 드라이브와 프리먼, 바라이와 정보를 교환할 때 기록한 메모를 담은 외장 하드디스크 2개를 손에 들었다. 그동안 롱주일은 물증을 남기지 않으려고 극도로 주의를 기울였다. 불법적 정보를 SAC 컴퓨터에 저장한 적도 없었고, 기소당할 소지가 있는 내용을 업무용 이메일에 적은 적도 없었다. 문제의 소지가 있는 이메일은 모두 노트북을 통해 여러 구글 G메일 계정 중 하나를 이용해 주고받았고, 메모들은 모두 외장 드라이버에 저장했다. 그리고 도청이 불가능하다고 확신했던 스카이프(Skype)로만 인스턴트 메시지 채팅을 하려고 노력했다.

그는 집안을 뒤져 찾아낸 펜치로 USB 드라이브와 외장 하드를 작은 조각으로 분해했다. 그리고 이 조각들을 지퍼가 달린 비닐봉투 4개에 넣었다. 노스페이스 재킷 주머니에 비닐봉투 4개를 집어넣고 약혼녀에게 말했다.

"잠깐 동네 좀 산책하고 올까."

11월 20일 토요일 새벽 1시 52분, 롱주일과 약혼녀가 서둘러 아파트 로비를 가로질러 경비원 앞을 지나는 모습, 그리고 아파트 건물 정문을 나서 작은 대나무를 줄줄이 심은 우아한 길을 지나 대로로 나가는 모습이 보안 카메라에 녹화됐다. 그들은 아파트 건물 옆 중국 레스토랑을 지나 동네를 한 바퀴 돌았다. 롱주일은 쓰레기 수거 차량이 지나가길 기다렸다. 쓰레기 수거 차량을 발견하자 급히 달려가 하드디스크 조각이 담긴 봉투 하나를 주머니에서 꺼내 쓰레기 차량 뒤에 던졌다. 그리고 이후 30분간 그는 하드디스크 조각이 담긴 봉투 3개를 각기 다른 쓰레기 수거 차량 3대에 던졌다. 하드디스크 조각이 담긴 봉투를 던질 때마다 연방 정부가 그 봉투들을 발견하면 어쩌나 불안해졌다. 강바닥에 가라앉게 이스트 리버에 버리는 편이 나았을까? 그는 하드디스크를 철저히 파괴했으니 설령 FBI 요원이 하드디스크 조각들을 발견하는 기적이 발생하더라도 데이터를 복구하는 것은 불가능하리라 확신했다.

그들은 새벽 2시 30분이 되어서야 집에 돌아왔다.* 겨우 모든 물증을 없앴다는 안도감에 기분이 한결 나아졌다.

"루시가 젖었다"

바로 같은 날 밤, 롱주일의 친구이자 바라이 캐피털의 설립자인 사미르 바라이는 같은 《월스트리트 저널》 기사를 읽고 비슷한 충격을 받았다. 당시 39세였던 바라이는 피나는 노력으로 장애를 딛고 월가에서 성공했다. 그는 심각한 청각 장애를 안고 있었기에 어릴 적에 누구도 그가 크게 성공하리라 생각하지 않았다. 귀가 잘 들리지 않는 그는 맨 앞자리에 앉아 교수의 입 모양을 읽는 것으로 수업 내용을 따라잡아 뉴욕 대학교와 하버드 비즈니스 스쿨을 졸업했다.

작은 헤지펀드를 설립한 바라이는 내부정보를 이용해 광범위하게 주식을 거래했다. 이는 그의 직원이라면 누구든 아는 사실이었다. 그가 직원들에게 내부정보를 얻어 오라고 요구했기 때문이다. 바라이와 롱주일은 뒤에서 프리먼을 지저분하게 험담하며 돈독한

* 롱주일의 약혼녀는 어떤 혐의로도 기소되지 않았다.—저자 주

친분을 쌓았다. 이를테면, 프리먼이 여러 정보원들과 동침한다고 놀리고, 프리먼을 "유대인"이라고 장난스럽게 부르는 식이었다. (반면, 바라이의 별명은 "힌두교도"였고, 롱주일의 별명은 "가톨릭교도"였다.)

　정부가 PGR을 수사한다는 뉴스가 나온 시점에 바라이의 상황은 더 없이 나빴다. 바라이는 갈수록 추악해지는 이혼 절차 때문에 정신이 어지러운 상황이었고, 그는 PGR 서비스를 자주 이용한 회원이자 PGR 최고재무책임자(CFO)의 친구였다. 바라이는 여러 이상한 사람들로부터 정보를 얻었다. 월드 와이드 마켓 리서치라는 회사를 운영하고 "10k"라는 별명을 지닌 더그 먼로라는 컨설턴트가 한 예였다. 먼로는 JUICYLUCY_XXX@yahoo.com이라는 이메일 계정을 사용해 시스코를 비롯한 기업들의 내부정보를 담은 이메일들을 작성했고, 나중에 정부가 이메일을 수사할 때를 대비해 흔적을 남기지 않으려고 "임시보관함" 폴더에 보관했다.* 바라이는 먼로에게 월 8000달러가량을 지급했고 프리먼도 먼로에게 돈을 지급했다. 그 대가로 먼로는 야후 이메일 계정 암호를 알려 줬다. 새로운 정보를 올릴 때마다 먼로는 바라이에게 "루시가 젖었다"라고 이메일을 보냈고, 그러면 두 사람은 야후 계정에 접속해 먼로가 새로 올린 정보를 확인했다. 바라이, 프리먼, 롱주일은 그들의 정보원들에게 별명을 붙였다. 가령 인텔의 내부정보를 알려 주는 정보원은 "차칭(Cha-Ching)"이라고 불렸고, 내셔널 세미컨덕터의 정보원은 "사이공(Saigon)"이라고 불렸다. 그들에게 최고의 정보원은 위

---

* 이메일은 작성하되 임시보관함에만 저장하고 발송은 하지 않는 수법이었다.

니프레드 자우(Winifred Jiau)였다. 그녀에게 붙여진 별명은 "곰돌이 푸(Winnie the Pooh)"와 "푸스터(the Poohster)"였다. 자우는 약간 독특한 여성이었다. 스탠퍼드 대학교에서 통계학을 전공하고, 타이완 세미컨덕터에서 근무한 경력이 있으며, 실리콘밸리 기업 여기저기에 친구들이 있었다. 여기서 말하는 "친구"란 웬만한 지인을 다 포괄하는 개념이었다. 자우를 만나려면 전문가 네트워크인 PGR을 통해 약속을 잡아야 했다. 자우는 선별된 고객들과 대화하는 조건으로 PGR에게 월 1만 달러를 받았다. 자우는 마치 돈이 절실히 필요한 듯 돈을 더 주지 않으면 다시는 상종하지 않을 것처럼 신경질적 반응을 보이며 돈을 더 달라고 PGR에 떼를 쓸 때가 많았다. 자우는 정보를 알려 주는 기업 내부자들을 "요리사들"이라고 지칭하며, 그들에게 정보를 받으려면 돈이 더 필요하다고 가끔 바라이와 프리먼을 협박했다. 자우는 "요리사들은 설탕 없이는 내게 얘기하지 않아요!"라고 소리쳤다. 특히 유용한 정보를 알려 준 뒤에는 바라이와 프리먼이 매달 보내는 현금 외에도 프랜차이즈 식당이나 치즈케이크 팩토리에서 이용 가능한 500달러어치의 상품권을 추가로 요구했다. 한번은 자우의 요구에 따라 프리먼이 비서를 시켜 살아 있는 가재 12마리를 택배로 보낸 적도 있었다. 하지만 자우가 바빠서 택배를 픽업하지 않은 탓에 이 가재들은 캘리포니아에 있는 자우의 집 근처 택배 사무실에서 죽었다.

자우가 이렇게 갖가지 보상을 요구해도 거래 관계가 유지된 이유는 자우가 제공하는 정보가 좋았기 때문이었다. 자우의 정보는 어느 컨설턴트의 정보보다도 훨씬 가치가 높았다. 자우는 마벨과 엔비디아의 매출액, 매출 총이익, 순이익의 수치를 소수점 단위까지 정확하게 알려 줬다. 마벨과 엔비디아는 주가 변동이 심한 반도체 기업들로 바라이, 프리먼, 롱주일이 이 기업들의 주식을 자주 매매했다. 그녀가 제공하는 정보는 그들에게 없어서는 안 됐다.

바라이는 청력에 문제가 있었기에 제이슨 플럼이라는 38세 리서치 애널리스트에게 자신의 거의 모든 통화를 듣고 기록하도록 했다. 플럼은 자우의 신원에 관해 별로 아는 바가 없었지만, 통화 내용을 엿들으면서 그의 보스에게 인스턴트 메시지를 보내 바라이가 자우의 말을 이해하고 통화를 계속할 수 있게 도왔다. 플럼은 통화 내용을 상세히 기록함으로써 통화 중에 상세 정보를 놓치기 일쑤인 바라이가 나중에 정보를 확인할 수 있도록 도왔다.

바라이가 언젠가 믿기 어렵다는 듯 물었다. "이런 정보는 누구에게 들었나요?"

자우는 딱 잘라 말했다. "내 정보원이 누군지는 묻지 마시죠."

"모자이크 이론"

《월스트리트 저널》 기사를 읽은 바라이는 온갖 불길한 느낌이 들었고 법적 처벌을 모면하는 방법을 고민하느라 머릿속이 복잡해졌다. 바라이는 플럼에게 인스턴트 메시지를 보냈다. "PGR 기사를 봤나?" 바라이는 기사 내용을 일부 인용하고 이어 나갔다. "핵심 수사 활동이 마무리 단계에 있다고 하던데… 연방대배심이 이미 검찰이 제시한 증거를 들었다고 하더군." 바라이는 《월스트리트 저널》 기사를 10번은 읽어 봤다.

후속 기사들이 올라오고 몇 분 뒤, 바라이는 또다시 인스턴트 메시지를 작성했다. "로이터 통신에서 다른 기사가 올라왔더군. 기사를 보아하니 이번 수사는 전문가 네트워크 회사들에 초점을 맞춘 모양이야… 일부 전문가들이 상장회사 기밀 정보를 트레이더에게 누설했다는 의혹에서 당국이 몇 년 전부터 수사했다는데… PGR 이름만 거론되고 있어!!!!"

그리고 1분 뒤 이렇게 썼다. "이런 젠장."

바라이는 플럼에게 모든 블랙베리 스마트폰 메시지를 삭제하도록 지시했다.

다음 날 아침, 플럼이 바라이에게 메시지를 보냈다. "모두 삭제했습니다. 어젯밤 거의 자지 못했어요. 이제 뭘 더 해야 할까요?"

바라이가 답장을 보냈다. "모르겠네. 그렇지만 우리는 아직 괜찮은 것 같아. 자네는 사무실에 가서 최대한 문서를 파쇄하게. 모든 데이터 파일을 암호화된 드라이브에 저장하고." 바라이는 PGR 중역들과 주고받은 자신의 이메일들을 모두 삭제하라고 플럼에게 말했다. 바라이는 플럼이 사무실에 가서 모든 증거를 없애길 기다리지 않고 본인이 직접 사무실로 달려가 손에 잡히는 대로 모든 문서를 파쇄했다. 그런 다음 집으로 돌아왔다.

바라이는 공포에 질려 뛰어다니는 동안 재앙 같은 사태를 돌파할 길을 모색하기 시작했다. 어쩌면 당국이 자신을 기소하지 못할 것이란 생각이 들었다. 기업 관계자들과 얘기한 적은 있지만 그 행위가 불법은 아니었다. 돈이 많이 들더라도 최고의 변호사를 선임해 맞서면 될 것 같았다. 자신이 내부정보를 토대로 거래했다는 사실을 당국이 입증해야 하는데, 그건 쉽지 않은 일이었다. 자신은 "모자이크 이론(mosaic theory)"에 따라 투자했을 뿐이라고 생각했다.

모자이크 이론은 공개된 기업 정보들의 조각을 모두 모아 기업 활동의 "모자이크"를 만들어 주식을 분석하는 접근법이다. 모자이크 이론은 내부자거래 혐의로 기소하려는 검찰에게 트레이더들이 오래 전부터 내세운 방어 논리였다. 모든 트레이더가 그런 논리를 내세웠고, 바라이 자신도 마찬가지였다. 자신은 아무 잘못도 저지르지 않았다고 생각했다.

만전을 기하기 위해 바라이는 일요일 밤에 노트북 컴퓨터를 경비실에 맡기고 가라고 플럼에게 지시했다. 바라이는 수사 당국이 데이터를 복구하지 못하게 "법무부 대비용 삭제" 작업을 할 작정이었다. 바라이는 노트북 컴퓨터를 약혼녀의 아파트로 가지고 가서 모든 메모 파일을 방금 전 새로 구매한 USB 드라이브에 저장한 다음, 노트북의 모든 데이터를 깨끗이 지우는 작업을 했다. 바라이는 밤새도록 인터넷에서 완벽한 데이터 삭제 프로그램을 찾아 다운로드 했지만 원하는 만큼 작업을 진행하지 못했다.

토요일 아침, 맨해튼 동부 어퍼 이스트 사이드 건물마다 도착한 종이 신문을 주민들이 집어서 읽을 무렵, 플럼은 자신이 사는 아파트 근처에서 B.J. 강을 만났다. 플럼은 한 달 전부터 FBI 수사에 협조하고 있었다. 플럼은 전날 밤 바라이가 블랙베리로 보낸 문자메시지를 강에게 보여 줬다. 강은 문서를 파쇄하고 이메일을 삭제하라는 지시를 비롯해 바라이가 보낸 모든 문자메시지들을 촬영했다.

강은 전날 밤 바라이가 보낸 "이런 젠장"이라는 문자메시지를 읽을 때 똑같은 생각이 들었다. 어쩌면 모든 월가의 직원들이 바라이처럼 하드디스크 파괴 작업을 하고 있을지도 몰랐기 때문이다. 더 늦기 전에 FBI가 나서야 했다.

10장 오컴의 면도날

FBI의 급습

《월스트리트 저널》이 2010년 11월 19일 금요일 밤 웹사이트에 게재한 기사로 토요일과 일요일에 광란의 증거 인멸 소동이 일어났다. 주말이 지나고 새로운 주가 시작된 월요일 아침, 코네티컷 스탬퍼드 중심부의 랜드마크 스퀘어 2번지 오피스 빌딩 앞에 위장 경찰차들이 줄지어 도착했다. 경찰차 안에는 10여명의 연방 요원이 대기 중이었다.

한 블록 떨어진 곳에서 FBI 특별 요원 데이비드 매콜이 휴대전화를 꺼내 전화를 걸었다.

오피스 빌딩 사무실에서 전화벨이 울렸다.

"여보세요?" 한 남자가 전화를 받았다.

매콜은 자신을 FBI 요원이라고 밝혔다. "선생님이 내부자거래에 연루된 사실을 알고 있습니다. 앞으로 많은 것을 조사하게 될 테고, 당신과 가족이 영향받게 될 겁니다. 선생님의 인생은 크게 달라질 겁니다."

매콜은 FBI가 전문가 네트워크 기업에 대해 수사를 주력하고 있다고 말하면서 협조해 주길 부탁했다. 전화를 받은 남자가 상황을 더 자세히 알려 달라고 요청하자 매콜은 그럴 수 없다고 대답했다. "우리는 맥도널드 매장 옆에 있습니다. 이곳에 와서 우리에게 털어 놓는다면 선생님에게도 유익할 겁니다."

남자는 어찌해야 좋을지 몰랐다. 너무 겁이 나서 입이 얼어붙었다. 매콜에게 생각할 시간을 달라고 말했다.

매콜은 기다려 줄 시간이 별로 없다고 대답했다.

매콜의 전화를 받은 남자는 토드 뉴먼(Todd Newman)이었고, 당시 45세로 헤지펀드 다이아몬드백 캐피털에서 포트폴리오 매니저로 일하고 있었다. 그는 전화를 끊고 한 층 밑에 있는 법률 고문의 사무실로 달려갔다. 그는 법률 고문과 최고운영책임자인 존 해거티에게 방금했던 통화 내용을 모두 보고했다.

"자네 뭐 잘못한 게 있나?" 해거티가 뉴먼의 눈을 쳐다보며 물었다. 해거티는 최고운영책임자가 된 지 막 3개월이 지났는데, 당시 상황이 너무도 이상했기에 그는 뉴먼이 도청 장치 같은 것을 부착하고 있지 않나 순간 의심했다. 뉴먼의 얼굴은 온통 겁에 질려 있었다.

뉴먼은 자신은 아무 잘못도 없다고 말했다. "그냥 내려가서 FBI 요원들에게 말하겠습니다. 저는 아무것도 숨길 게 없으니까요."

"그게 자네에게 좋을지 모르겠군." 해거티가 미심쩍어했다.

"변호사를 불러 주셨으면 합니다." 뉴먼이 말했다.

법률 고문이 몇몇 변호사 이름을 대자 뉴먼은 그중 한 변호사의 사무실을 방문하기로 했다. 이 변호사의 사무실은 조금 떨어진 거리에 있었다. 건물 주변에 FBI 요원들이 깔려 있었지만 놀랍게도 건물 정문 밖으로 걸어 나오는 뉴먼에 주목하는 요원은 없었다.

뉴먼이 변호사 사무실로 걸어가고 있을 때 14층에 위치한 다이아몬드백 로비 앞 엘리베이터 문이 열리고 방탄조끼를 입은 FBI 요원들이 쏟아져 나왔다. 마치 확성기를 든 감독이 뛰쳐나와 "컷!" 하고 외치면 모든 것이 다시 제자리로 돌아가는 영화 속 한 장면 같은 순간이었다. 요원들은 와튼 스쿨 졸업생들이 키보드를 두드리는 사무실이 아니라 테러리스트 아지트를 급습하는 듯 보였다.

조명을 받아 반짝이는 배지를 단 요원들이 "FBI!" 하고 소리치며 홀에 쳐들어왔다.

깜짝 놀란 리셉션 직원들과 트레이더들이 의자에서 일어나 어찌할 바를 모른 채 서 있었다. 요원들은 책상들 사이를 지나가며 직원들에게 컴퓨터에서 떨어지라고 명령했다. 해거티는 충격 속에서 요원들이 서류 파일과 하드디스크를 수거해 가는 모습을 쳐다봤다. 아버지는 27년간 뉴욕 경찰관이었고, 형은 마피아 두목 존 고티 검거에 참여한 FBI 요원이었다. 이런 가족을 둔 자신은 15년 이상 금융권에 몸담았다. 연방 요원들이 자신이 일하는 회사를 급습하는 모습을 보리라곤 상상도 하지 못했다. 요원들에게 수색 영장을 보여 달라고 요청했다.

정부가 SAC 캐피털을 수사 중이라는 소문은 헤지펀드 업계에 익히 돌았다. 다이아몬드백과 SAC는 밀접한 관계였다. 2005년 SAC를 떠나 다이아몬드백을 설립한 래리 서팬스키와 리처드 시멀은 SAC 재직 시절 가장 성공한 트레이더들이었다. 코언은 SAC를 떠나겠다고 말한 둘을 파멸시키겠다고 협박했다. SAC에 들어오기 전에는 별 볼 일 없던 둘이 어떻게 감히 자신과 경쟁하는 헤지펀드를 설립한다니 화가 치밀어 올랐다. 게다가 시멀은 코언의 여동생 웬디와 결혼해 유대교 성인식과 결혼식 같은 가족 행사에서 어색하게 마주

쳐야 할 사이였다. 다이아몬드백의 핵심 직원 다수가 역시 SAC 출신이었다. 만약 수사 당국이 코언 회사를 공략하는 우회로를 원한다면 다이아몬드백이 제격이었다.

이 시점에 헤지펀드 본사에 들이닥치는 것은 FBI가 당초 의도한 바는 아니었다. 다소 과격한 행보였지만 매콜에게는 달리 선택할 길이 없었다.

레벨 글로벌의 위기

FBI 요원들이 다이아몬드백의 하드디스크를 압수 수색한 시간대에 데이비드 가넥이 운전하는 차량이 맨해튼 미드타운 카네기홀 근처를 지나 레벨 글로벌 건물에 도착했다. 가넥은 SAC 트레이더 출신으로 헤지펀드인 레벨 글로벌을 설립했다. 그는 직원 다섯 명이 건물 밖에서 서성이는 모습을 보았다. 흡연자뿐 아니라 비흡연자도 있는 걸 봐서는 담배를 피우러 나온 것 같지는 않았다. 직원들 얼굴에 초조한 기색이 역력했다.

"무슨 일인가?" 가넥이 묻자 한 직원이 답했다.

"요원들이 급습했습니다. FBI가 위에 와 있습니다."

"뭐라고?" 최근 본 영화 장면이 뇌리를 스쳤다. 이란 폭도들이 미국 대사관 문을 부수고 들어오려 하자 대사관 직원들이 분주하게 문서를 파쇄하는 장면이었다. 가넥이 '급습'이라는 단어를 들을 때 떠오르는 이미지란 이런 것이었다.

법률 고문에게 전화했더니 본사 건물로 들어오지 말라는 조언을 들었다. 판사가 서명한 수색 영장을 내세운 연방 요원들이 잔뜩 몰려와 사무실을 뒤지고 있다는 것이다.

가넥은 주말에 《월스트리트 저널》 기사를 읽었다. 그는 맨해튼 사교계에 자주 얼굴을 내미는 인사이자 구겐하임 미술관 이사회 이사로 파크 애비뉴에 있는 1900만 달러짜리 펜트하우스에서 살았다. 토요일 밤에 유명 월가 인사 자녀의 유대교 성인식에 갔더니만 참석한 인사들은 온통 FBI 수사에 대해서만 얘기했다. 그런데 36시간 뒤, FBI 요원 10여 명이 자기 사무실로 쳐들어와 휴대전화, 노트북 PC, 노트패드를 수거하고, 회사의 업무를 조사하기 위해 회사 서버를 가지고 간 것이다.

가넥은 악몽을 꾸고 있는 기분이었다. 레벨 글로벌은 몇 달 전인 3월 말만 해도 지분 15퍼센트를 40억 달러에 골드만삭스에 매각하기로 협상했을 정도로 그의 일생일대의 성공작이었다. 그런 레벨 글로벌에 위기가 닥친 것이다.

그는 밖에 서 있는 직원들을 바라보며 깊이 한숨을 쉬고는 차를 뒤로 돌려 자리를 떴다.

친구의 배신

다이아몬드백과 레벨 글로벌에 대한 FBI의 급습이 있은 지 몇 주가 지나 12월 초가 되었어도 도널드 롱주일은 여전히 불안했다. 그는 컴퓨터 하드디스크들을 파괴했으니 이제 자신이 불법 트레이딩에 연루됐다는 증거가 사라졌길 바랐다. 그는 친구 노아 프리먼에게 앞으로는 스카이프로만 연락하자고 말했다.

프리먼은 지난 1월에 SAC에서 해고당한 뒤 새로운 인생을 살려고 노력했다. 그에게는 아내와 갓난아기 딸이 있었고, 딸과 함께 시간을 보내는 자상한 아버지가 되고자 노력했다. 프리먼은 보스턴의 명문 사립 여고인 윈저 스쿨의 경제학 교사가 됐다. 예전처럼 거액을 벌지는 못했지만 그때보다 삶의 만족감은 높아졌다.

어느 날 오후, 수업을 마치고 귀가하려고 수목이 무성한 교정을 가로질러 승용차로 가 보니 한 남자가 서서 기다리고 있었다. "드릴 말씀이 있습니다." B. J. 강이 말을 걸었다.

강은 자기 차 안에 들어가 얘기하자고 프리먼에게 말했다. 프리먼이 차 안으로 들어왔고, 강은 수류탄을 꺼낼 준비를 했다. 강이 휴대전화 녹음 파일을 재생하는 동안 프리먼은 등을 꼿꼿하게 펴고 어색하게 앉아 있었다. 들어 보니 프리먼이 전문가 네트워크의 컨설턴트인 위니 자우와 통화하는 내용이었다. 강은 조용히 통화 녹음을 들려준 뒤 FBI 수사에 협조하는 것만이 살 길이라고 말했다. SAC에서 3억 달러 규모 포트폴리오를 관리할 때 PGR의 전문가들을 적극 이용한 프리먼은 자신이 위기에 처했음을 깨달았다.

"이왕 적발된 거, 남보다 먼저 수사에 협조하는 편이 낫습니다." 강이 구슬렸다.

며칠 뒤인 2010년 12월 16일, 프리먼이 변호사 둘과 함께 뉴욕 남부지검에 도착했다. 그들은 강, 그리고 아비 와이츠먼 검사, 데이비드 레이보위츠 검사와 마주 앉았다. 프리먼은 자백하기로 동의했지만 두 검사는 무슨 내용을 들을지 정확히 예상치 못했다. 강은 먼저 기본 신상 정보를 물으면서 프리먼의 아내 이름과 그가 함께 일했던 다양한 애널리스트들의 이름을 적었다. 프리먼은 시스코 시스템, 페어차일드 반도체, 브로드컴 같은 상장회사들의 내부정보를 알려 주는 정보원들의 이름을 대고, 각 정보원에게서 어떤 정보를 얻었는지, 그 정보를 안전하게 보관하기 위해 어떤 수고를 들였는지 실토했다. 가장 가까운 친구인 롱주일의 연루 사실을 밝힐 때도 거의 주저하지 않았다.

프리먼은 SAC에서 일할 때 자신이 "롱 동(Long Dong)"이라는 별명을 붙인 친구 롱주일과 함께 어떻게 미공개 정보를 입수하고 공유했는지 설명했다. 롱주일은 미공개 정보를 이용하여 회사 계좌뿐만 아니라 개인 계좌로도 주식을 거래했다. FBI 수사에 협조하겠다고 약속한 이상 프리먼은 자신이나 타인이 저지른 범죄에 관한 정보를 실토해야 했다. 증권사기와 관련이 없는 범죄까지 고백했다. 마리화나를 가끔 흡연한 사실을 밝히고 마리화나 판매자의 이름까지 강에게 말했다. 심지어 근지구력 강화 약물인 EPO 주사를 맞고 트라이애슬론 경기에 참가한 사실도 털어놓았다.

와이츠먼 검사는 3년간 조직범죄 사건들을 담당했다. 가장 극적인 사건은 두 형제가 친한 친구를 끄나풀로 오해해 총으로 쏴 죽이고 총을 베라자노 다리* 밑 바다에 던진 알바니아계 폭력 조직 살인 사건이었다. 와이츠먼 검사가 볼 때 살인, 갈취, 절도와 같은 악랄한 범죄에 가담한 범죄자들이라 할지라도 그들은 최소한 친구와 가족은 배신하지 않는다는 신조를 고수했다. 그들은 친구와 가족에 강한 의리를 보였다.

• **Verrazano Bridge_** 뉴욕시를 구성하는 5대 자치구 중 두 곳인 브루클린과 스태튼 아일랜드를 연결하는 현수교

반면, 월스트리트 사건들에서는 수사진이 약간만 부추겨도 사람들은 서로 배신했다. 돈에 대한 욕망을 공유하는 것 외에는 서로 의리도 없었다. 프리먼이 전형적인 사례였다. 그는 자신의 결혼식에도 참석한 최고의 친구인 롱주일을 밀고하길 주저하지 않았다.

강이 SAC의 환경이 어떤지 물어보자 프리먼이 답했다. SAC에서는 코언과 소통하는 방법이 넷 있는데, 직접 대면, 전화 통화, 이메일, 매주 금요일 포트폴리오 보고서가 그것이다. 프리먼은 다른 SAC 포트폴리오 매니저들과 내부정보를 공유한 사례들을 증언했다. 프리먼의 책상에서는 코언 책상이 보였는데, 하루는 코언이 생기 찬 얼굴로 전화 통화를 하더니만 전화를 끊고는 금융주에 롱 포지션을 취하겠다고, 즉 은행주를 매입하겠다고 발표했다. 당시는 금융위기가 한창 진행되던 시점이었기에 프리먼은 은행주 매입이 대담하면서도 자멸적인 행보로 보였다. 그런데 그 주 토요일에 패니메이와 프레디맥이 국유화됐는데, 프리먼은 코언이 그 정보를 미리 알았는지 궁금했다. 강이 들은 여러 이야기들과 마찬가지로 흥미로운 사례였지만 이것만으로는 코언을 기소하기에 불충분했다.

강이 테이블 쪽으로 상체를 숙이고 프리먼을 쳐다보며 물었다.

"스티브는 당신이 어떤 일을 하길 기대했습니까?"

프리먼이 주저 없이 답했다. "최고의 투자 아이디어를 자신에게 갖다 바치라고 요구했죠. 나는 그러려면 내부정보가 필요하다고 생각했어요." 프리먼은 자신만 그렇게 생각한 것이 아니라고 단호하게 말했다.

프리먼이 떠난 뒤 검사들은 SAC 내부에서 확실하게 내부자거래가 있었으며, 이를 증언해 줄 증인을 마침내 확보했다고 상부에 보고했다. 프리먼의 증언으로 검사들은 SAC를 직접 기소할 구체적 증거가 충분히 쌓였다고 느꼈다. 뉴욕 남부지검 증권수사 팀장은 한 폴더 위에 "SAC 캐피털"이라고 제목을 붙였다.

SAC 캐피털이 마침내 공식적으로 검찰의 수사 대상이 된 것이다.

와이츠먼은 코언이나 SAC 캐피털과 관련된 모든 증언 녹취록을 보내 달라고 강에게 요청했다. FBI 요원들이 증인들과 대화하고 작성한 녹취록은 읽기 어렵다는 평이 있었다. 몇 시간 뒤, 녹취록이 담긴 24인치 바인더 두 개가 와이츠먼의 책상 위에 올라왔다. 그는 녹취록을 읽기 시작했다.

그는 너무도 많은 증인들이 코언이 내부정보를 이용해 거래했다고 주장했고, 심지어 SAC 직원들조차도 코언이 내부정보임을 아는 상태에서 해당 정보를 이용해 거래했다고 주장한 것을 보고 충격을 받았다. 그렇지만 이러한 주장을 뒷받침할 확고한 증거를 가진 증인은 거의 없었다. SAC에는 명백히 내부정보를 이용해 거래하는 풍토가 있었지만, 그러한 불법의 위험으로부터 코언을 보호하는 강력한 시스템이 작동하고 있었다. 직원들은 자신이 건의하는 정보의 가치에 대해 어느 정도 확신하는지를 전달하는 "확신 등급 점수"를 사용해 코언에게 투자 정보를 제공했다. 이 시스템은 코언을 기소당할 위험에서 보호했다.

노아 프리먼은 며칠 전 강이 비밀 녹음 장치를 자신에게 부착했을 때 떨지 않으려 노력했다. 프리먼이 아직 친구의 죄를 충분히 입증하지 않았다면 이제부터 입증하러 갈 차례였다. 그는 이스트 59번가에 있는 롱주일의 아파트를 찾아가 경비에게 신분을 확인받고 엘리베이터를 타고 10층으로 올라갔다. 롱주일은 직접 만나 애기하는 것 외의 다른 수단은 당국에게 도청당할 것이라고 불안해했고, 프리먼과 얘기할 몇 가지 사안이 있었다.

프리먼은 친구 집에 들어가면서 식은땀이 흐르고 장이 꼬이는 느낌을 받았다. 지난달에 게재된 《월스트리트 저널》 기사와 이것이 촉발한 이후의 모든 드라마를 언급하며 대화를 시작했는데, 초등학교 6학년 소년이 여학생에게 춤추자고 말을 걸 때처럼 목소리에서 소심함이 묻어났다.

"자네는 최악의 경우 검찰이 우리를 잡을 수 있다고 생각하나?" 프리먼이 롱주일에게 물었고 둘의 대화에서 곧바로 가장 명백한 비리 행위가 언급됐는데, 바로 PGR 컨설턴트인 위니 자우로부터 마벨의 내부정보를 들은 일이었다.

"나는 위니에게 정보를 듣고 자네에게 줬지. 그러니까 우리 둘 다… 이론적으로 그게 문제가 될 것 같아." 프리먼은 꺼져 가는 목소리로 말을 이어 나갔다. "자네, 위니의 정보를 듣고 거래했지? 우리 둘 다 그렇게 하지 않았나?"

"그랬지." 롱주일이 대답했다.

"위니의 정보 말이야. 꽤 상세했지. 정말 상세했는데." 프리먼은 계속해서 말했다. "내가 그 정보를 자네한테 줬고."

롱주일이 프리먼의 의도대로 발언했다. "2008년도였지. 그때가 2008년 상반기였을걸."

"나는 위니의 정보대로 거래했어." 프리먼이 말했다. "자네도, 자네가 위니의 정보대로 거래했다고 말했지. 확실히 그 정보대로 거래했다고."

잠시 후 프리먼이 위니가 수사 당국에 증언할까 걱정되지 않느냐고 묻자 롱주일이 답했다.

"걱정되지. 하지만 위니가 우리에게 정보를 줬다는 물증이 검찰에게 있을까? 내 말은, 검찰이 듣고 싶은 내용을 위니가 말했을 수도 있겠지. 위니가 우리에게 정보를 줬다고 검찰에 말했다 쳐. 물증이 없으면 지나가는 말일 뿐이야."

"그러면 위니가 '이익 전망치를 말해 줬어요'라고 말하면, 우리는…."

"물증이 있나? 나는 그런 정보 들은 기억이 없다고 말하지."

프리먼은 "로그"를 언급하며 어디 있는지 물었다. 만약 FBI가 그것을 입수한다면 재앙이 될 수 있었다.

롱주일은 로그가 치명적일 수 있다고 인정했다. 거기에는 여러 기업에 흩어져 있는 정보원의 리스트가 담겨 있었다. 하지만 롱주일은 이 문제를 처리했다고 답했다. "《월스트리트 저널》 기사가 올라온 밤에 USB 드라이브와 외장 하드디스크를 모두 없애버렸어."

"로그가 사라졌다고?"

"부셔버렸어. 모두 없애버렸어."

"없애버렸다고?"

"쪼개버렸지. 완전히 분해해서 없애버렸어"

"어떻게 없애버렸다는 거야?"

"아, 그거야 식은 죽 먹기지. 그냥 펜치로 쪼갰어." 롱주일은 반도체 자료를 담은 두 외장하드도 분해해서 각기 다른 봉투에 넣었다고 말했다. "새벽 2시에 아파트를 나가 뉴욕시를 20블록 정도 돌아다닌 다음, 봉투들을 아무 쓰레기 트럭 뒤에 집어 던졌지."

"연방 정부가 찾아내려 할 텐데."

"찾으면 어때. 모두 산산조각 난 상태일 텐데. 물증은 모두 사라졌어."

상원의원의 SEC 비판

뉴욕 맨해튼에서 바다 건너 서쪽에 위치한 위성도시 저지 시티(Jersey City)로 가는 기차를 타고 귀가해 아내를 도와 네 자녀를 침대에 재운 SEC 변호사 찰스 라일리는 밤늦게까지 연결 고리를 찾기 위해 자료들을 철저히 뒤지고 있었다. 사건을 맡은 지 1년 이상 지난 2011년 초였는데, 아직도 엘란 주식을 매매한 SAC 트레이더가 누군지 파악하지 못해 화가 치밀어 오르고 있었다.

라지 라자라트남이 14건의 증권사기와 공모죄로 유죄 판결을 받은 2011년 5월이 되어서야 라일리에게 돌파구가 열렸다. 라일리는 수개월 전에 길먼의 통화 기록에 대한 제출 명령서를 보냈지만 자료를 못 받고 있었다. 길먼의 통화 기록이 도착했을 때 전화번호 하나가 눈에 들어왔다. 매튜 마토마라는 SAC 포트폴리오 매니저의 전화번호였다. SEC 데이터베이스에 그의 이름이 있었다. 갑자기 모든 퍼즐 조각이 맞춰졌다. 의사와 트레이더가 수십 차례 통화했고, 라일리는 그 트레이더가 누군지 알아냈다.

라일리는 상사인 산제이 와드와에게 마침내 용의자를 찾았다고 보고했다. 와드와는 뉴욕 남부지검 증권수사 팀장에게 전화했다.

당시 와드와는 벽에 부딪친 상태였다. SEC가 엘란 주식거래를 1년 이상 조사했지만, 한정된 통화 기록만 입수해 분석할 수 있었기 때문에 거대한 금융사기의 전모를 퍼즐 조각 맞추듯이 추측하는 수밖에 없었다. 그런데 라일리의 조사 덕분에 이제 마토마와 길먼이라는 두 용의자를 확보한 것이다. 그리고 지난 몇 년간 계속 쫓고 있던 거대한 고래 격인 코언도 이 사건에 연루된 듯 보였다. 하지만 이런 진전에도 불구하고 남부지검은 여전히 검사에게 사건을 배정하지 않았다. 와드와가 보기에 검찰은 이 사건을 중요하게 여기지 않는 것 같았다. 그는 이미 두 차례나 엘란 사건에 검사를 배정해 달라고 요청했지만 아무 성과가 없었다.

연방 정부의 증권범죄 수사에서는 SEC, FBI, 그리고 연방 검찰이라는 3대 축이 불안하지만 상호 의존적인 협력 관계를 맺고 있다. 세 정부기관은 종종 긴밀히 협력했고, FBI는 이론상 법무부의 산하기관이었음에도 불구하고 검찰과 감정의 앙금이 쌓여 있었다. 각 정부기관은 자신들이 기껏 노력해 사건을 해결해도 제대로 평가받지 못할까 봐 걱정했다. FBI는 증인을 회유하고 용의자를 도청하는 위험한 업무를 수행하는 터프가이라고 자부했다. FBI 요원들은 누군가 SEC가 범인을 체포했다고 말할 때마다 심기가 불편해져, 범인을 체포한 사람은 FBI 요원들이라고 정정했다. 한편, SEC는 복잡한 증권 관련 법률들을 제대로 이해하는 유일한 기관인 자신들이 증권범죄 수사에서 두뇌 역할을 한다고 자부했다. 다수의 SEC 변호사들은 자신의 기여가 저평가받고 때로 무시당한다고 느꼈다. 반면, 대부분 최고의 아이비리그 로스쿨 졸업생 출신들로 구성된 검찰은 자신들이 기소해 재판으로 끌고 가야 수사가 결실을 맺는다고 보고, 다른 기관의 활동을 덜 중시하는 일종의 엘리트주의에 빠져있었다. 특히 프리트 바라라 뉴욕 남부지검장의 기자회견 방식이 부글부글

끓어오르던 갈등에 기름을 부었다. 그는 항상 FBI와 SEC의 "동료들(partners)"에게 감사를 표했지만, 월가 범죄자에게 법의 심판을 받게 하는 사람은 자신임을 강조하는 화법을 구사했다.

와드와는 뉴욕 남부지검 증권수사 팀장이나 부팀장과 통화할 때 하소연을 했다. "지금 무슨 사건을 맡고 계시나요? 여기 정말 중요한 사건이 있는데, 남부에서 맡아 주시면 좋겠어요."

당시 와드와와 SEC는 평소보다 상당한 압박을 받고 있었다.

아이오와주의 영향력 있는 공화당 상원의원인 찰스 그래슬리는 SEC가 주식시장 감독 업무를 제대로 수행하지 않는다고 크게 공개 비판했다. 지난달에 그래슬리 의원 사무실에는 악독한 헤지펀드인 SAC 캐피털을 상원 법사위원회 차원에서 조사해야 한다는 민원이 접수됐다.

그래슬리 의원은 각종 인터뷰와 기자회견에서 오바마 대통령의 금융 개혁 정책이 미온적이라고 비판했다. 그에게 SAC 사건은 정부가 또다시 메이도프 같은 사건을 방치했다고 비판할 절호의 기회로 보였다. 아이러니하게도 그래슬리는 2008년 SAC 사무실에서 열린 정치헌금 행사에 참석했지만, 아직까지 그 펀드가 무슨 잘못을 저질렀는지 모르고 있었다. 2011년 4월, 라지 라자라트남 재판이 시작된 지 한 달이 되었을 때, 그래슬리의 보좌관이 주식시장의 움직임을 모니터링하는 FINRA가 SEC에 보낸, SAC의 수상한 거래 내역을 포함하여 모든 조사 의뢰서를 보내 달라고 요청했다. 코언과 SAC 캐피털은 SEC를 비난할 완벽한 구실로 보였다. 만약 그들이 뭔가 중요한 불법행위를 저질렀는데도 규제 당국이 적절한 대처를 취하지 않았다면 그래슬리가 공개적으로 정부를 비판할 명분이 생기는 셈이었다.

머칠 뒤, 20개 주식 종목의 거래 내역을 고발한 조사 의뢰서들을 담은 문서 폴더가 그래슬리 상원의원 사무실에 도착했다. 폴더를 열어 본 젊은 보좌관은 헤지펀드 전문가가 아니었지만, 문서 내용은 심각해 보였다.

2007년 5월 9일 조사 의뢰서는 SAC CR 인트린식의 코네틱스 코퍼레이션 주식거래가 수상하다고 보고했다. 2007년 10월 26일 조사 의뢰서는 SAC의 피델리티 뱅크셰어 주식거래를 고발했다. 2007년 12월 14일 조사 의뢰서는 "그리니치에 소재하는 헤지펀드 두 곳이 2006년 6월 26일부터 2006년 8월 31일 사이에 INGR과 접촉했는데, 공교롭게도 그들은 그 시점에 INGR 주식을 매입한 것을 확인"했다고 지적하고 있었다. 펀드 두 곳은 SAC 산하 펀드였고, 주식 매입 시점은 INGR에 대한 인수 소식이 발표되기 직전이었다. 이외에도 다른 조사 의뢰서들은 SAC의 유나이티드 테라퓨틱스, 서드웨이브 테크놀로지, 서트리스 파머슈티컬, 쿠거 바이오테크놀로지, 시뉴트라 인터내셔널 거래에 대해서도 의혹을 제기했다. 거래 중 일부는 최근인 2010년도에 이뤄졌다. 그 파일에는 SAC가 신약 임상시험 결과 발표 1주일 전에 단행한 대규모 엘란과 와이어스 주식 매각을 지적한 2008년 9월 5일자 조사 의뢰서도 있었다.

그래슬리 의원은 SEC가 조사 의뢰서를 받고 어떤 조치를 취했는지 답변을 요구했다. 그래슬리 의원은 주식시장의 불법행위를 규제해야 할 SEC의 법 집행 능력에 우려를 표하는 서한을 언론에 보냈다. 그는 SAC 사례를 보라고 말했다. 의심스러운 거래 징후가 도처에 널려 있어도 아무 조치도 취하지 않은 SEC를 무능한 기관이라고 매도했다.

코언은 상원의원의 활동을 불편한 마음으로 바라봤다. SAC가 부적절한 일을 저질렀다는 지적이 나올 때마다 신경이 쓰였던 코언은 워싱턴 정가에서 나오는 비판에 대해 어떻게 좀 해 보라고 SAC 중역들을 닦달했다. 언론에 서한이 공개되고 며칠 뒤인 2011년 5월 10일, SAC는 이 사태를 무마하기 위해 중역들을 워싱턴에 있는 그래슬리 의원 사무실로 급파했다.

SAC의 중역들은 의원 보좌진들이 SAC에 대한 우려를 접도록 "설득"할 수 있으리라 확신했다. SAC 사장 톰 콘히니, 법률 고문 피터 너스바움, 그리고 SAC 워싱턴 지점 중역 마이클 설리번이 의원 사무실을 방문했다. 설리번은 유력 공화당 상원의원의 고문으로 일했던 워싱턴 정가의 수완가다. 코언은 정치권에서 불거질 이와 같은 문제를 처리하기 위해 특별히 그를 영입했다. 설리번은 SAC가 준법 감시부를 엄정하게 운영했기에 의원 측이 심각하게 조사할 만한 문제가 없다고 주장했다.

설리번은 그래슬리 의원 보좌관들에게 말했다. "스티브는 시민 의식이 높은 사회 인사입니다. 뉴욕 메츠 팀 지분 인수를 고려 중이죠."

보좌관들은 대체 무슨 말을 하는지 이해할 수 없다는 듯 설리번을 쳐다봤다. 한 보좌관은 속으로 "내가 바로 뉴욕 메츠 팬인데, 코언이 '어련히' 좋은 인물이시겠어요" 하며 냉소했다.

미팅은 어색하게 끝났고 코언 입장에서는 성과가 없었다. 2011년 5월 24일, 그래슬리 의원이 또다시 언론에 서한을 보냈다. 이번에는 SEC가 SAC 조사에 실패했다고 비난하면서 SEC 위원장과 면담을 요구하는 서한이었다. "나는 SEC가 미국 금융시장을 적절하게 감시하고 규제하는지 오랫동안 관심을 가지고 지켜봤습니다." 그는 FINRA로부터 SAC의 수상한 주식거래를 신고한 스무 건의 조사 의뢰서를 넘겨받았다고 밝히면서, SEC가 각 조사 의뢰서에 대해 어떻게 조치했는지에 대한 설명을 문서로 보낼 것을 요구했다.

급기야 그래슬리 의원 측이 SEC의 무능을 본격적으로 문제 삼겠다고 위협하기에 이르자 SEC 집행국 책임자가 와드와에게 전화를 걸었다.

"상원의원이 나서기 전에 빨리 SAC 건을 처리해야겠네. 자네가 조사해 주겠나?" 와드와의 보스가 말했다.

길먼의 포섭

엘란 사건에서 길먼과 마토마의 커넥션에 대한 SEC 조사를 보고 받은 뉴욕 남부지검 증권수사 팀장은 SEC의 요청대로 이 사건의 수사를 시작할 필요가 있다고 판단했다. 그는 두 명의 검사와 함께 SEC 사무실을 방문했다. 한 명은 노아 프리먼과 도널드 롱주일 사건을 수사 중인 아비 와이츠먼 검사였고, 또 한 명은 불법 인터넷 도박 사이트가 연루돼 언론의 관심을 받는 사건을 수사 중인 알로 데블런−브라운(Arlo Devlin-brown) 검사였다. FBI 요원 B.J. 강도 SEC 회의실에 들어왔다.

찰스 라일리는 엘란 주식거래에서 벌어진 일들을 확실히 파악하지 못했지만, 나름대로 한 가지 가설은 세웠다. 그는 할 수 있는 한 명쾌하게 범죄 공모를 설명하려고 애썼다. "길먼 또는 다른 의사가 마토마에게 정보를 흘렸을 가능성이 높다고 봅니다." 정황증거(circum-stantial evidence)만으로 내부자거래 혐의를 입증하기가 매우 어렵다는 사실은 누구나 아는 바였지만, 수사가 진전됨에 따라 신약 임상시험에 관여한 의사가 마토마에게 정보를 흘렸음이 점점 더 뚜렷이 드러났다. 라일리는 이 수사가 거대한 사건으로 발전하리라 직감했다.

회의실 안에 있는 모든 사람들에게 연결 고리는 명확해 보였다. 주가를 급락시킬 중요한 신약 발표가 있었고, 발표자는 사전에 임상시험 정보에 접근 가능한 의사였고, 그 의사는 SAC 트레이더에게 상담해 주는 대가로 막대한 돈을 받았다. 이 SAC 트레이더는 코언에게 막대한 돈을 받았고, 코언은 뉴스가 공개되기 일주일 전에 주식을 거래해 막대한 돈을 벌었다. 이거야말로 오컴의 면도날(Occam's razor) 원칙이 잘 들어맞는 상황처럼 보였다. 오컴의 면도날이란 어떤 사실이나 현상을 설명하는 여러 가설 가운데 가장 단순한 가설이 진실일 가능성이 높다는 원칙을 의미한다. 건전한 추론을 위한 방법론으로서 논리 절약의 원칙(principle of parsimony)이라고도 한다. 길먼이 마토마에게 정보를 유출했다는 가설 이외의 설명은 상식에 맞지 않았다.

와드와는 검사들에게 "이건 정말로 중요한 사건입니다. 만약 검찰이 나서지 않으면 SEC 단독으로 나설 수밖에 없습니다." 와드와는 이번 사건에서 잡아들이려는 목표는 마토마보다 훨씬 대어인 코언이라고 덧붙였다.

증권수사 팀장이 말했다. "부국장님 말씀이 맞습니다. 우리가 이 사건을 수사할 필요가 있습니다."

B.J. 강은 일찍 자리를 떠야 했지만 엘란에 대해 확신이 들 만큼

은 충분히 들었다. 그는 전부터 월가에서 일어나는 일들을 온건하게 표현해도 회의적으로 바라봤다. 그는 수사 협력자들과 정보원들에게서 월가에 만연한 비리 행위들을 수없이 들었다. 투자에 성공하면 엄청난 보너스를 받을 수 있지만, 너무도 많은 펀드들이 사력을 다해 경쟁하는 상황에서, 다시 말해 똑같이 명문 와튼 스쿨에서 훈련받은 수재들이, 동일한 최첨단 시스템을 이용하고, 동일한 전문가 네트워크 컨설턴트를 이용하고, 똑같은 탐욕과 결의로 달려드는 상황에서 해마다 남보다 뛰어나고 시장 평균보다 높은 수익률을 기록하려면 대체 어떻게 해야 할까? 갤리언 사건에서 정부 당국은 라지 라자라트남과 몇몇 관계자들이 11건의 거래에서 6400만 달러의 부당이득을 취했다고 기소했다. 엘란과 와이어스 거래에서 SAC가 취한 부당이득은 갤리언 사건의 4배로 추정됐다.

FBI는 유력한 증인 후보를 점찍었다. 바로 길먼이었다. 이때쯤 FBI는 그에게 접근할 준비를 마쳤다.

사무실로 돌아온 B. J. 강은 마토마의 사회보장번호를 FBI 데이터베이스에서 검색했다. 그랬더니 마토마는 "수사 전력 있음"으로 표시됐다. 2000년도에 별도의 사기 사건을 수사하는 과정에서 한 FBI 요원이 마토마를 잠재적 증인으로 면담한 사실이 있었다.

또 다른 사실도 드러났다. 마토마는 본명이 아니었다. 어릴 적 그는 아자이 토마스(Ajai Thomas)라는 이름으로 불렸다. 2000년도 FBI 수사에서는 이 이름으로 기록됐다. B. J. 강은 묘한 느낌을 받았다.

2000년도 FBI 수사 기록에서 더 흥미로운 사실은 마토마가 하버드 로스쿨을 갑자기 그만 둔 사실이었다. 강은 이 사실을 즉시 데블런-브라운 검사와 와이츠먼 검사에게 알렸다. 그들은 하버드 로스쿨 졸업생으로 마토마와 같은 시기에 하버드 로스쿨에 재학한 듯 보였다. 두 검사는 이 점을 조사해 보기로 했다.

강의 우선순위는 길먼 박사였다. 길먼 입장에서는 수사에 협조하는 편이 훨씬 얻을 것이 많았기 때문에 강에게 길먼은 쉬운 포섭 상대로 보였다. 강은 노동절 전 주에 길먼에게 접근하기로 했다. 일자리를 잃고 여생을 감옥에서 보내는 경우를 상상도 하지 않았을 저명한 노신사인 길먼에게 수사에 협조하라고 설득하는 일은 어렵지 않아 보였다.

2011년 8월 31일 오후 5시경, 강은 동료 요원 한 명과 함께 길먼의 자택을 방문했다. 그의 집은 미시건 대학교에서 그리 멀지 않은 앤아버의 주택가 막다른 골목에 있었다. 강과 동료는 거리에 차를 세운 다음 길먼의 집으로 걸어가 현관문을 두드렸다. 길먼의 아내가 나왔다. 강이 신분증을 보이자 그녀는 남편이 병원에서 회진하고 있다고 말했다. "남편은 오늘 저녁에야 집에 올 겁니다." 그녀는 극도로 신경이 곤두선 표정이었다. FBI 요원들은 한 시간 정도 기다리다 떠났다.

다음 날 아침, FBI 요원들은 길먼이 집을 나서길 기다렸다. 길먼이 집을 떠나 병원으로 가는 길을 따라갔다. 길먼이 병원 주차장에 차를 세우자 FBI 요원들은 그 옆에 차를 세웠다. 강이 길먼의 자동차 유리창을 두드렸다.

"길먼 박사님, 얘기 좀 할 수 있을까요?"

"물론이죠." 길먼이 대답하자 강은 안에 들어가서 조용히 얘기하자고 제안했다.

길먼과 함께 자리에 앉자 강이 입을 열었다. "박사님의 내부자거래 혐의에 대해 얘기하고자 왔습니다. 박사님은 매튜 마토마에게 비밀 정보를 제공했습니까?"

총으로 무장한 연방 수사관들을 대하게 되면 겁에 질려 비이성적으로 행동하는 사람이 많은데 길먼도 예외가 아니었다. 비록 3년 전 마지막으로 마토마를 만난 뒤로 다시 본 적이 없었고, 마토마와 있었던 일이 세세히 기억나지 않았지만 길먼은 자신이 법을 어겼음을 알고 있었다. 사실, 길먼은 마토마와 마지막으로 만난 뒤로 엘란과 관련한 모든 일을 잊으려 노력했다. 길먼은 FBI 요원에게 거짓말해 봐야 사태가 악화될 가능성이 크다는 점을 알았다. 물론 이는 FBI가 '바라는' 바였다. 누군가 거짓말할 경우 FBI는 위증죄로 옭아맬 수 있기 때문이다.

길먼은 이성이 마비돼 일단 거짓말로 둘러댔다.

"무슨 말씀을 하시는지 모르겠군요."

"우리는 박사님이 마토마에게 내부정보를 전달하는 통화를 녹음했습니다." 강은 길먼을 노려보면서 말했다. 강은 길먼이 불편함을 느끼도록 몇 초간 침묵을 지켰다. 강은 길먼에게 거짓말을 하고 있었다. 통화 녹음테이프는 존재하지 않았다. 하지만 강은 "수사에 도움이 된다면 거짓말도 상관없다"는 철학의 소유자였다.

길먼이 계속 고개를 젓자 강이 말했다.

"우리는 박사님이 마토마에게 바피뉴주맙 임상시험에 관해 말했음을 압니다. 모두 녹음됐다니까요." 고집을 부려 봐야 소용없다고 강이 단언했다. 수사에 협조하지 않을 경우 명예, 교수직, 연구비 등 잃을 것이 너무 많지 않느냐며 압박했다.

길먼은 계속 부인하다가 결국 이렇게 말했다. "정말로 내가 비밀 정보를 누설했다고 믿으시고, 내 통화 녹음테이프를 가지고 있다면 내가 그랬을 가능성이 있을지 모릅니다. 하지만 내 고의는 아니었어요." 그는 잠시 뜸을 들인 다음 이어 나갔다. "마토마에게 정확히 무슨 말을 했는지 기억나지 않아요. 3년 전 일이니까요."

강은 피의자를 설득할 때 늘 쓰는 말을 늘어놓았다. 수사 협조를 거부함으로써 평생 쌓은 경력을 내팽개치는 것은 부끄러운 일이 될 것이라고. 특히 자신이 전체 수사에서 중요한 피의자도 아닌 상황에서 말이다.

강은 길먼을 똑바로 응시하며 말했다. "길먼 박사님, 박사님은 그냥 곁가지일 뿐입니다. 마토마도 마찬가지고요. 우리가 진짜로 쫓고 있는 상대는 스티븐 코언입니다."

일요일 아침의 비상 통화

미국 동북부 메인주의 오구스타 바로 북쪽에 위치한 플라잉 폰드(Flying Pond)는 나무들이 우거져 훌륭한 경관을 자랑하는 호수다. 찰스 라일리는 8월의 마지막 주에 이곳에서 휴가를 보내고 있었다. SEC 변호사는 조깅하러 나가려고 상체를 숙여 운동화 끈을 묶는 동안 휴대전화 진동 벨이 울리지 않을까 상상했다. 그날에만 스무 번째로 상상하는 것이었다. 인생에서 가장 큰 사건이 중요한 국면으로 진입하기 직전이었지만, 아내에게 휴가를 떠나지 말자는 말을 감히 꺼내지 못하고 이곳에 온 라일리는 마음이 온통 사건에 쏠려 있었다. FBI 요원들이 길먼을 포섭했는지 궁금했다. 혹시 보이스메일이라도 도착했는지 자꾸 휴대전화를 꺼내 들었다. 길먼이 수사에 협조하기로 결정했는지 알고 싶어 미칠 지경이었다. 그런 라일리에게 마침내 전화가 왔다.

"꽤 잘 풀렸습니다." 강은 라일리에게 최대한 긍정적으로 상황을 설명하려 했다. 둘은 피의자가 수사진을 처음 만난 자리에서 곧바로 자백하는 경우가 드물다는 사실을 경험을 통해 알고 있었기에 길먼의 답변 거부가 협조 거부를 뜻하진 않는다고 생각했다. 여전히 일말의 희망이 남아 있었다. 강은 "그랬을 가능성이 있을지 모릅니다"라는 길먼의 발언을 반복해서 전했다. 누군가를 협력자로 포섭하는 일은 장거리 육상 훈련을 하는 것과 같았다. 먼저 운동해서 몸을 만들어야 했다.

FBI 요원들이 길먼에게 접근했으니 수사는 더 이상 비밀이 아니었다. 따라서 SEC는 길먼의 신상 자료를 요청하는 명령서를 부담 없이 보냈다. 길먼의 달력 일정표, 미시건 대학교 문서 파일들, 노트북 PC 파일들을 조사한 SEC는 바피 임상시험에서 길먼의 역할을 비롯한 엘란 관련 세부 내용을 더 구체적으로 파고들 수 있게 됐다. SEC는 통화 기록을 통해 마토마와 길먼이 종종 1시간이 넘게 통화한 사실을 파악했다.

강이 라일리에게 말했다. "난 평생 이렇게 오래 대화한 적이 없습니다. 변호사님은 1시간 20분 동안 앉아서 통화하실 수 있겠어요?"

강을 만난 후, 길먼은 최소한 원칙적으로는 수사에 협조하겠다고 동의했다. 하지만 길먼이 실제로 협조할 준비가 됐는지는 전혀 확실치 않았다. 기억이 나지 않는다고 답하는 것은 최선을 다해 정부 수사에 협조한다고 볼 수 없었다.

길먼의 변호인은 길먼의 바쁜 콘퍼런스 일정을 이유로 정부 측과 협상을 질질 끌었다. 그렇게 수개월을 지연한 끝에 변호인은 마침내 길먼이 SEC와 검찰에 어떻게 수사에 협조할지 말하기로 합의했다. 그렇지만 변호인은 정부 수사에 무작정 따르지 않겠다는 뜻을 명확히 밝혔다. 모두 알다시피, 그의 의뢰인은 거대한 사건의 열쇠를 쥐고 있었다. 변호인은 이를 지렛대로 삼아 의뢰인에게 유리한 방향으로 감형 협상을 하고자 했다.

길먼이 변호인으로 선임한 인물은 마크 뮤케이시(Marc Mukasey)다. 뮤케이시는 SEC 변호사와 뉴욕 남부지검 증권수사 팀 검사로 경력을 쌓은 다음에 로펌, 브레이스웰 앤 줄리아니(Bracewell and Giuliani)에 입사해 파트너 변호사가 된 인물이다.

또한 그는 만나는 사람들마다 그가 조지 W. 부시 대통령 시절 법무장관을 역임했던 전직 연방 법원 판사인 마이클 뮤케이시의 아들이라는 사실을 상기시켰다. 뮤케이시는 자신이 수사 당국에게 녹록치 않은 협상 상대임을 곧바로 드러냈다. 그는 모든 방어 전술을 동원했고 가끔 소리치기도 했다. 길먼의 출두 일자를 빨리 정하자고 재촉하는 검사들을 상대로 길먼의 고령을 핑계로 시간을 끌었다. "의뢰인은 옳은 일을 하고 싶어 하지만 병이 있고 일정도 바쁜 노인입니다. 의뢰인의 일정을 확인한 후에 다시 연락드리겠습니다."

SEC가 길먼의 출두 일자를 정하고자 줄다리기를 하는 동안 통화 기록을 살펴보던 라일리는 놀라운 사실을 발견했다. 마토마가 2008년 7월 20일 일요일 오전 9시 45분에 코언의 집으로 전화를 걸어 20분간 통화한 기록이었다. 업무상의 통화라고 보기에는 부자연스러운 시간대였다. 다음 날 월요일 아침, SAC는 10억 달러에 가까운 엘란과 와이어스 주식을 매도하기 시작했다. 정황상 일요일 아침에 마토마가 그 주식들을 모두 매도해야 하는 이유를 코언에게 설명한 것이 틀림없었다.

"맙소사, 세상에." 라일리는 새로 발견한 통화 기록이 암시하는 바를 깨닫고 속으로 탄식했다. 어쩌면 이제 스티브 코언을 기소할 수 있을지도 몰랐다.

마토마의 실신

"운 좋게 한 번 성공한 것"으로 치부되고 SAC에서 해고당한 매튜 마토마는 아내와 자녀들과 함께 플로리다로 이사했다. 표면적 이유는 부모와 가까운 곳에서 살기 위함이었다. 하지만 플로리다는 관대한 조세피난법을 운용하고 있어 파산을 당하거나 법적 처벌을 받아도 본인이 사는 집과 자산을 지킬 수 있었다.

마토마는 플로리다 남동부 해안 도시 보카 러톤에 있는 로열 팜 요트 앤 컨트리 클럽의 190만 달러짜리 주택을 매입했다. 대리석 마감재로 외부를 장식하고, 무거운 커튼을 두른 침실 다섯 개가 딸린 화려한 스페인 스타일의 대저택이었다. 뒷마당에는 토끼풀 모양의 수영장이 있었다. 마토마 부부는 둘 다 직장에 출근하지 않았기에 자녀 교육에만 매달렸다. 어린 조슈어, 에이버, 데이비드에게 골프 교습을 받게 하고, 받아쓰기 연습을 시키고, 중국어 가정교사를 붙이고, 사립학교 교육을 받도록 신경 쓰느라 달리 고민할 겨를이 없었다. 그들은 매튜 앤 로즈메리 마토마 재단을 설립하고, 여기에 100만 달러를 기부함으로써 자선가인 척했을 뿐 아니라 상당한 세금 공제 혜택을 누렸다.

2011년 11월 8일 저녁, 마토마와 아내가 집에 돌아와 보니 B.J. 강과 동료 요원 매튜 캘러핸이 집 앞에서 기다리고 있었다.

"저는 FBI 특수 요원 강입니다." 강은 옆에 선 캘러핸을 소개한 다음 계속 말했다. "선생님의 동업자였던 스티븐 챈이 곧 감옥에서 출소합니다." 챈이라는 이름이 언급되자 마토마의 얼굴에 미묘한 표정이 떠올랐다. "선생님과 이 일을 놓고 할 얘기가 있습니다."

강은 마토마에게 어떻게 얘기를 꺼낼까 신중히 구상했다. 그는 자신이 마토마에 대해 모든 것을 조사했음을 드러내고 싶었다. 그래서 스티븐 챈을 언급함으로써 마토마의 인생에 관해 아내도 모르는 사실을 포함해 모든 것을 안다는 점을 암시했다. 강이 처음 말한 몇 마디는 자신들이 그저 잠깐 몇 가지를 묻고 돌아가려고 방문한 것이 아니며, 심각한 상황임을 마토마에게 전달했다.

로즈메리는 두 눈이 휘둥그레졌다. 집에 있는 자녀들이 혹시 밖에서 FBI 요원들과 마토마가 함께 서 있는 모습을 보고 사태를 궁금해 할까 봐 걱정됐다. 로즈메리는 곧 돌아오겠다고 말하고선 집으로 들어가 자녀들이 어디 있는지 확인했다.

로즈메리가 떠나자마자 강이 마토마에게 말했다.

"제 말을 잘 들으시기 바랍니다. 우리가 여기 온 목적은 챈에 대해 얘기하기 위해서가 아닙니다. 우리는 선생님이 SAC 재직 시절 진행한 내부자거래 때문에 왔습니다." 강은 잠시 말을 멈추고 마토마의 얼굴에서 핏기가 사라지는 모습을 지켜봤다. "2008년 7월에 있었던 엘란 주식거래를 말하는 겁니다."

순간, 마토마는 자기 집 현관 앞에서 정신을 잃고 쓰러졌다.

11장 무너지지 않는 요새

하버드 로스쿨 성적 조작

　　　　　　　　머나먼 외국에서 미국으로 온 여느 이민자들과 마찬가지로 매튜 마토마의 부모는 자녀들의 밝은 미래를 꿈꾸었다. 첫째 아들에게 특히 큰 기대를 걸고 아자이 매튜 마리암다니 토마스(Ajai Mathew Mariamdani Thomas)라고 이름을 지었다. 어머니, 리지 토마스(Lizzie Thomas)는 미시건 병원에서 레지던트로 근무하던 1974년 26세의 나이에 마토마를 낳았다. 아버지 바비 마토마(Bobby Martoma)는 아내와 마찬가지로 인도 남부 케랄라 지역 출신의 기독교도였다. 바비는 1964년 19세의 나이에 기계공학을 공부하러 미국으로 왔다. 하워드 대학교를 졸업하고 미시건에 있는 포드 자동차 본사에서 엔지니어로 근무했다. 마토마가 어렸을 때 가족은 플로리다로 이사했다.

　바비는 자식이 언젠가 하버드 대학교에 진학하는 날을 상상했다. 마토마 가족은 플로리다의 코럴 스프링스에 있는 교회에서 열심히 활동했고, 바비는 자식이 하버드에 가게 해 달라고 매일 기도했다. 그는 아들의 학교 성적에 큰 관심을 기울였다. 매튜는 기독교 초등학교 영재 학급에서 공부했고, 플로리다의 로클레지에 위치한 메리트 아일랜드 고등학교를 공동 수석으로 졸업했다. 그렇지만 매튜의 학업 성적은 하버드 대학교에 진학하기에는 충분치 않았다. 이에 분노한 바비는 놀랍도록 잔인한 행동을 했다. 매튜의 열여덟 번째 생일이 지나고 몇 주 뒤, "아버지의 꿈을 깬 아들"이라는 문구가 적힌 명판을 선물한 것이다.

마토마는 결국 듀크 대학교에 진학해 생물학을 전공하고, 남는 시간에는 이력서를 채우기 위한 활동을 했다. 알츠하이머 환자들을 돕는 자원봉사를 하고 자원봉사자 기숙사에서 생활했다. 그는 자신의 이름을 아버지가 지어준 대로 아자이 매튜 토마스라고 소개했지만 사람들은 그를 "맷(Mat)"이라는 애칭으로 불렀다.

마토마는 학교에서 여러 은사들을 만났다. 그중에서도 남자 교수들은 아버지가 자식을 대하듯 매튜를 대했다. 윤리학과 정책학 강좌를 맡은 브루스 페인 교수는 그가 열정적이고 부지런한 학생이었고, 마치 언제든 면접시험을 볼 준비라도 한 듯 정장 차림으로 강의실에 들어왔기에 다른 학생보다 눈에 띄었다고 기억했다. "흥미롭게도 맷은 다른 학생들에 비해 윤리학 분야에 관심을 보였습니다. 맷은 수업을 상당히 빨리 이해했고, 내가 학생들에게 기대하는 종류의 분석을 수행하는 방법을 알았죠." 학기 초에 마토마는 수석 조교에 지원했고 페인 교수는 동의했다.

마토마는 졸업한 그해에 메릴랜드주 베세스다에 위치한 미국 국립보건연구원(NIH, National Institutes of Health)에서 인간 게놈 프로젝트 연구에 참여했다. 이 시기 마토마를 지도한 다트머스 대학의 로널드 그린 교수는 이렇게 회상했다. "매튜는 인생에서 뭔가 이루려는 야심을 품은 학생이었죠. 나는 매튜가 양아들처럼 느껴질 때가 있었습니다."

국립보건연구원 시절 마토마는 로스쿨에 지원했다. 하버드 로스쿨 입학 허가서가 도착하자 아버지가 크게 기뻐했다. 1997년 가을, 바비는 아들의 이사를 돕고자 렌트카 업체에서 빌린 작은 트럭에 짐을 싣고 플로리다에서 매사추세츠까지 직접 운전했다. 마토마는 여러모로 전형적인 하버드 로스쿨 학생이었다. 즉, 느긋하게 쉴 줄 몰랐고 방과 후에도 이력서를 채울 활동에 전념했다. 그는 하버드 로스쿨 재학 시기를 최대한 활용하고자 법률과 윤리학이라는 이름의 동아리를 만들었고, 로스쿨 교내 신문의 편집자로 일했다.

하지만 2년차에 접어들자 마토마는 학업을 따라잡기 어려워지기 시작했다. 아버지가 하지 말라고 경고한 과외 활동을 너무 많이 한 탓이었다. 학업 성적이 떨어지기 시작했다. 늦가을에 학우들이 이듬해 여름 연방 법원에서 판사 보좌관(clerkship)으로 근무하기 위해 지원하기 시작했다. 판사 보좌관 근무는 출세하려는 야망을 지닌 학생들이 일반적으로 쌓는 경력이지만 매튜의 학업 성적은 만족스럽지 못했다. 그는 모든 과목에서 A학점을 받은 학생만 판사 보좌관으로 뽑힌다는 것을 알고 있었다.

무슨 수를 써서든 판사 보좌관이 되고 싶었던 마토마는 위험한 선택을 했다. 부족한 학업 성적을 좋게 '위조'하는 것이었다. 12월 오후, 성적증명서에 각각 B, B플러스, B로 기록된 민사소송, 계약법, 형법 과목 학점을 모두 A로 바꾸었다. 이렇게 위조한 성적증명서를 첨부한 지원서를 판사 23명에게 보냈다.

이듬해 1월, 그는 워싱턴 D. C. 연방항소법원의 3명의 판사로부터 면접을 보러 오라는 답장을 받았다. 연방항소법원은 대법원 다음가는 위상을 지닌 법원으로 연방 정부의 입법과 판결에 중요한 역할을 수행한다. 판사들은 마토마가 보낸 지원서에 감명을 받았다. 잘 생긴 외모, 공손한 태도, 그리고 놀라운 학업 성적이 인상적이었다. 지원서를 검토한 판사 셋 중 둘이 그를 "탁월한" 지원자로 평가했다. 1999년 2월 2일 밤에 판사 한 명이 그에게 보좌관 근무를 제안했다. 이때는 늦은 밤이었기에 마토마가 어눌한 목소리로 전화를 받았다. 마토마가 너무도 횡설수설하자 판사는 다음 날 자신에게 전화하라고 말하고 전화를 끊었다. 다음 날에 마토마의 전화가 오지 않자 보좌관이 마토마에게 전화를 걸어 판사에게 전화하라는 메시지를 남겼다. 보좌관은 2월 4일에도 전화해 메시지를 또 남겼다.

판사 측은 몰랐지만, 1999년 1월 인터뷰와 2월 2일 통화 사이 며칠은 마토마의 출셋길을 지탱하던 토대가 크게 흔들리기 시작한 위기의 시기였다.

한 판사 보좌관이 마토마의 성적증명서에서 미심쩍은 점을 발견하고 학교로 전화를 걸어 확인했다. 2월 2일 오후, 스티븐 케인 교무과장의 호출을 받은 마토마는 캠퍼스 구석에 있는 교무과장 사무실로 걸어갔다. 교무과장이 만나자고 한 이유는 알지 못했지만 불길한 기분이 들었다.

케인은 하버드 로스쿨에 입학하려고 가짜 성적증명서를 제출한 학생 한 명을 전년도에 퇴학시켰고, 이번에 마토마에게도 같은 처분을 내릴 의향이 있었다. 그는 사무실에 들어온 마토마에게 인사말로 시간을 낭비하지 않고 다짜고짜 성적증명서를 조작했는지 물었다. 마토마에게는 청천벽력 같은 질문이었다. 자신의 미래, 아버지의 자부심, 다년간의 희생과 노력이 모두 물거품이 될 듯한 기분이 들었다. 그래서 정말로 판사 보좌관이 될 생각은 없었고 그냥 장난으로 지원서를 보낸 것이었다고 다급히 해명했다.

"저는 이미 지원 철회서를 판사들에게 보냈습니다." 궁색하게 변명하는 마토마를 케인은 '지금 장난하나?' 하는 표정으로 노려봤다.

사무실을 나온 마토마는 사태를 수습하고자 했다. 이 위기를 벗어날 방법이 있으리라 생각했다. 그래서 계획을 짰지만 좋은 계획은 아니었다.

그날 밤, 마토마는 케인에게 늘어놓은 자신의 변명을 뒷받침해 줄 수 있는 전자문서 트레일(trail), 즉 흔적을 만들어 놓기 위해 컴퓨터 앞에 앉아 애를 썼다. 클럭 신청은 별 거 아니었으며 이미 철회서를 보냈다는 증거를 조작하는 일이었다.

이곳저곳에 추천서를 보내고 있던 한 교수 비서에게 "저는 더 이상 판사 보좌관에 지원하지 않을 테니 추천서를 보내지 말아 주시기 바랍니다"라는 이메일을 보냈다. 자신이 지원서를 보낸 모든 판사들에게 지원 철회 의사를 담은 편지를 보냈다. 이 편지에는 보낸 날짜를 모두 1월 31일로 적었다. 하지만 우체국 소인이 찍힌 날짜는 케인에게 성적증명서 조작을 추궁당한 날보다 하루 늦은 2월 3일이었다.

케인과 로스쿨 학장은 마토마의 주장이 거짓이라고 확신했지만, 퇴학은 이를테면 핵 공격처럼 섣불리 선택하기 어려운 심각한 조치였다. 그래서 일단 무죄 추정의 원칙을 적용하고 시간을 들여 조사하기로 결정했다.

이후 3개월간 케인은 이 일을 철저히 조사했다. 여러 곳에 전화를 걸어 확인하고 서류들을 검사했다. 로스쿨 행정위원회는 공식 조사에 나서 이메일 기록들을 수집했다. 4월과 5월에 행정위원회가 4일간 청문회를 열었고, 마토마와 부모, 남동생이 청문회에 참석해 증언했다.

청문회에 참석한 마토마 일가는 다음과 같이 현실성이 떨어지는 변명을 늘어놓았다. 완벽에 가까운 학점을 기대한 부모에게 보여 주기 위한 목적으로 마토마가 성적증명서를 조작했다. 하지만 며칠 뒤 자신이 한 짓을 반성하고 부모에게 조작하지 않은 진짜 성적증명서를 보여 줬다. 이 때문에 벌어진 소동으로 마토마는 그만 깜빡하고 조작된 성적증명서를 책상 위에 놓은 채 "갑자기 잡힌" 면접시험에 참석하고자 캘리포니아로 갔다. 그는 남동생에게 판사 보좌관 지원서를 대신 마무리해 달라고 요청했다. 남동생은 형의 의도와 달리 조작된 성적증명서를 지원서와 함께 마토마가 이미 준비해 놓은 봉투에 집어넣었다. 어머니는 이 봉투를 확인해 보지 않은 채 그대로 우체국에 가서 부쳤다.

행정위원회의 대다수 위원들은 이 변명에 황당해했다. 모든 이야기가 터무니없이 들렸다. 부모에게 잘 보이려고 성적증명서를 조작하고, 나중에 이 일을 자백하고, 조작된 성적증명서를 부주의하게 책상 위에 놓고, 남동생에게 지원서를 정리하는 일을 맡기는, 개연성이 부족한 사건을 연속으로 붙여 놓은 이야기였다. "내가 한 숙제를 애완견이 먹어 버렸어요"라는 수준의 궁색한 변명으로 들렸다.

마토마는 판사 보좌관 지원을 철회하는 이메일과 편지를 보낸 시점을 조작하기 위해 회사를 설립했다. 그는 케인을 만나기 하루 '전'인 2월 1일에 지원을 철회하는 이메일을 교수 비서에게 보냈지만, 어찌 된 영문인지 케인을 만난 '후'인 다음 날 밤에야 이메일이 전송됐다고 주장했다. 그는 보낸 날짜가 2월 1일로 되어 있는 이메일들을 제시했지만 그 이메일이 수취인의 우편함에 도착한 날짜는 2월 3일이었다. 컴퓨터 수사 전문가 한 명이 마토마의 주장을 뒷받침하는 증언을 하기 위해 출석하기로 했지만, 그는 "매튜가 설명한 사건 순서가 진짜임을 인증할 위치에 있지 않다"며 출석을 취소했다.

이 모든 과정을 본 행정위원회 위원들은 마토마가 변명만 늘어놓고 솔직하지 않다고 느꼈다. 그는 죄를 지은 사람이 보일 법한 행동을 했다.

일부 행정위원회 위원들은 퇴학 처분을 내리길 주저했다. 그는 전도유망한 학생으로 보였기 때문이다. 학업 성적도 뛰어나고 로스쿨 커뮤니티 활동도 열심히 했다. 그렇지만 행정위원회는 마토마가 잘못을 덮으려고 계속해서 새로운 거짓말을 덧붙였다고 결론을 내리고 2009년 5월 12일 투표 끝에 퇴학 처분을 내렸다. 행정위원회는 최종 보고서에서 마토마의 원래 이름인 토마스를 사용하면서 다음과 같이 언급했다. "토마스 씨는 다른 학생들보다 앞서야 한다는 부모의 압박에 극도로 시달린 듯 보였다."

타고난 사기꾼들

퇴학 처분을 받은 마토마가 즉시 포기하고 물러난 것은 아니었다. 캠퍼스에서는 나왔지만 재입학할 방법을 모색했다. 그가 분석하기에 문제는 이메일을 보낸 날짜였다. 케인이 호출하기 전에 판사 보좌관 지원을 철회했다고 행정위원회 위원들을 설득할 수 있다면, 하버드 로스쿨에 다시 입학해 인생이 제 궤도에 오를 것 같았다. 이메일 날짜를 법적으로 인증할 기업을 만들자는 생각이 뇌리를 스쳤다.

아주 기발한 계획처럼 보였다. 이 계획이 하버드 측에 무죄를 입증할 뿐 아니라 엄청난 돈을 벌어다 주는 기업의 씨앗이 될 수도 있었다. 일거양득인 셈이었다. 이 계획을 말하자 부모가 도와주겠다고 했다. 아버지가 집을 담보로 두 번째 대출을 받아 마토마가 회사를 차릴 수 있게 100만 달러를 빌려줬다. 마토마는 컴퓨터 전문가가 아니었기 때문에 컴퓨터 전문 기술을 갖춘 인재를 찾아야 했다. 이윽고 스티븐 챈이라는 젊고 재능 있는 프로그래머가 후보에 올랐다.

챈의 이력서는 훌륭했다. 마토마보다 나이가 두어 살 많은 그는 1993년 MIT를 졸업하고 IBM에 입사했다. 그와 마토마는 즉시 어울렸다. 두 사람 모두 학교 성적이 뛰어났고, 자신에게 많은 것을 기대하는 이민자 부모의 아들이고, 규칙을 무시하는 성향 때문에 근래 심각한 문제를 겪었다는 공통점이 있었다.

1999년 6월 30일, 마토마와 챈이 설립한 신생 기업인 컴퓨터 데이터 포렌직스(Computer Data Forensics)는 전문 기술 용어로 가득 찬 4페이지짜리 보고서를 작성했다. 이 보고서는 판사 보좌관 지원과 관련해 마토마가 하버드 행정위원회에 설명한 사건 순서가 진짜라고 주장했다. "우리가 컴퓨터 데이터 증거를 감식한 바에 따르면, 지원 철회서를 1999년 1월 31일에 작성해… 1999년 2월 1일 밤 10시 20분에 보냈다는 토마스 씨의 주장이 사실이라는 결론에 도달했습니다."

이 보고서는 세 명의 "케이스 애널리스트(Case Analyst)"들이 서명했고, 공증을 받고 우표를 붙여 하버드 로스쿨 행정위원회에 발송됐다. 물론 데이터 감식을 수행한 주체가 마토마가 설립한 기업이라는 사실은 언급되지 않았다. 마토마는 거짓말 탐지기 조사도 통과했다고 주장했다. 이러한 자료들을 하버드에 보낸 다음 답장을 기다렸다.

그가 애타게 기다렸던 답장은 오지 않았다. 로스쿨은 그를 다시 받길 거부했다.

마토마는 재빨리 야망의 방향을 바꿔 챈과 함께 설립한 기업으로 성공을 거두기로 작정했다. 우선 챈이 살던 아파트로 이사해 함께 일하고 일주일에 5, 6일은 무술 훈련을 받았다. 그리고 여성들의 호감을 사려면 춤을 잘 춰야 할 것 같았기에 동네에 있는 아서 머레이 댄스 스튜디오에 등록했다. 1999년 9월에 마토마는 챈에게 동업자가 되어 달라고 제안하고 2만 5천 달러를 지급하겠다고 약속했다. 뉴욕에서 프로젝트 매니저, 엔지니어, 품질관리 전문가, 행정직원, 이렇게 4명을 정직원으로 채용했다. 직원들은 모두 마토마가 "제이 헤일(Jay Hale)"이라는 변호사인 줄 알고 있었다.

직원들은 다가오는 라스베이거스 기업 박람회에 참가할 준비에 착수했지만, 10월이 지나갈 무렵 챈은 동업자의 신원을 의심하기 시작했다. 마토마는 시종 자신의 신원을 모호하게 밝혔고 질문들을 흘려 넘기기 일쑤였다. 챈은 마토마가 뭔가 숨기고 있는지 의심하기 시작했다. 그래서 자기 나름대로 마토마를 조사했고, 그 결과 마토마가 하버드에서 퇴학당하고 위장 명의로 기업 설립 신청서를 제출했고 사무실도 빌린 사실을 발견했다. 챈의 추궁에 마토마는 당황하며 사과했다. 마토마는 다시는 속이지 않겠다고 약속했다. 그는 하버드 성적증명서를 위조했고 이를 덮으려고 거짓말한 사실을 시인했다.

챈과 마토마가 말다툼을 벌이는 동안 직원들은 사무실에서 인터넷 서핑을 하고 점심이나 먹으러 다니며 빈둥거렸다. "우리는 소풍 온 기분이었죠." "케이스 애널리스트 겸 프로젝트 매니저"였던 척 클라크가 훗날 증언했다. 그를 비롯한 직원들은 "헤일"과 챈이 쓸데없는 일로 시간을 낭비하는 부잣집 자식들이라고 추측했다. 그러는 동안 마토마의 아버지가 빌려준 100만 달러가 불과 수개월 만에 대부분 탕진됐다. 이때 마토마의 아버지가 아들과 챈을 만나 기업 상황을 물어보려고 뉴욕으로 갔다. 아들과 챈은 추가로 자금을 지원해 달라고 요청했지만, 바비는 기업 상황이 애초부터 글러 먹었다는 점을 간파했다. 부글부글 분노가 끓어오른 바비는 아들을 "골칫덩어리"라고 매도했다.

12월 중순, 원래대로라면 로스쿨 2년 차에 있었어야 했던 마토마는 비행기를 타고 플로리다의 부모님 댁을 방문했다. 사무실 문을 잠그고 떠났기에 직원들은 사무실에 들어가지 못했다. 직원들은 임금을 받지 못한 상태였다. 화가 난 직원들은 단체로 마토마의 부모에게 항의 서한을 보냈다. "아드님이 갑자기 행적을 감춘 것은 전문가답지 못한 이상한 행동입니다. 아드님을 가족이 숨겨 주시고 계신 사실은 이해할 수 없는 부끄러운 일입니다. 우리는 밀린 임금을 받아야 합니다. 우리는 약속받은 주식도 아직 받지 못했습니다. 우리는 밀린 보너스와 수수료도 받아야 합니다." 직원들은 합당한 답변이 없을 경우 법적 조치에 나서겠다고 위협하고 이렇게 서한을 끝맺었다. "아드님과 가족분들 때문에 우리는 크리스마스 시즌을 우울하게 보내고 있습니다. 사람을 이런 식으로 대하신다면 우리는 100배로 갚아 드리고자 합니다."

직원들이 반발하는 동안에도 마토마와 챈의 관계는 계속 나빠졌다. 2000년 1월 3일, 마토마는 챈에게 접근 금지 명령을 내려 달라는 신청서를 법원에 제출했다. 마토마는 이 신청서에서 챈과 사이가 폭력적인 단계로까지 악화됐고, 챈에게 "게이," "사내자식도 아닌 놈"이란 욕을 들었다고 주장했다. 마토마는 접근 금지 명령 신청서에서 마치 자신을 가정 폭력을 당하는 주부처럼 묘사했고, 부모님이 자신의 온몸에 난 멍을 보고선 "원고가 피고와 관계를 끊도록 하기 위해" 개입했다고 진술했다. 챈은 이러한 주장에 반박했지만 법원은 챈에게 접근 금지 명령을 내렸다.

나중에 밝혀진 것이지만 챈은 마토마보다도 심각한 문제를 안고 있었다. 챈은 마토마를 만나기 수개월 전, 데이터 저장 회사를 설립한 것처럼 허위로 문서를 작성해 여러 은행에서 수백만 달러를 대출받아 횡령한 혐의로 동업자 여섯 명과 함께 기소됐다. 챈이 공모 혐의와 우편 사기 혐의에 대해 유죄를 인정할 무렵, 마토마는 새로운 삶을 시작하려 하고 있었다. 그는 금융인으로 새롭게 출발할 계획을 세웠다.

완벽한 변신

2000년도 스탠퍼드 대학교 MBA 과정은 미국 최고의 비즈니스 스쿨 자리를 놓고 하버드대와 경쟁 중이었고, 월가 은행, 컨설팅사, 실리콘밸리의 신흥 IT 기업 들의 입사 코스로 각광받았다. 금융계에서 일하기로 마음먹은 마토마에게 MBA 학위 취득은 반드시 통과해야 하는 첫 관문이었다. 그런데 하버드 로스쿨에서 퇴학당한 마토마가 하버드 비즈니스 스쿨에 지원할 수는 없는 노릇이었다. 그렇기에 스탠퍼드 대학교를 노렸다. 스탠퍼드 MBA 역시 100명이 지원하면 7명만 입학을 허가받을 정도로 경쟁이 치열한 곳이었다.

마토마는 대학 시절 은사와 교수들에게 연락해 추천서를 써 달라고 요청했다. 듀크 대학교에서 윤리학 강좌를 가르친 브루스 페인 교수에게 추천서를 써 줄 수 있는지 문의했다. 자신이 가르친 학생 중 마토마가 가장 영리했다고 평가하고 늘 마토마를 아낀 페인 교수는 기꺼이 도와주려 했다.

페인 교수는 이미 마토마를 위해 두 차례 추천서를 써 줬다. 첫 번째 추천서는 마토마가 듀크 대학교를 졸업하고 미국 국립보건연구원에 유전공학 연구원으로 지원한 1995년도에 써 줬다. 당시 추천서에서 페인 교수는 마토마가 장학금을 받은 점과 윤리학에 열정을 보인 점을 높이 평가했다. "매튜는 자신의 재능과 관심에 부합하는 모든 연구 프로그램에서 유용한 자산이 될 것입니다." 수개월 뒤인 9월, 마토마는 또다시 추천서를 써 달라고 요청했다. 이번에는 하버드 로스쿨에 지원하기 위해서였다. 페인 교수는 첫 번째 추천서에서 몇 가지 세부 내용을 바꾸어 두 번째 추천서를 작성했다. 그는 마토마가 훌륭한 법학도가 되리라 생각했기에 그렇게 추천서를 써 주었다.

그 후 페인 교수는 마토마에게 별로 소식을 듣지 못했다. 그저 마토마가 로스쿨을 졸업하고 어딘가 저명한 로펌에서 일하고 있으리라 여겼다. 2000년 가을, 마토마에게서 비즈니스 스쿨에 입학하겠다고 추천서를 써 달라는 새로운 요청을 받았을 때 당혹감을 느꼈다. 그래서 마토마에게 5년 전 하버드 로스쿨에 지원한 이래 어떻게 지냈는지 물어봤다. 그걸 알아야 추천서를 새로 작성할 수 있다고 말했다. 페인 교수는 왜 마토마가 하버드 로스쿨 교수들에게 추천서를 써 달라고 요청하는 대신 자신에게 요청하는지 잠깐 의문이 들었지만, 곧 이 의문을 접었다.

마토마는 의심을 사지 않으려고 이야기를 만들어 냈다. 그는 국립보건연구원을 떠난 뒤, 바이오 기술 기업들에게 기업 인프라와 3D 컴퓨터 모델링 소프트웨어를 제공하는 기업을 뉴욕에서 설립했다고 말했다. 당시 닷컴 붐이 한창이었고, 스타트업을 출범하기 위해 학교를 떠나는 학생들이 매일 속출했기에 마토마의 이야기는 그리 이상하게 들리지 않았다. 사업은 잘 풀렸지만 중병을 앓게 된 친척을 돕고자 사업을 보류하고 플로리다로 갔다고 페인 교수에게 둘러댔다. 물론 하버드 로스쿨 퇴학 사건은 언급하지 않았다.

페인 교수는 마토마의 말을 믿고 세 번째 추천서를 써 줬다. 세 번째 추천서에는 마토마가 대학 시절 진지하고 성실한 학생이었고, 가족을 돕고자 자신의 직업적 목표를 보류하고 집으로 돌아갈 정도로 이타적 인물이라는 내용을 덧붙였다.

2000년 가을, 마토마는 스탠퍼드 대학교 비즈니스 스쿨에 입학하고자 샌프란시스코 남쪽에 있는 캠퍼스에 도착했다. 도착하기 며칠 전 본인 이름을 법적으로 아자이 매튜 마리암다니 토마스에서 매튜 마토마로 바꿨다. 그의 변신은 완벽했다. 하버드 사건이든 챈과 겪은 분쟁이든 모두 지나간 일이었다. 5년 후인 2006년 여름, 스티브 코언의 SAC에 합류할 때까지 마토마는 자신이 마음만 먹으면 극복하지 못할 문제가 없다고 생각했다.

로즈메리의 비명

2011년 11월 8일 저녁, 플로리다의 해안 도시 보카 러톤에 위치한 마토마의 자택 앞에서 B.J. 강은 바닥에 쓰러진 마토마가 괜찮은지 살펴보려고 몸을 숙였다. 이런 일은 전에도 겪었다. 강은 과거에 다른 용의자가 자신을 처음 만나고선 실신한 순간을 떠올렸다. 그동안 경험한 바를 토대로 나름대로 정리하면, 죄를 저지르지 않은 사람은 '내부자거래'라는 말을 듣고 실신할 확률이 낮았다.

그때 로즈메리가 짙은 색 머리카락을 휘날리며 급히 뛰쳐나왔다. 바닥에 쓰러진 남편을 본 로즈메리는 비명을 질렀다.

"앰뷸런스를 부를까요?"

강이 묻자 로즈메리가 흐느끼는 목소리로 대답했다. "아니요! 내가 의사예요." 로즈메리는 쪼그리고 앉아 남편을 살펴봤다.

몇 분 뒤, 마토마가 간신히 정신을 차리고 일어서자 강이 원래 하려던 말을 계속했다. "우리는 2008년의 거래를 알고 있습니다."

마토마와 로즈메리는 서로 쳐다봤다. 부부는 강이 무슨 말을 하려는지 즉시 이해했다. 자신들의 인생을 바꾼 엘란 주식거래를 강이 언급하고 있었던 것이다.

강이 계속 말했다. "선생님의 모든 삶이 완전히 뒤집힐 겁니다." 강은 마토마가 내부자거래에 연루된 사실을 알고 있다고 밝힌 다음, 마토마가 인생에서 가장 암울한 순간에 직면했지만 수사에 협조하면 헤쳐 나갈 수 있다고 미리 연습해 둔 대사를 읊으며 설득했다. 게다가 강은 수사 당국이 진짜로 쫓고 있는 상대는 마토마가 아니라고 말했다. 당국은 마토마가 중요도가 극히 낮은 곁가지임을 알고 있었다.

"우리는 스티브 코언을 원합니다. 선생님은 현재 어려운 상황에 있지만 빠져나올 수 있도록 제가 전력을 다해 도와 드릴 겁니다. 그러려면 우리가 팀을 이루어서 함께 일할 필요가 있습니다."

강은 이런 식으로 무수한 용의자들을 포섭하는 데 성공했다. 강은 이러한 상황이 당사자의 심리에 미치는 영향을 알았다. 자신의 삶, 가족, 자녀의 안전한 미래를 믿던 사람도 이런 상황에 처하면 불안감에 휩싸이고 자신과 가족이 걱정되기 마련이었다. 강은 새로 포섭한 모든 협력자를 동료처럼 대하고, 그들이 FBI 수사를 돕는 동안에 겪을 수 있는 심각한 정신적 갈등을 잘 극복할 수 있도록 버팀목이 되어 주고자 했다.

로즈메리는 몸을 떨고 있었다. 마토마는 수사에 협조하고 싶지만 우선 변호사와 상의할 필요가 있다고 대답했다. 강은 마토마가 새로운 협력자가 되리라 확신하며 자리를 떴다.

밤 10시경, 강의 파트너인 매튜 캘러핸이 집에서 소식을 기다리고 있던 찰스 라일리에게 전화했다.

"믿기지 않으실 겁니다. 아까 마토마가 기절했다니까요."

새로운 수사의 불씨

2011년 말, 지난 5년간 소환장을 발부하고, 협력자를 포섭하고, 트레이더들을 도청하며 헤지펀드 업계를 수사한 끝에 법무부는 드디어 구체적인 승리를 거두었다. 라지 라자라트남은 연방 법원에서 징역 11년을 선고받았다. 다른 트레이더와 헤지펀드 중역 수십 명도 기소당하거나 유죄를 선고받았다.
이 모든 성과에도 불구하고 FBI 요원들과 검사들 사이에서는 여전
히 좌절감이 가시지 않았다. 코언을 잡기는커녕 아직 가까이 가지
도 못하고 있었기 때문이다.

우선, 데이비드 매콜이 2009년 1월 맨해튼 홀푸드 슈퍼마켓 매
장에서 포섭하려 시도한 CR 인트린식 애널리스트 조너선 홀랜더가
결국 수사에 협조하지 않은 점이 뼈아팠다. 홀랜더는 상황 판단이
밝은 인물이었다. 그는 변호 비용을 대 주겠다는 SAC의 제안을 거
절했다. SAC에게 돈을 받는 변호사는 자신을 위해서가 아니라 SAC
를 위해서 일할 것이라는 걱정이 들었기 때문이다. 홀랜더는 최고의
화이트칼라 범죄 전문 변호사로 업계에서 이름난 로펌, 주커먼 스
패더(Zuckerman Spaeder)의 에이턴 골먼을 변호인으로 선임했다. 홀랜
더는 FBI를 상대할 때 자신이 누구를 위해 변호하는지 정확히 아는
변호사를 변호인으로 두고 싶었다.

홀랜더는 SAC 재직 시절 온갖 비리 행위가 성행한다는 인상을
확실히 받았다. 코언은 분명히 내부정보를 이용해 거래하는 듯 보
였다. 하지만 홀랜더는 코언과 직접 같이 일하지 않았기에 구체적
인 내용에 대해서는 알지 못했다. 홀랜더는 매콜과 리드 브로드스
키 검사와 만나 SAC에서 목격한 수상한 거래 몇 건을 실토했다. 엘
란도 그중 하나였다. 코언이 "전화 한 통"을 받더니만 막대한 엘란의
롱 포지션을 청산하고 거대한 공매도 포지션을 구축함으로써 수억
달러를 벌었다는 것이 SAC 내부에 돈 소문이다. 모든 트레이딩 데
스크 직원들이 그렇게 수군거렸다. 하지만 그 이상 실제로 무슨 일
이 일어났는지는 아무도 알지 못했다.

SAC에서 홀랜더의 경력은 불명예스럽게 마감됐다. 2008년 여름 말, 헬스케어 트레이딩 팀을 이끈 제이슨 캅이 롱아일랜드 동쪽 끝에 있는 서핑하기 좋은 해안 마을 몬타우크에 전체 팀원들을 모았다. 그들은 한 모텔에 짐을 풀고 먼 바다로 나가 낚시를 했다. 캅은 자신이 이끄는 트레이딩 팀의 향후 계획을 얘기했다. 1년 전, 코언은 캅의 트레이딩 팀에게 별도의 자본과 사무실을 제공해 독립시키기로 약속했다. 실적 압박이 엄청난 SAC의 근로 환경에 지친 캅은 코언에게 거의 완전한 독립성을 보장받기로 했다. 캅은 곧 독립할 수 있으리란 희망에 고무됐고 홀랜더도 그 계획에 흥분했다. 하지만 그로부터 채 석 달도 지나지 않아 금융위기가 한창 고조됨에 따라 코언은 모든 약속을 취소했다. 그뿐 아니라 홀랜더와 캅은 해고당했다.

홀랜더는 부당하게 대우받았다고 생각해 화가 났고, 코언이나 캅 또는 SAC 직원 누구에게도 의리를 지킬 필요를 느끼지 못했다. 그러나 매콜이 접근해 수사에 협조하라고 요구한 때에는 마치 주식을 거래할 때와 똑같이 그 상황의 위험/보상 비율을 따져 보았다. 정부는 아직 자신에게 수사 협조를 강요할 만큼 충분한 증거를 수집하지 못한 듯 보였다. 그렇다면 FBI 수사에 협조할 필요가 있겠는가?

홀랜더 사건이 용두사미로 꺼져 가는 동안 코언을 옭아맬 다른 수사 활동도 추진력을 잃어 가는 듯 보였다. 컴퓨터 하드디스크를 부셔서 쓰레기 트럭 뒤에 버린 전직 SAC 트레이더 도널드 롱주일은 증권사기 혐의에 대해 유죄를 인정했다. 자신의 애널리스트에게 회사의 모든 문서를 파쇄하라고 지시한 펀드 매니저 사미르 바라이도 마찬가지였다. 하지만 둘은 FBI가 코언 수사를 진전시키는 데 필요한 정보를 그리 많이 가지고 있지 않았다. 뉴욕 남부지검과 SEC는 2010년 FBI가 급습했던 헤지펀드 두 곳의 포트폴리오 매니저 두 명을 기소할 준비를 하고 있었다. 한 명은 레벨 글로벌의 앤서니 치어슨(Anthony Chiasson)이고, 다른 한 명은 다이아몬드백 캐피털의 토드 뉴먼이었다. 그러나 SAC 출신 직원이 많은 두 헤지펀드를 조사해도 코언을 옭아맬 증거가 그리 많이 나오지 않았고, 치어슨과 뉴먼은 수사에 협조할 뜻이 없었다. 오히려 둘은 미국 최고의 변호사들을 선임해 정부에 적극 맞섰다.

하지만 치어슨과 뉴먼을 수사하는 과정에서 SEC는 놀라운 사실을 하나 발견했다. 200만 페이지에 달하는 이메일들을 조사한 조사관들은 뉴먼의 부하 애널리스트인 제스 토토라가 여러 기업의 실적에 관한 세부 정보를 SAC 캐피털의 존 호바스에게 계속 이메일로 알려 준 흔적을 발견했다. SEC 조사관 조지프 샌슨, 대니얼 마커스, 매튜 와킨스는 호바스의 이메일 기록을 제출하라는 명령서를 보냈다. 이렇게 확보한 이메일 수백 통 가운데 한 이메일이 즉각 조사관들의 눈에 확 들어왔다. 델 주식에 관한 이메일이었다.

"나는 회사의 내부자로부터 나온 정보를 2차로 전달받았습니다. 이번은 3분기에 관한 것이었는데, 지난 두 분기 정보는 매우 정확했습니다. 매출 총이익은 잘못된 상품 라인업, 단발성 운영 비용 발생, 약간의 매출 증가와 주당순이익(EPS, earnings per shares) 하락으로 인해 50-80 베이시스 포인트 떨어진다는 정보입니다. 부디 이 정보가 새 나가지 않게 기밀을 유지해 주시기 바랍니다."

2008년 8월 26일 오후 1시경, 호바스는 상사인 마이클 스타인버그와 또 다른 SAC 포트폴리오 매니저 가브리엘 플로킨에게 위와 같은 이메일을 보냈다. 이메일에는 월가 애널리스트들이 기업의 재무적 성과를 설명하기 위해 늘 사용하는 은어들이 많이 섞여 있었다. 일반인들은 이해하기 어려운 내용이었다. 하지만 SEC 조사관들은 이메일의 내용을 이해했다. 그것은 델의 실적에 관한 상세한 비밀 정보를 전달하는 이메일이었다.

SEC 조사관들은 흥미를 느꼈다. SAC의 다른 트레이더들도 이 정보를 받았는지 궁금해졌다.

호바스는 델이 분기 실적을 발표하기 이틀 전에 이 메시지를 보냈다. 스타인버그는 델의 실적 발표 직전에 델 주식 15만 주를 공매도해 100만 달러를 번 것으로 보였다. SEC는 호바스가 수사에 협조해 스타인버그를 기소할 증거를 제공해 주길 원했다. 스타인버그를 기소할 수 있다면 정부는 코언에게 한발 더 다가설 수 있으리라 생각했다.

정부는 수사 개시 3년 만에 코언을 둘러싼 SAC의 이너 서클에 도달할 수 있게 될지 몰랐다. 전에는 수사진이 존재 자체를 몰랐던 존 호바스라는 하위 직급의 더벅머리 청년이 코언에 대한 수사의 불씨를 다시 살려 줄지도 몰랐다.

12장 고래 사냥

길먼의 비협조

　　　　　　　시드 길먼은 맨해튼 남부의 세계 금융센터 로비 보안 검색대에 가서 엑스레이 검색을 받고자 주머니 속에 든 물건들을 플라스틱 접시 위에 놓았다. 길먼의 변호인이 그와 함께 회전문을 지나 엘리베이터에 탔다. 그러고는 SEC 뉴욕 지역 본부의 4층 회의실로 올라갔다. 수개월간 일정을 연기한 끝에 길먼이 마토마 사건에 협조하기 위해 정부 측 변호사들을 처음으로 만나러 가는 길이었다.

　찰스 라일리는 그해 가을 내내, 엘란와 와이어스 주식거래 전후에 일어난 모든 일들을 시간대별로 세세하게 파악했다. 새로운 정보를 입수할 때마다 적절한 시간대 안에 포함시켰고, 그 정보를 수사에 참여하는 모든 멤버들에게 이메일로 보냈다. 이렇게 작성한 자료들은 사건이 어떻게 흘러갔는지를 자연스럽게 보여 줬다. 라일리와 그의 동료들은 SAC가 어떻게 엘란과 와이어스 주식을 매각했는지를 더욱 확실하게 이해하게 됐지만, SEC 변호사들은 여전히 길먼에게 직접 진실을 듣고 싶었다. 그들이 2008년 7월에 실제로 무슨 일이 일어났는지 물어볼 사람은 마토마와 코언을 잡아 오지 않는 한 길먼이 유일한 인물이었다.

의뢰인이 여든 살이 다 된 고령인 데다 몸이 약해 증언하기 어렵다는 말을 길먼의 변호사에게 수개월간 들은 SEC 변호사들은 뼈가 앙상하고 병약한 노인이 회의실로 들어오리라고 예상했다. 하지만 이때 들어온 길먼은 흐트러진 기색 없이 넥타이를 맨 양복 정장 차림이었고 뺨에 혈색이 돌고 짙은 색 눈동자가 빛났다. 그는 창가에 등을 돌린 채 의자에 앉아 허리를 폈다.

라일리는 길먼에게 바피뉴주맙 임상시험에서 어떤 역할을 맡았고, 어떻게 마토마를 알게 됐는지 물었다. 그다음에 이메일 사본, 임상시험 일정, 제약사와의 비밀 유지 합의 문서들을 한 장씩 테이블 위에 놓으면서 길먼에게 질문했다. 길먼이 어떤 일이 기억나지 않는다고 말하면 폴더에서 문서를 꺼내 보여 주면서 이제 좀 기억이 나냐고 물었다.

길먼은 거의 처음부터 변명을 둘러대는 듯 보였다.

라일리가 길먼의 달력 일정표를 손가락으로 가리키면서 물었다. "이 일정은 어떤 것이지요?" 길먼이 컴퓨터로 작성한 2008년 7월 13일 전자달력 일정표에는 "맷 마토마가 전화로 신약의 SAE에 대해 질문"이라는 문구가 적혀 있었다. 라일리는 이미 통화 기록 조사를 통해 길먼과 마토마가 2008년 7월 13일 저녁에 2시간 가까이 통화한 사실을 알고 있었다.

"여기서 SAE란 무슨 뜻입니까?"

라일리의 질문에 길먼은 자상한 교수 같은 분위기로 알츠하이머병과 의학계 과제와 효과적 치료법 개발에 대한 전망을 상세히 설명했다. 인지 퇴행을 유발하는 주요 원인으로 보이는 베타 아밀로이드를 바피가 파괴했을 가능성을 설명할 때 그의 표정이 밝아졌다. 이렇게 설명을 늘어놓은 다음에야 애초 질문에 답을 내놓았다. SAE란 "중대한 이상 반응(serious adverse events)"의 약자로 바피 시험 도중 관찰된 부작용을 일컫는 전문용어였다.

라일리가 다시 물었다. "왜 마토마에게 그런 얘기를 했습니까? SAE에 관한 세부 내용은 미공개 정보가 아닌가요?"

길먼의 얼굴이 갑자기 어두워지면서 우물우물 답했다. "왜 달력에 이런 문구가 있는지 모르겠네."

길먼의 변호사가 끼어들었다. "이보세요. 의뢰인은 여기에 대해 아무것도 모릅니다."

길먼은 자신이 수행하는 의학 연구의 개념이나 목표를 설명해 달라는 요청에 생기 넘치는 얼굴로 답했다. 그의 기억력은 훌륭했다. 다양한 약물의 화학작용을 아주 구체적으로 설명했다. 하지만 수사진이 마토마의 이름을 언급하거나 마토마와 관계를 물을 때면 갑자기 구두끈 묶는 법도 잊어버린 치매 노인처럼 변했다.

회의실에서 길먼의 증언을 듣고 있던 아비 와이츠먼 검사는 길먼의 모순된 증언에 어이가 없었다. 매튜 마토마에게 바피에 대한 내부정보를 제공했다는 서류 증거를 바로 눈앞에 제시해도 길먼은 자신이 그에게 무슨 말을 했는지 전혀 기억나지 않는다고 말했다. 자신이 수행한 연구를 그토록 상세히 기억하는 길먼이 어떻게 마토마와 관련된 일은 전혀 기억하지 못할까?

몇몇 문서를 테이블 위에 놓고선 SEC 변호사들과 검사들이 똑같은 질문을 계속 던지고, 길먼은 아무것도 모르거나 기억나지 않는다고 답하는 과정을 되풀이되면서 회의실이 후끈 달아오르는 느낌이었다. 2시간이 이런 식으로 흘러갔다. 수사진은 길먼의 진술을 받으려고 5개월을 기다렸고, 아직 확인되지 않은 여러 빈 곳들을 길먼이 설명해 주리라고 기대했건만 그는 모르쇠로 일관하며 시간을 낭비하고 있었다. 라일리는 화가 나서 폭발할 지경이었다.

그는 2008년 7월 13일 마토마에게 무슨 얘기를 했는지 길먼에게 다시 물었다. 그는 이날 길먼과 마토마가 신약에 관해 얘기했을 것으로 확신했다. "무슨 일로 통화하신 겁니까?"

"음, 우리는 파킨슨병에 관해 얘기했어요."

라일리는 한숨을 쉬고 잠시 휴식하자고 말했다. 그런 다음 동료들을 복도에 불렀다. "어휴, 파킨슨병 이야기가 전혀 사실이 아니라는 것쯤은 다 알지 않습니까."

"어떻게 압니까?" 와이츠먼이 되물었다.

라일리는 서류 파일을 뒤적여 길먼의 일정을 기록한 달력 한 장을 꺼냈다. 앞서 길먼과 실랑이를 벌인 2008년 7월 13일 일정이 적힌 달력으로 "맷 마토마가 전화로 신약의 SAE에 대해 질문"이란 문구가 적혀 있었다. 둘 사이를 연결시켜 준 마토마와 전문가 네트워크 기업 거슨 레먼 그룹 사이의 이메일도 제시했다. 이 이메일에서 마토마는 길먼과 파킨슨병에 관해 얘기할 예정이라고 밝혔다. GLG의 규정은 길먼이 바피 임상시험에 관해 고객에게 얘기하는 것을 금지했다. 임상시험 정보를 고객에게 얘기하는 것은 비밀 준수 의무를 위반하는 행위이기 때문이었다. 길먼과 마토마는 GLG에 실제 대화 주제를 밝히지 않고 파킨슨병에 관해 얘기하겠다고 거짓말한 듯 보였다.

와이츠먼 검사는 라일리의 예리한 지적에 고마움을 느꼈다. 어딘가 뻣뻣한 구석이 있는 SEC 측 친구가 길먼이 그들의 면전에서 거짓말하고 있다는 사실을 입증하는 데 필요한 무기를 방금 검찰에 넘겨준 셈이기 때문이었다. 라일리가 제시한 증거를 내밀면 길먼이 사실을 털어놓을 수밖에 없을 터였다. 와이츠먼은 달력 일정표와 이메일 자료를 라일리에게서 넘겨받고 회의실로 성큼성큼 들어가 테이블에 몸을 기대면서 말했다.

"이보세요. 길먼 박사님. 우리는 박사님이 사실대로 증언하지 않고 있는 것을 알고 있습니다. 계속 이런 식으로 하시면 감옥에 가실 수 있습니다."

와이츠먼 검사가 서류 두 장을 테이블 위에 툭 던지자 길먼은 고개를 절레절레 흔들었다. 한 장은 2008년 7월 13일 일정이 적힌 달력 일정표였고, 다른 한 장은 마토마가 GLG에 보낸 이메일 내용이었다.

두 서류를 보고 즉시 사태를 파악한 길먼의 변호사인 마크 뮤케이시가 끼어들었다. "잠시 저희에게 시간 좀 주시겠습니까?"

뮤케이시가 의뢰인에게 사적으로 얘기할 수 있도록 정부 측 인사들이 회의실에서 나갔다. 와이츠먼 검사는 이것으로 이제 길먼이 모든 것을 털어놓으리라 확신했다.

몇 분 뒤 복도로 나온 뮤케이시가 자신도 어쩔 수 없다는 듯한 표정을 희미하게 띤 채 와이츠먼 검사에게 말했다. "정부 측에서 계속 질의하셔도 좋습니다. 저는 왜 저 서류들이 의뢰인에게 불리한 자료라고 생각하시는지 이해합니다. 하지만 의뢰인은 저 서류들을 봐도 무슨 일이 있었는지 기억하지 못합니다."

"마크, 기억하지 못한다니, 이게 말이 됩니까." 와이츠먼 검사가 말했다.

"계속 질의하셔도 좋습니다. 저는 의뢰인과 계속 함께 있겠습니다. 하지만 의뢰인은 서류를 봐도 당시 있었던 일들이 기억나지 않는다고 말합니다."

이후 조사가 2시간 더 계속됐지만 길먼은 조금도 물러서지 않은 채 2008년 7월경에 무슨 일이 있었는지 기억나지 않고 정부 측 추측이 틀렸다는 말만 되풀이했다. 이처럼 실망스러운 진술이 처음이 아니었지만 검찰청으로 돌아가는 와이츠먼 검사의 마음은 참담했다. 이제 엘란 수사는 끝났구나 하는 생각이 강하게 들었다.

마토마 신문

찰스 라일리와 SEC 동료들은 길먼의 진술이 얼마나 실망스러웠는지 낙담할 시간도 별로 없었다. 다음 날 아침 마토마가 SEC를 방문해 진술하기로 일정이 잡혀 있었기 때문이다. 일단, 길먼은 뒤로 밀어두고 마토마를 잡을 준비를 해야 했다.

마토마의 변호사인 찰스 스틸먼도 길먼의 변호사처럼 어려운 위치에 있었다. 스틸먼은 검찰과 SEC의 의도를 파악하고 자신의 협상력을 극대화하고자 노력했다. 그동안 수사 당국이 수집한 증거로 형사 사건이 성립해 마토마가 감옥에 갈 가능성이 있다면, 스틸먼은 이 점에 초점을 맞추어 가능한 방어 수단을 마련해야 했다. 스틸먼은 특히 정부 측이 녹음 자료를 가지고 있는지 알고 싶었다. 정부 측에 녹음 자료가 있다면 사형 선고나 마찬가지였다. 만약 마토마가 SEC만 걱정하면 되는 상황이라면 최악의 경우에도 금전적 제재로 끝날 테고, 마토마가 수사에 좀 더 협조적으로 나서도 괜찮았다. 스틸먼은 유명한 형사 사건 변호사로 오랫동안 활동했다. 그는 이런 상황에 대처하는 능력이 뛰어나다고 자부했다.

스틸먼이 검찰 측이 얼마나 강력한 증거를 확보했는지 파악하려 애쓰는 동안, 와이츠먼 검사는 마토마가 협조하지 않고 오래 시간을 끌수록 유리한 형량 협상의 기회만 줄어들 뿐이라고 말했다. 상황은 마치 마토마와 길먼 사이의 경주 같았다. 먼저 검찰에 협조하는 사람이 최선의 결과를 얻을 수 있었다. 아직까지 스틸먼은 마토마가 수사에 협조하리란 암시를 전혀 주지 않았다.

검찰은 마토마가 코언을 보호하기 위해 조용히 감옥에 갈 가능성을 진지하게 고려하지 않았다. 이 정도 범죄면 '징역 10년 형'을 받을 수 있었다. 타인을 위해, 특히 자신을 나쁘게 대한 사람을 위해 이토록 무거운 형량을 감내하는 사람은 없었다. FBI는 형량이 꽤 가벼운 사건에서도 가장 가까운 친구를 배신하는 피의자들을 무수히 봤다. 마토마가 협조하지 않고 버틸수록 수사진은 코언이 마토마의 입을 막기 위해 무슨 수를 썼는지 궁금해졌다.

사실, 마토마의 변호 비용을 내주는 측은 바로 SAC였다. 직원과 전 직원이 SAC 재직 시절에 한 일 때문에 수사를 받을 경우 변호 비용을 대 주는 것이 회사의 정책이었다. 하지만 이는 검찰 눈에는 이상하고 불공정한 상황으로 보였다. 마토마에게 코언 수사에 협조할지 말지 조언하는 변호사가 코언에게 돈을 받다니. 게다가 SAC는 변호 비용이 얼마가 들든 상관없다고 분명히 밝혔다. 일부 기업들은 세부 내용이 담긴 청구서를 받은 후에야 변호 비용을 지불하지만, SAC는 스틸먼의 로펌이 매달 얼마를 보내 달라고 얘기만 해도 돈을 보냈다. SAC처럼 즉각 변호 비용을 내 주는 기업은 없었다.

2012년 2월 3일 오전 10시 직전, 라일리가 마토마를 회의실까지 안내하기 위해 SEC 4층 로비에 갔다. 마토마는 스틸먼의 파트너인 너새니얼 마머(Nathaniel Marmur)와 함께 리셉션 데스크 앞에서 기다리고 있었다. SEC를 방문하는 사람들은 대개 정장 차림이지만 마토마는 달랐다. 마치 칵테일파티에 가듯 카키 바지와 트위드 재킷을 입고 넥타이는 매지 않았다.

라일리는 마토마 앞에서 첫 번째 질문조차 미처 마무리하지 못했다. 변호사가 준비해 준 서면을 마토마가 읽었기 때문이다. "변호사의 조언에 따라 나는 자신에게 불리한 진술을 거부할 수 있다는 미국 헌법이 보장하는 권리에 입각하여 현재의 질문에 대한 답변을 정중하게 거부합니다." 마토마는 미국 수정헌법 제5조에서 보장한 진술 거부권을 행사했다.

SEC 측은 이러한 전술을 쓰는 피의자들을 여러 차례 봤다. 피의자들의 양상도 제각각이었다. 월가 용의자들이 묵비권을 행사할 때는 마치 SEC에 온 것 자체에 감정이 상한 양 시종 화를 내고 적대적인 반응을 보였다. 하지만 마토마는 달랐다. 그는 이상할 정도로 침착했다. 얼굴에서 아무 감정이 드러나지 않았다.

라일리와 동료들은 수십 차례의 질문에 묵비권을 행사하며 똑같은 답변을 되풀이하는 마토마의 표정을 유심히 관찰했다. 마토마는 너무도 철옹성처럼 보였다. 만약 마토마가 진짜로 죄가 없다면, SEC의 조사를 자신이 무죄라고 항변할 기회로 삼았을 것이라고 라일리와 동료들은 생각했다. 마토마는 분명 뭔가 숨기고 있었다.

LA 다저스 인수 실패

증인으로 유력해 보인 관계자들이
모두 수사에 협조를 거부하자 정부 측이 원하는 답변을 해 줄 사
람은 딱 한 사람 남았다. SEC는 스티브 코언을 불러 조사할 필요
가 있었다.

그것은 중대한 결정이었다. 억만장자 소환 조사는 SEC가 자주
하는 일이 아니었다. 불과 얼마 전만 해도, SEC 변호사들은 월가의
주요 인물들을 귀찮게 조사하지 말라는 말을 공개적으로 들었다.
SEC 변호사들은 상부로부터 금융계에서 가장 성공한 거부들은 건
드리지 말라는 암시를 종종 받았다. 이는 전 SEC 위원장의 "탈규
제" 정책 기조에 부분적으로 기인한 조직 풍토였다.

하지만 2012년에 버니 메이도프 사건이 세상을 떠들썩하게 한 뒤
에는 SEC 사정이 달라졌다. 코언에게 진술을 받겠다는 엘란 팀의
뜻에 반대하는 사람이 아무도 없었다. 집행국의 새로운 국장도 SEC
변호사들이 일할 수 있도록 환경을 만들어 주려고 노력했다. 2012
년 3월 12일, 라일리는 코언에게 출석해 증언하라고 요구하는 소환
장을 보냈다. SEC 조사 팀은 코언이 조사에 도움이 될 만한 단서를
흘릴 가능성은 없다고 생각했다. 코언은 그들이 여태까지 수사한 누
구보다도 더 주의 깊게 변호사의 조언을 듣고 답변을 철저히 연습한
다음에 출석할 가능성이 높았다. 하지만 조사 팀 입장에서는 어쨌
든 시도는 해 봐야 했다.

당국이 점점 더 수사망을 좁혀 오고 있던 시기에 코언은 다른 데
에 정신이 팔려 있었다. 그는 수년간 프로 스포츠 팀 인수에 관심을
기울였고, 특히 메이저리그 야구팀 구단주가 되길 원했다. 그것은

어린 시절부터 꿈꿔 온 일이었다. 뉴욕 메츠(New York Mets)의 지분 4 퍼센트를 2천만 달러에 매입함으로써 구단주가 되는 첫걸음을 내딛었다. 코언은 야구팀을 소유할 자격이 있는 책임감 있고 존경할 만한 인물임을 입증해야 했다.

수개월 전부터 코언은 부동산 재벌 프랭크 맥코트가 인수했다가 파산한 LA 다저스를 인수하고자 SAC 경영 시간을 줄여 가며 관심을 기울였다. 하지만 내부자거래 수사와 관련해 신문에 엄청난 빈도로 자신의 이름이 등장함에 따라, 코언은 LA 다저스 입찰을 승인할 권한을 가진 메이저리그 사무국의 신뢰를 얻는 데에 어려움을 겪었다. 자신이 사회적으로 유력 인사임을 과시하려는 목적으로 LA 현대미술관 이사회에 합류하고, 지역 사업가 한 명과 손잡고 입찰 준비에 나섰다. LA 지역 사업가가 옆에 있으면 다저스 인수에 도움이 되리라고 생각했다. 하지만 코언은 스포츠 팀을 인수하느라 막대한 돈을 날린 이전의 월가 거물들 같은 바보가 되고 싶지 않았다. LA 다저스를 정상적인 사업체로 키울 작정이었던 그는 16억 달러에 인수하겠다는 입찰서를 제출했다.

2012년 3월 27일, 그는 언론에 발표된 다저스 인수전의 최종 후보 명단에 올랐다. 최종 후보들 중 돈을 빌리지 않고 팀을 인수할 수 있는 자는 코언뿐이었는데, 이 점은 코언에게 매우 유리한 요소였다. 코언은 자신이 인수자로 선정되리라 확신했다.

하지만 다음 날 메이저리그 사무국은 거대 투자회사 구겐하임 파트너스를 LA 다저스 인수자로 선정한다고 발표했다. LA 지역 농구 팬들에게 사랑받은 NBA 스타 매직 존슨과 손잡고 입찰에 참여한 구겐하임 파트너스는 20억 달러를 제시했다. 구겐하임 파트너의 주요 투자자 중에는 마이클 밀켄도 있었다. 보통 코언은 투자 결과에 대해 그리 감정적으로 반응하지 않는 성격이었지만, 이번 입찰 결과에는 가슴이 아플 정도로 실망했다.

코언의 증언

찰스 라일리는 SEC 증언실 의자에 앉아 스티브 코언이 들어올 문을 응시했다. 서류 폴더와 파일들을 옆 의자에 조심스럽게 올려놓았다. 모든 사안을 거듭 확인해 가며 만반의 준비를 갖추었다. 그는 코언이 능수능란하게 수사망을 빠져나가는 인물임을 알았다. 전년도 페어팩스 사건에 제출된 진술 녹취록 사본은 코언이 실제 답을 내놓지 않으면서도 얼마나 자연스럽게 질문을 흘려 넘기는지 보여 줬다. 라일리가 생각하기에 최선의 시나리오는 코언의 답변에서 작은 모순을 포착하거나 마토마를 더욱 압박하는 데 쓸 수 있는 세부 정보를 얻는 것이었다. 자신의 경력에서 가장 중요한 순간이 다가오고 있었다. 라일리는 크게 숨을 들이쉬며 생각했다.

"올 것이 왔군. 난 할 수 있어."

코언은 SEC에 증언할지, 수정헌법 5조를 사용해 묵비권을 행사할지를 놓고 법무 팀과 논의했다. 법무 팀의 계산은 단순했다. 만약 검찰이 보냈다면 강압적인 소환장을 보냈을 것이고, 이 경우 코언은 "강경 대응"으로 나서 검찰 측 질문에 일절 답하지 않는다는 것이다. 하지만 SEC는 형사 사건을 수사하는 기관이 아니니 SEC 수사에는 협조하는 것이 현명한 선택으로 보았다. 뉴욕 도심의 SEC를 방문해 한나절 앉아 있으면서 수사에 협조하는 척하면, 코언에게는 숨길 것이 없다는 인상을 풍길 수 있었다. 조사관들의 질문에 답변할 때 거짓말을 해서는 안 됐다. 거짓말할 경우 위증죄가 성립되어 불리하게 엮여들 소지가 있기 때문이었다. 정부의 조사에 협조하는 척할 경우 최소한 코언을 부정적으로 보도하는 언론을 보고 불안해하는 투자자들을 안심시키는 효과를 거둘 수 있었다.

코언이 운영하는 헤지펀드처럼 높은 수익률을 내는 펀드에 돈을 맡기는 투자자들은 자기 잇속 챙기기에 빠른 집단이었다. 다수의 투자자들이 헤지펀드가 수익을 내주기만 한다면 무슨 수상한 일이 벌어지든 모른 척하고 넘어갔다. 대학 기금이나 공립학교 교사와 경찰관의 퇴직금을 관리하는 연기금도 그런 투자자에 속했다. 특히 연기금을 관리하는 펀드 매니저들은 퇴직자들을 위해 만족스러운 수익을 내야 한다는, 대부분의 경우에 이행이 불가능한 커다란 의무를 졌지만 필요한 만큼 수익을 낼 재간이 거의 없었다. 코언은 수년간 투자자에게 엄청난 수익을 안겨 줬기 때문에 어지간한 사태로는 그의 헤지펀드에서 돈이 빠져나가지 않았다. 그리고 버니 메이도프 사기 사건에서 보듯이 아무리 영리한 투자자라도 쉽게 돈 벌 수 있다는 유혹에 빠져 의심스러운 구석을 눈감고 넘어가기 일쑤였다.

하지만 SAC에 대한 정부의 수사가 일정 단계를 넘어서자 상황이 바뀌었다. 불안해진 투자자들이 코언에게 전화를 걸어 거의 매일같이 신문에 그의 이름이 올라오는 이유를 해명하라고 요구했다. 코언이 다른 데에 정신이 팔려 있는 것은 아닌지? 대체 코언은 이 사태를 어떻게 수습하려는 것인지? 이런 투자자들의 질문에 코언은 마침내 변명거리가 생겼다. 즉, SEC 수사에 협조 중이라는 변명이었다.

라일리는 몇 분간 명상에 잠겼다가 코언이 문 열고 들어오는 소리에 정신을 차렸다. 코언은 자신의 변호인인 마틴 클로츠, 그리고 대니얼 크레이머와 함께 들어왔다. 크레이머는 미국 최고의 회사법 전문 로펌 중 하나인 폴 와이스 리프킨 와튼 앤 개리슨(Paul, Weiss, Rifkind, Wharton & Garrison)의 변호사로서 코언의 확대된 법무 팀에 합류했다.

마틴 클로츠와 같이 일을 했던 대부분의 변호사들은 그를 좋아했다. 그는 SAC의 외부 자문 로펌인 윌키 파 앤 갤러거(Willkie Farr & Gallagher)의 선임 변호사로 10년 이상 코언과 SAC의 법률 자문을 맡아왔다. 1980년대 말 검사로 법조인 생활을 시작했고 예일대에서 철학 박사 학위를 받았다. 정중한 태도와 좀처럼 언성을 높이지 않는 침착함 덕분에 피고인들이 선호하는 변호사였다. 로펌 동료들은 그를 이번 시즌에 뉴욕 메트로폴리탄 오페라 하우스에서 어떤 작품을 관람하면 좋을지 물어보면 척척 답해 줄 교양인으로 보았다.

반면, 클로츠를 마피아 두목의 법률 고문처럼 보고 불신하는 사람들도 있었다. 그리고 거의 모든 소득을 한 고객에게 의존하는 변호사들이 그렇듯이 클로츠는 그의 돈 많은 고객이 다칠 만한 일을 극구 피하려 했다.

코언이 반쯤 미소를 머금은 채 법원 속기사 옆에 앉자 코언의 변호인들이 같이 앉았다. 라일리의 상사인 산제이 와드와는 평소 선서 증언을 청취하러 오지 않았지만, 이번에는 전체 수사에서 너무도 중요한 순간이었기에 일부러 찾아왔다.

화이트칼라 범죄 기소가 어려운 이유 중 하나는 기소하는 측과 기소당하는 측의 현격한 자원 차이에 있다. 이날 SEC 상황만 봐도 극명했다. 코언의 옆에는 아이비리그 대학을 졸업하고 저명한 판사 보좌관 경력을 거쳐 법조계에서 30년간 명성을 쌓고 이제는 머리가 희끗희끗한 변호사 두 명이 앉아 있었다. 코언의 변호인들은 노련하고 냉소적이고 권위자 같은 분위기를 풍겼다. 그들은 거의 무제한의 재산을 가진 고객을 위해 일하는 덕분에 엄청난 돈을 벌고 있었다. 맞은편에 앉은 찰스 라일리와 아멜리아 코트렐은 괜찮은 대학을 나온 젊고 영리하고 근면한 인재였지만, SEC 대신 마틴 클로츠나 대니얼 크레이머가 일하는 로펌에 지원했다면 어쏘시에이트*에 불과했을 터였다.

라일리는 주눅 들지 말자고 마음먹었다. 다른 증인을 대할 때처럼 코언을 위협하고자 했다.

선서 증언에 들어가기도 전에 코언은 몇 시쯤에 끝날지 물었다. "오늘 밤 뉴욕 닉스 경기를 보러 가야 합니다만." 코언은 농구 경기에 늦고 싶지 않았다.

코언은 선서를 하기 위해 일어서서 오른손을 들었다.

라일리가 물었다. "귀하는 진실을, 완전한 진실을, 오로지 진실만을 말하겠다고 맹세합니까?"

"맹세합니다." 코언은 의자에 다시 앉아 검은 눈동자를 굴리며 클로츠와 SEC 변호사들을 번갈아가며 쳐다봤다.

라일리는 "코언 씨, 당신은 선서를 했다는 사실을 이해하시는지

• associate_ 로펌의 변호사는 어쏘시에이트와 파트너로 크게 구분할 수 있다. 어쏘시에이트로 입사해 보통 7~10년 정도 지나면 파트너로 승진한다.

요?"라고 물었다. 코언은 그렇다고 대답했다.

라일리는 SAC와 SAC에서 코언의 역할을 묻는 것으로 질의를 시작했다. 코언은 자신이 SAC의 소유주이며, SAC에서 주식 포트폴리오를 하나 관리하고 있다고 대답했다. 라일리는 SAC 직원 수와 SAC 직원들이 보상받는 방법을 물었다. 코언은 포트폴리오 매니저는 포트폴리오 수익에서 일정 비율을 보수로 챙긴다고 설명했다. 그는 경영진으로 톰 콘히니, 피터 너스바움, 샐러먼 큐먼, 스티븐 케슬러 등 몇 사람의 이름을 댔다.

마토마에 대한 질문으로 넘어가자 코언은 자세한 내용이 기억나지 않는다고 답했다. 코언은 자신이 마토마 채용 과정에 개입하지 않았기에 마토마가 언제 입사했는지조차 기억나지 않는다고 말했다.

"그럼 엘란, 와이어스, 바피뉴주맙에 관해 얘기해 볼까요."

라일리의 말에 코언이 물었다. "바피뉴주맙을 '밥(bap)'이라고 지칭해도 될까요?"

"좋습니다."

이후 3시간 동안 양측은 밥, 웨인 홀먼, 마토마, 2008년 코언이 엘란과 와이어스에 투자한 이유, 포지션 규모, 코언에게 조언한 사람에 관해서 공방을 벌였다. 코언은 그 거래는 주로 마토마의 리서치를 바탕으로 이루어졌다고 인정했다. 하지만 라일리가 구체적인 내용을 물어보자 한 번에 80개 주식 종목의 가격 움직임을 훤히 꿰뚫던 당대 최고의 트레이더였던 코언은 기억나지 않는다고 답했다. "기억나지 않습니다"라는 답변이 65차례나 나왔다.

라일리는 처음부터 이렇게 흘러갈 줄은 알았지만 그래도 실망스러웠다. 코언은 마치 질문들을 이해하지 못한 듯 반응했고, 라일리는 코언의 "혼동"이 연기임을 확신했다. 코언은 마토마의 조언에 따라 엘란에 투자했음을 다시 인정했지만 어떤 조언이었는지는 기억나지 않는다고 말했다. SAC 내부의 다른 전문가들의 반대를 무릅쓰고 마토마의 조언을 신뢰한 이유도 모르겠다고 대답했다.

그 자리에 있었던 SEC 변호사들 누구도 코언이 아무 근거도 없이 마토마의 의견을 받아들여 엘란 주식에 그토록 거대하고 위험한 포지션을 구축했으리라고 믿지 않았다. 더 경험 많은 헬스케어 애널리스트들의 의견을 무시하고 마토마의 말만 믿을 확실한 근거가 있었음이 틀림없었다. 하지만 라일리가 이 대목을 파고들자 코언은 퉁명스럽게 답했다. 코언에게 엘란과 와이어스 주식을 대량 매입하지 말라고 건의했던 헬스케어주 애널리스트 데이비드 머노와 벤저민 슬레이트에 대한 질문들이 이어졌다. 코언은 당시 논쟁에 대해 잘 기억이 나지 않는다고 버텼다.

오후 1시경, 점심 식사를 위해 증언을 중단했다.

SEC 변호사들은 와드와의 집무실에 모여 샌드위치를 먹으며 코언에 대한 생각을 얘기했다. 모두가 코언이 능숙하게 답변을 회피한다는 점에 동의했다. 코언은 거짓말을 하고 있음이 틀림없었다. 아무것도 기억나지 않는다는 그의 답변은 너무도 터무니없었다.

와드와는 "계속 밀어붙여야 해" 하고 말했지만 이번 증언에서 그들이 원했던 바를 얻지 못하리라는 예감이 들었다. 실망감이 밀려왔다.

1시간 뒤에 증언이 재개됐다. 라일리는 머노와 슬레이트에 관해 넌지시 얘기를 꺼낸 다음, 결정적인 시점인 2008년 7월 20일 일요일에 있었던 일을 물어봤다. 이날 코언은 마코마와 통화를 마친 다음 SAC가 보유한 엘란과 와이어스 주식을 전량 매도하라고 지시했다. 그 방에 있던 모든 SEC 변호사들은 당시 코언과 마토마의 통화 내용을 절실히 알고 싶었다. 대체 마토마가 무슨 말을 했기에 코언은 SAC의 포지션을 매도하기로 결정했을까?

코언은 피곤한 기색을 드러냈다. 클로츠가 커피를 한 잔 갖다 달라고 요청했다.

이때 라일리는 마토마가 2008년 7월 20일 일요일 아침에 보낸 이메일 사본을 코언 앞에 놓았다. "오늘 아침 통화할 수 있을까요? 중대한 용건이 있습니다" 하는 이메일이었다.

라일리가 물었다. "마토마가 보낸 이메일인데, 기억이 나십니까?"

코언은 한동안 침묵하더니만 앉은 자세를 바꾸면서 대답했다. "그런 것 같군요."

"마토마와 통화했습니까?"

"네. 그날 아침 마토마가 내게 전화했죠. 내가 기억하기로, 그때 마토마는 엘란 포지션이 불안하다고 말한 것 같습니다."

다른 SEC 변호사가 그 이유를 묻자 코언이 대답했다.

"당시 나는 그 이유를 물었을 겁니다. 아니면… 음, 그가 계속 '저는 엘란 포지션이 그냥 불안합니다'라는 말을 반복했던 것 같아요."

"마토마가 이유를 말했나요?"

라일리의 질문에 코언이 답했다. "아마도 그랬을 겁니다. 그런데 지금은 그게 뭐였는지 기억나지 않는군요."

양측은 계속 같은 질문과 답변을 반복했다. 코언은 자신이 극렬한 내부 반대에도 불구하고 엘란과 와이어스 주식에 구축한 10억 달러 상당의 포지션을 갑자기 청산하도록 마토마에게 설득당한 이유가 전혀 기억나지 않는다고 강변했다. 라일리의 상관인 아멜리아 코트렐 SEC 뉴욕 사무소 소장은 문답을 지켜보면서 점점 더 의구심이 들었다. 그녀가 중간에 불쑥 끼어들어서 코언에게 물었다.

"마토마 씨가 엘란 포지션이 불안하다고 말했을 때, 당신은 '왜?'라고 반문한 것조차 기억하지 못하시나요?"

코언은 당시 그렇게 반문한 것 같다고 대답했다.

"그러면서 마토마가 당신에게 구체적으로 어떤 말을 했는지 전혀 기억하지 못하신다고요?"

"그렇습니다. 기억나지 않아요."

라일리는 애초부터 이렇게 흘러가리란 점은 SEC 변호사 모두 예상한 바가 아니겠냐며 위안을 삼으려 했다. 애초부터 스티븐 코언이 SEC에 와서 매튜 마토마에게 내부정보를 받았다고 인정할 턱이 없었다. 어쨌든 SEC는 코언의 자백을 받으려고 시도는 했다. 하지만 코언에게서 아무것도 얻지 못했다.

증언은 정확히 오후 6시에 끝났다. 코언은 뉴욕 닉스 경기가 시작하는 순간에 농구장에 도착했다.

13장 카르마

길먼의 항복

　　　　　　　피고인 측 변호인이 검찰에 기대할 수 있는 최상의 결과는 불기소 합의를 이끌어 내는 것이다. 불기소 합의란 피고인이 수사기관에 증언하는 것을 포함해 일정 책임을 다할 경우 중죄나 경범죄로 기소하지 않겠다는 검찰의 약속이다. 이것은 피고인 측이 얻을 수 있는 최선의 결과이기에 뉴욕 남부지검은 불기소 합의를 남발하지 않았다. 마크 뮤케이시 변호사는 불기소 합의를 통해 시드 길먼을 구하고자 했다. 그는 검찰이 불기소 합의에 동의하리라고 확신했다. 검찰이 마토마를 처벌하기 위해서는 길먼의 증언이 너무도 중요했기 때문이다.

　불기소 합의를 목표로 삼은 뮤케이시 변호사는 SEC에 전화를 걸어 길먼이 중요한 할 말이 있다고 전했다. 때는 2012년 8월이었다. 뮤케이시는 금요일 오후 6시에 만나자고 제안했다. 라일리와 동료들은 코웃음을 쳤다. 또 다른 지연 전술이라는 의심이 들었기 때문이고, 그가 여름 주말 직전인 금요일 밤에 만나면 조사관들도 싫을 테니 저녁에 만나자고 선심이라도 쓰듯 설명했기 때문이다. 라일리가 냉소적으로 대꾸했다.

"고맙군요!"

그러나 길먼이 회의실에 들어오자마자 SEC 조사관들은 그의 태도가 바뀌었음을 알았다. 테이블에 앉은 길먼은 수사에 협조하고자 진술하러 왔다고 밝히고, 바피의 임상시험에 관한 내부정보를 마토마에게 전했다고 인정했다. 게다가 여러 차례 알려 줬다고 말했다. 자신이 심각한 잘못을 저질렀음을 시인한 셈이다.

방에 있던 조사관들과 검사들이 급히 질문을 던졌다. 2008년 7월 국제 알츠하이머 콘퍼런스 2주 전에 길먼이 엘란으로부터 받은 파워포인트 발표 자료에 관한 질문이었다. 이 질문은 중요했다. 파워포인트 발표 자료는 마토마가 비밀 정보를 이용해 거래한 사실을 입증할 확실한 물증, 즉 '문서'이기 때문이다. 이런 물증을 제시하면 마토마가 배심원 평결에서 결정적으로 불리해질 수 있다. 회의실에 있던 데블런-브라운 검사가 길먼에게 물었다. 마토마에게 발표 자료를 보냈는가? 보냈다면, 어떻게?

"네, 보냈습니다." 길먼은 보낸 사실은 확실히 기억한다고 답했다. 문제는 당시 마토마와 어떤 대화를 나누었는지 정확히 기억하지 못한다는 점이었다. 마토마와 전화로 슬라이드 자료에 관한 대화를 나눈 사실을 어렴풋이 기억할 뿐이었다.

데블런-브라운 검사는 길먼이 일부 세부 내용을 기억해 낼까 싶어서 표현을 바꾸어 다시 물었다. 그러자 길먼은 마토마의 요청에 따라 이메일로 슬라이드 자료를 보낸 것 같다고 대답했다.

이로써 정부 측은 마침내 마토마 사건에 종지부를 찍는 데 필요한 결정적인 증거를 확보했다. 그들은 길먼이 마토마에게 발표 자료를 보냈음을 입증하는 이메일을 아직 확보하지 못했지만, 그 이메일은 서버 어딘가에 저장돼 있음이 틀림없었다. 벌써 라일리는 어떻게 이메일을 추적할지 궁리 중이었다.

이처럼 반박 불가한 증거가 있을 경우 마토마가 살 길은 코언 수사에 협조하는 것뿐이었다. FBI는 마토마를 체포할 계획을 세웠다.

마토마의 체포

3개월 뒤, 플로리다의 보카 러톤에 도착한 FBI 요원들이 마토마의 집 앞에 차를 세웠다. 이번에는 그냥 대화하려고 찾아온 것이 아니었다. 특수 요원 매튜 캘러핸이 성큼성큼 걸어가 현관문을 세게 두드렸다.

문을 연 마토마는 충격을 받은 듯 보였다. 캘러핸이 물었다.

"절 다시 보실 거라 예상하셨습니까?"

"솔직히 예상 못 했습니다."

당초 캘러핸은 마토마가 수사에 협조하겠다고 밝힐 경우 공식적 기소 절차를 보류할 작정이었다. 그러나 코언 수사에 협조하겠냐는 질문에 마토마는 고개를 저었다. 캘러핸은 할 수 없이 마토마에게 수갑을 채웠다.

마침 추수감사절 주간이라 로즈메리의 부모가 딸의 집을 방문 중이었다. 그들은 마토마가 검은색 세단 뒷좌석에 끌려 들어가는 모습을 인상을 쓰며 지켜봤다. 마토마의 세 자녀는 공포와 혼란에 휩싸였다.

정오가 되자 마토마 체포 소식이 모든 주요 언론에 보도됐다. 다음 날 아침 《뉴욕타임스》 1면에는 이런 기사가 실렸다. "지난 5년간 수십 명의 헤지펀드 트레이더를 내부자거래 혐의로 기소해 유죄 판결을 받게 한 연방 수사 당국이 월가에서 가장 영향력 있는 인물 중한 명을 기소하기 위해 끈질기게 수사해 왔다. 바로, 주식 종목을잘 골라 억만장자가 된 스티브 코언이다."

뉴스를 본 SAC 직원들은 예전에 SAC가 엘란과 와이어스 주식에 위험할 정도로 엄청난 포지션을 구축한 이유, 이를 둘러싼 논쟁과 석연치 않은 설명, 코언이 이상할 만큼 마토마 말에만 귀를 기울인 이유, 마토마가 "블랙 에지"를 확보했다는 한 동료의 발언 등 예전에 이해하지 못했던 퍼즐 조각을 하나씩 맞출 수 있게 됐다. 마토마의 SAC 재직 시절, 마토마 밑에서 트레이더로 일했던 팀 잰도비츠는 월가를 떠나 시카고에서 샌드위치 가게를 운영하고 있었다. 자체 개발한 특별한 와플 빵으로 색다른 샌드위치를 만들어 파는 가게였는데, 잰도비츠는 이 가게를 성공시켜 멕시코 음식 체인점 치폴레(Chipotle)처럼 사업을 확장하는 날을 꿈꾸고 있었다.

잰도비츠는 마토마가 체포당했다는 뉴스를 보고 깜짝 놀랐다. 신약 연구자에게 돈을 주고 내부정보를 빼냈다는 마토마의 혐의를 설명한 기사를 읽으니, 2008년 엘란과 와이어스 주식거래를 둘러싼기묘하고 비밀스러운 행태들이 모두 이해가 됐다.

잰도비츠는 친구에게 보낸 이메일에서 마토마 체포 뉴스를 본 소감을 밝혔다. "업보가 비참하군."

"월가를 때려잡을 남자"

이제 길먼이 적극 수사에 협조함에 따라 검찰은 마토마를 기소해도 승산이 있다고 확신하게 됐다.

뉴욕 남부지검은 일반적이지 않은 방식으로 마토마 기소를 진행했다. 마토마에 대해서 기소장(indictment)을 발부하지 않고 소장(complaint)만 작성한 것이다. 기소장 발부는 연방대배심이 검찰이 제시한 증거를 인정해 공식적인 형사 절차가 시작됐음을 의미한다. 반면, 소장 작성은 검사가 판사 앞에서 범죄 사실의 발생을 주장하는 것으로 기소(prosecution) 절차의 첫 단계일 뿐이다. 기소장 발부는 검찰이 기소하겠다는 이유를 연방대배심이 이미 인정했음을 의미한다. 검찰은 곧바로 기소를 해 버릴 수도 있었지만, 그러한 조치가 마토마를 압박하는 전술로 활용되기를 희망했다. 검찰은 마토마에게 이렇게 경고하는 셈이었다. '정말로 기소당해서 재판으로 끌고 가길 바라나? 다른 길도 있으니 잘 생각해 보게.'

그렇지만 검찰은 마토마에게 직접적으로 코언 수사에 협조해 달라고 요청하지는 않았다. 절박하게 매달리는 모양새를 취하고 싶지 않았기 때문이다.

데블런-브라운 검사는 마토마의 변호인인 찰스 스틸먼에게 이렇게 말했다. "만약 마토마가 공범에 대해 증언하겠다면 우리는 들어줄 의향이 있습니다. 100퍼센트 구체적인 증언이 아니더라도 좋습니다…."

프리트 바라라는 마토마 체포 소식을 발표하기 위해 당시로서는 최대 규모의 기자회견을 열었다. 그는 뉴욕 남부지검 청사 1층에 기자들을 잔뜩 모아 놓고 검찰 수사 성과를 발표하길 좋아하는 쇼맨십 넘치는 인물이었다. 보통, 기자회견을 준비하는 동안에는 집무실 에어컨을 추울 정도로 틀고 록 가수 브루스 스프링스틴의 음악을 들었다.

바라라는 검은 양복과 빨간 넥타이 차림으로 연단에 서서 기자들에게 발표할 때 근엄한 표정을 유지했지만, 가끔은 뭔가 다 안다는 듯이 히죽거리는 웃음이 얼굴에 조금씩 떠올랐다. "오늘 체포된 마토마의 혐의는 내부자거래와 관련이 있습니다. 먼저 보유 주식을 매각했고, 다음에는 공매도를 했습니다. 그것도 역사상 전례가 없는 규모로 말입니다"라고 말했다. 그는 마토마의 엘란과 와이어스 거래가 역사상 가장 큰 수익을 낸 내부자거래 사건으로 "아마도 2억 5천만 달러 내외의 부당이득을 헤지펀드가 거두었을 것"이라고 설명했다. 그는 잠시 말을 끊고선 덧붙였다. "기사에 숫자를 정확히 써 주시기 바랍니다. 2억 5천만 달러 내외입니다."

기자회견에서는 바라라 외에도 여러 사람이 발언했다. 하지만 이상하게도 마토마가 근무한 곳을 SAC라고 지칭한 사람은 아무도 없었고, 다들 "헤지펀드"나 "헤지펀드 회사"라고만 언급했다. 누가 봐도 스티브 코언이 이 사건의 배후 인물임이 명백했지만 아무도 그 사실을 언급하지 않았다.

바라라는 코언의 연루 의혹을 제기하는 임무를 기자회견장에 모인 기자들에게 떠넘긴 채 곧바로 기자회견장을 빠져나갔다. 많은 언론이 마토마의 혐의에 대한 소식, 그가 SAC에서 근무한 사실, 그리고 이 사건이 코언과 개인적으로 관계가 있다는 사실 등을 보도했다.

불과 몇 개월 전 《타임》은 바라라의 얼굴 사진을 크게 확대해서 "월가를 때려잡을 남자"라는 문구와 함께 표지에 실었다. 이제 이 말이 현실이 되는 듯 보였다.

클로츠 변호사의 교활한 노림수

2013년 겨울은 무척 추웠다. 맨해튼을 뒤덮은 얼음이 이른 봄까지 남아 있을 정도였다. 2013년 3월 8일 아침, 산제이 와드와는 출근길을 서두르다 빙판길에 넘어져 머리를 바닥에 부딪치고 말았다. 평소처럼 아들을 어린이집에 맡기고 가느라 지각할까 봐 마음이 급해진 탓이었다. 피가 나지는 않았지만 괴로운 신음 소리를 내며 일어나 절뚝거리며 출근했다. 사무실에 도착하니 직원이 멍든 부위를 가라앉힐 얼음주머니를 가져다 줬다. 이날은 코언 측 변호사와 중요한 통화 약속이 잡혀 있었다. SEC 역사상 손꼽히는 규모의 금전적 합의를 마무리 지을 예정이었다.

"괜찮으시겠어요? '정말' 이대로 진행하실 겁니까?"

동료의 물음에 와드와가 답했다. "난 괜찮습니다. 어서 끝내 버립시다."

몇 주 전, 와드와는 마틴 클로츠 변호사의 연락을 받았다. 클로츠는 매튜 마토마와 마이클 스타인버그와 관련한 사건들을 "합의"하고 싶다는 코언의 의사를 전달했다. 코언은 이 사건을 종결해서 향후 기소당할 위험에서 벗어나고 싶었다. 코언 입장에서는 사태가 악화되기 전에 당국과 합의 보는 편이 바람직했다. 가령, 마토마가 변심해 수사에 협조한다든지 하면 코언이 크게 곤란해질 터였다. 비록 그런 변화의 조짐이 아직 없더라도 사람 일이란 모르는 법이었다.

클로츠가 원했던 딜은 불법 거래에 대한 회사의 책임 문제만을 SEC와 합의하는 것이었다. 따라서 코언 자신과 다른 사람들은 여전히 기소당할 수 있었다. 그렇더라도 코언은 당국과 협상을 진전시키고 싶었다.

와드와는 머리에 얼음주머니를 댄 채 전화기를 들었다. SEC는 엘란과 와이어스 거래에 대한 벌금 6억 170만 달러, 델 거래에 대한 제재금 1390만 달러를 정부에 납부할 것을 코언 측에 제안했다. 이 제재금은 SAC가 엘란과 와이어스에서 2억 7500만 달러, 델에서 640만 달러의 부당이득을 챙겼다는 SEC의 주장을 근거로 책정된 것이다. SAC가 제재금을 모두 내겠다고 동의할 경우, 이 금액은 라지 라자라트남이 납부한 금액의 약 4배에 달하는 규모로서 SEC가 받아 냈던 역대 최대 중 하나가 될 터였다. SAC의 유일한 소유주인 코언이 개인 재산을 털어 이 돈을 내야 할 판이었다.

와드와가 SEC의 합의 조건을 제시하자 클로츠는 코언이 그 조건에 동의할 것이라고 대답했다. 모든 법적인 상황을 고려할 때, 클로츠는 벌금 납부 외의 길로 갈 경우 코언에게 훨씬 불리할 것으로 생각했다. 와드와는 전화를 끊고 필요한 서류들을 준비했다.

지난 2년 동안, 언론은 정부의 내부자거래 수사의 진짜 타깃은 코언이라는 뉴스를 떠들썩하게 뿌려댔다. 코언이 기소당해 형사재판을 받을지를 놓고 추측이 난무했다. 이제 코언은 수표책을 꺼내 법적 문제들을 해결하려고 했다. 코언은 드디어 이 악몽이 끝나가고 있다고 확신했다. 하지만 SAC의 명성을 회복하고 전보다 드높이려는 계획을 구상하려던 순간에 완전히 새로운 사건 수사가 닥쳐왔다.

2008년 8월 26일, 존 호바스는 델의 실적과 관련한 "델 관련 이메일"을 마이클 스타인버그에게 보냈는데, SEC의 또 다른 팀이 이메일 상의 내부정보를 이용한 모든 거래를 샅샅이 뒤지고 있었다. 델 수사는 델 주식을 거래한 SAC 직원들에 대한 기소로 이어질 가능성이 있었다. SEC 변호사들은 쌓여 가는 증거를 토대로 스타인버그를 내부자거래 혐의로 기소할 수 있으리라 확신하게 됐다. 이는 코언과 가장 가까운 최측근들로 수사망을 조일 수 있는 또 다른 기회로서 커다란 진전이었다.

FBI가 급습한 헤지펀드들에서 일한 트레이더인 앤서니 치어슨과 토드 뉴먼은 지난 12월에 내부자거래 혐의로 유죄 판결을 받았다. 호바스가 수사에 협조하기로 결정했고, 정부가 스타인버그를 기소할 수 있도록 돕고 있었다. 스타인버그는 아직 기소당하지 않았지만 시간문제일 뿐이었다.

델 거래를 조사하던 SEC 변호사들은 2008년 8월 실적 발표 직전에 스타인버그가 델 주식을 거래할 때 코언도 델 주식을 매매한 사실을 발견했다. 스타인버그는 호바스가 알려 준 정보 때문에 거래한 것으로 보이는데, SEC가 볼 때 그 정보는 분명 내부정보였다. 남은 의문은 당시 코언이 델 주식을 거래한 이유였다.

2013년 3월 13일 수요일, SEC와 코언 사이에 6억 달러의 엘란 합의서에 서명하기로 예정된 이틀 전, 와드와는 SEC 사무실 책상에 앉아 향후 일을 구상 중이었다. 시간은 새벽 1시를 넘고 있었고 몸은 많이 지친 상태였다. SEC는 SAC와의 딜을 통해 새 역사를 쓰기 직전이었고, 와드와는 이번 일로 SEC가 많은 주목을 받으리라 예상했다. 이번 사건에서는 검찰이 한 일이 없으니 누구도 SEC의 공을 가로채지 못하리라 생각했다. 그때 전화벨이 울렸다.

마틴 클로츠 변호사였다. "안녕하십니까. SEC 측에서 요청하신 가장 최근 문서들을 계속 찾아본 결과 한 가지 사실을 발견했습니다. SEC 측에서 빨리 아셔야 할 것 같아서요…." 그는 SEC가 최근에 보낸 문서제출명령서들을 지칭하고 있었다. 클로츠의 목소리가 작아졌다. 견디기 힘든 침묵이 한동안 이어진 끝에 클로츠가 침묵을 깼다. "우리는 델에 관한 이메일이 실제로 스티브에게 도착했음을 발견했습니다."

와드와는 잠이 확 깼다. SEC는 SAC의 예전 이메일 기록을 놓고 클로츠와 몇 주간 줄다리기를 벌였다. SEC는 특히 2008년 8월 26일 "호바스의 델 관련 이메일"을 SAC 직원 중 누가 받아 봤는지 파악하기 위해 이메일 기록을 넘겨 달라고 SAC에게 요청했다. SAC의 트레이딩 기록에 따르면, 델이 실망스러운 실적을 발표할 것이라고 경고하는 이메일을 호바스가 스타인버그 등에게 보낸 시점 전후로 다수의 SAC 트레이더들이 델 주식을 매매한 듯 보였다.

SAC는 이메일 기록을 제출하지 못하는 여러 이유를 둘러댔다. 우선 SAC는 회사 정책상 2008년 9월 이전 이메일들을 서버에 보관하지 않았다고 주장했다. SEC 조사관들은 SAC처럼 매일 엄청난 규모의 주식을 거래하는 거대한 회사가 만일의 사태를 대비해 모든 이메일을 보관해 두지 않은 점을 이상하게 여겼다. 나중에 클로츠는 이메일 기록을 담은 백업 테이프들을 속속 발견했다. 그럴 때마다 클로츠는 테이프를 찾는 데에 그토록 시간이 오래 걸린 이유를 각각 다르게 해명했다. 2008년 주식거래에 대한 공소시효 마감이 다가오고 있었다. 정부는 시간에 쫓기고 있었고 클로츠는 이런 사정을 잘 알고 있었다.

클로츠는 델 관련 이메일이 코언에게 도달한 것이 왜 중요하지 않은지 그 이유를 설명했다. 그것은 마치 와드와의 마음을 읽은 듯 보였다.

"몇 가지 이유에서, 아마도 스티브가 그 이메일을 읽지 않았을 가능성이 꽤 있습니다. 그때는 여름이었고, 코언은 햄튼스에 있는 별장에서 지내니까요…."

와드와는 확 괴성을 지르고 싶은 기분이 들었다. 거액의 벌금을 납부한다는 합의서에 서명하기 이틀 전에 이처럼 중요한 정보를 밝히는 모습이 마치 SEC를 바보 취급하는 것 같았기 때문이다. 실로 격노할 일이었다. 와드와는 이 문제를 동료들과 논의할 필요가 있다고 말하고 전화를 끊었다.

6억 달러의 합의금

클로츠가 그처럼 중요한 정보를 공개한 시점과 방법은 매우 교활했다. 만약 그가 그 정보를 언급하지 않고 코언이 벌금 6억 달러를 납부한다는 합의서에 서명했다고 치자. 나중에 SEC가 자체 조사를 통해 코언이 받은 델 관련 이메일을 찾아냈을 가능성이 높고, 이 경우 SEC는 화가 나서 다시는 코언을 신뢰하지 않을 가능성이 있었다. 코언 입장에서는 차후 큰 후환거리가 될지 몰랐다. 합의서를 작성하는 데에 그토록 공을 들여놓고선 합의서에 서명하기 직전까지 기다렸다가 불리한 정보를 밝힌 점은 확실히 교묘했다. 클로츠는 불리한 이메일을 발견한 사실을 알림으로써 당국의 신뢰를 얻는 한편, 다른 대안을 모색할 시간이 거의 남지 않은 시점을 택해 당국이 어쨌든 합의를 선택할 수밖에 없도록 몰아넣었다. 클로츠의 목표는 언제나 코언에게 최선의 결과를 얻는 것이었다.

그날 밤, SEC 변호사들은 새로운 정보를 접한 상태에서 예정대로 합의해야 하는지를 놓고 논쟁을 벌였다. 마치 클로츠가 SEC에 난제를 던져 골탕 먹이려는 듯 보였다.

물론, 코언에게 보내진 델 내부정보가 담긴 이메일이 백업 서버에 남아 있다가 월가 역사상 최대 규모 중 하나인 증권사기 관련 제재금을 납부하는 합의서에 서명하기 직전에야 SAC가 그 이메일을 발견했을 가능성도 있다. 놀랍도록 가능성이 희박한 우연이지만 불가능한 일은 아니다.

어쨌든 합의를 한다고 해도 여전히 SAC 직원 개인을 기소하는 것은 가능했고, 이 점은 SEC가 합의 조건을 논의하는 과정에서 확고히 고수한 입장이었다. 이번 합의 내용은 엘란, 와이어스, 델 주식거래에 대한 SAC의 기업 책임을 묻는 것이었다. 이 합의에는 회사 이외에 특정인이 지목되지 않았다. 코언이 SAC 지분을 다 가지고 있고 SAC의 모든 주요 결정을 내리는 현실에서 코언의 이름을 빼다니 이상한 합의처럼 보였다. 하지만 SEC 입장에서 이는 첫걸음이었을 뿐이다. SEC는 그냥 밀고 나가 합의를 종결하기로 결정했다.

SEC 델 조사 팀의 핵심 멤버인 매튜 와킨스는 합의서 10개를 손으로 일일이 고쳐 가며 검토하느라 목요일이 후딱 지나갔다. 다음 날인 2013년 3월 15일 아침, SEC는 다음과 같은 언론 보도자료를 배포했다. "CR 인트린식이 내부자거래 사건에서 역대 최대의 합의금인 6억 달러 이상을 내기로 동의하다."

이날 와드와 휘하 직원들은 헤지펀드 업계의 동료와 친구들에게서 온 축하 전화와 이메일에 응답하느라 바쁘게 지냈다. 그들은 오랫동안 위법 행위가 의심된 SAC에 대해 마침내 제재를 가한 SEC

에게 감사를 표했다. 하지만 SEC 변호사들은 여기서 멈출 때가 아님을 잘 알았다. 이제 코언이 내부정보를 입수했음을 직접 보여 주는 이메일 기록을 확보했기 때문이다. 정부는 이미 코언이 막대한 제재금을 물게 했지만 목표는 코언 개인을 기소해 영원히 업계에서 퇴출시키는 것이었다. SEC 조사관들은 원래 언론 보도자료를 배포한 뒤 자축하기 위해 밖에서 점심 식사를 하기로 계획했지만, 대신 엘리베이터를 타고 건물 1층에 있는 햄버거 가게 피제이 클라크(P. J. Clarke's)로 내려가 간단히 맥주를 마신 다음 서둘러 사무실로 올라갔다. 그들에게는 아직 할 일이 남아 있었다.

의혹 투성인 주식거래

그날 저녁 7시 33분, 코언에게 보내진 "호바스의 델 관련 이메일"이 SEC의 중앙처리장치 컴퓨터에 저장됐다. SEC 조사관들이 가장 먼저 알고 싶었던 사실은 코언이 해당 이메일을 받고 나서 델 주식을 매도했는지 여부였다. 만약 그가 해당 이메일을 받기 전에 매도했다면 두 사건의 인과관계는 성립하지 않는다.

해당 이메일의 속성 정보(metadata)를 찾아보면, 해당 이메일은 SAC 애널리스트 존 호바스가 2008년 8월 26일 오후 1시 9분에 마이클 스타인버그와 가브리엘 플로킨에게 보낸 것으로 되어 있었다. SEC 조사관 저스틴 스미스는 이메일 체인에서 새로운 이름을 발견했다. 바로 앤서니 바카리노였다. 플로킨은 호바스로부터 이메일을 받고 4분 뒤인 오후 1시 13분에 이메일을 포워딩(forwarding)했다. 새로운 발견에 흥분한 스미스는 동료 조사관들에게 이 사실을 알리는 메시지를 보냈다.

SEC는 앤서니 바카리노란 이름에 익숙하지 않았다. 그 대신 플로킨이라는 이름은 잘 알고 있었다. 그는 코언에게 어느 소비재 대기업 주식을 사야 좋을지 트레이딩 아이디어를 제공하는 스타 포트폴리오 매니저였다. 바카리노는 SAC 직원 명단에서 "리서치 트레이더"로 나와 있었고 코언의 직속 직원으로 근무했다. 오후 1시 29분에 바카리노는 코언의 개인 이메일 주소와 회사 이메일 주소로 델 이메일을 포워딩했다.

SEC는 바카리노의 통화 기록을 급히 찾아봤다. 빤히 예상할 수 있는 것처럼 바카리노는 오후 1시 37분에 코언의 휴대전화로 전화를 했다. 통화 시간은 1분이 채 안 됐다. 2분 후 코언은 델 주식 20만 주를 매도했다. 코언은 그날 오후 내내 매도를 계속했고, 장 종료 때까지 보유하고 있던 전량인 50만 주를 매도했다. 이틀 뒤 델은 실망스러운 실적을 발표했다. 호바스의 예측대로였다.

조사관들은 통화 요금 청구서를 통해 통화 내역을 조사했기에, 바카리노가 오후 1시 37분에 코언의 휴대전화로 전화를 걸었을 때 코언이 실제로 전화를 받았는지 확실히 알 수 없었다. 바카리노가 코언에게 델 관련 이메일에 대해 보고하고, 코언이 그 이메일을 읽었는지 확인하려고 전화했을 가능성이 높지만 48초는 그리 긴 시간이 아니었다. 코언이 전화를 받지 않았다고 발뺌할 가능성도 있었다. SEC는 AT&T 통신사에 문의해 회사 방침상 수신자가 받은 전화에 대해서만 요금을 청구한다는 답변서를 받았다. AT&T는 문제가 된 모든 통화 기록을 초 단위까지 상세히 보여주는 엑셀 스프레드 시트 문서를 SEC에 보냈다.

SEC의 의문은 아직 다 풀리지 않았다. 다른 누군가가 델 주식 매도를 지시했을 가능성은 없을까? 코언이 직접 오후 1시 29분 전에 매도 주문을 넣었을까? 주문을 넣은 시점과 주문이 체결된 시점 사이에 시차가 있지 않았을까? SEC는 다음과 같은 가설을 세워 봤다. 호바스가 델 실적에 관한 중요한 정보를 제스 토토라에게 들었다. 호바스는 이 정보를 스타인버그와 플로킨에게 이메일로 보냈다. 이메일을 받은 플로킨이 바카리노에게 보냈고, 바카리노는 코언에게 보고했다. 코언은 악재가 발표되기 전에 모든 델 주식을 매도했다. 이 가설과 다르게 설명하려면 복잡한 가정이 필요했다. 오컴의 면도날 원칙이 다시 필요했다.

조사관들이 수집한 모든 정보를 종합해 보면 코언은 주식에 미친 남자였다. 코언은 SAC를 금융계에서 가장 정교하고 강력한 정보 수집 능력을 가진 회사로 키웠다. 그는 기억력이 뛰어났고, 자신의 주식거래에 도움이 될 새로운 정보에 대한 욕심이 엄청났다. 그는 SAC 포트폴리오 매니저들이 자신에게 먼저 보고하지 않고 거래하는 것을 극도로 싫어했다. 트레이딩 플로어에서 그런 직원이 있으면 호되게 꾸짖었다. 이런 코언이기에 당연히 스타인버그 같은 포트폴리오 매니저가 델 주식을 거래하는 동향과 이유를 즉각 보고받으려 했을 것이라고 조사관들은 추론했다.

그렇지만 클로츠는 여전히 "호바스가 보낸 델 실적 관련 이메일"을 반드시 읽었다고 볼 수 없다고 주장했다. 그는 수사를 지연하고 조사관들이 시간을 낭비하도록 하고자 온갖 억지를 부렸다.

〈꿈〉의 매입

스티브 코언은 숨어 지내지 않았다. 코언은 SAC의 미래를 우려하는 투자자들을 안심시키고자 자신만만한 모습을 보이려 했다. 그는 2013년 초에 일부러 대중 앞에 계속 모습을 드러냈다. 1월에 스위스 다보스에서 열리는 세계경제포럼에 참석하고, 플로리다 팜비치에서 열리는 헤지펀드 콘퍼런스에 이례적으로 얼굴을 비췄다. SEC에 6억 달러가 넘는 벌금을 내기로 합의했어도 아직도 자신은 겁먹지 않았고 건재하다는 점을 세상에 알리기 위함이었다.

2013년 3월 말, 코언은 미술품 딜러 윌리엄 아쿠아벨라의 전화를 받았다. 그는 카지노 소유주이자 저명한 미술품 수집가인 스티브 윈이 피카소의 〈꿈〉을 팔 준비를 마쳤다고 전했다. 윈은 2006년에 이 작품을 코언에게 팔기로 했으나 손님들에게 자랑하다가 실수로 작품을 훼손하고 말았다. 그 후 7년간 그는 이 작품을 복구하고자 상당한 자원을 투입했다. 과연 코언이 여전히 관심을 보일까? 다음 날 아침, 코언은 자신의 미술품 컨설턴트와 함께 아쿠아벨라의 갤러리로 급히 달려갔다.

코언의 미술품 컬렉션은 세계적으로 유명했다. 코언은 2005년에 1억 1천만 달러를 들여 여러 중요한 작품들을 매입했는데, 그중에는 반 고흐 그림 1점과 고갱 그림 1점도 포함돼 있었다. 2006년에는 윌렘 데 쿠닝(Willem de Kooning)의 그림을 1억 3750만 달러에 샀다. 2012년에는 앙리 마티스의 구리 조각품 4점을 1억 2천만 달러에 샀고, 폴락, 모네, 그리고 마네의 그림을 포함해 수십 점의 걸작들을 보유했다. 갤러리의 주인들은 최고의 작품을 사기 위해 얼마든지 지불하려는 코언을 좋아했다. 다른 인생 영역에서와 마찬가지로 코언은 자신이 원하는 것을 늘 손에 넣으려 했다. 하지만 피카소의 〈꿈〉만큼은 아직 손에 넣지 못했다.

2006년도의 사고 후 원은 피카소의 〈꿈〉을 토렌스 마혼에게 보냈다. 그는 작품 가치를 훼손하지 않고 그림을 복구해 낼 수 있는 미국에서 2명뿐인 복원 전문가 중 하나였다.

마혼은 맨해튼 파크 애비뉴 사우스에 있는 자신의 작업실에서 찢어진 캔버스를 복구하기 위해 가느다란 한방용 침들을 사용해 캔버스를 꿰맸다. 그리고 새로 꿰맨 실 부분에 조심스럽게 물감을 칠했다.

"다행스럽게도 찢어진 캔버스를 꿰매고 나니 훼손된 부분이 많지 않았습니다. 캔버스에서 아주 미량의 물감이 벗겨졌을 뿐입니다. 캔버스에 구멍이 뻥 뚫려 공백이 발생한 것은 아니었습니다. 제가 새로 물감을 채워 넣어야 했던 공간은 연필심 정도에 불과했습니다."

보석 세공사처럼 섬세한 눈썰미와 혈관수술을 하는 외과의처럼 안정적인 손놀림이 요구되는 작업이었다. 마혼이 복원 작업을 마친 시점은 2006년 12월 11일이었고, 복원 비용은 9만 493달러였다. 그 후 이 작품은 이미지 세탁을 위해 맨해튼 이스트 79번가에 위치한 윌리엄 아쿠아벨라의 갤러리에 전시됐다. 이렇게 세월을 보내다가 아쿠아벨라가 코언에게 전화를 건 것이다.

코언의 미술품 컨설턴트가 회상한다. "3분 만에 협상을 마쳤습니다. 스티브가 거의 10년간 손에 넣고 싶어 한 작품이었으니까요."

코언은 "그 그림 앞에 서면 황홀해집니다" 하고 감상평을 밝혔다.

코언이 〈꿈〉을 1억 5500만 달러에 샀다는 뉴스는 수년간 코언을 수사했고 여전히 그를 기소할 증거를 찾고 있던 검찰, FBI, SEC 조사관들의 관심을 즉각 끌었다. 형사 사건 수사가 진행 중인 시기에 의뢰인이 그토록 고가의 미술품을 과시하듯 사도록 내버려 둘 변호사가 있겠는가? 마치 코언이 수사 당국을 도발하는 듯 보였다.

피카소 거래 후에 뉴욕 남부지검 부지검장인 리처드 제이블은 가끔 코언의 미술품 컬렉션을 소재로 직원들에게 농담했다. 가령, 코언이 소유하고 있는 데미언 허스트의 800만 달러짜리 설치 미술품을 지칭하며 이렇게 너스레를 떨었다. "소금에 절인 상어를 압수했으면 좋겠군. 사무실에 갖다 놓으면 딱 좋겠네."

정부는 코언 수사를 끝낼 생각이 전혀 없었지만, 코언은 마치 힘든 일을 끝내고 자축하는 사람처럼 행동했다. 그는 SEC에 합의금으로 낸 6억 1600만 달러는 아무것도 아니라고 말하는 것 같았다. 마치 그 정도 돈은 언제든 그의 승용차 마이바흐 의자 밑에서 꺼낼 수 있다는 듯이.

14장 구명 뗏목

스타인버그의 체포

　　　　　　맨해튼에 해가 뜨기 전 이른 아침, 우아한 석회석 건물들의 로비에서 흘러나오는 불빛이 어퍼 이스트 사이드의 인도를 비췄다. 2013년 3월 29일 오전 6시 직전, 이스트 78번가와 파크 애비뉴가 만나는 모퉁이에 한 무리의 FBI 요원들이 무장한 채로 집결해 건물 입구로 들어갈 태세를 갖췄다.

　건물 안 아파트 8층에는 마이클 스타인버그가 두 손을 무릎에 올려놓은 채 소파에 앉아 있었다. FBI는 보통 피의자 집에 갑자기 들이닥쳐 피의자를 놀라게 하지만, 스타인버그의 변호인 배리 버크는 의뢰인이 이날 체포당한다는 정보를 미리 입수했다. 봄 휴가차 가족과 함께 플로리다에 있는 처가 친척들을 방문했던 스타인버그는 혼자 뉴욕 자택으로 돌아와 FBI 요원들의 방문을 기다렸다. 로펌, 크레이머 레빈 나프탈리스 앤 프랭켈(Kramer Levin Naftalis & Frankel)의 송무 담당 책임자인 버크는 오전 5시에 아파트에 도착해 의뢰인과 함께 FBI를 기다렸다. 그들은 구속 절차를 최대한 마찰 없이 진행하고자 했다. 스타인버그는 벨트와 신발 끈은 자살 도구로 쓰일 수 있으니 구치소에 있는 동안에는 허용되지 않을 것이라는 버크의 충고에 따라 벨트도 신발 끈도 푼 상태로 카키 바지와 V넥 스웨터를 입고 있었다. 스타인버그는 현관문 잠금장치를 해제했다. 그리고 버크와 함께 앉아서 기다렸다.

오전 6시에 FBI 요원들이 현관문을 두드렸다.

스타인버그는 일어서서 FBI 요원들이 방들을 수색하는 모습을 지켜봤다. 요원들은 집에 스타인버그와 버크 외에 아무도 없다는 사실을 곧 확인했다. 스타인버그는 손에 수갑을 찬 채로 건물을 나와 회색 포드 차량 뒷문으로 들어갔다. 여전히 밖은 어둑어둑했다. 이날 아침 스타인버그가 유일하게 놀랐던 점은 《월스트리트 저널》 기자 한 명이 길거리에 서서 자신이 연행되는 과정을 스마트폰으로 촬영하고 있었다는 사실이다. FBI 검거 정보를 미리 알아낸 사람은 자신만이 아니었던 셈이다.

몇 주 전부터 스타인버그의 변호사들은 자수 조건을 놓고 협상을 벌이려 했다. 변호사들은 스타인버그가 체포당할 것까지는 없다고 강력히 주장하며 불구속 상태에서 조사받는 방안을 논의하려 했다. 그러나 FBI는 스타인버그가 다른 피고인들과 같은 대우를 받아야 한다고 고집했다. 물론 스타인버그는 아내와 자녀들 앞에서 체포당하는 굴욕적이고 큰 정신적 상처가 남는 장면을 피하고 싶었다. 버크는 델 사건의 책임 검사인 앤토니아 앱스에게 전화해, FBI가 보통 피의자를 연행하는 시간대인 오전 5시부터 7시 사이에 스타인버그가 호텔 방에 머무르고 있을 테니, 이 시간대에 호텔에 와서 연행해 가라고 말했다. "내일부터 언제든 마이클 스타인버그를 연행하려고 한다면 제가 호텔 이름과 방 번호를 알려드리겠습니다."

앱스가 대답했다. "고맙습니다. 하지만 이번 주에는 그 정보가 필요 없습니다." 그녀는 잠시 주저한 다음 다시 말했다. "다음 주에 전화하시기 바랍니다."

이런 식으로 6주가 지났다. 버크 변호사는 계속 전화를 걸어 "마이클의 호텔 정보가 필요한지," 다시 말해 그 주에 마이클 스타인버그를 체포할지 물었다. 그러다가 2013년 3월 말에 앱스가 "의뢰인을 금요일에 대기시켜 주시기 바랍니다"라고 말하고선 곧바로 전화를 끊었다. 당시 스타인버그와 버크는 둘 다 휴가 중이었지만 만사를 제쳐 두고 뉴욕으로 급히 돌아왔다.

순수하게 금전적 기준에서 보면 스타인버그 사건은 큰 문제가 아니었다. 다른 상황 같았으면 정부가 굳이 기소하지 않았을지도 모른다. 스타인버그가 불법적 거래로 거둔 수익은 겨우 140만 달러에 불과한 것으로 추산됐다. 마토마 사건의 2억 7600만 달러에 비하면 적은 금액이었다. 하지만 스타인버그 체포는 중요한 메시지를 담고 있었다. 코언과 가까운 인물이 손에 수갑을 찬 채 집에서 끌려 나온 최초의 사례였기 때문이다. 그때까지 기소당한 다른 직원들과 달리 스타인버그는 코언에게 아들처럼 가까운 측근이었다.

당시 상황은 프리트 바라라가 코언에게 이렇게 선포하는 것 같았다. "우리가 당신의 심복을 잡았소. 이제 곧 당신 차례요."

스타인버그는 맨해튼 남부에 위치한 FBI 뉴욕 사무소로 연행되어 절차대로 조사를 받았다. 우선 지문을 찍고 재판 전 서비스* 담당 직원들의 질문에 답했다. 스타인버그를 증권사기와 공모 혐의로

* **pretrial services_** 재판을 받을 수 있게 준비시키는 단계

기소하는 기소장이 발부됐다. 그는 여권을 제출하고 300만 달러의 보석금을 내고 풀려났다. 이 보석금은 본인 아파트를 담보로 내놓겠다고 약속해 확보했다. 거의 즉각적으로 스타인버그는 수사에 협조하라는 압력을 받았다. 앱스 검사는 기소장을 발부하자마자 버크에게 전화했다.

"스타인버그 씨가 우리에게 순순히 털어놓는 편이 나을 겁니다. 우리는 스타인버그 씨가 자신보다 직급이 높은 SAC 임원에 대해 무슨 내용을 증언하든 관심을 가지고 있습니다."

버크는 그녀가 코언을 언급하고 있음을 즉시 알아차렸다. 검찰이 코언을 기소하려고 달려들고 있다는 사실은 누구나 아는 바였다. 하지만 버크의 관점에서 수사 협조는 선택 사항이 아니었다. 스타인버그는 자신이 무죄라고 완강하게 주장하고 있었고, 수사에 협조한다는 것은 우선 유죄 인정이 필요하기 때문이었다.

버크는 이러한 상황에서 짜릿함을 느꼈다. 가족 중 최초로 대학에 진학해 듀크 대학교와 하버드 로스쿨을 졸업한 버크는 필라델피아의 중산층 가정에서 자랐다. 그는 당시 자신의 머리로는 무슨 상황인지 이해할 수 없었지만 매우 부당해 보인 세무조사를 아버지가 잇달아 받은 뒤에 작은 의류 회사를 잃는 사태를 지켜봤다. 가족은 거의 모든 것을 잃었고 이 경험 때문에 버크는 정부를 회의적으로 보게 됐다. 그래서 정부를 상대로 맞서는 일에 자부심을 느꼈다.

버크가 대답했다. "의뢰인은 검찰과 협상할 수 없습니다. 아무 죄도 저지르지 않았거든요."

작전 회의

　　　　　　　　　스타인버그가 체포된 날, SEC 델
조사 팀이 뉴욕 남부지검을 방문했다. 델 사건과 관련된 모든 검사
들과 SEC의 조사관들이 긴급 회동을 위해 모였다. SEC 조사 팀의
현장 책임자인 조지 카넬로스가 반나절 일정으로 뉴욕에 있었다.
이 긴급 회동은 그의 일정을 일부 고려해 열렸다.

　긴급 회동의 목적은 2013년 3월 13일 클로츠가 통보한 새로운 정
보, 즉 "호바스의 델 관련 이메일"이 코언의 이메일 계정으로 수신
됐다는 정보에 어떻게 대응할지 논의하는 것이었다. 증권사기의 공
소시효는 5년이었다. 엘란 거래는 2008년 7월에, 델 거래는 같은 해
8월에 있었다. 따라서 검찰이 엘란이나 델 거래를 놓고 코언이나 누
군가를 기소하려면 각각 3개월, 4개월 안에 기소해야 했다. 시간 낭
비할 겨를이 없었다.

　카넬로스는 마치 코언의 변호인이라도 된 듯 변호인단이 공격할
법한 엘란과 델 수사의 약점을 지적했다. 그는 이처럼 변호인단의 입
장에서 사건을 생각해 보길 좋아했기에, SEC 밖에서는 피고 입장에
너무 감정을 이입해 가끔 공격적인 사건 수사를 주저하는 수사 반장
이라는 평판이 돌았다. 그렇지만 동료들은 그의 논쟁적 태도가 수
사에 도움이 된다고 생각했다. 합의 조정 회의나 법정에서 피고 측
변호사가 예상치 못한 논리를 들고 나오는 최악의 상황을 대비할 수
있었기 때문이다. 카넬로스는 언제나 피고 측 변호사가 어디에 초점
을 맞추어 공격해 올지 정확히 보여 줬다.

　누군가 코언에게 이메일을 보냈다고 해서 코언이 그 이메일을 실
제로 '읽었고' 그것만을 근거로 해서 주식을 거래했다고 단정할 수는

없다고 카넬로스가 지적했다. 그리고 호바스의 델 관련 이메일 문구가 뜻하는 바는 대체 무엇인가? 물론 호바스에게 이 이메일을 받은 사람은 누구나 정확히 무슨 뜻인지 이해했을 것이다. 문맥을 보면 무슨 뜻인지 알 수 있으니까. 하지만 이 문구 자체만 떼어 놓고 보면 여러 가지 해석이 가능했고, 코언의 변호인단은 바로 이 대목을 최대한 물고 늘어질 게 뻔했다.

긴급 회동 참석자들은 면담이 필요한 SAC 임원들과 준법감시부 직원뿐만 아니라 델 이메일과 관련된 SAC의 모든 직원들의 명단을 작성했다. 남은 시간이 너무도 부족했기에 수사의 우선순위를 정해야 했다. 수사진은 SAC 내부의 업무 진행 방식이 어떠한지, 누가 주식거래를 허가할 권한을 가지고 있었는지, 코언에게 중요한 최신 정보를 계속 알려 주는 직원이 누군지 더 자세히 알 필요가 있었다. 그들은 여러 SAC 중역들에게 소환장을 보내는 것과 중역들에게 개별적으로 면담을 요청하는 것 중 어느 쪽이 나을지 의논했다. 그리고 재판에서 유죄를 입증하는 데 필요한 증거가 무엇일지 검토했다.

검사들 입장에서 좌절감이 드는 토론이었다. SAC에서 내부자거래가 있었다는 다수의 증거를 발견했다. 그렇지만 검찰은 여전히 더 구체적인 증거, 즉 코언 스스로가 내부정보로 거래하고 있다는 사실을 정확하게 인지하고 있었음을 증언해 줄 증인을 확보하지 못한다면 그를 기소하는 것은 불가능하다고 판단했다. 프리트 바라라는 다른 지검장들과 마찬가지로, 언론의 뜨거운 관심을 받은 사건의 주요 피의자를 기소했다가 재판에서 질 가능성을 점점 더 민감하게 받아들였다. 아이비리그 로스쿨 출신의 야심만만한 검사들은 언론의 관심을 받는 사건에서 실패를 원치 않았다. 훌륭한 경력을 쌓고 명성을 얻고자 하는 검사라면 특히 더 그랬다. 바라라는 몇 년 전인 2009년에 뉴욕 동부지검이 베어스턴스의 헤지펀드 트레이더 2명을 사기 혐의로 기소하면서 승소를 자신했지만 재판에서 패하는 모습을 지켜봤다. 금융위기 시기에 검찰이 최초로 기소했던 중요한 형사 사건 중 하나였던 이 사건에서 두 헤지펀드 매니저들은 6시간 만에 무죄로 풀려났다. 정부는 애초에 이 사건을 재판으로 끌고 간 것부터가 잘못이었고, 사건을 잘못 다루었다고 호되게 비판받았다. 그 실패는 재앙이었고, 월가 범죄를 수사할 때는 거물을 노리며 대형 재판으로 끌고 가기보다는 확실히 승소 가능한 사건을 노리는 편이 훨씬 안전하다는 인식을 법무부에게 심어 줬다. 바라라의 검사들은 코언을 상대로 형사재판에서 이기려면, 코언이 내부정보를 토대로 델이나 엘란 주식을 거래한다는 사실을 '인지'했음을 입증하는 명확하고 반박 불가한 증거, 다시 말해 증인이나 통화 녹음이 필요하다고 느꼈다. 근본적으로 스타인버그나 마토마가 마음을 바꿔 수사에 협조해 주는 것이 절실했다.

스타인버그나 마토마의 협조를 희망하며 기다리는 동안 검찰은 SAC를 기업 사기 혐의로 기소하는 방안을 고려했다. 검찰은 SAC의 기업 문화가 완전히 부패했다고 주장할 만한 증거들을 그동안 수집했고, 그 주장을 입증하는 실제 사례가 될 고위급 직원인 스타인버그와 마토마를 잡았다.

한편, SEC의 입장은 매우 달랐다. SEC는 형사 사건과는 달리 입증 요건이 낮은 민사 사건을 다루기 때문에 코언을 잡을 수 있는 가능성이 매우 높았고, 따라서 SEC는 검찰보다 적극적으로 코언을 고소하려고 했다. SEC는 코언을 업계에서 내쫓으려 했다. SEC 조사관들은 코언이 델 주식을 매도한 시점에 "호바스의 델 관련 이메일"이 코언의 메일함에 있었다는 사실을 알았다. 이 사실만으로도 코언을 상대로 승소하기에 충분했다. SEC 규정은 내부정보를 보유한 상태에서 주식을 거래하는 행위를 명시적으로 금지하기 때문이다. 와드와는 재판에서 전체 사건 내용을 잘 설명하면 배심단을 설득할 수 있으리라 확신했다. 그는 "이번에야말로 코언을 잡을 기회"라고 생각했다.

1시간에 1만 달러 받는 변호사들의 변론

코언의 변호사들은 4년 동안의 소환장, 문서제출명령서, 메모를 처리하고 대응 전략을 논의하느라 골몰했다. 2013년 봄에 변호인단은 새로운 긴급 프로젝트에 착수했다. 바로, 검찰 주장에 대한 피고인 측 해명 자료를 준비하는 것이었다. 변호인단은 약 130페이지에 달하는 해명 자료를 작성했다. 그들은 이 자료를 코언의 구명 뗏목으로 쓸 작정이었다.

2013년 4월 25일 목요일 아침, 검은색 정장을 입은 남녀들이 뉴욕 남부지검 청사 8층의 커다란 회의실을 채우기 시작했다. 참석자들의 권력 서열을 반영해 긴 테이블의 한가운데에 가까운 곳에 앉으려는 약간 부산한 움직임이 이어졌다. 리처드 제이블 부지검장은 "정부" 측 인사들이 앉는 긴 테이블 한쪽 면의 중앙에 앉았다. 그의 양옆으로 증권수사 팀장들, 자산환수 팀장, 형사부장을 비롯한 검사들이 앉았다. 델과 엘란 사건을 수사한 SEC 조사관들과 FBI 요원들도 참석했다. 정부 측 변호사와 검사가 17명이나 참석한 탓에 밖에서 추가로 의자를 가져와야 했다.

2주 전, 이 순간을 예상한 바라라는 정부 측이 그동안 코언에 대해 수집한 모든 증거들을 요약한 자세한 메모를 준비하라고 부하 검사들에게 지시했다. 이 메모에는 코언이 델과 엘란 주식거래에 대해 뭔가 알고 있었다는 증거들뿐 아니라 코언에게 불리하게 작용할 다른 사건의 증거들까지 적어야 했다. 앱스 검사와 데블런-브라운 검사가 이 메모를 작성하느라 1주일을 꼬박 틀어박혀 있었다. 엘란과 델 사건의 증거 외에도, 코언이 트레이더와 애널리스트에게 내부정보를 받았으면서도 정보의 출처를 묻지 않았다는 여러 증거들이 메모에 포함됐다. 검사들이 볼 때 SAC 직원들은 코언에게 내부정보를 제공하는 것에 아무 문제를 느끼지 않았던 것으로 보였다. 몇몇 SAC 직원들은 코언에게 내부정보를 보고하는 것을 업무의 일부로 봤다고 FBI에게 말했다. 그리고 코언은 SEC 조사에서 SAC 직원의 의심스러운 거래 사례를 단 한 건도 언급하지 않았다.

완성된 메모는 바라라에게 제출됐고, 그는 메모를 꼼꼼히 검토했다. 이어서 그와 제이블은 앱스와 데블런-브라운과 함께 몇 시간 동안 메모를 재검토했다. 그들은 코언 변호인단이 내세울 것으로 예상되는 방어 논리들을 정리하고 검사들에게 어떻게 대응할지 물었다. 코언을 기소할 증거가 산더미처럼 있다는 점에 모두 동의했지만, 재판에서 승리를 확신하기에는 충분치 않았다. 검찰이 승리할 확률은 50퍼센트도 되지 않아 보였다. 검찰이 확보한 증거는 정황증거에 치우쳐 있었다.

반면, SAC에 대한 형사재판은 검찰이 쉽게 이길 공산이 컸다. 검찰은 이 재판을 준비하면서 마토마가 이성을 찾아 수사에 협조하기로 결심하길 기다렸다. 마토마에게는 어린 처자식이 있었고 긴 징역형이 기다리고 있었다. 마토마의 재판일이 다가옴에 따라, 검찰은 그가 정부 수사에 협조하는 편이 낫다는 사실을 명확히 인식하고 코언 기소에 필요한 증거를 제공하리라 기대했다.

검찰의 다음 행보는 코언 변호사들에게 회동을 제안하는 것이었다. 재판에 들어가기 전에 그들의 의견을 듣고 그들에게 정부와 대화할 기회를 주는 것이 중요했다. 또한 그들의 방어 논리를 미리 엿볼 기회이기도 했다. 1시간에 1만 달러를 받는 코언 변호인단의 마틴 클로츠와 나머지 변호사들이 얼마나 영리한지 보여 줄 때였다.

클로츠가 언제나처럼 약간 단정치 못한 차림으로 들어와 앉았다. 로펌, 윌키 파 앤 갤러거에서 함께 일하는 그의 파트너인 마이클 샤터가 옆자리에 앉았다. 로펌, 폴 앤 와이스의 파트너 변호사들인 대니얼 크레이머, 마이클 거츠먼, 마크 파머랜츠가 그들 옆에 앉았다. 같은 로펌의 송무 분야 스타 변호사인 테드 웰스도 참석했다. 그는 말이 없었지만 그의 참석이 암시하는 바는 명확했다. 이번 사건이 재판으로 갈 경우, 최종 변론에서 우는 것으로 유명한 웰스가 법정에서 검찰을 상대하게 되리란 점이었다.

클로츠가 발표를 주도했다. 그의 임무는 간단명료했다. 코언의 감옥행을 막는 것이었다. 그는 마치 코언이 자기 가족인 것처럼 진지하게 이 임무를 수행했다.

코언과 비슷한 법적 처벌 압박에 직면했던 1988년 마이클 밀켄의 변호사들은 밀켄이 정크본드 제국을 건설해 미국 경제 성장의 연료를 제공한 영웅이라고 주장하는 대담한 방어 전략을 채택했다. 그들은 밀켄을 "미국의 보물," "천재," "국가적 자원"이라고 표현하고,

밀켄이 만든 정크본드 시장이 미국 기업과 지역 사회에 유익한 가치를 창출했다고 공개적으로 주장했다. 이러한 주장은 일부 타당한 대목도 있었다. 밀켄은 기업들이 돈을 빌려 사업을 확장할 새로운 자금 조달 기법을 도입했다. 특히 전통적 대출 기관에서는 너무 작거나 너무 위험한 기업이라 돈을 빌릴 수 없던 기업들도 정크본드 발행으로 자금 조달이 가능해졌다. 밀켄의 혁신은 21세기 헤지펀드들과 달리 경제성장에 기여했다. 밀켄은 언론 홍보 활동을 시작해 자신을 호의적으로 보도해 줄 뉴스 언론들과 인터뷰했다. 밀켄은 여러모로 코언과 비슷했다. 중산층 가정에서 태어나 규제 당국이 불법행위라고 의심한 방법들을 일부 사용해 당대 월가를 상징하는 금융가로 성공했다는 점이 닮았다. 하지만 밀켄 변호사들의 방어 논리는 검찰의 눈에 오만함의 발로로 보여 기소 의지만 굳혔을 뿐이었고, 결과적으로 큰 판단 착오였다.

코언의 변호사들은 그러한 사례를 따르지 않을 만큼 매우 현명했다. 그들은 코언이 성인이거나 일자리 창출자이거나 미국 국민에게 기여한 인물이라고 주장하지 않았다. 그 대신 정부의 약점에 초점을 맞추어 공략했다. 큰 사건을 재판으로 끌고 갔다가 패소하는 사태에 대한 공포가 그것이다. 클로츠가 노렸던 부분은 그러한 불안감을 조장하는 것이었다. 클로츠와 동료들은 정부의 셈법은 결국 리스크와 허영심의 저울질일 뿐이라고 예리하게 간파했다. 따라서 검사들이 재판으로 끌고 갈 경우 망신스러운 패배를 당할 것 같다는 고민에 빠지게 하는 것이 클로츠의 의도였다. 사태가 그렇게 흘러갈 경우, 프리트 바라라를 보도하는 언론 기사의 제목은 "월가를 때려잡을 남자"에서 뭔가 수치스러운 문구로 바뀔 터였다.

로펌 윌키의 어쏘시에트 한 명이 검은색 바인더에 담긴 해명 자료를 모든 참석자들에게 배부했다. 사건 해명 자료는 "플로킨," "코언," "엘란"이라는 제목을 단 세 섹션으로 나뉘었다. 클로츠는 회의실에 앉은 변호사들과 정부 측 인사들의 얼굴을 쳐다보며 칼칼한 목소리로 말했다. "오늘 이 자리에 참석해 주시고, 저희들에게 해명할 기회를 주신 정부 관계자 여러분께 감사의 말씀을 올립니다." 이렇게 말문을 연 클로츠는 이후 거의 4시간 동안 쉬지 않고 말했다. 클로츠는 여러 장에 걸쳐 수록된 거래 자료와 이메일 기록을 낱낱이 설명했다. 그 자리에 참석한 정부 관계자들은 이러한 장광설을 경험한 적이 없었다.

델 주식거래와 관련해 클로츠가 주장한 핵심 내용은 세 가지다. 첫째, 코언은 "호바스의 델 관련 이메일"을 읽었을 확률이 매우 낮다. 둘째, 어쨌든 코언이 해당 이메일을 읽었는지 안 읽었는지는 사건과 관련이 없다. 셋째, 설령 코언이 해당 이메일을 읽고 그 내용을 토대로 델 주식을 거래했다고 해도 내부자거래 요건을 충족한다고 보기에는 너무도 부족하다. 코언은 정보의 출처가 어디인지 아는 바가 전혀 없었기 때문이다.

클로츠의 논리는 기만적인 구석이 있지만 아주 간단했다. 클로츠는 코언이 델 주식을 매도할 자신만의 훌륭한 이유를 가지고 있었다고 주장하지 않았다. 그 대신 당대 최고로 성공한 트레이더인 코언 입장에서는 늘 하는 일이었다고 주장한 것이다. 클로츠의 주장을 풀어 쓰면 이렇다. 어쩌면 코언이 중요한 이메일을 읽었을 수도 있고 읽지 않았을 수도 있다. 누가 알겠는가? 코언은 정보의 늪에 너무도 깊이 파묻혀 살았기 때문에 특정 이메일을 근거로 주식을 거래했다고 입증할 방법이 없는 것은 물론, 그 이메일을 읽었다고 입증할 방법도 없다. 코언은 고액 연봉을 받는 SAC 애널리스트들이나 전문가들과는 별개로 자신의 직감에 따라 주식거래 결정을 내렸다. 코언의 거래 동기를 설명할 방법이 기본적으로 없다. 코언은 혼돈 속에서 거래 결정을 내렸기 때문이다.

클로츠는 이어서 말했다. "스티브가 '호바스의 델 관련 이메일'을 읽었음을 입증하거나, 그 이메일에 대해 누군가에게 말했음을 입증할 증거가 없습니다. 해당 이메일을 스티브와 논의했다고 증언할 증인도 없습니다. 스티브는 메일함에 들어오는 이메일 중 극히 일부분만 읽습니다."

그는 참석자들에게 배포한 해명 자료 중에서 코언의 메일함 화면을 캡처한 이미지를 가리켰다. 코언은 스팸 메일을 차단하는 설정을 했다. 그렇게 설정한 뒤에도 코언은 매달 최소한 2만 통의 이메일을 받았다. 주식시장이 열리는 월요일부터 금요일까지만 따지면 하루 평균 1천통 가까운 이메일을 받는 셈이었다. 코언은 그중에서 10퍼센트의 이메일만 열어 봤다. 호바스가 작성한 델 관련 이메일을 코언에게 보낸 리서치 트레이더 앤서니 바카리노에게 받은 이메일 중 코언이 읽은 이메일 비율은 21퍼센트에 불과했다. 코언의 마이크로소프트 아웃룩 메일함 화면을 캡처한 이미지에는 다양한 증권사가 보낸 유가 동향과 연방준비제도이사회 의사록에 관한 리서치 보고서들뿐 아니라 언제 골프 치고 식사할지 묻는 웨인 홀먼의 이메일도 메일함에 도착한 것으로 나왔다.

메일함 화면 캡처 이미지 중간에는 눈에 잘 띄게 "FW: 델(DELL)"이라는 대문자 제목을 단 바카리노의 이메일이 보였다.

SEC 조사관들은 그 바로 위에 보이는 이메일 제목을 보고 소리 내어 웃지 않으려고 노력했다. "미술 잡지를 60퍼센트까지 세일"이라는 아마존 광고 메일이었다. 스팸 메일 차단 기능이 완벽히 작동하지 않은 모양이었다.

클로츠는 코언이 매일 비슷한 수의 인스턴트 메시지를 받는다고 지적했다. 코언의 책상에는 컴퓨터 모니터 일곱 개가 켜져 있다. 마이크로소프트 아웃룩 메일함은 가장 왼쪽 모니터에 표시되는데, 다른 모니터에 가려졌기에 그가 델 관련 이메일을 확인했을 확률이 더더욱 낮았다. 아무튼 코언은 "먼저 일곱 개 모니터 중 가장 왼쪽 모니터를 보고 한두 개 컴퓨터 프로그램 창을 최소화한 다음, 이메일 보관함을 스크롤 해서 확인하고, '호바스의 델 관련 이메일' 제목을 더블 클릭해 열고, 호바스가 플로킨에게, 플로킨이 바카리노에게, 바카리노가 코언에게 해당 이메일을 송신했음을 표시하는 란을 스크롤로 내려서 이메일 본문을 읽은 다음에 델 주식 매도 주문을 지시했어야 했다는 것"이다. 클로츠는 이 과정에 30초는 걸릴 것이라 주장했다.

코언이 이처럼 허술하게 업무를 봤다는 클로츠의 주장은 대다수 조사관들에게 신빙성이 낮아 보였다. 6년간 코언을 연구한 수사진은 그가 정보 욕심이 엄청난 인물임을 알았다. 수사진은 SAC의 포트폴리오 매니저들과 야심 찬 팀원들이 수집한 모든 트레이딩 정보가 코언에게 흘러가는 구조로 기업 조직이 만들어졌다고 믿었다. 코언은 모든 정보를 통제하고 요구했다. 코언에게 중요한 시장 정보를 알리는 업무를 전담하는 리서치 트레이더가 보내는 이메일의 80퍼센트를 코언이 읽지 않고 넘겼다는 클로츠의 주장은 엉터리로 보였다.

하지만 코언 변호인단의 변론이 어떻게 펼쳐질지 엿본 경험으로
서는 강렬했다.

클로츠는 델 관련 이메일이 코언에게 도착하기까지 거친 복잡한
과정을 모든 참석자들에게 상기시켰다. "스티브는 그 이메일을 읽
은 사실을 기억하지 못합니다. 어쩌면 그 이메일을 읽지 않았을 수
도 있습니다."

클로츠는 계속 문제로 거론된 델 관련 이메일 발신을 둘러싼 사
실들을 다시 언급했다. 델 실적 발표 이틀 전인 2008년 8월 26일에
코언은 델 주식 50만 주를 보유했다. 반면 스타인버그는 델 주식을
공매도한 상태였다. 스타인버그와 호바스는 2008년 8월 25일에 코
언이 델 주식을 보유 중이란 사실을 알고서는, 자신들이 정반대 방
향으로 델 주식에 베팅한 사실을 코언에게 알려야 할지 말지, 그리
고 알린다면 어떻게 알려야 할지를 놓고 하루 동안 토론했다. 그리
고 그다음 날 아침에 스타인버그는 델의 주가 전망이 부정적이라고
코언에게 말했다. 그런 다음 스타인버그는 델 주식을 대량 보유 중
이던 포트폴리오 매니저 가브리엘 플로킨에게 델 실적에 대한 자신
과 호바스의 견해를 담은 이메일을 보냈다. 오후 12시 54분, 플로
킨은 코언과 7분간 통화했다. 그 직후 호바스는 '델 관련 이메일'을
플로킨에게 보냈다. 플로킨은 이 이메일을 바카리노에게 보냈고, 바
카리노는 다시 코언에게 보냈다.

그런 다음, 바카리노는 코언에게 전화를 걸어 1분 남짓 통화했
다. 통화를 마친 직후인 오후 1시 39분에 코언은 델 주식을 매도하
기 시작했다. 그날 장 마감 때까지 코언은 보유 중이던 델 주식 50

만 주를 전량 매도했다.

8월 28일 오후 4시 직후, 델이 시장 전망을 하회하는 실적을 발표해 델 주가가 떨어졌다. 코언은 150만 달러의 손실을 회피했다.

전후 사실들을 나열한 클로츠는 코언 기소의 법적 토대를 다음과 같이 공격했다. 코언이 호바스가 작성한 델 관련 이메일을 받고서 델 주식을 매도했다고 해도 코언이 내부자거래를 했다고 볼 수 없다. 델 실적 정보는 델의 IR 담당 직원이 샌딥 고열이라는 트레이더에게 알려 준 뒤, 제스 토토라, 존 호바스, 마이클 스타인버그, 가브리엘 플로킨, 앤서니 바카리노를 거쳐 코언에게 전달됐다. 클로츠를 비롯해 코언의 변호사들은 코언이 원래 정보 출처에서 너무도 멀리 떨어져 있었고, 어떤 상황에서 전달된 정보인지 알지 못했기에 증권사기 혐의로 형사책임을 질 수 없다고 믿었다.

"제가 문의한 다수의 법조인이 이 경우는 내부자거래에 해당하지 않는다고 답했습니다."

클로츠의 말에 회의장 내의 법무부 공무원 중 가장 직급이 높은 리처드 제이블 부지검장이 반문했다. "그렇게 답한 사람 중에 연방판사가 한 명이라도 있습니까? 그만 좀 하시죠."

회색 염소 수염을 길러 약간 늑대 같은 인상을 풍기는 제이블 부지검장은 헤지펀드 업계의 그늘에서 자랐다. 아버지 윌리엄 제이블은 로펌, 슐트로스 앤 제이블의 설립자로 다수의 헤지펀드를 고객으로 확보했다. 아버지는 헤지펀드의 운영 방식을 잘 알고 있어서 헤지펀드 관계자들을 냉소적으로 표현하길 주저하지 않았다. 그러나 그날 회의실에서 제이블 부지검장의 냉소적 표현은 어색한 침묵만 낳았을 뿐이었다. 코언이 최초의 델 정보 유출자로부터 멀리 떨어진 점은 코언을 내부자거래 혐의로 기소하려는 검찰 입장에서는 인정하고 싶지 않지만 심각한 약점이었다.

클로츠는 전자 제품 유통업체 베스트바이(Best Buy)에서 일하는 사위를 가상의 예로 들어서 말을 이어 나갔다. "제가 '요새 자네 회사에서 LCD TV가 잘 팔리나?' 하고 물으면 사위는 얼마나 팔리는지 얘기하겠죠. 그럼 저는 '모씨에게 회사 정보를 전해받은 셈'입니다. 그리고 이건 완전히 합법적 행위죠. 검찰이 코언에게 문제 삼는 델 관련 이메일은 제가 사위와 얘기하는 것과 다를 바가 없습니다."

클로츠는 주위에 앉은 정부 측 법률가들의 얼굴을 쳐다봤다. 그들은 동요하지 않은 듯 무표정했다. 그러나 검사들은 클로츠의 주장에 일리가 있음을 알았다. 단지 이메일 하나만으로는 코언의 유죄를 입증하기 어려웠다.

클로츠가 발표를 시작한지 3시간이 지나서야 드디어 엘란 주식거래를 주제로 얘기하기 시작했다. 엘란 주식에 관한 섹션이 해명 자료에서 가장 분량이 적었다. 변호사들은 마토마가 검찰 수사에 협조하지 않는 한, 엘란 주식거래가 코언에게 그리 위협이 되지 않으리라 판단한 듯 보였다. 클로츠 주장의 핵심은 코언이 엘란 주식을 매도할 여러 이유가 있었고, 그 모든 이유가 마토마가 획득한 내부 정보와는 아무 관련이 없다는 것이었다. 클로츠는 엘란 주가 차트를 보여 줬다. 2008년 3월에 19달러였던 엘란 주가는 7월에 30달러로 올랐다. 이 사실만으로도 코언은 주식을 매도해 시세 차익을 챙길 이유가 있었다. 2008년 7월에 엘란 주가가 정점에 도달했으니 엘란 주식을 매도하고 빠져나올 때라고 분석한 애널리스트 보고서들이 여럿 나왔다. SAC가 2008년 7월 엘란 주식에서 아직 실현하지 않은 시세 차익은 8천만 달러 정도였다. 그때 코언은 엘란 주식에 대한 롱 포지션에 "더 이상 확신이 들지 않는다"는 마토마의 전화를 받았다. 따라서 코언 입장에서 주식을 매도해 이익을 실현하는 것은 신중한 선택이었을 뿐이었다.

클로츠가 발표를 마쳤을 때 제이블은 고개를 저으며 말했다. "미안하지만 나는 변호인단의 해명이 납득이 가지 않는군요." 회의실에서 앉은 다수의 정부 관계자 생각도 마찬가지였다.

보통, 변호인단은 가장 강력한 방어 논리를 이런 회의에서 발표하기 마련이지만 제이블이 볼 때 클로츠의 논리는 모두 설득력이 떨어졌다. 그는 확실한 증거에 입각한 주장이 아닌 추측을 나열했을 뿐이었다. 이를테면 코언은 그 이메일을 읽지 '않았을 수도' 있다, 코언은 그것에 반응할 시간이 '없었을 수도' 있다는 식이었다. 제이블에게 클로츠의 주장은 마치 이렇게 들렸다. "나는 은행에 갔을 수도 있고, 복면을 썼을 수도 있고, 총을 겨누었을 수도 있습니다. 그렇다고 해서 내가 은행을 털었다는 뜻은 아닙니다."

그렇지만 코언 변호인단이 배심원들 앞에서 피력할 주장을 담은 해명 자료 발표를 들은 정부 수사진은 냉정한 현실을 깨달았다. 수년간 온갖 고생을 해 가며 수사했지만, 스티브 코언이 유죄 판결을 받게 하는 데 필요한 결정적 증거를 확보하지 못하고 있는 것이다. 형사재판에서 코언의 유죄를 입증하기가 어려웠다. 수십 명의 FBI 요원, SEC 조사관, 뉴욕 남부지검 검사 들이 10년 가까운 세월 동안 여러 수사를 끌어오면서 코언에게 칼날을 겨누었지만, 방금 전 클로츠가 그 모든 것들을 발로 걷어차 버렸다. 수사진에게 유일하게 남은 희망은 스타인버그나 마토마가 수사에 협조하는 것이었다.

클로츠는 발표 자료를 주섬주섬 챙겨서 자리에서 일어났다. 그날 밤은 푹 잘 수 있을 것 같았다.

"시간을 내 주셔서 대단히 감사합니다."

클로츠가 떠나자 제이블은 곧바로 바라라 검사장의 집무실로 달려가 방금 전 일을 보고했다.

연방 검찰의 선전 포고

회의실을 떠난 두 집단은 방금 전 일에 대해 각기 다른 감상을 피력했다. 코언의 변호사들은 코언에 대한 형사 기소 논리를 아주 효과적으로 논파했다고 느꼈다. 그들의 확신은 근거가 없지 않았다. 회의실에 앉아서 해명 발표를 들은 검사들은 코언을 증권사기 혐의로 기소하는 데 필요한 증거를 확보하지 못했음을 전에 없이 통감하게 됐다. 검사들은 대안으로 플랜 B를 가동하기로 했다. 즉, 코언 개인이 아니라 코언의 회사를 기소하는 것이다. 법적으로 볼 때 회사 직원 중 누구 한 명이라도 범죄를 저질렀다면, 그 범죄의 책임을 회사에 묻는 것이 가능했다. 검찰에게 SAC 기소는 최선의 길은 아니었지만, 일단 SAC를 기소한 다음에 마토마가 수사에 협조하기로 마음을 고쳐먹어 코언에 대한 기소가 가능해지기를 희망할 따름이었다.

맨해튼을 관할하는 뉴욕 남부지검은 사기 범죄를 저지른 월가 금융사들을 처벌하지 않는다는 비판에 자주 시달렸다. 바라라는 SAC 기소를 그러한 비판에 대한 항변으로 삼을 수 있었다. 또한 검찰의 SAC 기소는 수사에 협조하기로 마음을 바꿔 먹을 시간이 이제 얼마 남지 않았다는 메시지를 마토마에게 던지는 효과도 있었다. 며칠 뒤, 앱스 검사와 데블런-브라운 검사가 스티브 코언을 비롯한 SAC 중역들에게 대배심 소환 영장(grand jury subpoena)을 보내기 시작했다. 이는 검찰 수사가 조용히 끝나지 않을 것이라는 신호였다. 검찰의 대배심 소환 영장 발부로 사건은 더 심각한 국면으로 전환됐다. 검찰은 궁극적으로 코언과 SAC를 각각 기소해 유죄 판결을 받아 역사적 사건으로 마무리 짓기를 희망했다.

클로츠는 남부지검 증권수사 팀에 전화해 대배심 소환 영장에 대해 코언이 수정헌법 5조에서 보장한 묵비권을 행사할 것임을 전했다. 양측이 선전포고를 주고받은 셈이었다.

대배심 소환 영장 발부 소식이 언론에 보도되자 수년간 SAC 수사 신호를 무시해 온 투자자들이 드디어 SAC에서 돈을 빼 가기 시작했다. 막대한 자본이 SAC를 탈출했다. SAC가 관리하는 자금 중 코언과 SAC 직원 소유가 아닌 자금이 대략 60억 달러였는데, 이 중 20억 달러 정도가 2013년 초 이후 빠져나갔다. SAC의 최대 외부 투자자는 억만장자 스티븐 슈워츠먼이 경영하는 세계 최대 사모펀드 회사인 블랙스톤 그룹이었다. SAC가 운용한 자금 중 블랙스톤이 가져갈 돈은 5억 5천만 달러였다. 블랙스톤 경영진은 수사 전개 상황을 계속 지켜보며 SAC에서 돈을 빼내야 할지 논의했다. 슈워츠먼은 정부를 부정적으로 봤다. 오바마 행정부가 월가를 악당 취급하는 행보를 계속하고 있다고 본 슈워츠먼은 정부 수사를 받는다는 이유만으로 코언을 버리고 싶지 않았다. 하지만 코언이 법무부를 상대로 싸울 것이란 새로운 징후가 나타나자 SAC에서 돈을 빼내기로 결정했다. 정부와 소송을 벌이다가 막대한 벌금을 물 가능성이 있는 금융사에게 자금 운용을 맡기는 것은 너무 위험했다.

미국 최대 투자자들인 억만장자, 연기금, 대학 재단 들이 새삼스럽게 이성을 되찾은 듯 보였다. 그들은 SAC에서 돈을 빼냄으로써 SAC가 해마다 기록한 놀라운 수익률이 합법적 방법으로 달성하기에는 너무 비현실적인 기록임을 인정한 셈이었다.

SEC 국장들의 고민

SEC 집행국 변호사들과 그들의 보스들은 코언 변호인단에 대한 대응 방안을 놓고 논쟁을 벌였다. 2013년 SEC 집행국의 공동 국장은 앤드류 세러스니와 조지 카넬로스였다. 세러스니는 로펌, 데비보이스 앤 플림턴(Debevoise & Plimpton)의 파트너 변호사였다가 얼마 전 SEC에 합류한 변호사였고, 카넬로스는 오래전부터 집행국 간부로 일해 왔다. 클로츠와 코언 변호인단은 뉴욕 남부지검에서 있었던 미팅에서 세러스니와 카넬로스 국장 앞에서 해명 자료를 발표하고, SEC가 코언을 고소해서는 안된다고 주장했다.

3년 전부터 델 사건을 수사한 SEC 조사관들은 코언을 내부자거래 혐의로 고소할 증거를 충분히 확보했다고 느꼈다. 민사책임을 묻는 SEC는 형사책임을 묻는 검찰보다 증거 확보 부담이 적었다. 형사재판에서는 판사가 합리적 의심(reasonable doubt)의 여지가 없을 정도로 공소사실이 진실하다고 확신하게 하는, 증명력 있는 증거를 검찰이 제시해야만 유죄 판결을 받아낼 수 있다. 반면, SEC의 민사재판에서는 개연성 있는 증거(preponderance of the evidence), 즉 사실이 아닐 확률보다 사실일 확률이 높다는 증명만으로도 승소가 가능하다. 조사관들은 민사재판으로 가자고 카넬로스와 세러스니 국장을 설득해야 했다. 만약 두 국장이 동의한다면, 다음에는 SEC 5인 위원회에서 3명 이상의 위원들의 승인을 받아야 민사재판으로 갈 수 있었다.

세러스니 국장은 재판으로 가야 한다고 느꼈다. 반면, 카넬로스 국장은 승소에 필요한 증거를 조사관들이 아직 확보하지 못했다고 느꼈다. 세러스니는 한번 해 보자는 적극적 태도를, 카넬로스는 가장 유명한 헤지펀드 매니저를 상대로 재판을 벌였다가 패소할 경우 SEC의 권위가 타격을 입을까 봐 신중한 태도를 보였다. 실제로 재판에 참여할 두 법정 변호사(trial lawyer)는 조사관들이 확보한 증거들이 대부분 정황증거라는 문제점을 지적했다. 두 법정 변호사는 코언 변호인단이 델 관련 이메일 발신, 코언과 리서치 트레이더의 통화 등 사건의 진행 과정을 나열한 다음, 그 모든 단계를 거쳐 주식을 매도할 만한 시간이 코언에게 없었다고 주장할 것으로 예측했다.

코언 변호인단의 클로츠와 그의 파트너인 샤터는 뉴욕 남부지검에도 똑같은 주장을, 다시 말해 코언이 꼭 델 관련 이메일을 읽었다고는 볼 수 없다는 주장을 제기했다. 코언 측은 정부에 맞설 테고 결국 재판으로 가게 될 것이다. SEC는 코언 측 주장을 반박하기 위한 '단 한 명의 증인'도 아직 확보하지 못했다. 샤터 변호사는 코언이 델 주식을 매도하기 직전에 바카리노와 통화했음을 보여 주는 AT&T 통화 기록을 공격했다. 그는 이 기록만으론 코언이 바카리노의 전화를 직접 받았다고 입증할 수 없다고 주장했다. SEC는 수개월간 통신사 전문가들에게 문의해 코언이 실제로 전화를 '받았다'는 답변을 들었지만, 샤터는 막무가내로 이를 물고 늘어져 한동안 논쟁을 벌였다.

2013년 5월 마지막 주말에 SEC 변호사들은 상관들과 전화로 격론을 벌였다. 와드와는 세 살 먹은 아들과 아내와 함께 로드 아일랜드의 프로비던스에서 주말을 보내고 있었다. 매튜 와킨스는 웨스트 버지니아의 친척들을 방문 중이었다. 저스틴 스미스는 주말 내내 매사추세츠에 있었다. 그렇지만 셋 다 SEC 사무실에서 일하고 있는 부하 변호사들과 통화하거나 상관들이 보고하라고 지시한 증거들을 정리하는 데 상당한 시간을 보냈다. 장문의 이메일이 오가고 열띤 통화가 이어졌다.

SEC 변호사들은 고소 의욕이 강했던 세러스니 국장도 차츰 마음이 바뀌는 기류를 감지했다. 세러스니의 마음이 흔들리고 있었다.

모두 인정하기 싫었지만, 지난 몇 주간 코언 변호인단이 주장한 내용이 효력을 발휘하는 듯 보였다. 5월 마지막 주말이 끝날 무렵 세러스니 국장은 재판에서 승리할 가능성이 낮다고 보기 시작했다. SEC 집행국을 이끄는 두 수장은 코언 사건에 대한 확신이 떨어지고 소극적 자세를 취했다.

SEC 변호사들은 코언을 고소할 가능성이 낮아짐에 따라 절망했다. 오랜 기간 고생해 가며 조사했는데 상관들이 후퇴하려 하다니 허탈했다. 변호사들은 코언을 처벌할 다른 방법을 연구하기 시작했다. 변호사들은 코언의 회사가 부패했고 코언을 시장에서 퇴출해야 한다고 믿었다. 내부자거래도 위법 행위지만 직원 관리에 태만하거나 직원을 잘못 관리하는 것도 위법 행위다. 그들은 SAC를 폐쇄할 명분이 될 '어떤' 잘못이라도 SAC 내에서 찾아내려 했다.

SAC 임원들의 검찰 출두

맨해튼 남부 센터스트리트에 검은 SUV 차량들이 차례차례 멈추더니 SAC 고위 임원 12명이 차에서 내려 뉴욕 남부지검 청사로 걸어갔다. 고위 임원 중 절반은 알로 데블런-브라운 검사, 앤토니아 앱스 검사와 면담하고 SAC의 운영 방식에 대한 상세한 질문에 답할 예정이었다. 검찰은 코언만 빼고 모든 SAC 고위 임원들에게 소환장을 보냈다.

코언이 빠졌어도 검사들은 이 조사에서 새로운 정보를 취득했다. 검사들은 SAC에서 문제가 있는 거래가 진행되는 여러 가지 상황을 알게 됐다. 한 예로 어느 SAC 트레이더는 한 상장회사 CFO와 함께 여름 별장을 빌려 쓰는 사이고, 해당 기업의 분기 실적 예측에 능하다는 이유로 SAC 입사를 제안받았다. 또 다른 예로, 한 SAC 포트폴리오 매니저는 메디시스 파머슈티컬이라는 제약사에 대한 부정적인 보고서가 나오리란 사실을 미리 알고 보고서가 발표되기 직전에 공매도를 했다. 이것은 검찰이 발견한, SAC 준법감시부가 자체적으로 내부자거래를 처벌한 유일한 사례로 회사는 문제가 된 직원에게 금전 제재 조치만 취했다.

검사들은 SAC 준법감시부 책임자인 스티븐 케슬러를 면담하고서는 SAC에서 왜 그런 거래 행태들이 나타나는지 이해하게 됐다. 헤지펀드에서 준법감시부는 직원들이 법을 지키도록 감시하는 중요한 역할을 수행한다. 샐러먼 큐먼, 톰 콘히니를 비롯해 검사들이 만난 다른 SAC 중역들과 달리 케슬러는 그리 세련된 매너를 지닌 남자가 아니었다. 케슬러는 검찰 증언실에 다른 중역들보다 늦게 들어와 SAC 준법감시부가 얼마나 성실히 일을 해 왔는지 설명하는 자료를 검사들에게 전달했다. 그는 SAC가 특정 키워드를 치면 회사 이메일들을 검색해 부적절한 거래들을 적발해 내는 파일럿 프로그램을 갖추었다고 자랑했다. 하지만 SAC는 정부가 문제 삼는 델, 엘란 주식거래 시기로부터 4년이 지나서야 이 프로그램을 운영했다. 케슬러는 검사의 질문을 받기 시작하자 무미건조한 답변만을 늘어놓았다.

"SAC에서 내부자거래로 의심된 거래 활동을 정부기관에 보고한 적이 몇 번이나 있습니까?"

"전혀 없었습니다." 데블런-브라운 검사의 질문에 케슬러는 짤막하게 답했다.

이 문답에서 코언의 회사 운영 방식을 엿볼 수 있었다. 케슬러, 그리고 법률 고문인 피터 너스바움도 조용하고 활력이 없고 목소리가 쉽게 잦아드는 남자였다. 반면 SAC 사장, 직원 채용 담당 임원, 트레이딩 부서장은 어깨가 넓고 덩치가 크고 쾌활하고 확신에 찬 남자들이었다. 아마도 코언은 전자보다는 후자와 같은 남자가 되고 싶었을 것이다. 검사들의 눈에 코언은 어릴 적 괴롭힘을 당하는 아이였을 것 같았다. 어른이 되어서 엄청난 부자가 된 코언은 이제 남을 괴롭힐 수 있는 사람이 됐다. 검사들이 보기에 코언이 평소 가장 멀리 두고 싶은 임원은 준법감시부 책임자와 법률 고문이었다.

SEC와 뉴욕 남부 검찰청의 충돌

SEC에서 델과 엘란을 조사해 온 팀들은 그동안 수집한 증거들을 취합해 SAC를 폐쇄할 만한 혐의로 고소할 수 있을지 검토했다. 검토 과정에서 델 사건과 엘란 사건의 몇 가지 유사점이 두드러졌다. 델 주식거래 상황과 엘란, 와이어스 주식거래 상황은 둘 다 코언의 직접적인 감독 아래에서 발생했다. 또한 두 사건에서 코언이 휘하 트레이더가 보고하는 정보가 불법일지 모른다는 신호를 기꺼이 무시하는 경향이 있음이 드러났다.

와드와는 세러스니와 카넬로스 두 국장에게 한 가지 아이디어를 건의했다. 코언을 내부자거래 혐의로 고소하는 대신 휘하 트레이더를 적절히 감독할 의무를 태만히 한 "감독 실패" 혐의로 고소하는 것이 어떻겠냐는 아이디어였다. 내부자거래보다는 약했지만 코언을 증권업계에서 추방한다는 목표를 달성하기에는 충분한 혐의였다. 이 혐의를 입증할 증거는 충분히 확보했다고 와드와 휘하의 변호사들은 판단했다. 게다가 재판에서 패할 위험을 무릅쓸 필요도 없었다. "감독 실패" 혐의로 문제 삼는다면 SEC 내부 절차를 통해 제재할 수 있고, 이럴 경우 SEC 측이 패할 확률은 더 낮았다.[*] 이 시점에 SEC 지도부는 코언 고소를 포기하는 방향으로 마음이 기울고 있었고, 이런 상황에서 코언을 감독 실패로 고소하는 것이 완전한 포기보다는 나았다.

다행히, 세러스니와 카넬로스가 와드와가 건의한 아이디어를 받아들여 SEC 변호사들은 안도의 한숨을 쉬었다.

와드와가 코언을 감독 실패 혐의로 고소할 계획이라고 전하자 클로츠도 안도한 듯 보였다.

"좋습니다." 클로츠는 코언이 직원들에게 알릴 수 있게 하루의 시

---

[*] **SEC 내부 절차**_ SEC는 증권회사나 증권산업 종사자에 대해서는 직접 제재를 내릴 수 있다. 이 경우에는 SEC 내부에 설치된 법정에서 절차를 진행한다.

간 여유를 달라고 요청했다. 코언은 자신의 재판 소식을 SAC 직원들이 블룸버그 터미널을 통해 처음 접하길 원치 않았다.

SEC 집행국장들은 제이블 부지검장에게 전화해 코언을 고소할 계획을 밝혔다. 하지만 제이블 부지검장은 축하보다는 언짢은 기색을 드러냈다. 그는 SEC가 검찰을 기다리지 않고 자체적으로 코언 재판을 서두르는 점이 불쾌하다고 밝혔다. SEC가 혐의를 제기하자마자 코언 변호인단은 정부가 수집한 증거가 무엇인지 정보를 캐낼 수 있을 터였다. 바라라 지검장은 여전히 SAC를 내부자거래 혐의로 기소할 계획이었다. 남부지검 검사들은 필요한 서류를 준비 중이었다. 검찰은 여전히 코언 카드를 손에서 놓지 않았고, 마토마가 협조할 가능성도 아직 남아 있었다. 과거에 검찰과 SEC는 상대의 재판을 방해하는 사태를 방지하고자 서로의 일정을 협의했다. 두 정부기관이 통일된 전선을 유지하는 것이 중요했다. 그런데 이번에는 SEC가 상호 협의라는 암묵적 약속을 어겼을 뿐 아니라, 내부자거래가 아니라 감독 실패라는, 훨씬 처벌이 약한 혐의를 가지고 코언을 고소하기로 했으니 제이블이 화가 날 만했다.

"이해가 안 가는군요. 지금까지 SEC와 검찰은 발을 맞추어 함께 움직였습니다. 그런데 왜 이번에는 이렇게 하시나요?" 제이블이 물었다.

SEC 집행국장들은 엘란 주식거래에 대한 고소 시효 마감이 불과 며칠밖에 남지 않아서 어쩔 수 없었다고 해명했다. 그들은 예정대로 코언을 감독 실패 혐의로 고소했다. SEC는 이 사실을 발표하고 보도자료를 배포했다. 언론의 관심이 폭풍처럼 쏟아졌다.

6일 뒤인 7월 25일 아침, 뉴욕 남부지검이 각 언론사에 "오후 1시,

증권사기 사건 관련 기자회견 개최 예정"이라고 긴급 연락했다. 바라라 지검장은 가능한 한 모든 무대장치와 연출 기법을 동원해 기자들 앞에서 SAC 캐피털에 대한 기소를 멋지게 발표할 준비를 했다. 점심시간이 다가오자 언론사 직원들이 뉴욕 남부지검 청사 1층 아트리움 기자석 뒷벽을 따라 카메라 삼각대들을 설치하기 시작했다. 기자회견장이 너무 붐벼 통로에까지 사람들이 서 있었다. 오후 12시 59분, 프리트 바라라가 검은색 커튼 뒤에서 나와 익숙한 연단 위에 올랐다. 카메라 플래시가 요란하게 터지는 와중에 바라라가 입을 열었다. "오늘, 뉴욕 남부지검은 SAC 헤지펀드 그룹과 관련한 세 건의 조치를 발표하고자 합니다." 그는 SAC와 관련한 세 건의 기소 내용을 간단히 정리했다. 첫째는 내부자거래와 전신 사기 혐의다.[•] 둘째는 자금세탁 혐의인데, 검찰은 이 혐의로 불법 거래와 관련된 자산을 몰수하는 판결을 받아 내려 했다. 셋째는 리처드 리(SAC에서 기술주 애널리스트로 일했던 리처드 C.B. 리와는 다른 인물이다)라는 SAC 포트폴리오 매니저의 유죄 인정이었다. 리처드 리는 그때까지 내부자거래 혐의로 기소당한 8번째 SAC 직원이었다.

"한 헤지펀드에서 이처럼 여러 사람이 내부자거래를 했다면, 그것은 우연이 아닙니다. 그것은 상당할 정도로 조직적 결함을 가진 회사에서나 발생할 수 있는 결과입니다. SAC는 헤지펀드 역사상 전례가 없는 규모로 내부정보를 이용해 불법 거래를 했습니다." 바라라가 발표한 기소장은 코언과 SAC를 통렬하게 비판했다. 그는 SAC

• **wire fraud_** 미국에서 불법행위가 주간(州間, inter states) 전신이나 우편을 이용해 이루어진 경우 전신 및 우편 사기법이 적용된다.

가 10년 이상의 세월에 걸쳐 최소 20개 이상의 주식 종목을 대상으로 불법 거래를 "깊숙하고" 그리고 "광범위하게" 자행해, "최소한" 수억 달러의 부당이득을 챙겼다고 설명했다.

하지만 코언을 어떻게 할 것인가라는 핵심 질문에는 답하지 않은 상태였다. 검찰이 SAC를 기소함으로써 한 가지 사실이 더욱 명확해졌다. 바로, 검찰에게 마토마의 수사 협조가 전에 없이 절실해졌다는 점이다. 이 모든 사태의 책임자인 남자를 감옥에 넣기 위해 당시 검찰에게 필요했던 유일한 조건은 마토마의 수사 협조였다.

준비한 발표를 마치자 지검장은 기자회견장에 모인 기자 수십 명에게 몇 가지 질문을 받겠다고 말했다. "스티브 코언을 형사재판에 기소할 계획이십니까?" 한 여기자가 소리쳤다.

바라라의 얼굴에 짜증난 기색이 떠올랐다. 물론 그는 언론이 SAC 캐피털 사건에 대한 검찰의 승리에 초점을 맞추기보다는 검찰이 코언을 기소하지 않는 점을 물고 늘어지리라 예상했다. "대어"를 잡은 이야기가 아니라 코언은 놔두고 SAC만 기소하는 검찰의 발표에 대해 기자들은 검찰이 실패했다고 낙인찍으려 했다. 바라라는 검찰 수사가 아직 끝난 게 아니라고 분명히 말했다. 스티브 코언은 여전히 검찰의 목표였다. 검찰은 코언을 계속해서 수사해 궁극적으로 법의 심판을 받게 할 계획이었다. 바라라는 검찰의 의도가 언론에 명확히 전달되길 희망하면서 덧붙였다. "오늘 남부지검은 방금 전 제가 발표한 혐의들로 SAC를 기소할 겁니다. 앞으로 어떤 기소가 이어질지 지금 밝힐 생각은 없습니다."

그러자 두 번째 기자가 본질적으로 같은 질문을 던졌다. "때로는 누군가를 기소한 것이 미래에 다른 인물을 기소할 수 있도록 문을 열어줄 때가 있습니다. 이것으로 끝난 게 아니니까 시간을 두고 지켜봐 주시기 바랍니다." 바라라가 말했다.

CNBC에 생중계된 바라라의 기자회견이 끝나자 SAC 트레이딩 플로어에 있던 모든 직원이 코언을 바라봤다. 코언은 평소와 똑같은 오후인 것처럼 태연한 척했다.

"스티브가 이제 쫓겨나리라 생각한 사람이 많았어요. 어시스턴트들은 회사를 나갈 준비를 해야 할지 물었죠." 당시 그 자리에 있었던 직원의 회상이다.

코언은 직원들을 안심시키고자 장내 방송을 통해 다음과 같이 발표했다. "우리는 괜찮을 겁니다. 우리 회사는 이 일을 헤쳐 나갈 겁니다."

하지만 개인적으로 코언은 충격에 빠졌다. 코언은 주말에 앨릭스와 네 자녀들과 함께 이스트 햄튼 별장에 쉬러 갔다. 대학교를 다니는 큰 아이도 집에 와서 코언과 함께 지냈다. 정부 수사가 이어진 대부분의 기간에 앨릭스는 자녀들이 뉴스를 보지 못하게 막았고, 집에서 관련 내용의 거론을 일체 금지했다. 그동안 코언은 자신을 만화 속 악당처럼 묘사한 언론 보도에 자녀들이 어떻게 반응할까 공포에 질렸고, 자녀들에게 언급을 회피했다. 하지만 이제 뉴욕 남부지검이 자신을 금융계의 알 카포네*라고 전 세상에 방송했으니 자녀들에게 더 이상 숨길 재간이 없었다.

코언의 딸들이 코언과 얘기하기 위해 코언이 트레이딩용 컴퓨터 모니터를 보면서 시간을 보내는 별장 2층 사무실로 올라왔다.

---

* **Al Capone**_ 1920년대 마피아 두목

"언론에서 나에 관한 불쾌한 이야기를 많이 접할 테지" 하고 코언이 딸들에게 말했다. 코언은 무슨 말을 해야 할지 막막했다. 현재 상황이 마음 아팠다.

"사람마다 의견이 다른 법이란다. 그중에는 진실이 아닌 의견도 있지." 코언이 말했다.

딸들은 당연히 걱정스러운 표정을 지었다. 아버지가 어려움을 겪고 있는 건가? 아버지가 뭔가 큰 잘못을 저질렀나? 그런 딸들에게 코언이 말했다.

"회사 사람들이 잘못된 일을 했고, 그들은 자신이 한 일에 대한 대가를 치를 거란다. 나는 아무 잘못도 저지르지 않았어."

제4부

BLACK
EDGE

15장 정의

연방 검찰의 승리

　　　　　　　스티브 코언은 2013년의 남은 여름에 평일 아침마다 검은색 마이바흐 차량을 타고 그리니치 자택에서 23분 거리의 스탬퍼드에 있는 SAC 본사로 출근했다. 그는 언제나처럼 오전 8시까지 본사에 도착했다. 평상시와 똑같이 여러 컴퓨터 모니터들이 설치된 책상 앞에 앉았다. 그리고 유일하게 할 줄 아는 일을 했다. 바로 트레이딩이다. 회사가 범죄 기업으로 낙인찍히고 본인도 형사재판에 기소당할 위험에 있던 그가 이렇게 트레이딩을 계속 할 수 있었던 비결은, 10년 이상 코언과 거래하며 수수료로 수억 달러를 받아 왔던 모건스탠리, 제이피모건 체이스, 골드만삭스 같은 대형 투자은행들이 코언을 버리지 않았기 때문이다. 이것은 금융계에서 사실상 전례 없던 일이었다. 월가의 주류 금융회사들이 법과 질서와 윤리를 대변하는 정부기관과 가장 많은 수수료를 안겨 준 트레이더를 번갈아 보더니만 후자에게 이렇게 말한 셈이다. "우리는 당신을 선택했소."

　　SAC가 "금융 사기꾼들을 끌어들이는 자석"이며 헤지펀드 역사상 "전례 없는 규모로 내부정보로 불법 거래"를 했다는 뉴욕 남부지검의 발표가 있은 지 며칠 뒤, 골드만삭스의 사장 게리 콘이 말했다. "SAC는 우리에게 중요한 고객입니다. SAC는 훌륭한 거래 상대죠."

SAC를 기소하기 전 코언 측 변호사들과 논의하는 과정에서 뉴욕 남부지검은 사건을 마무리하려면 코언이 헤지펀드를 폐쇄해야 한다는 점을 분명히 밝혔다. 하지만 코언은 여전히 100억 달러에 가까운 개인 자금을 보유 중이었고, 개인 계좌로 트레이딩하고 투자할 수 있었다. 정부는 코언이 자기 돈으로 트레이딩하는 것까지 막을 수는 없었다. 유죄 판결을 받기 전까지 코언과 그의 트레이딩 군단은 여전히 월가의 주요 투자은행들에게 존중받고 최고의 IPO 물량을 배정받는 최고의 고객이었다. 100억 달러라는 수치는 코언에게 중요한 의미가 있었다. 이는 실제로 바뀐 게 아무것도 없다는 사실을 세상에 보여 주는 신호였다.

그러던 2013년 9월 둘째 주, 코언 측 변호인단은 뉴욕 남부지검 증권수사 공동 팀장인 안잔 사니(Anjan Sahni)의 전화를 받았다. 증권수사 팀은 SAC 사건을 합의할 방안을 코언 측과 논의하고자 했다. 8월의 검찰 기소 이후 바뀐 것은 별로 없었다. 검찰은 SAC의 비즈니스가 아무 일 없었다는 듯이 계속되는 상황을 보았다. 눈에 띄는 위기 상황도, 직원 해고도, 마진 콜도 없었다. 세계에서 손꼽힐 정도로 거대한 헤지펀드가 형사재판에 기소됐어도 월가는 거의 동요하지 않았다.

검찰과 SAC가 사건을 합의하는 것이 합리적인 선택이었다. 재판은 양측 모두에게 리스크가 있었다. 만약 정부 측이 진다면 권위와 사기에 이만저만 타격이 아니었다. 매튜 마토마 재판이 다가오고 있었고, FBI는 여전히 그가 수사에 협조할 수 있다는 희망을 버리지 않았다. 마토마가 수사에 협조할 경우 검찰은 모든 자원을 동원해 사건을 확대할 계획이었다.

코언의 계산도 비슷했다. 구태여 자신과 직원들이 수개월간의 증거개시 절차에 들어가 증언대에 서서 진실만을 말하겠다는 선서를 하고 트레이딩 활동에 관한 질문에 답하는 것은 웃기는 일이었다. 코언은 트레이딩을 할 때 손실 위험에 전혀 긴장하지 않는 인물이었지만, 장기간의 법정 다툼을 벌이며 자신의 모든 비밀을 노출하는 것은 감당하기 어려운 위험이었다. 게다가 검찰에 기소당해 재판을 치르게 된다면 자신을 변호하기 위해 최고의 변호사들을 총동원할 필요가 있었다. 이것저것 다 따져 보면 SAC 캐피털 사건은 코언이 사건을 마무리하기 위해 얼마나 많은 돈을 지불할 것인지의 문제로 압축됐다.

처음에 코언의 변호사들은 1억 달러에서 1억 5천만 달러를 벌금으로 내겠다는 의사를 검찰에 전달했다. 바라라는 그 정도로는 어림도 없다는 듯 시큰둥한 반응을 보였다. 안잔 사니 팀장은 마틴 클로츠를 비롯한 코언의 변호사들에게 코언과 매우 밀접한 관련이 있는 재판 두 건이 곧 열린다는 사실을 상기시켰다. 하나는 11월에 시작하는 마이클 스타인버그의 재판이고, 또 하나는 이듬해 1월에 시작하는 매튜 마토마의 재판이었다. 두 사람이 유죄 판결을 받을 때까지 협상을 질질 끌다가는 코언이 지불해야 하는 합의 비용이 늘어날 뿐이었다. 둘 중 한 명이 더 버티지 못하고 당국에 협조하기로 결정할 경우 코언이 훨씬 더 불리해지리란 점은 사니가 굳이 언급할 필요도 없었다.

2개월 뒤인 2013년 11월 4일, 바라라가 코언 측과 합의한 내용을

발표했다. 뉴욕 남부지검은 월스트리트가 법 위에 있지 않다는 메시
지를 강력히 전달하고자 상당히 엄격한 조건으로 합의했다. 검찰은
SAC 사건을 통해 금융 산업이 경제 전반을 지배하는 21세기에도 월
가의 도를 넘는 행위는 반드시 대가를 치르고, 아무리 강력한 금융
회사라도 법을 이길 수 없다는 점을 보여 주려 했다. SAC는 유죄를
인정하고 벌금 18억 달러를 내기로 합의했다. 코언 측은 이미 SEC
에 납부한 제재금 6억 1600만 달러를 인정받아 새로 12억 달러만
내기로 간신히 협상했다. 이 합의에는 SAC가 정부기관에 기소당한
모든 내용을 법원에서 인정한다는 내용도 포함됐다.

이 사건은 여러모로 코언의 선배격인 마이클 밀켄과 비교가 됐다.
1989년 밀켄의 회사인 드렉셀 번햄 램버트는 증권사기 혐의를 인정
하고 6억 5천만 달러의 벌금을 내기로 합의했다. SAC의 합의도 그
에 못지않게 인상적이었다. 2008년 금융위기를 초래한 범죄 행위에
아무도 책임을 지지 않는 현실에 당혹감과 분노를 느낀 미국인들에
게 SAC 사건 합의는 무언가 달랐다. 그것은 상식과 정의의 명백하
고도 분명한 승리로 보였다.

또는 최소한 그렇게 보이길 검찰은 희망했다.

이제 남은 절차는 SAC가 며칠 안에 유죄 인정 답변을 연방 법원
에 제출하는 것뿐이었다. TV 방송국들이 SAC와 검찰의 합의 소식
을 전 세계 트레이딩 플로어에 전하는 동안, 코언은 SAC 본사 책상
에 앉아 뉴스 화면을 노려보고 있었다. 코언은 기분이 좋지 않았지
만 이런 날이 오라는 것을 알고 있었다. 바라라의 기자회견 때 코
언은 언론 홍보를 하는 PR회사에 연락해 다음과 같은 공격적인 반
박 성명을 내보낼 준비를 시켰다. "잘못을 저지른 극소수 직원이 지

난 21년 동안 SAC에서 근무한 3천 명의 정직한 직원들을 대표하진 않습니다." 성명서의 마지막 줄은 이랬다. "SAC는 내부자거래를 장려하거나 강요하거나 용인한 적이 절대로 없습니다."

바라라는 이 문장을 읽고 믿을 수 없었다. SAC는 내부자거래가 만연한 조직 풍토 위에 세워진 회사임을 사실상 시인하는 유죄 인정 답변서에 막 서명한 참이었다. 코언은 검찰과 사건을 합의하기 위해 SAC가 10년 이상에 걸쳐 증권사기를 범하더라도 돈을 벌라는 조직 문화를 형성했음을 인정했다. 남부지검의 증권수사 팀장이 코언 측 변호인단에 전화해 성명을 철회하도록 명령했다. 그에 따라 SAC가 새로 발표한 성명서에는 이런 문장이 담겼다. "우리는 발생한 행위에 깊은 유감을 표합니다."

시신 없는 장례식

2013년 11월 8일, 맨해튼 남부 펄스트리트 500번지에 위치한 미국 연방 법원 법정에 미국에서 가장 몸값이 비싼 변호사들이 윤기 나는 소매 단추가 달린 고급 정장 차림으로 입장했다. 기자, 검사, SEC 변호사, FBI 요원, 로스쿨 학생뿐 아니라 호기심 때문에 찾아온 일반인들로 방청석은 빈자리가 없었다. 방청객들은 전철 의자에 앉듯 다닥다닥 붙어 앉았다. 밖에서는 신문사 사진기자들이 사진을 찍을 기회를 노리며 진을 치고 있었다. 놀랍게도 코언은 법정에 몸소 출석할 필요가 없었다. 자신의 펀드에서 18억 달러를 벌금으로 내게 됐지만, 이 정도 돈이 사라진 것은 코언에게 아프지도 가렵지도 않았다.

로라 테일러 스웨인(Laura Taylor Swain) 판사가 법정에 들어오자 좌중이 조용해졌다. 그녀는 스테인리스 커피 컵을 판사석 위에 올려놓고 앞에 모인 변호사들을 내려다본 다음 피터 너스바움에게 말했다.

"너스바움 씨, 오늘은 계속 의자에 앉아 계셔야 할 것 같군요." 그녀는 안경 낀 눈을 깜빡이며 말했다.

판사의 시선을 따라 100명 정도가 고개를 돌려 쳐다봤다. SAC 법률 고문 피터 너스바움이 불편한 기색으로 변호인석에 앉아 있었다.

"존경하는 재판관님, 그건 저도 바라는 바입니다." 대답하는 그의 얼굴이 살짝 일그러졌다. 너스바움은 극도의 스트레스에 시달리다가 3주 전 긴급히 맹장 수술을 받았기에 몸이 불편한 상태였다. 엉거주춤하게 일어나 선서를 한 다음 법정에 출석한 목적을 수행했다. 즉, 코언을 대신해 정부에 죄를 인정하고 항복하는 것이었다.

"SAC 캐피털이 유죄를 인정하는 혐의가 무엇인지 이해하고 있습니까?"

"네."

"현재 약물을 복용하거나 술을 마신 상태입니까?"

"건강상의 이유로 항생제를 복용했습니다."

스웨인 판사는 40쪽짜리 문서를 들어 올리며 물었다. "내가 기소장을 낭독할 필요가 있겠습니까?"

"아니요, 괜찮습니다. 재판관님."

방청석에 웃음이 퍼져나갔다. 순간 스웨인 판사는 참 묘한 재판이라는 생각이 들었다. 가장 중요한 코언이 불참한 재판이라니, 시신도 없이 장례식을 치르는 격이 아닌가.

너스바움은 기소 내용을 잘 알고 있었다. 13년간 고용주였던 스티브 코언이 10년 이상 범죄 조직처럼 회사를 운영함으로써 수억 달러의 불법적 이득을 취했고 지구상에서 손꼽히는 부자가 되었음을 법원에 인정하는 순간이 다가오고 있었다.

스웨인 판사는 형사재판 벌금으로 9억 달러를, 민사 몰수로 9억 달러를 납부한다는 합의 조건을 읽어 내려갔다. 5년간의 보호관찰 기간 동안 법무부가 승인한 준법감시인이 펀드 활동의 적법성을 감시한다는 내용도 들어 있었다. 이 정도면 헤지펀드의 문을 닫아야 할 판이었다.

너스바움이 한숨을 쉬고 판사에게 말했다. "SAC를 대신하여 저는 우선 SAC에서 근무하면서 법을 어긴 각 개인의 위법 행위에 깊은 유감을 표합니다. 우리가 감시하는 동안에 일어난 이 위법 행위들에 우리는 책임이 있습니다."

너스바움이 말을 이어 나갔다. "우리는 값비싼 대가를 치렀고 앞으로도 치를 겁니다. 이 일로 징벌을 받았지만, 이 경험에서 교훈을 얻어 더 나은 회사가 되고자 결심하는 바입니다."

판사가 보니 너스바움의 이마에 땀이 몇 방울 맺혀 있었다.

"SAC 캐피털은 어떻게 답변하시겠습니까?"

판사의 질문에 너스바움이 자리에서 반쯤 나오며 대답했다.

"유죄입니다."

"피고 측은 '정말로' 유죄이기 때문에 유죄라고 답하는 겁니까?"

"그렇습니다. 재판관님."

스웨인 판사는 재판봉을 한 번 두드리며 말했다. "재판을 휴정

합니다."

법정에 들어온 200명가량의 사람들이 유일한 출구인 뒷문으로 몰려 나가느라 한동안 시간이 지체됐다. 법정 밖에서 SAC 측 변호사들이 원래 타고 가기로 했던 승용차가 보이지 않아 잠시 서서 기다렸다. 사방에서 사진기자들과 TV 기자들이 모기처럼 달려들어 질문을 던졌다.

변호사들은 마침내 검은색 캐딜락 에스컬레이드 승용차를 발견하고 달려갔다. 급히 차에 타 문을 닫고 곧바로 출발했다.

배낭을 맨 한 남자가 건물을 나오면서 변호사들을 쫓아가는 기자들을 보고 어리둥절해했다. "저 사람들은 어떤 사기꾼을 쫓고 있는 거지?"

스타인버그의 저항

대략 2주 정도가 지난 후인 2013년 9월 20일, 마이클 스타인버그의 재판이 시작됐다. 검찰은 스타인버그가 수사에 협조하리라고 확신한 적이 없었다. 우선 그는 코언에게 너무 충직했고, 거래 규모도 작아서 검찰이 협조하지 않으면 법대로 중벌을 내리겠다고 협박하기도 어려웠다. 그렇지만 검찰은 스타인버그가 명예 의식이나 시민 의식, 어쩌면 아내의 간청 때문에 마음을 돌릴지도 모른다고 기대했다.

하지만 재판 첫날, 앤토니아 앱스 검사가 법정에 들어가 검사석에 앉았을 때 그런 일은 발생하지 않을 것이 분명해 보였다. 검찰이 시도할 수 있는 것은 스타인버그를 기소해 처벌하는 것뿐이었다. 앱스는 배심원석에 앉은 남녀 12명을 돌아봤다.

"배심원단 여러분, 마이클 스타인버그는 비즈니스 정보를 훔쳐, 그 정보로 주식시장에서 주식을 거래해 아주 많은 돈을 벌었습니다." 앱스가 배심원단에게 말할 때 스타인버그는 피고인석에서 변호사들과 함께 앉아 있으면서 고통스러운 표정을 지었다. "그는 정보가 대중에게 발표되기 전에 내부자들에게서 기밀 금융 정보를 빼냈습니다. 규칙을 준수하는 평범한 투자자들이 접할 수 없는 불법 정보를 얻기 위해 그런 행동을 했습니다. 그리고 불법 내부정보를 이용해 주식거래를 했습니다. 마이클 스타인버그는 법을 어겼습니다."

앱스는 동료들과 술 마시러 가는 것과 밤늦게까지 재판 준비를 하는 것 중 하나를 택하라면, 거의 언제나 후자를 택하는 사람으로 유명했다. 키가 크고 적당히 마른 앱스는 미국 여자 피겨스케이팅 대회 챔피언 출신으로 고소득이 보장된 유명 로펌 파트너십을 그만두고 뉴욕 남부지검 증권수사 팀에 들어갔다. 그녀는 검찰에서 일하기를 '원했다.'

재판에서 그녀의 역할은 엄청나게 복잡한 사건을 배심원단이 쉽게 알아듣도록 최대한 간단하게 요약하는 것이었다. 그녀는 마이클 스타인버그가 사기를 친 월스트리트의 부자라고 배심원단에게 말했다. "그는 자신과 자신을 고용한 헤지펀드를 위해 큰돈을 벌고자 했죠. 배심원단 여러분, 그래서 그가 한 일이 내부자거래였고, 그것은 중대한 범죄입니다."

평균적으로, 월가에 막연히 격렬한 분노를 느끼는 배심원이 많은 상황에서 스타인버그는 분노의 표적이 되기 쉬운 인물이었다. 대다수 미국인과 다른 세계에서 오만하게 특권을 누리며 살았기 때문이다. 그는 스티브 코언이 아니었지만 그에 가까운 인물이었다.

이러한 분노의 화살에서 스타인버그를 구하는 임무를 맡은 변호사는 배리 버크였다. 앱스가 배심원단을 설득하고자 사전에 꼼꼼히 연습했다면, 버크는 마치 자신의 매력으로 사람들을 끌어들이는 법을 아는 연방 의원처럼 즉흥적으로 변론하고 싶은 기분이었다. 버크는 하버드 로스쿨 재학 시절, 잘못 유죄 선고를 받은 사람을 학생 신분으로 변론한 뒤에 법정 계단을 내려가면서 TV 뉴스 카메라들의 조명을 받았을 때 변호사가 되고 싶다는 생각이 들었다.

카메라 조명을 받는 순간이 마음에 든 배리 버크는 이런 생각이 들었다. "내가 변호하는 재판에서 이렇게 또 조명을 받아 봤으면 좋겠네."

버크는 넥타이를 반듯하게 편 다음 배심원단 방향으로 서서 두 손으로 연단을 잡았다. 버크는 자신의 변론을 점검하기 위해 미리 모의재판을 두 차례 연습하고 과정을 녹화해 동료 변호사들과 함께 분석했다. 그는 모든 배심원들의 배경을 조사했고, 특히 월스트리트나 정부에 대한 그들의 생각이 어떠한지를 알고자 배심원들의 SNS 기록까지 샅샅이 파악했다. 그는 이 사건의 사실관계를 누구보다도 잘 파악했다. 그는 마토마의 변호인으로서 SAC에서 변호비를 받고 있었다.

버크는 배심원들에게 미소를 한번 짓고, 스타인버그의 부하 직원이던 호바스가 자기만 살려고 스타인버그에게 불리한 증언을 한다는, 스타인버그 변론의 핵심 논리를 전달하고자 먼저 우화를 하나 얘기했다. 우물에 빠진 농부가 등장하는 우화였는데, 법정에 앉아 있던 사람 중 상당수는 버크가 왜 이 우화를 얘기하는지 이해하지 못했다. 그래도 버크는 계속 말을 이어 나갔다. "그는 협상하기 위해 누군가를 희생양으로 지목해야 했습니다. 그래서 지목한 사람이 스타인버그인 것입니다."

버크의 첫째 과제는 호바스를 자기만 살려고 발버둥 치는 부정직한 남자로 깎아내리는 것이었다. 둘째 과제는 더 세심한 기술이 필요했고, 이 사건의 정황을 고려하면 훨씬 더 어려웠다. 즉, 스타인버그에 대한 동정심을 이끌어 내는 것이었다. 버크는 스타인버그가 이스트 햄튼 별장에서 여름을 보내는 탐욕스러운 헤지펀드 백만장자가 아니라, 너그럽고 따뜻한 마음을 지닌 가정적인 남자라는 점을 배심원단에게 보여 줘야 했다.

버크는 스타인버그가 한 일을 최대한 단순한 용어로 설명하고자 시도했다. 그래서 한껏 비굴한 목소리로 설명했다. "SAC는 펀드입니다. 일종의 뮤추얼펀드죠…."

그러자 킬킬거리는 웃음소리가 들렸다. SAC를 뮤추얼펀드와 비슷하다고 표현하는 것은 뉴욕 양키스를 어린이 야구팀이라 부르는 것과 같기 때문이었다.

버크는 아랑곳하지 않고 계속 설명했다. "그는 포트폴리오 매니저가 되기 위해 열심히 일했습니다. 그는 성공적이고 꾸준한 직원이라는 평판을 얻었습니다…. 그는 믿음직한 직원이었고, 그래서 높은 보수를 받았습니다."

스타인버그의 아내 엘리자베스는 남편에 대한 부당한 인식을 고치려고 적극 나섰다. 지지자들을 모아 법정 방청석의 왼쪽 편을 거의 다 지지자들로 채웠다. 심지어 남편에게 역풍이 불지 않게 지지자들의 복장까지 이메일로 지시했다. "보수적으로 차려 입고 참석하세요. 여성은 장신구를 달거나 모피 옷을 입지 말고, 고급 스카프를 매지도 말고 고급 핸드백 등도 가지고 오지 마세요."

엘리자베스는 이탈리아 미망인처럼 검은 스웨터, 검은 바지, 낮은 구두 차림으로 방청석 앞줄에 앉았고, 양옆에는 시부모와 친부모가 앉았다. 그 뒤에는 엘리자베스가 불러 모은 지지자들인 삼촌, 고모, 사촌, 맨해튼 사교계에서 정기적으로 만나는 지인들을 포함한 수십 명의 친구들이 어두운 색상의 옷을 입고 방청석을 메웠다. 스티브 코언의 미술품 컨설턴트이자 스타인버그의 어릴 적 친구인 샌디 헬러도 헤지펀드를 운영하는 쌍둥이 형 앤디 헬러와 함께 방청석에 앉았다. 내부자거래 혐의로 재판을 받은 다른 피고인들도 이와 같은 변호 전략을 채택했다. 즉, 피고인은 비정상적이고 탐욕스러운 트레이더가 아니라 자선 단체에 기부하고 여러 사람에게 사랑과 신뢰를 받는 좋은 이웃이라는 점을 배심원단에게 보여 주는 전략이었다.

스타인버그는 설령 코언이 밖에서 자유롭게 돌아다니는 동안 자기만 재판을 받는 상황에 분개했을지라도 겉으로는 내색하지 않았다. 그는 수사에 협조하라는 검찰의 권유를 여러 차례 거절했다. 앱스 검사는 스타인버그가 '무슨' 증언을 하든, 아무리 하찮은 정보라도 정부가 참작해서 형량을 줄여 주겠다고 분명히 말했다. 그러나 스타인버그는 거부했다. 스타인버그는 미국 최고의 형사재판 변호사들과 상의한 바를 토대로 재판에서 정부와 다퉈 무죄 판결을 받는 길을 선택했다.

버크는 개정 진술을 마무리할 준비를 하면서 배심원단에게 말했다. "저는 요즘 월가를 비판적으로 보는 시각이 많다는 점을 알고 있습니다. 이번 재판이 월가를 심판하는 재판이 아니라는 점을 배심원 여러분께 굳이 말씀드릴 필요도 없을 겁니다. 이번 재판에서 살펴봐야 할 문제는 오직 하나입니다. 바로 여기 있는 마이클 스타인버그입니다." 그는 스타인버그가 기소당한 모든 혐의에 대해 무죄임을 알아 달라고 배심원단에 간청한 다음 의자에 털썩 주저앉았다.

호바스의 증언 공방

사흘 뒤, 존 호바스는 아버지 양복을 입은 소년마냥 주변 환경과 영 어울리지 않는 모습으로 법정에 들어왔다. 피부를 갈색으로 태웠고, 마치 모자를 눌러쓴 듯 긴 머리카락으로 두 눈을 가린 호바스가 지나가는 모습을 스타인버그의 아내가 노려봤다.

이 시점에 스타인버그는 이미 재판에서 꽤 불리해졌다. 재판 둘째 날에 앱스 검사는 스타인버그의 2007년과 2008년 연소득을 표시한 슬라이드 자료를 배심원단에게 한참 보여 주며, 당시 그가 보너스로만 연간 수백만 달러는 족히 받았다고 설명했다. 전직 우체국 직원, 모텔 경리, 테니스 코트 관리인 등으로 구성된 배심원단에게는 평생 꿈도 꾸지 못할 소득이었다. 그리고 제스 토토라가 법정에 나와 전직 델 직원이었던 친구로부터 델 내부정보를 얻은 경위, 그리고 그 정보를 호바스에게 제공했고, 호바스는 다시 스타인버그에게 제공한 과정을 이틀에 걸쳐 증언했다.

마이클 스타인버그에 대해 증언함으로써 원하는 바가 무엇인지 앱스 검사가 냉정하고 담담한 어조로 묻자 호바스가 답했다.

"저는 감옥에 가는 사태는 피하길 바랍니다."

8일째 재판일 오후 3시 직전, 스타인버그의 변호인 버크가 기다리던 반대신문 기회가 왔다. 버크는 이 기회를 통해 호바스를 무너뜨리려고 벼르고 있었다.

그때까지 앱스 검사의 전략은 효과적이었다. 호바스는 동정이 가는 인물과는 거리가 멀었지만 사건을 기억나는 대로 성실히 증언한 듯 보였다. 호바스는 밀고자였지만 믿을 만한 밀고자였다.

다수의 파트너 변호사, 어쏘시에이트, 법률 사무 보조원들로 구성된 팀이 버크의 반대신문 준비를 도왔다. 사립탐정들이 호바스의 친구와 가족을 조사했다. 호바스의 전 직장에서 호바스에 관한 자료를 받았다. 버크의 로펌은 컴퓨터 기록 감식 전문가까지 동원해 호바스가 SAC에서 일할 때 사용한 노트북 컴퓨터에서 호바스의 구글 검색 기록을 복구했다. 이를 통해 이를테면, 호바스가 체포당한 뒤에 문서 파쇄 업체들을 검색했음을 파악했다. 버크는 호바스가 내놓을 변명이나 설명에 반격하기 위해 600페이지에 달하는 변론 자료와 증거 자료를 준비했다.

버크는 변호인석에서 일어나 호바스가 앉은 증인석으로 걸어갔다. 그는 즉시 SAC 재직 시절에 내부정보를 빼내 오라는 스타인버그의 지시를 받았다는 호바스의 주장에 초점을 맞추어 심문했다.

"증인은 스타인버그 씨가 '독점 정보인 에지'를 얻어 오라고 지시했다고 하셨는데, 그렇게 증언하신 것이 맞습니까?" 버크가 날이 선 목소리로 물었다.

"네."

"그때 증인은 스타인버그 씨에게 뭐라고 말씀하셨습니까? 뭐라고 대답하셨습니까?"

호바스는 스타인버그에게 아무 대답도 하지 않은 것으로 기억한 다고 답했다.

버크와 호바스는 이런 문답을 계속했다. 버크는 호바스가 스타인 버그의 지시에 아무 대답도 하지 않은 점을 계속 물고 늘어졌다. 스 타인버그의 지시 내용이 모호했음을 호바스가 인정하도록 유도하 는 듯 보였다. 변호인단 입장에서 이 반대신문은 특히 중요했다. 스 타인버그를 증언대에 세우지 않은 채 호바스 증언의 신빙성만 문제 삼아 스타인버그를 구하려는 전략을 세웠기 때문이다.

버크는 5일간 호바스를 반대신문 했는데, 이틀째 되는 날에 호바 스를 자극해 스타인버그에 관해 이렇게 발언하도록 유도했다. "그는 내게 나가서 법을 어기라고 명시적으로 말한 적이 없어요!" 이 순간 스타인버그는 재판이 시작된 이래 처음으로 미소를 지었다.

"증인은 스타인버그 씨의 행동을 잘못 해석함으로써 거짓 증언을 하고 있는 것이 아닙니까?"

호바스는 버크를 올려다보지 않은 채 고개를 저어 버크의 말을 부정했다.

버크가 반대신문을 끝낼 무렵 호바스의 증언 신빙성은 심각하게 약해졌다. 앱스는 증인을 다시 심문할 기회를 얻었지만 피해를 모 두 복구할 수는 없었다. 앱스는 다음과 같이 이 사건의 핵심 사실들 을 호바스에게 다시 확인받았다. 스타인버그가 불법적 정보를 얻어 오라고 지시했다. 스타인버그는 호바스가 보고하는 정보가 델 내부 자에게서 나온 정보임을 알았다. 델 실적 발표 전에 델 주식을 공매 도했다. 호바스는 스타인버그에게 정보 출처를 숨긴 적이 없었다.

12월 13일, 앱스 검사를 끝으로 정부 측 증인 심문이 끝나고 재판이 휴정됐다.

여인의 비명

며칠 뒤 배심원단 평의가 시작될 무렵, 버크는 스타인버그가 승소할 가능성이 있다는 생각이 들었다. 이처럼 승리하리란 느낌이 강하게 오는 재판도 드물었다. 검찰 측 핵심 증인의 신빙성을 떨어뜨리는 것만큼 검찰의 패소 가능성을 높이는 일도 없는데, 버크는 자신이 여러 측면에서 그런 일을 해냈다고 느꼈다. 스타인버그의 무죄를 받아내는, 재판이 시작될 때는 터무니없어 보였던 시나리오가 갑자기 현실이 되는 듯 보였다.

법정에서 사람들이 나가고, 스타인버그와 아내, 부모, 그리고 양측의 검사들과 변호사들만 남았다. 버크와 그의 팀은 76건의 내부자거래 사건을 기소해 모두 유죄 판결을 받아 낸 프리트 바라라의 연승 기록이 깨질 가능성이 있다는 생각에 들떴다.

배심원 평결을 기다리던 변호사, 가족, 기자 들은 배심원실에서 배심원들이 어떤 논쟁을 열띠게 벌이는지 알지 못했다. 평의 둘째 날, 호바스가 제공하는 정보가 델 내부자에게서 나온 것임을 스타인버그가 명확히 인지하지 못했다고 생각하는 배심원이 둘 나왔다. 5주에 걸쳐 13명의 증언을 들은 재판 기간 동안 두 배심원은 "에지"니 "채널 체크"*니 매출 총이익이니 하는 금융계 은어를 파악하느

• channel check_ 기업이 배포하는 정보를 토대로 해당 기업의 사업 내용을 조사하는 것

라 고생했다. 여러 배심원들이 호바스가 정직하지 못하다고 느꼈고, 한 배심원은 호바스를 가리켜 "자기가 살기 위해서는" 무슨 일이든 할 사람이라고 평했다. 맨해튼에서 마사지 치료사로 일한 데머트리스 고든 배심원장은 호바스가 증인석에서 거짓말한다는 생각이 드는 장면이 28번이나 있었다고 말했다. 그녀는 훗날 "호바스의 말을 전혀 믿지 않았다"고 밝혔다.

하지만 10명의 배심원이 호바스가 부정직한 인물이라는 사실이 스타인버그가 범죄 상황을 몰랐음을 의미하지는 않는다고 고든 배심원장과 나머지 배심원을 설득했다.*

고든은 재판 내내 메모를 했다. 자신이 남을 정확히 판단하는 능력이 있다고 자부한 그녀는 스타인버그가 유죄임을 확신하지 못했기 때문에 계속 유죄 평결에 동의하지 않았다.

1시간 동안 성과 없이 논쟁이 이어지자 배심원 한 명이 갑자기 아이디어를 냈다. 그는 고든에게 일어서서 배심원실 문을 지나가 보라고 말했다. 고든이 그 말대로 하자 얘기를 꺼낸 배심원이 말했다. "나는 문을 지나가라고 말했지 '어떻게' 지나가라고 명시적으로 말하지는 않았습니다."

통찰력 있는 예시였다. 고든은 명시적인 지시를 받지 않았어도 어떻게 문을 지나갈지 알고 있었다. "에지" 정보를 가져오라는 지시를 받는 상황도 마찬가지였다. 호바스는 명시적으로 지시받지는 않았지만 어떻게 그런 정보를 얻어야 하는지 알았다.

유죄 평결에 동의하지 않던 71세 여성 배심원도 이 시연에 설득

• 미국 형사재판 배심원은 12명이고, 만장일치로만 유죄 평결을 내릴 수 있다.

당했다. 그녀는 스타인버그가 델 관련 이메일을 받은 뒤에 호바스에게 정보의 "비밀을 유지"하라고 지시한 점을 기억했다. 이는 그 정보가 불법 정보임을 스타인버그가 명확히 이해했음을 보여주는 상황이라 할 수 있었다.

2013년 12월 18일 오후 2시 59분, 배심원단이 투표에 들어갔다. 배심원단은 만장일치로 유죄 평결을 내렸다.

법원 사무관이 판사에게 배심원단 평결이 나왔다고 전했다. 무료하게 평결을 기다리던 법정에 긴장감이 갑자기 높아졌다. 변호사들과 검사들은 이메일을 보내 평결이 임박했다는 소식을 알렸다. 밖에서 어슬렁거리던 사람들이 법정으로 몰려들어 와 자리에 앉았다. 스타인버그의 형이 급하게 달려 들어와 방청석 앞줄에 앉았다. 아내는 아버지, 어머니 사이에 앉아 두 손으로 부모 손을 잡았다.

버크의 표정이 약간 어두워졌다. 평결이 비교적 빨리 나왔기 때문이다. 이럴 경우에는 대개 유죄 평결이 나왔다.

오후 3시 15분에 배심원들이 법정에 들어와 배심원석에 앉았다. 그때 갑자기 누군가 비명을 질렀다. 스타인버그가 의자에 앉아 있다가 실신해 앞으로 고꾸라지는 모습을 본 아내 엘리자베스가 지른 비명이었다. 그녀는 청중석과 피고인석을 가로막는 참나무 파티션 위로 팔을 뻗어 남편의 몸에 손을 댔다. 그녀는 흐느끼고 있었고, 스타인버그의 어머니도 울기 시작했다. 버크는 한 팔을 뻗어 스타인버그의 머리를 감쌌다.

"자. 배심원단은 나가 주시기 바랍니다." 리처드 설리번 판사가 의자에서 일어났다.

배심원들은 법정 밖으로 나갔다. 그들은 이미 평결을 담은 봉투를 법원 사무관에게 넘겼다. 검사들은 지쳐 보였다. 검찰 입장에서 매끄럽게 진행된 재판이 아니었기에 패소할 가능성도 배제할 수 없었다. 한편 스타인버그의 친구들과 친척들은 스타인버그가 무죄 판결을 받게 해 달라고 기도하는 듯 보였다. 스타인버그의 어머니와 장모는 방청석 맨 앞줄에서 딱 붙어 앉아 상체를 앞뒤로 흔들었다.

법원 간호사가 스타인버그의 상태를 살피면서 한동안 침묵이 이어졌다. 스타인버그는 다시 정신을 차리고 피고인석에 앉았다. 배심원들은 다시 법정에 들어와 바닥에 시선을 둔 채로 배심원석에 앉았다.

스타인버그는 불길한 예감 때문에 실신한 듯 보였다. 판사는 배심원단이 모든 죄목에 대해 유죄 평결을 내렸다고 발표했다.

16장 법의 심판

마토마의 수치와 굴욕

2013년 크리스마스 시즌은 뉴욕 남부지검의 알로 데블린-브라운 검사에게 푸근한 시기가 아니었다. 재판에 증거로 제출할 소명자료들을 준비하고 증인 목록을 점검하느라 늦게까지 사무실에 묶여 있어야 했다. 밤 10시가 넘어서야 사무실을 나와 아내와 두 자녀가 기다리는 맨해튼의 어퍼 웨스트 사이드 자택으로 터벅터벅 걸어갔다. 이듬해 1월에 곧바로 시작하는 매튜 마토마 재판 준비로 한창 바쁠 때였다. 이번 재판은 검찰이 이길 확률이 높다고 생각했지만 자만은 금물이었다.

뉴욕 검찰청의 누구도 마토마가 수사에 협조하지 않고 이렇게 재판으로 가리라고는 예상치 못했다. 기나긴 공개 재판 절차에 직면한 마토마가 압박감에 굴복해 코언 수사에 협조하기로 마음을 고쳐먹길 기대한 검사가 많았다.

2013년 12월 말, 스타인버그가 유죄 평결을 받고 며칠이 지났을 때 데블린-브라운 검사의 전화기가 울렸다. 마토마의 변호사인 리처드 스트라스버그였다. 스트라스버그는 제안을 하나 하려고 하니 데블린-브라운 검사가 진지하게 고려해 줬으면 한다고 말했다. 데블런-브라운은 잠시 숨을 가다듬었다. 오랫동안 기다리던 제안이 드디어 온 것인지 몰랐기 때문이다. 어쩌면 마토마가 수사에 협조하기로 간신히 결정했을지도 몰랐다.

스트라스버그 변호사가 말했다. "마토마가 아직 동의한 내용은 아니지만, 371조에 의거해서 최대 형량을 5년 형으로 하는 유죄 인정 답변을 검사님이 어떻게 생각하실지 궁금합니다."

'젠장.' 데블런-브라운은 속으로 욕이 나왔다.

마토마가 수사에 협조하겠다는 전화가 아니었다. 스트라스버그가 언급한 371조란 형법 371조를 가리켰다. 그는 마토마가 기소당한 여러 죄목 중 가장 형량이 낮은 사기 공모죄를 인정하고 징역형으로 최대 5년을 선고받는 타협안을 검찰이 받아들일지 문의한 것이다. 마토마가 검찰 수사에 협조하겠다는 제안이 아니라 가장 형량이 작은 죄를 인정하겠다는 제안일 뿐이었다. 스트라스버그는 열심히 재판을 준비했지만, 재판 기간에 마토마가 공개적으로 망신당하는 모습을 지켜볼 가족들의 고통을 생각했다. 마토마가 재판에서 이길 확률은 낮았다. 재판 직전에라도 타협하는 것이 가족들의 스트레스와 모욕감을 더는 길이었다.

데블런-브라운 검사는 스트라스버그가 얼마나 진지하게 제안한 건지 알 수 없었다. 특히 마토마가 아직 동의하지도 않은 내용이었다. 어쨌든 바라라 지검장이 이 제안을 좋아할 가능성은 낮았다. 고작 이 정도가 마토마의 최종 제안이라고 전한다면 남부지검 검사들 모두가 크게 실망할 터였다. 바라라가 기대한 바에 전혀 못 미치는 제안이라는 사실은 차치하고라도 검찰은 재판 직전에 피고인에게 유리한 방향으로 타협하는 것을 좋아하지 않았다. 모양새가 영

나빴다. 판사들도 좋아하지 않았다. 그리고 데블런-브라운 검사 개인적으로도 짜증이 났다. 그와 동료들은 2014년도에 가장 세간의 이목을 끌 재판을 준비하느라 수개월을 휴일도 없이 일했다. 왜 스트라스버그는 더 일찍 혐의를 인정하겠다고 제안하지 않았나? 그렇지만 데블런-브라운은 일단 상사와 상의해 보겠다고 대답하고 전화를 끊었다. 그날 오후, 데블런-브라운은 증권수사 팀장들과 이 일을 논의했다.

다음 날 데블런-브라운이 스트라스버그에게 전화해 거절 의사를 전달했다. 딜은 없었다. 검찰은 마토마를 재판으로 끌고 가기로 했다.

2014년 1월 7일, 매튜와 로즈메리는 다른 사람이 운전하는 SUV 차량을 타고 법정에 도착했다. 눈보라가 불어 거리에 눈이 산처럼 쌓여 있었고, 로즈메리는 10센티미터 높이의 힐을 신고 미끄러운 인도를 곡예하듯 걸었다. 재판은 수 주간 이어질 것으로 예상됐고, 마토마 부부는 자녀들이 학교를 쉬게 하고 가족이 함께 지낼 수 있도록 타임스퀘어 인근 인터컨티넨탈 호텔 스위트룸을 예약했다. 마토마 부부가 법정에 도착하자 뉴스 사진기자들과 TV 카메라맨들이 몰려들었다.

이틀 뒤 개정 진술(opening statement)을 시작하기로 한 로베르토 브라세러스 변호사가 변호인석에서 판사를 마주보며 섰다. 그는 스트라스버그와 같은 로펌 굿윈 프록터의 파트너였다. 그는 화를 꾹 참았지만 《뉴욕타임스》를 쥔 손이 부들부들 떨리는 것만은 막을 수 없었다. 신문 첫 페이지에 이런 헤드라인이 올라와 있었다. "하버드 로스쿨에서 퇴학당한 전 SAC 트레이더."

양측의 법률가들은 그때까지 수 주간 막후에서 치열한 다툼을 벌였는데, 여기서 튀어나온 불똥이 모든 신문에 보도된 것이다.

그날 아침, 검찰은 마토마가 하버드 로스쿨에서 퇴학당했다는 증거를 재판 기간 동안 사용할 수 있도록 판사에게 요청했다. 검찰은 마토마가 퇴학당한 사실뿐만 아니라 마토마가 어떻게 성적증명서를 조작했고, 이를 숨기려 했고, 하버드 로스쿨에 다시 들어가고자 가짜 회사를 차린 일까지 모든 추잡한 사연들을 재판 증거로 제시하려 했다. 표면적으로 하버드 로스쿨 퇴학 사건은 이 재판의 핵심 문제들, 즉 마토마가 신약 임상시험인 미공개 정보를 입수하기 위해 의사에게 돈을 지불했는지 여부, 그리고 이 정보를 이용해 주식거래를 했는지 여부와는 관계가 없었다. 하지만 검찰은 이러한 과거사까지 들춰내 가며 취약한 증거를 보강하고자 했다. FBI는 길먼이 마토마에게 보냈다고 증언한 신약 임상시험 결과를 담은 파워포인트 자료가 첨부된 이메일을 아직도 복구하지 못했다. 이것은 마토마가 바피의 임상시험 결과를 발표 1주일 전에 입수했음을 입증하는 핵심 증거였다. 데블런-브라운 검사는 이 이메일을 완전히 지워 버릴 능력이 마토마에게 있다고 믿었다. 하버드 로스쿨 사건에서 이메일 날짜를 조작하려 시도했던 일은 마토마가 이 분야에 전문 지식을 갖췄고, 그러한 일을 감행할 기질을 가지고 있음을 보여 줬다.

스트라스버그와 브라세러스는 데블런-브라운 검사가 하버드 사건을 증거로 채택해 달라고 요청했다는 사실을 알자마자 해당 자료의 증거 채택을 기각해 달라고 요청했다. 또한, 하버드 사건을 둘러싼 논란을 공개 법정에서 언급하지 말고 비밀리에 부쳐 달라는 신청서도 제출했다. 그들은 하버드 이야기가 공개되면 마토마 재판에 극히 불리하게 작용하리라고 생각했다. 그러나 폴 가드프(Paul Gardephe) 판사는 하버드 로스쿨 관련 문서들을 공개하라고 결정했다. 이로써 마토마 측은 타격을 입었다. 마토마가 대중에게 망신을 당했을 뿐 아니라 변호사들의 전략에도 큰 제약이 생겼다. 스트라스버그조차 하버드 사건 자료를 증거로 제출한 것이 검찰 입장에서는 영리한 전술적 행보였다고 인정했다. 변호사들이 파워포인트 발표 자료를 보냈다는 길먼의 증언을 거짓말이라고 주장할 때마다 검찰은 배심원들에게 하버드 사건을 들먹일 터였다. 마치 변호사들의 손에 수갑을 채운 격이었다.

브라세러스 변호사가 변호인석에 올려놓은 신문들을 가리키며 말했다. "재판관님, 예상했듯이 신문과 방송을 통해 많은 뉴스들이 보도됐습니다…." 그는 여러 신문들을 가지고 있었고, 그중에 특히 《뉴욕포스트》는 자극적인 제목을 달아 마토마의 하버드 사건을 보도했다. 브라세러스는 가드프 판사에게 배심원들이 하버드 사건에 대한 기사를 읽어 봤는지 물어봐 달라고 요청했다.

브라세러스는 굿윈 프록터의 보스턴 사무소 시절부터 스트라스버그와 함께 일한 오랜 동료였다. 군살이 없고 옷을 잘 차려입은 그는 겸손한 말투로 듣는 이의 경계심을 누그러뜨렸다. 그가 변론을 하는 동안 법정 방청석 첫째 줄과 둘째 줄에 앉아 있던 마토마의 아내와 부모는 고개를 숙였다. 마토마의 가장 어두운 가족사인 최대 망신거리가 재판을 통해 공개됐다. 마토마는 내부자거래로 기소당한 것보다 하버드 퇴학 사건 공개가 더 고통스러웠다.

가드프 판사는 유감을 표했지만 배심원들에게 하버드 사건 기사를 읽었는지 묻지 않았다. 배심원들은 이미 이 사건과 관련한 어떤 언론의 보도도 읽지 말라는 지시를 받았다. 그는 재판이 시작될 때 배심원들에게 인터넷을 보지 말라고 말했다. 2008년부터 연방 법원 판사가 된 그는 배심원제가 신뢰에 기반을 둔 제도라고 믿었다.

검찰과 변호인의 변론 싸움

개정 진술은 데블런-브라운 검사가 가장 좋아하는 재판 절차였다. 이런 사건에서는 가끔 개정 진술만으로도 재판이 판가름 난다. 검찰은 개정 진술을 잘하는 공식을 만들었고, 선배 검사들이 후배들에게 전수해 줬다. 검사는 2분간 사건을 빠르게 요약해 배심원단의 관심을 끄는 소위 "그랩(grab)"이라고 부르는 '관심을 붙들어 놓는 연설'로 개정 진술을 시작한다. 그랩을 시작하는 방법은 둘이다. 첫 번째는 "이것은 탐욕이 빚은 사건입니다"처럼 큰 주제를 배심원단에게 제시하면서 개정 진술을 시작하는 것이다. 하지만 데블런-브라운 검사는 배심원들이 영화 속 장면을 떠올리듯 사건 흐름에 감정을 이입하게 하는 방법을 선호했다. 그는 이 두 번째 방법에 "때는 폭풍우가 몰아치는 어두운 밤이었습니다"라는 이름을 붙였다.

이날 재판에서 그는 "때는 2008년 7월이었습니다"라는 말로 개정 진술을 시작했다. 그는 온화하고 평온한 목소리로 말했다. "피고인 매튜 마토마는 시카고 컨벤션 홀에서 알츠하이머병 전문가가 연단에 오르길 기다린 천 명의 청중 중 한 명이었습니다." 그는 다음과 같이 이어서 말했다. 시드 길먼은 뜨거운 기대를 모은 신약의 임상시험 결과를 발표하기 위해 국제 알츠하이머 콘퍼런스에 참석했다. 임상시험의 결과는 의학계에 중요한 돌파구가 될 수 있었고, 개발에 참여한 제약사들은 막대한 이익을 올릴 수 있었다. 콘퍼런스에 참석한 모든 이들이 초조한 마음으로 길먼의 발표를 기다렸다. 하지만 마토마는 예외였다. "매튜 마토마는 이미 길먼 박사가 무슨 내용을 발표할지 알고 있었습니다. 그는 길먼 박사를 진짜 돈과 가짜 우정으로 타락시켰고, 길먼 박사는 발표 자료를 마토마에게 제공했습니다." 길먼이 임상시험 결과 발표를 마친 뒤 엘란 주가는 40퍼센트 하락했다. "많은 이들이 돈을 잃었습니다. 하지만 매튜 마토마는 달랐죠. 매튜 마토마가 몸담은 헤지펀드는 '아주 많은' 돈을 벌었습니다."

브로드웨이 여배우의 아들인 데블런-브라운은 연기 재능을 타고났다. 컬럼비아 대학에 입학한 뒤, 여러 검찰 동료들과 마찬가지로 하버드 로스쿨에 진학했다. 하버드 로스쿨에서 그는 토론과 모의재판부터 로스쿨 아카펠라 그룹에 들어가 노래하는 일까지, 남들 앞에서 말할 기회라면 뭐든지 잡아서 활용했다. 가족들은 데블런-브라운이 집에서 뛰쳐나가 로스쿨에 들어갔으니 망정이지 서커스단에 들어갔으면 어쩔 뻔했냐고 농담했다.

"이번 사건은 일부 과학적 내용이 포함돼 있지만 과학 실험에 관한 사건이 아닙니다." 그는 배심원들에게 말했다. "이번 사건에는 전문적인 헤지펀드가 연루되어 있지만, 이 사건은 금융 사건이 아닙니다. 이 사건은 사기 사건입니다."

데블런-브라운 검사가 이렇게 사건을 요약하는 동안 방청석에 앉아 있던 로즈메리는 상체를 앞으로 숙인 채 안경을 썼다 벗었다 하면서 검사를 적대적인 눈으로 노려봤다. 남편 마토마는 1.5미터 떨어진 피고인석에서 공허한 표정을 지은 채 경직된 자세로 앉아 있었다. 마치 이 모든 사태가 너무도 고통스러워서 영혼이 몸에서 빠져나가고 빈껍데기만 의자에 남은 듯 보였다.

스트라스버그 변호사는 개정 진술을 하기 위해 자리에서 일어날 때 이미 데블런-브라운 검사가 설정한 구도를 바꾸기 어렵겠다는 생각이 강하게 들었다. 길먼이 주요 증인이라는 점이 특히 극복하기 어려운 과제였다. 미시건 대학교 메디컬 스쿨 학과장을 역임한 81세 의사의 증언을 어떻게 부정할 수 있겠는가? 반박할 수 있는 증거가 없는 한 힘들었다. 스트라스버그는 마토마의 입장에서 사건을 조심스럽게 요약하고자 했다.

머릿기름을 발라 머리를 뒤로 넘기고, 회색 고급 양복에 분홍색 넥타이를 매고 광택이 나는 구두를 신은 스트라스버그는 다음과 같이 개정 진술을 시작했다. "10여 년 전 브로드웨이에서는 끔찍한 범죄에 대해 유죄 판결을 받은 이들을 다룬 〈무죄(The Exonerated)〉라는 작품이 크게 흥행했습니다. 이 작품에서는 사건마다 검찰이 틀렸죠. 무고한 남녀들이 검찰 때문에 사형선고를 받았으나 나중에 확실한 물증이 나와서 무죄로 판명됐죠." 흥분으로 몸이 달아오른 스트라스버그는 허공에 두 손을 흔들면서 말했다. "지금 여러분은 연극이 아니라 실제 현실에서 진행되는 재판을 보고 계십니다. 검찰은 성급하게 단정했고, 그 때문에 무고한 사람을 기소했습니다."

데블런-브라운 검사는 스트라스버그 변호사의 개정 진술을 듣고 약간 황당했다. 마토마를 잘못 사형선고를 받은 사람과 비교하다니? 다소 무리한 비유 같았다. 하지만 마토마의 변호사들이 무제한 돈을 쓸 수 있는 상황을 고려하면, 그들은 배심원들의 성향을 분석하는 값비싼 컨설턴트와 의논한 결과 이 비유가 효과가 있을 것으로 판단한 것으로 보였다.

스트라스버그는 검찰이 배심원단에게 통화 녹음을 물증으로 내놓지도 못하고, 고작 자신만 무죄로 빠져나가려는 늙은 의사의 혼란스러운 진술만 증거로 제시하고 있다고 말했다. 그리고 이어서 "길먼 박사는 검사들이 듣고 싶어 하는 말을 얘기해야 한다는 압박을 받았습니다"라고 말했다.

그런 다음 스트라스버그는 부당하게 모욕당한 의뢰인의 성실성에 대해 언급했다. "매튜는 여러모로 아메리칸 드림의 주인공입니다." 인도계 이민자 가정에서 태어난 마토마는 플로리다주 케네디 우주센터 근처에서 소수민족 기독교 커뮤니티의 일원으로 어린 시절을 보냈다. 공립 고등학교를 졸업하고 듀크 대학에 입학했다. "MBA 과정을 밟을 때 그는 로즈를 만났습니다." 이렇게 말하며 스트라스버그가 눈짓을 하자 로즈메리는 배심원들에게 환한 미소를 보냈다. "그들은 2003년에 결혼했고, 세 자녀인 조슈어, 에이버, 데이비드를 낳았는데 모두 아직 아홉 살이 안 됐습니다."

스트라스버그는 법정을 가로지르고 걸어가며 두 팔을 허공에 흔들면서 강조했다. "이번 사건은 앞뒤가 맞지 않습니다! 검찰 수사 내용은 들어맞지가 않습니다! 더 중요한 점은 배심원단 여러분이 성급하게 결론을 내리시면 안 된다는 것입니다. 여러분은 매튜가 기소당한 대로 범죄를 저지른 인물이 아님을 아시게 될 겁니다. 그는 잘못 기소당했습니다!"

양측의 개정 진술은 모두 설득력 있었다. 하지만 이미 스트라스버그 변호사는 무리하게 변론을 펼친 듯 보였다. 그는 외판원이 된 양 상식을 무시한 가정을 전제로 한 이야기를 배심원단 앞에서 늘어놓았다. 마토마 변론은 스트라스버그의 경력을 건 싸움이 되고 있었다.

시드 길먼의 증언

개정 진술이 끝나고 닷새 뒤, 배심원들은 시드 길먼 박사를 처음으로 보게 됐다. 오전 11시 45분경 길먼이 입장하자 법정에 적막이 감돌았다. 마토마 가족은 방청석 분위기가 판결에 영향을 미친다는 속설을 믿고 친지들을 불러 모아 방청석에 앉혔다. 마토마의 부모, 로즈메리의 부모, 사촌들과 고모들이 방청석에 앉았는데, 모두 마치 한겨울을 보내듯이 스웨터 차림이었다. 로즈메리는 법정에 오는 날마다 매번 눈길을 끌 만한 옷을 입었다. 하지만 방청석에서 마토마를 응원한 사람들은 스타인버그 재판 때와 비교해 훨씬 적었다. 스타인버그를 응원했던 사람들은 활기 있고 유복해 보인 반면, 마토마의 지지자들은 숫자도 너무 적고 분위기가 침울했다.

길먼의 두 눈동자는 어두우면서도 반짝거렸고, 눈두덩이 살이 거무스름한 색을 띠고 축 쳐져 있었으며, 머리는 눈처럼 백발이라 머리카락 한 올 한 올이 잘 구분되어 보였다. 로즈메리는 회색 양복을 입은 길먼이 툭 건들면 쓰러질 듯 힘없이 발을 끌며 지나갈 때 차가운 눈으로 쳐다봤다.

길먼은 법정에서 증언하기에 완벽한 상태가 아니었다. 우선, 기억이 불안정했다. 데블런–브라운 검사는 마토마의 변호사들이 길면의 신뢰성을 떨어트릴 정보를 찾고자 길먼을 철저히 조사했다는 얘기를 들었다. 변호사들은 심지어 사설탐정을 앤아버에 보내 길먼의 양복 재단사에게 정보를 캐물었으나, 그는 "고객과 신의를 지켜야 한다"는 이유로 답변을 거부했다. 변호사들은 오래전 길먼과 소원해진 아들을 찾으려고 코네티컷주에 사람을 보내기도 했다. 데블런-브라운 검사는 배심원들이 사건의 기본 줄기를 확실히 파악한 뒤에 길먼을 증인석에 세우고 싶었다. 검사가 길먼에게 기대한 역할은 배심원들이 이미 아는 내용을 확인해 주는 것이었다.

길먼은 두 귀에 보청기를 끼고 있었고 시력이 좋지 못해 어딘가 불안한 분위기를 풍겼다. 데블런-브라운은 길먼에게 법정에 앉은 마토마를 봐 달라고 요청하자, 길먼은 느릿느릿하게 손을 움직여 안경을 쓰고 변호인단이 앉은 쪽을 바라봤다.

"어두운 양복을 입고 회색 넥타이를 매고 있습니다." 길먼이 마토마를 곁눈질로 보며 말했다.

그러자 방청석에서 웃음이 터져 나왔다. 법정 안의 거의 모든 남자가 그런 옷차림을 하고 있었기 때문이다.

길먼은 기운이 없고 불편해 보였으나 정신만은 면도날처럼 날카로운 상태 같았다. 길먼은 마토마 기소 직후인 2012년 11월, 직업윤리 위반으로 해고당하기 전에 미시건 대학교에서 "자진 사퇴"했다고 밝혔다. "나는 대학에 많은 기여를 했는데 갑자기 불명예스럽게 경력을 마치게 됐습니다." 미시건 대학교는 홈페이지와 캠퍼스 건물에서 길먼의 흔적을 지웠다. 여러 동료 교수들도 그와 관계를 끊었다. 현재 그가 하는 일은 앤아버의 무료 진료센터에서 환자들을 진료하는 것뿐이었다. 그는 일생의 학문적 고향인 미시건 대학교 캠퍼스에서 추방됐다. 변호인석에서 길먼의 모습을 유심히 지켜본 스트라스버그 변호사는 예상보다 어려운 재판이 되리란 예감이 들었다.

2014년 1월 21일, 뉴욕시 공무원들은 겨울 폭풍이 뉴욕시를 강타할 것이란 소식에 비상 체제에 들어갔다. 일기예보에서는 18센티미터에서 25센티미터의 눈이 내릴 것이라 경고했고, 뉴스에서는 동장군의 공격에 단단히 대비하라고 당부했으며, 학교와 기차 운행은 평소보다 이른 시각에 끝나거나 중단됐다. 가더프 판사는 방청객들이 안전하게 귀가할 수 있도록 평소보다 이른 시각인 오후 2시에 재판을 휴정하겠다고 발표했다. 데블런-브라운 검사는 마토마가 신약 임상시험 발표 자료를 보기 위해 미시간을 다녀온 일정을 급히 훑어봤다.

데블런-브라운 검사는 마이크로소프트 아웃룩 프로그램으로 길먼이 작성한 달력 일정표를 큰 화면에 띄워 배심원단에게 보여 줬다. "길먼 박사님, 2008년 7월 19일 토요일, 12시 30분부터 1시 30분까지 일정표를 읽어 주시겠습니까?"

길먼이 앞에 놓인 종이를 읽었다. "맷 마토마가 연구실을 방문 예정."

데블런-브라운 검사가 물었다. "마토마가 왜 박사님의 연구실을 방문했나요?"

길먼은 당시 마토마가 앤아버시 근처에 사는 친척을 방문하러 가는 길에 들렀으며, 두어 달 전에 마토마의 삼촌이 사망했다는 말을 들었다고 회상했다. 마토마가 앤아버에 오면 길먼의 연구실에 들르는 것이 일반적이었는지? 데블런-브라운 검사가 당시 만남을 자세히 설명해 달라고 요청했다.

"세부 내용은 기억나지 않습니다만" 하고 말문을 연 길먼은 마토마가 공항에서 오는 길에 전화를 건 사실은 기억해 냈다. 마토마가 들어오도록 문을 열어 주고 점심을 먹자고 제안한 장면도 기억했다. 그리고 그의 컴퓨터로 바피의 파워포인트 슬라이드 자료를 마토마에게 보여 준 사실도 기억했다.

"박사님은 그것이 위법 행위임을 이해하고 있었습니까?"

데블런-브라운 검사의 질문에 길먼이 답했다. "나는 그것이 내부 정보를 공개하는 행위이며 위법임을 알았습니다. 내가 범죄를 저지르고 있음을 알고 있었습니다."

이제 남은 문제는 괜찮은 소득을 올리고, 학계에서 존경받아 부족한 것이 없는 길먼이 위험하게 마토마와 엮이게 된 이유였다. 실로 이 사건 최대 수수께끼 중 하나였다. 검찰은 배심원단이 길먼이 아니라 마토마의 행위에 초점을 맞추길 원했다. 길먼이 희생자라는 점을 배심원단에게 호소하는 것이 검찰의 전략이었다. 데블런-브라운 검사는 길먼에게 마토마와 친해진 과정을 물어보았고, 길먼은 자주 통화하고 만나면서 관심과 정감이 느껴지는 말을 듣다 보니 친해졌다고 답했다. 데블런-브라운은 매력적인 청년이 외로운 노인을 교묘히 속여 정보를 빼냈다는 구도를 부각시켰다. 길먼은 아들과 연을 끊고 연구에만 몰두한 일중독자로 세상과 단절된 채 외롭게 살았다. 이런 순진한 노교수에게 냉혹한 헤지펀드 매니저가 양아들처럼 살갑게 대하며 접근한 것이다.

길먼의 증언이 끝나는 날, 데블런-브라운 검사는 목표한 바를 다 이루었다고 확신했다. 길먼은 모든 것을 잃은 불쌍한 인물이자 거짓 증언을 할 이유가 없는 인물로 보였다. 정부가 제출한 증거는 검찰의 이야기가 사실임을 확인해 줬다. 마토마에게는 불리한 전개였다.

길먼은 증언대에서 내려가기 전 마지막으로 자신에게 접근한 여러 투자회사 직원들 중 유독 마토마에게 마음을 연 이유를 다시 물어본 데블런-브라운 검사에게 한숨을 쉬며 답했다. "붙임성이 좋은 친구였으니까요. 보고 있으면 불행히도 첫째 아이가 떠올랐죠. 호기심 어린 표정으로 물어보는 것하며, 밝은 성격까지. 첫째 아이도 무척 밝았거든요." 한동안 침묵하고선 말을 맺었다. "첫째 아이는 자살로 제 곁을 떠났습니다."

증인에 대한 공격

원래부터 크게 불리한 조건에서 시작한 마토마 변호인단은 이제 훨씬 더 불리해졌다. 검찰은 스타 증인으로부터 더 바랄 수 없을 만큼 최상의 증언을 이끌어 냈다. 길먼은 타고난 교사로 청중을 매료하는 솜씨를 지녔다. 스트라스버그 변호사는 빠져나오기 힘든 늪에 빠진 기분이었다. 장남을 자살로 잃은 나이 지긋한 유명 내과의를 반대신문 과정에서 거칠게 몰아붙일 경우 증인이나 의뢰인, 배심원단에게 나쁜 인상을 줄 위험이 컸다.

길먼은 몸에 힘이 없어 보였지만 스트라스버그 변호사를 쳐다볼 때는 마치 기 싸움이라도 벌이는 양 단호한 표정을 지었다.

"안녕하십니까, 길먼 박사님."

"안녕하십니까." 길먼이 냉랭하게 대꾸했다.

"제 이름은 리치 스트라스버그고 마토마 씨를 변호하고 있습니다. 길먼 박사님, 우리는 서로 만난 적이 없지요?" 길먼이 가만히 있자 스트라스버그는 조금 앞으로 몸을 숙이며 물었다. "제 말이 들리십니까?"

"귀가 잘 들리지 않으니 마이크로 얘기해 주시면 고맙겠습니다." 길먼이 큰 목소리로 말했다.

"우리가 박사님을 뵙고 싶다고 박사님 변호사에게 말했다가 거절당한 일은 알고 계십니까? 이 사실을 아시나요?"

"변호사님이 개정 진술에서 저에 관해 어떻게 얘기하셨는지 듣지 못했습니다."

스트라스버그는 반대신문을 시작한 지 6초 만에 짜증이 솟구쳤다. 자신이 던지는 질문을 길먼이 알아듣지 못하고 질문의 흐름을 끊는 듯 보였기 때문이다. 마이크가 있는 쪽으로 걸어가 두 살짜리 아이를 달래듯 큰 목소리로 다시 물었다. "길먼 박사님, 이제부터 박사님에게 몇 가지 질문을 하겠는데, 이해가 안 되는 질문이 있으면 제게 말씀해 주시기 바랍니다." 말투에서 짜증이 묻어났다. "아시겠습니까?"

스트라스버그의 계획은 길먼이 기억력이 온전치 못한 노인에 불과하며 수사 당국의 압박을 받아 거짓 진술했다는 인상을 배심원단에게 주는 것이었다. 하지만 그는 상대를 과소평가했다. 길먼의 내면에는 투쟁심이 남아 있었다. 베테랑 변호사의 작전에 순순히 넘어가기 보다는 오히려 그의 평정심을 흐트러뜨렸다. 스트라스버그가 입을 열 때마다 길먼은 날 선 대답을 했다.

질문을 알아들었는지 자꾸 묻는 스트라스버그에게 길먼이 툭 던졌다. "변호사님 발음이 분명치 않아서 알아듣기 힘들군요."

스트라스버그는 기억력 나쁜 노인을 상대할 뿐이라고 스스로 타일러 가며 화를 누르고 반대신문을 계속했다. 그는 길먼이 학계에서 위원장을 맡았던 경력, 컨설턴트 활동, 달력 일정표, 이메일 기록을 큰 화면에 띄우고 각 세부 사항을 기억하는지 물었다. 또 여러 일정들을 앞뒤로 왔다 갔다 하면서 각 시점에 어떤 장소에서 누구에게 무슨 내용을 말했는지 기억하냐고 물었다. 스트라스버그가 큰 화면에 띄운 상당수 기록에 길먼은 금시초문이라고 말했다. "기억나지 않습니다"라는 답변이 여러 차례 나왔다.

"길먼 박사님, 여기 기록되었듯이 박사님은 300명이 넘는 고객을 상대로 400번이 넘는 상담을 한 사실을 기억하십니까?"

"그건 기억합니다."

스트라스버그는 길먼이 순전히 금전적 이득 때문에 마토마와 만난 느낌을 풍기려 노력했다. 길먼은 월가 고객들에게 컨설팅해 주는 대가로 2006년에는 34만 달러, 2007년에는 42만 달러, 2008년에는 42만 5천 달러를 챙겼다. 미시건 대학교에서 받는 연봉보다 훨씬 많았기 때문에 마치 의학계보다는 월가를 위해 일한 듯한 인상을 풍겼다. 피고인 측 변호인은 마토마와 바피에 관한 정보를 공유했다는 길먼의 증언이 거짓말이라고 주장했다. 하지만 스트라스버그에게 3일 연속으로 반대신문을 당하는 동안 길먼은 자신의 증언 중 핵심 내용을 번복하지 않고 고수했다.

첨예하게 대립하는 재판에 참여하는 변호사들은 거의 초인적인 스태미나가 필요하다. 소명자료와 증거를 담은 두툼한 검은색 바인더들이 스트라스버그 앞에 쌓였다가, 다시 여러 테이블 위를 오갔고 일부는 바닥에 놓여졌다. 지친 기색이 역력한 스트라스버그는 마지막으로 2011년 길먼에게 접근해 수사에 협조하라고 설득한 FBI 요원 B.J. 강을 주제로 심문했다. 당시 강에게 무슨 말을 했는지, 그리고 강에게 진실을 말했는지 길먼에게 물었다.

"길먼 박사님, 이날 FBI 요원들을 만난 자리에서 수사에 협조하겠다고 말씀하셨죠. 기억하십니까?"

"기억합니다."

"FBI 요원들에게 진술하는 내내, 매튜 마토마 외의 고객들에 대해서는 전혀 언급하지 않으셨다고 봐도 됩니까? 맞습니까?"

"그런 것 같군요."

스트라스버그가 다음 질문으로 넘어가려고 하자 길먼이 갑자기 동요했다. 뭔가 더 말하고 싶어 안절부절못하는 듯 보였다. 그는 방금 전 질문에 충분히 답하지 못했으니 다시 대답해도 될지 판사에게 물었다.

"아니요, 길먼 박사님." 스트라스버그가 끼어들었다. "재판관님, 이제부터 제가 하려는 질문들에 답해 주시기를 증인에게 요청하는 바입니다."

하지만 궁금증을 느낀 가더프 판사는 길먼에게 다시 대답해도 된다고 말했다. 길먼은 크게 숨을 들이쉬고선 명료한 목소리로 말했다.

"FBI 요원은 제가 매튜 마토마와 마찬가지로 이 사건에서 곁가지일 뿐이라고 언급했습니다. FBI가 진짜로 쫓고 있던 상대는 스티븐 코언이라는 남자라고 했습니다."

길먼의 발언에 모두 놀라 숨을 멈췄다. 검사들과 판사, 그리고 배심원석에 앉아 있는 버스 운전사와 보험 회계사들은 마토마 재판을 위해 법정에 왔지만, 원래 이 재판은 코언 사건의 재판이었던 것이다. 당초 그가 이 재판의 목표였고, FBI가 잡아들이려 했던 대상이었고, 그리고 마토마가 처벌을 면하기 위해 정부에 팔아넘겨야 했던 인물이었다. 변호사들과 판사는 재판 과정에서 코언의 이름이 언급되지 않도록 주의를 기울였으나, 길먼은 너무도 나이가 들고 너무도 잃을 것이 없고 신경 쓸 것도 없었다. 그렇기에 한순간에 가식의 장막을 확 치워 버리고 모든 이에게 진실을 공개해 버렸다.

마토마의 미스터리

마토마의 범죄에 코언이 연루되었는지 여부는 재판의 쟁점이 아니었지만 법정에서 코언의 이름이 반복해서 언급됐다. 코언의 리서치 트레이더이자 (마토마 변호사들의 표현에 따르면) "오른팔"인 챈들러 바클리지는 피고인 측 증인으로 증언대에 서서 이런 말까지 꺼냈다. "저는 개인적으로 스티브가 역대 최고의 트레이더라고 생각합니다." 코언이 언급될수록 데블런-브라운 검사는 언짢아졌다. 최소한 이 순간 그의 목표는 마토마가 유죄 판결을 받게 하는 것이었다. 흑막 뒤에 있는 악당을 무대 위에 올리면 재판이 진흙탕 판이 될 소지가 있었다.

가더프 판사 역시 같은 이유로 코언의 이름을 언급하지 말라고 양측에 거듭 지시했다. 그는 SAC를 통해 큰 부를 쌓고 SAC를 경영하고 마토마 변호 비용을 지불하는 억만장자였다. 그래서 언뜻 이해가 안 가는 대목일 수도 있다. 하지만 재판에서 다투는 마토마의 유죄 여부와 거리가 먼 요소는 배제하는 것이 판사의 의무였다. 그렇기에 가더프 판사는 배심원단이 듣지 않는 곳에서 변호사들과 검사들에게 당부했다. "스티브 코언의 투자 활동에 관한 일반적 질문은 자제해 주시기 바랍니다. 재판 중에 그런 질문을 하면 스티브 코언이 어떻게 회사를 운영했는지에 대한 더 광범위한 조사가 필요해질 위험이 있습니다. 그리고 이는 이번 재판에서 다룰 내용이 아니라는 점에 우리 모두 동의하리라 생각합니다."

데블런-브라운과 함께 재판에 참여한 유진 인고글리아 검사는 최종 변론에서 SAC에서 마토마의 경력에서부터 시작해서 길먼을 정보원으로 삼은 과정, 그리고 국제 콘퍼런스에서 발표할 자료를 보기 위해 미시간에 있는 길먼의 연구실까지 방문한 일을 시간순대로 나열한 뒤 배심원단에게 말했다. "스티븐 코언과 매튜 마토마는 일요일에 20분간 통화했습니다. 둘이 무슨 이야기를 했는지 어떻게 아냐고요? 통화를 끝낸 직후 마토마는 SAC가 보유하고 있는 엘란과 와이어스 주식 전체 리스트를 코언에게 이메일로 보냈거든요. 다음 날부터 불과 나흘에 걸쳐 그들은 모든 주식을 팔아 치웠습니다. 비밀리에 말입니다."

이제 스트라스버그의 차례였다. 그는 자리에서 일어나 배심원단 앞에 서서 말했다. "스티븐 코언은 이번 재판에서 다룰 사항이 아닙니다. 그는 공모 혐의를 받지도 않았습니다. 매튜는 스티븐 코언이 아닙니다. 스티븐 코언은 여기 없습니다. 코언 씨가 한 일은 다른 재판에서 다룰 일입니다."

물론 맞는 말이었다. 그러나 코언에게 돈을 받는 변호사가 이렇게 말하니 석연치 않은 구석이 있었다. 마토마는 수사에 협조해 코언의 위법 행위를 증언할지를 놓고 코언이 고용한 변호사와 상의한 것이다. 검찰은 마토마가 협조하지 않은 탓에 코언이 재판받는 사태를 모면했다고 믿었다. 누군가 이런 부조리를 허용하는 체제가 썩었다고 봐도 할 말이 없었다.

스트라스버그의 최종 변론은 2시간 반 이상 이어졌다. 그의 최종 변론이 45분 정도 지났을 때 배심원들이 진절머리를 내기 시작했다. 같은 내용을 반복하고 또 반복했기 때문이다. 그는 숨을 깊게 들이쉬고 말했다. "매튜의 희망, 가족들의 희망은 여기서 일어난 일로 영원히 바뀔 겁니다. 이번 재판은 매튜, 그의 아내, 그의 자녀, 그의 부모에게 지옥이었습니다. 매튜는 곁가지가 아니고 스티븐 코언을 법정으로 끌어내기 위한 수단도 아닙니다." 이때 로즈메리의 뺨에 눈물이 흘러내렸다.

평의 셋째 날 오후 1시 51분, 배심원들이 평결을 발표하고자 법정에 들어왔을 때 다들 평결 결과를 아는 듯 보였다. 마토마가 앉아 있는 쪽을 바라보는 사람은 아무도 없었다. 배심원장이 평결 결과를 읽을 때 로즈메리는 흐느꼈다. 배심원장은 세 건의 혐의 모두에 대해 유죄 평결을 발표했다.[*]

법정 뒷문으로 나가는 마토마 부모의 표정은 충격에 휩싸여 있었다. 마토마의 아버지는 배심원장이 세 건의 혐의에 대해 각각 '유죄'라고 말할 때마다 세발의 총알이 가슴을 관통하는 듯한 느낌이 들었다.

다음 날 언론은 매튜 마토마 재판 결과를 보도했다. 이로써 세계적으로 손꼽히는 거대 헤지펀드를 운영하는 억만장자가 재산의 극

---

[*] 이날 뉴욕 맨해튼 연방 법원이 매튜 마토마에게 내린 판결에는 SAC에서 보너스로 받은 938만 달러를 몰수하라는 명령도 포함됐다.

히 일부만 벌금으로 납부하고 구속을 모면한 채 유유히 빠져나간 듯 보였다. 스티브 코언은 향후에도 계속 주식을 거래하고 미술품을 수집할 수 있게 됐다. 이제 검찰이 할 수 있는 일이란 코언이라는 궁극적 목표를 잡지는 못했지만 마토마를 본보기로 처벌했으니 정의가 승리했다고 주장하는 것뿐이었다.

그런데 마토마는 왜 검찰에 협조하지 않았을까?

외부 관찰자의 시선에서 마토마 재판은 전혀 이해할 수 없는 면이 있었다. 마토마는 전 직장 상사의 범죄 사실을 증언하기만 하면 더 가벼운 형량을 받을 충분한 기회가 있었지만 거부했다. 그 대신 모욕적인 재판 과정을 거쳐 10년 이상의 징역형에 처해질 수 있게 됐다. 그는 왜 이런 선택을 했을까? 이는 3년간 마토마 재판을 둘러싼 의문이었다. 스티븐 코언을 거의 10년간 추적한 연방 검사들은 그의 범죄 사실을 입증할 정보를 마토마가 쥐고 있다고 확신했다. 마토마처럼 무거운 형량을 받을 위험이 있는 범죄 피의자들은 거의 언제나 공범의 죄를 불었다. 왜 마토마는 그렇게 하지 않았을까?

코언의 범죄 사실을 입증할 정보가 마토마에게 없었을 가능성도 있다. 하지만 그런 경우일지라도, 마토마가 수사에 협조했으면 더 가벼운 형을 받았을 가능성이 높다. 이해할 수 없는 점은 마토마가 이를 '시도'조차 하지 않았다는 사실이다. 마토마가 이렇게 행동한 이유를 설명하고자 사람들은 세 가지 가설을 내놓았다.

첫째는 명예다. 마토마가 정보원에게서 비밀 정보를 빼냈다는 사실 자체를 인정하기 싫었을 가능성이다. 이는 화이트칼라 범죄 재판에서는 매우 드문 일이다. 특히 마토마의 과거 행적을 보면 더욱 신빙성이 떨어지는 가설이다. 마토마가 갑자기 자신이 아무 잘못도 저지르지 않은 정의로운 사람이라고 믿게 된 것일까?

둘째는 공포다. 코언에게 불리한 증언을 하면 보복을 당하리라고 마토마가 믿었을지 모른다. 이 또한 받아들이기 힘든 가설이다. 마토마는 이미 금융계를 떠났고, 코언이 아무리 무자비한 사업가일지라도 진짜 마피아처럼 부하의 충성을 강요하는 수단을 동원했다는 증거는 없다.

셋째는 수사 관계자들이 가장 자주 언급하는 것으로 물질적 보상이다. 마토마가 당국에 협조하지 않으면 나중에 코언에게 금전적 보상을 받으리라 기대했다는 가설이다. 입증할 증거는 없지만 다른 가설보다는 납득하기 쉬운 이론이다. 결국 대다수 월가 인사를 움직이는 동기는 돈이다. 마토마는 재판에서 유죄 판결을 받음으로써 재정적으로 몰락했다. 정부는 마토마 부부 명의의 보카 러톤 자택, 마토마 명의의 아메리칸 익스프레스 은행 계좌 예치금 320만 달러, 아내 명의의 ING 다이렉트 계좌 예치금 24만 5천 달러, 매튜 앤 로즈메리 마토마 재단에 남은 93만 4897달러를 몰수했다. 마토마 부부는 2010년 설립한 이 비영리 재단에 100만 달러를 기부하고선 자선 활동을 한다고 떠들고 다녔지만, 사실은 세금 혜택은 다 받아 놓고 기부는 거의 하지 않은 것으로 드러났다. 마토마가 유죄 판결을 받은 해에 마토마 부부는 이 재단 기금에서 2만 2836달러를 여행 경비와 기타 비용으로 썼다. 이 재단에 남은 돈은 모두 정부가 몰수했다.

로즈메리는 도와줄 형편이 되는 친지가 없기에 자신과 자녀들이 거리로 내몰릴 판이라고 주장하며 다양한 법원 채널을 통해 판사에게 탄원했다.

코언이 마토마 가족에게 금전적 보상을 제공하리란 가설은 현실적으로 믿기 힘들다. (만약 코언이 그렇게 한다면 증인을 매수하는 위법 행위를 저지른 셈이다.) 마토마 가족에게 출처 불명의 수상한 돈이 흘러 들어간다면 세무 당국이 즉시 조사하고 압류할 것이다. 증거는 없지만, 마토마 재판을 지켜본 사람들은 무언가 수상한 거래가 막후에서 있었으리라 추측하지 않을 수 없었다. 이에 관련한 질문에 대해 로즈메리는 잔뜩 꼬인 문장으로 답변했다. "스티브 코언이 우리를 돌봐 준다는 얘기는 논의된 적도 없고, 논의 중도 아니며, 논의 될 일도 없을 겁니다." 마치 사전에 변호사가 이렇게 말하라고 알려 준 대로 읊은 듯 들렸다. 마토마가 중형을 각오하고 수사에 협조하지 않은 동기는 아직 미스터리로 남아있다.

징역 9년

마토마의 형량을 최종 결정하는 양형 심리가 열리기까지 마토마 가족은 고뇌의 시간을 보냈다. 가족 입장에서는 그동안 걱정한 악몽이 기어이 현실이 되어 버리고 말았다. 이 기간에 겪은 고통스러운 일 중 하나는 마토마의 MBA 학위를 취소한다는 서한을 스탠퍼드 대학으로부터 받은 것이다. 입학 지원서에 허위 사실을 기재했다는 이유에서였다.

그렇지만 로즈메리는 판사에게 감형 탄원서를 보내 달라고 친구, 동료, 친척 들에게 적극 요청했다. 매튜는 자존심을 접고 듀크 대학교에서 윤리학 강의를 들었던 브루스 페인 교수에게 감형 탄원서를 보내 달라고 요청했다. 페인 교수는 한때 친구로까지 여긴 제자의 몰락에 마음이 아팠지만, 예전에 그가 스탠퍼드 비즈니스 스쿨에 입학하기 위해 추천서를 써 달라고 요청했을 때 하버드 로스쿨에서 벌어진 일을 숨긴 사실을 뒤늦게 알았다. 이것 자체도 중대한 기만이자 범죄였다. 페인 교수는 마토마의 요청을 거절했다.

하지만 로즈메리가 동분서주한 덕분에 수십 명이 판사에게 감형 탄원서를 보냈다. 이 중에는 사촌, 삼촌, 이모들을 비롯해 다수의 의사들이 있었고, 바다 건너 인도에서도 탄원서를 보냈다. 매튜의 징역형은 세 어린 자녀에게 부당하게 가혹한 처사고, 로즈메리는 연약한 여성이라 남편이 감옥에 갇히면 혼자서 자녀들을 키우지 못하고 비참한 나락에 빠지리란 내용이 여러 탄원서에 반복해서 등장했다. 일부는 마토마가 이미 충분히 고통받았다고 주장했다. 로즈메리가 남편 재판으로 고통받아 심신이 약해졌다고 암시하는 탄원서도 있었다. 탄원서만 읽으면 로즈메리는 마치 조금만 충격을 받아도 졸도하는 빅토리아 시대 영국 여성 같았다. 로즈메리가 남편 변론에 깊숙이 개입한 강인한 여성임을 아는 검사들은 탄원서를 보고선 코웃음을 쳤다. 훗날 데블런-브라운 검사는 로즈메리가 그런 심신 미약 상태에 빠졌다고 진단하고 청원서를 보낸 의사는 한 명도 없었다고 지적했다.

마토마의 아버지인 바비도 아들의 감형을 위해 판사에게 열정적으로 쓴 13쪽짜리의 탄원서를 보냈다. 편지에는 줄무늬 양복과 넥타이 차림으로 웃고 있는 어린 시절 아들의 사진을 동봉했다. 바비는 아들의 하버드대 입학 실패에 실망했다고 고백하고 이렇게 덧붙였다. "거의 22년이 지난 지금은 내 욕심에만 치우친 나머지 아들을 너무 심하게 몰아붙인 것 같아 후회스럽습니다. 우리는 아들이 최고의 수준에 도달할 때까지 더 잘하라고 압박했습니다."

로즈메리는 남편에게 불리한 상황임을 알았다. 스트라스버그와 브라세러스 변호사는 남편이 무거운 형량을 받을 수 있으니 마음의 준비를 하라고 최대한 조심스럽게 말했다. 이전에 내부자거래로 유죄 판결을 받은 자들은 대개 무거운 형량을 선고받았다. 라자라트남은 징역 11년 형을, 갤리언의 트레이더였던 즈비 고퍼는 징역 10년 형을 선고받았다. 그렇지만 로즈메리는 여전히 희망의 끈을 놓지 않고 매일 남편이 무사히 풀려나길 기도했다.

2014년 9월 8일 오후 3시 30분, 마토마는 다시 가더프 판사 앞에 섰다. 징역 몇 년 형을 선고받을지 기다렸다. 양형 기준에 따르면 마토마는 최대 19년 6개월까지 징역형을 선고받을 수 있었다.

형량 선고에 앞서 판사는 마토마가 얽힌 사건들을 다시 열거했다. 2008년 7월 17일 길먼과 통화해 파워포인트 발표 자료를 언급한 일부터 마토마가 디트로이트로 날아가 길먼의 연구실에서 그를 만난 일, 다음 날 코언과 20분간 통화한 일, 다음 주간에 SAC가 비밀리에 엘란과 와이어스 주식을 전량 매도한 일까지 이미 앞선 재판에서 지겹게 다룬 내용이었다. 비록 정부는 이 사건에서 코언의 이름을 전혀 언급하지 않았지만 그는 마토마의 범죄 행위에 있어서 핵심 인물이었다.

가더프 판사는 "사건들의 일련 과정을 볼 때, 코언이 마토마로부터 중요한 미공개 정보를 전달받았을 확률이 그렇지 않을 확률보다 높습니다"라고 말했다. 형량 선고의 목적상 마토마는 이 모든 책임을 뒤집어쓸 수 있었다.

판사는 "마토마 씨는 이번 기소로 파멸"했다고 언급하면서도, 이번 재판으로 금융계에 경종을 울리기 위해서 "무거운 징역형이 필요하다고 생각한다"고 말했다.

로즈메리는 고개를 푹 숙였다. 가더프 판사는 울적해진 듯 잠시 멈칫한 다음 드디어 형량을 선고했다. "피고에게 징역 9년 형을 선고합니다."

이 선고를 받아들일 시간이 잠시 필요했다. 징역 9년이라니. 로즈메리는 흐느끼기 시작했다.

판사가 법정을 나간 뒤 한동안 침묵이 흘렀다. 로즈메리가 남편의 손을 잡고 법정 밖으로 걸어 나갔다.

"이건 정의가 아닙니다"

마토마의 부모는 수개월 동안 매일 사진기자들 사이를 씩씩하게 헤쳐 나가며 법정을 들락거리면서도 그들에게 한마디도 하지 않았다. 그러나 아들의 형량을 들은 뒤에는 햇볕이 내리쬐는 법원 밖으로 비틀거리며 나오며 분통을 터트렸다.

"우리 아들이 완전히 누명을 썼다니까요!" 어머니 리지 토마스가 법원 계단에서 소리쳤다. 눈이 이글이글 타오를 정도로 화가 난 상태였다.

"내가 매튜 애비요. 3년 전 FBI 요원 둘이 보카 러톤에 살던 아들한테 접근했을 때, 아들이 유죄라고 생각했으면 왜 아들을 정보원으로 삼으려 했겠소? 그럴 이유가 있을까요? 아들이 유죄였다면 이렇게 말했어야지. '당신은 유죄니 당신을 기소하겠소' 하고. 그런데 당시에는 그러지 않고 이렇게 말했어요. '우리는 당신의 협조가 필요합니다'라고…."

바비는 계속 말을 이어 나갔다. "아들은 완전히 속은 거야. 누가 돈을 챙겼나 봐요. 누구는 2억 7500만 달러를 벌었는데, 정부 사람들은 모든 책임을 매튜에게 돌린 거라고요! 오늘 판사가 모든 죄를 매튜한테 뒤집어씌웠어요. 그 판사는 정의라고는 눈곱만치도 몰라요. 이건 완전 웃기는 짓거리야. 이딴 게 이 나라 사법제도라니."

리지가 다시 끼어들었다. "누가 돈을 벌었죠? 우리 아들은 930만 달러를 받았는데 그중 300만 달러를 세금으로 냈어요."

그때 누군가가 물었다. 왜 마토마는 검찰 수사에 협조해 형량을 감량받는 길을 선택하지 않았는지? 왜 불법 거래로 돈을 번 스티브 코언을 검찰이 검거하도록 마토마가 돕지 않았는지?

바비가 비분강개해 손가락으로 하늘을 찌르며 물었다. "이유를 알고 싶어요? 아들은 십계명을 지키는 기독교인이기 때문이오. 십계명 중 제9계명을 아시오? 이웃에 대하여 거짓 증언을 하지 말라요."

리지는 코언의 아내가 2014년 여름 인터넷에 올린 그리스 해안 여행 사진을 지칭하며 말했다. "정작 돈을 챙긴 사람은 지금 요트에서 팔자 좋게 놀고 있지. 우리 아들은 감옥에 가고."

바비가 내뱉었다. "이건 정의가 아닙니다."

에필로그

2015년 5월 11일, 매튜 마토마가 형량을 선고받고 8개월이 지난 날, 세계적 경매 회사 크리스티는 록펠러 센터 건물에 위치한 본사에 세계 최고 미술품 수집가들을 초대해 특별 이브닝 경매 행사를 개최했다. "과거를 고대하며(Looking forward to the Past)"란 행사명으로 열린 이날 경매에 출품된 20세기 명작들은 시기적으로 현대 작품과 그보다 약간 더 오래된 작품들로 구성됐는데, 이 작품들은 헤지펀드 거물들이 미술품 수집 경쟁을 벌이기 이전에는 아마 주요 미술관에 전시되어 있었을 것이다. 이날 저녁에 가장 기대를 모은 작품은 1억 4천만 달러에 팔릴 것으로 예상된 피카소의 유화 〈알제의 여인들(Les Femmes d'Alger)〉이었다. 이날 행사는 역대 미술품 경매 최고가 기록이 나와, 월가와 아시아에서 흘러나온 돈으로 촉발된 세계적 미술 시장 호황을 상징하는 자리가 되리라는 기대를 모았다. 경매에 나올 작품 중에는 코언이 내놓은 장 뒤뷔페(Jean Dubuffet)의 〈파리 폴카(Paris Polka)〉도 있었는데, 이 작품은 2500만 달러에 팔릴 것으로 추정됐다.

부하 직원이던 마토마가 유죄 판결에 대해 항소하고 교도소에 갈 준비를 하는 동안 코언은 자숙하는 법이 없었다. 형사 기소 위험이 모두 사라졌다는 법무 팀의 확답을 들은 코언은 자신이 여전히 건재하다는 점을 세상에 보여 주기 위해 활발하게 활동했다. 스위스 다보스로 여행을 떠나는가 하면, 매디슨 스퀘어 가든 농구장 관중석맨 앞줄에 앉아서 텔레비전 카메라에 잡히기도 했다. 마토마의 형기가 시작된 날인 2014년 11월 10일, 코언은 소더비 경매에서 스위스 조각가 알베르토 자코메티의 작품 〈청동마차 (The Chariot)〉를 1억 100만 달러에 낙찰받아 언론의 화제가 됐다.

코언의 미술품 딜러 중 한 명인 윌리엄 아쿠아벨라는 《뉴욕타임스》에서 이렇게 떠벌렸다. "스티브는 매우 진지하고 기민한 컬렉터입니다. 미술품을 보는 안목도 뛰어나죠. 그건 미술사를 읽는다고 배울 수 있는 게 아닙니다."

코언은 정부와 벌인 법적 분쟁과 거리를 유지하면서 월가에서 자신의 이미지를 좋게 세탁하려 노력했다. SAC에 대한 형사 합의 조건으로 회사를 폐쇄한 코언은 스탬퍼드에 위치한 본사 사무실을 100억 달러에 육박하는 자신의 재산만 운용하는 가족 자산 관리회사로 바꾸었다. 100억 달러라는 숫자는 코언에게 중요한 의미가 있었다.

2014년 4월, 마토마가 유죄 판결을 받고 3개월 정도 지났을 때 코언은 회사 이름을 포인트72 에셋 매니지먼트(Point72 Asset Management)로 바꾸었다. 스탬퍼드시 커밍스 포인트 로드 72번지에 있는 사무실 주소에서 딴 이름이다. 코언은 법적 위험을 해결하는 데 도움을 준 고위급 직원들과 고문들도 해임했다. 스티븐 케슬러 준법감시부장과 톰 콘히니 사장도 회사를 떠났다. 정부 수사를 받은 많은 트레이더들을 채용하는 데에 관여한 최고운영책임자 샐러먼 큐먼도

해임됐고, 그는 자신의 헤지펀드를 설립했다. 코언은 새 준법감시부장을 채용하길 원했고, 인사 담당자는 SAC 수사에 관여한 여러 검사와 FBI 요원들을 접촉했다.

결국 코언은 전직 코네티컷주 검사장 출신을 새 법률 고문으로 채용하고, 저명한 비즈니스 리더 6명으로 "자문위원회"를 구성해 회사의 경영과 윤리 문제에 관한 조언을 받겠다는 계획을 발표했다. 약간 블랙코미디 같지만, 코언은 금융계에서 경력을 쌓고 싶은 대학생들에게 투자 전략을 가르치는 "엄선되고 엄격한 15개월 일정의 트레이닝 프로그램"인 포인트72 아카데미를 시작했다.

SEC가 코언을 마토마와 스타인버그 감독을 소홀히 한 혐의로 고소해 열린 재판은 아직 끝나지 않았다. SEC는 코언이 평생 증권업계에 발을 들여놓지 못하게 하고 싶었지만 코언은 맞서 싸웠다. 코언은 SEC와의 싸움에 대비하는 법무 팀에 유명 변호사 데이비드 보이스를 영입했다. 코언은 수년 내에 헤지펀드를 다시 열고 싶다고 친구들에게 말했지만, SEC가 재판에서 승소할 경우에는 불가능한 얘기였다. 한편, 코언의 "가족 회사"는 연간 수억 달러를 벌어들이고 있었다. 코언은 여전히 수십억 달러를 거래하고 미술품을 사들였다. 정부가 코언을 잡으려고 8년간의 시간과 막대한 자원을 들였지만 그를 막을 수가 없었다.

이 책을 집필하기 위해 취재했던 3년 동안, 코언과의 인터뷰를 위해 코언 측에 계속 연락했다. 전화도 걸어 보고, 편지도 써 보고, 코언의 대리인들을 만나기도 했다. 인터뷰에 응할지 모른다는 징후도 있었지만, 결국 코언은 만나 주지 않았다. 코언을 꼭 만나기로 결심한 나는 2015년 봄 크리스티 경매에 코언이 참석할 예정임을 알게 됐고, 그를 만나기 위해 그곳으로 갔다.

2015년 5월 11일 저녁, 크리스티 본사는 광대뼈가 날카롭게 튀어나온 다양한 국적의 여성들과 당시 신문 국제면 헤드라인을 장식한 그리스 금융위기를 걱정하기엔 너무 부유해 보이는 남성들로 붐볐다. 행사 분위기는 뜨거웠다. 승자가 막대한 돈을 내야 하는 화려한 게임의 막이 오르려 하고 있었다.

저녁 6시 30분경, 코언의 전직 트레이더인 데이비드 가넥이 마치 방금 전 요트에서 내린 듯 셔츠 단추를 가슴팍까지 푼 채 로비로 들어오고 있었다. 그리고 경매가 시작하는 저녁 7시를 몇 분 앞둔 시점에 코언이 들어왔다.

그는 키가 작고, 약간 배가 나왔고, 지퍼 달린 회색 스웨터와 카키 바지를 입고 있었으며, 몸 상태가 좋아 보였다. 두 뺨에 홍조를 띠고 치아 사이가 벌어진 앞니를 드러내며 웃는 얼굴로 인파를 헤쳐 나갔다. 마치 장난감 가게에 막 들어온 아이 같았다. 2015년 시즌에 가장 뜨거운 관심을 받은 미술품 경매 행사 시작 5분 전에 도착한 것은 본인의 영향력을 과시하는 행보였다. 코언은 주최 측이 자신을 빼놓고 경매를 시작하지 않으리란 점을 알고 있었다.

나는 경매 입찰자들이 앉는 테이블로 걸어가는 코언의 앞을 가로막았다. "안녕하세요." 간략히 내 소개를 했다. 이미 코언의 전 동료, 직원, 친구 들을 수백 번 인터뷰했기에 코언과 잘 아는 사이 같은 기분이 들었다.

"음, 당신이군요." 코언의 표정이 얼어붙었다.

"정말로 만나서 얘기하고 싶었습니다." 코언의 한 손을 잡고 흔들면서 말했다.

"당연히 그러시리라 믿습니다. 그러시겠죠." 코언은 나를 피해서 빠져나가려고 주변을 둘러봤다.

"회장님이 이기셨잖아요. 하시고 싶은 말씀이 많을 것 같습니다."

"할 말이 없을 것 같군요." 코언은 내게서 멀어지면서 말끝을 흐렸다. "하지만 어떻게 될지는….."

코언이 군중 속으로 빠져나가자 나는 마지막으로 쥐어짜듯 급히 물어봤다. "오늘은 사실 거예요, 파실 거예요?"

"음, '매각'입니다. 팔 겁니다."

코언은 계단을 올라가 사람들이 가득찬 갤러리로 갔다. 경매가 막 시작되려 하고 있었다. 15분 뒤, 알베르토 자코메티의 최고 작품 중 하나로 널리 인정받는 〈손가락으로 가리키는 남자 (L'homme au doigt)〉[*]가 경매에 붙여졌다.

이 실물 크기 청동상은 수년간 법적 처벌 가능성에 전전긍긍하다 새 출발을 꿈꾸는 코언에게 밝은 미래를 가리켜 주는 것 같았다. 미국 정부는 세계적 갑부 중 하나인 코언을 정의의 법정에 세우려고 최선을 다했지만 코언은 여전히 이전과 별로 달라진 것이 없는 세계적 갑부였다. 본인은 그리 인정하고 싶지 않겠지만, 법의 심판도 모면한 코언은 여러모로 현대 미국 사회의 단면을 상징하는 인물이었다. 공포에서 벗어난 그는 원하는 건 뭐든지 살 수 있었다. 〈손가락으로 가리키는 남자〉는 여러 라운드에 걸친 공격적 입찰 끝

---

[*] 스위스 조각가 알베르토 자코메티가 1947년에 제작한 이 작품은 전쟁으로 황폐해진 인간이 손가락으로 지평선을 가리키며 희망을 제시한다는 메시지를 담고 있다.

에 조각품으론 역대 최고가인 1억 4130만 달러에 낙찰됐다. 낙찰자
는 스티브 코언이었다.

프리트 바라라가 헤지펀드 수사로 전국적 유명 인사가 된 뒤 사법
계는 충격적인 후퇴를 보였다. 2014년 12월, 항소심에서 법원은 토
드 뉴먼과 앤서니 치어슨의 유죄 판결을 뒤집었다. 둘은 각각 SAC
와 밀접한 관계에 있던 헤지펀드 다이아몬드백 캐피털과 레벨 글로
벌의 직원이었다. 항소심 판사들은 기업 내부자에게 직접 들은 것이
아니라 친구나 직원에게서 간접적으로 정보를 전해 들은 트레이더
들을 바라라의 뉴욕 검찰이 너무 공격적으로 기소했다고 질책했다.
소위 "뉴먼 판결"을 통해 법원은 미공개 정보를 이용한 혐의로 트레
이더를 기소하려면, 최초의 정보 제공자가 받는 혜택을 해당 트레이
더가 알고 있어야만 한다고 말했다. 트레이더들이 다른 트레이더에
게 상장회사 순이익이나 매출액 정보를 듣고 주식을 매매할 때, 해
당 정보가 기업 내부자가 누설한 정보임을 알 뿐이지 내부자가 정보
를 누설해서 무슨 혜택을 누리는지는 별로 알지 못하는 사례가 많
았다. 또한 법원은 정보 제공자가 받는 혜택이 돈처럼 구체적인 것
이어야지, 제공자가 우정이나 호의를 베풀려고 정보를 제공한 경우
에는 내부자거래로 처벌하기 어렵다고 말했다.

라지 라자라트남 재판을 맡았던 연방 판사 리처드 홀웰은 이렇게
말했다. "어제 판결은 내부자거래 금지법을 탱크로 밀어 버리듯 짓
밟았습니다. 어제 판결은 법을 너무도 크게 후퇴시켰기에, 어제까
지만 해도 대다수 월가 관계자가 '저건 잘못된 행위야' 하고 말했을
활동을 부추길 겁니다."

바라라는 항소심 판결에 분노했다. 정보가 현금과 똑같은 가치를 지니기에 친구나 동료끼리 선의로 정보를 주고받는 데 그치지 않고 나중에 선물로 보답하는 월가의 현실을 항소심 판결이 전혀 반영하지 못했다고 느꼈다. 바라라는 뉴먼 판결을 연방대법원에 상고했다. 대법원이 상고를 기각하자 바라라는 스타인버그를 비롯한 7명의 금융범죄 용의자에 대한 기소를 포기할 수밖에 없다고 생각했다. 인생이 한바탕 뒤집힌 스타인버그는 결국 풀려났다. 스타인버그의 애널리스트였던 존 호바스, 호바스의 친구인 다이아몬드백 캐피탈의 제스 토토라, 그리고 이 사건에서 유죄를 인정했던 또 다른 핵심 증인들도 무죄로 풀려났다. 이러한 법원의 태도는 정보원을 묻지도 밝히지도 않고 정보를 수집하는 SAC 모델에 법적으로 면죄부를 주는 셈이었고, 그래서 코언에게 더욱 유리했다. 바라라는 뉴먼 판결로 뉴욕 남부지검이 기소한 사건의 10퍼센트만 영향을 받겠지만, 다수의 내부자거래가 처벌받지 않고 넘어갈 테고, 부유하고 인맥이 넓어 내부정보에 접근 가능한 사람들이 유리해질 것이라고 우려했다. 뉴먼 판결은 기본적으로 중요한 미공개 정보의 출처가 어딘지 잘 알지 못하는 한, 그 정보를 이용한 거래를 허용한다는 것을 의미했다.

바라라는 "뉴먼 판결은 파렴치한 행위에 대한 명백한 로드맵을 만들어 주었습니다. 사람들은 과연 이것이 시장에 좋은지, 시장의 건전성에 좋은지 자문해 봐야 합니다"라고 말했다. 최초의 뉴먼 판결이 나오고 2년이 지난 2016년 12월, 별개의 내부자거래 재판에서 연방대법원은 뉴먼 판결이 너무 나간 판결이고, 친구나 친척에게 제공한 귀중한 정보를 '실제로' 부적절한 혜택으로 봐야 한다고 만장일치로 판결함으로써 법무부에게 힘을 실어 줬다.

2015년 2월, 데이비드 가넥은 자신의 헌법적 권리를 침해하고, 자신의 헤지펀드인 레벨 글로벌을 불법적으로 압수 수색했다는 이유로 바라라와 FBI를 고소했다. 당시 레벨 글로벌은 검찰 수사의 영향으로 문을 닫게 됐다. 가넥은 검찰이 코언을 수사하는 과정에서 자신을 포함해 많은 사람들의 인생과 사업에 부당한 손해를 입혔다고 생각했다. 토드 뉴먼이 근무한 다이아몬드백 캐피털도 수사 압박 때문에 문을 닫았다. 토드 뉴먼의 항소심 판결 후 두 회사가 법무부 (다이아몬드백 사건) 및 SEC와 합의한 내용이 번복됐고, 두 헤지펀드는 납부한 벌금을 환급받았다. 연방 검찰은 가넥의 고소를 기각하기 위한 법적 조치에 나섰지만 실패했고, 현재 가넥과 재판이 진행 중이다. 연방 지방법원 판사는 가넥의 고소장을 인정한 이유를 다음과 같이 밝혔다. "이 사건이 단순히 오해인지 또는 더 심각한 문제가 진행 중인지 파악하기 위해 증거개시 절차가 필요합니다."

스타인버그와 마토마의 감독을 소홀히 한 혐의로 2013년에 코언을 고소한 SEC는 2016년 1월에 그와 조용히 화해했다. 토드 뉴먼과 앤서니 치어슨에 대한 항소법원의 판결로 힘이 빠진 SEC는 코언에게 한 가지 제재만 가하고서는 사건을 마무리했다. 그 제재란 코언이 2년간 외부 투자자의 돈을 관리하는 일을 하지 못하게 하는 것이었다. 이 합의로 코언은 2018년에 헤지펀드 업계에 복귀할 수 있게 됐다. 헤지펀드 마케팅 회사인 에이지크로프트 파트너스 (Agecroft Partners)의 돈 스타인브루거는 "코언이 다시 헤지펀드를 여는 날에 투자자들이 25억 달러를 투자한다고 해도 놀라운 일이 아니죠"라고 말했다.

이전에 SAC에 돈을 맡겼던 알파 캐피털 매니지먼트의 창립자 브래드 앨퍼드도 "코언의 헤지펀드에 투자하려고 사람들이 문 앞에 줄을 설 걸요. 코언은 쉽게 복귀할 겁니다"라고 거들었다.

2006년 캐나다 제약사 바이오베일이 SAC를 비롯한 헤지펀드들을 주가조작 혐의로 제기한 소송도 기각됐다. 오히려 바이오베일은 사기 혐의로 SEC에게 고소당했고, 나중에 성가신 소송전을 무마하고자 SAC 캐피털에게 1천만 달러를 지급했다. 페어팩스가 SAC와 다른 헤지펀드들을 상대로 제기한 별도의 소송 역시 2013년도에 기각됐다. 현재 페어팩스는 불복 절차를 진행 중이다. 코언의 전처 패트리샤가 코언에게 제기한 소송은 2016년 5월에 기각됐다. 지방법원 판사는 "스티븐이 이혼 당시 패트리샤에게 자산을 숨겼다는 증거가 없다"고 판단했다. 이 책의 완성 시점에 플로리다주 교도소에서 9년 형을 살고 있는 매튜 마토마는 유죄 판결에 대한 불복 절차를 진행 중이다.

한편, 코언과 SAC 사건 수사를 담당했던 검사들과 규제기관 간부들은 더 많은 돈을 주는 곳으로 자리를 옮겼다. 로린 라이스너는 SAC가 18억 달러의 벌금을 내도록 합의 조건을 협상했던 뉴욕 남부지검 형사부의 책임자였는데, 코언 변호인단을 지원했던 로펌 폴 와이스의 파트너 변호사가 됐다. 스타인버그를 기소한 앤토니아 앱스 검사는 검찰을 나와 기업 사건 전문 로펌, 밀뱅크 트위드 해들리 앤 매클로이(Milbank, Tweed, Hadley & McCloy)에 들어가 화이트칼라 범죄를 변론하는 일을 한다. 바라라 밑에 있던 부지검장 리처드 제이블은 정치권에 상당한 금액을 기부하는 억만장자 폴 싱어가 경영하는 헤지펀드 엘리엇 매니지먼트의 법률 고문으로 이동한다고 발표했다. B.J. 강의 전 상관이자 25년간 FBI에서 일한 패트릭 캐럴은 골드만삭스 컴플라이언스 그룹의 부책임자가 됐다. 마토마 기소를 지휘한 알로 데블런-브라운 검사는 로펌, 코빙턴 앤 벌링 (Covington & Burling)의 파트너 변호사가 됐다.

하지만 가장 놀라운 행보를 보인 정부 인사는 마토마 고소를 감독한 SEC의 선임 변호사인 아멜리아 코트렐이었다. 2015년 6월 말, 코트렐은 오랫동안 코언의 변호사로 일한 마틴 클로츠의 로펌 윌키 파에 들어가겠다고 발표해 동료들을 충격에 빠트렸다. 코언을 잡기 위해 정부가 벌인 가장 강력한 사건을 지휘한 것이 코언의 법률 고문으로 취직하기 위한 오디션이 된 꼴이었다.

금융 산업이 너무도 복잡하게 진화한 탓에 금융계의 상당 부분이 규제기관과 법 집행기관의 손에서 거의 완전히 벗어난 상태다. 월가 유수의 회사들은 정부기관이 법으로 통제하려고 할 때마다 멀리 빠져나감으로써 꾸준히 법을 무력화한다. 정부의 의지나 전문성 부족 때문에 고위직에 있는 기업 범죄자들을 기소하는 것이 거의 불가능하다는 인식이 1980년대 마이클 밀켄 시대 이후 퍼졌지만, 2008년 금융위기 이후에 특히 강해졌다. 법무부는 월가의 고위 임원들에게 2008년 이전 금융계에 만연한 사기 행위에 대한 책임을 묻기 위해 형사 기소할 능력도 없었고, 의지 또한 부족했다. 법무부로서는 월가 주요 은행들이 수십억 달러의 벌금을 내게 하는 것이 고작이었다. 2015년, 법무부는 개인에 대해 기소를 제대로 못한다는 비판에 대한 대응으로 개인에게 책임을 묻는 방안에 초점을 맞춘, 금융범죄에 대해 공격적으로 대처하겠다는 새로운 정책을 발표했다. 하지만 내가 이 책을 집필하는 시점에는 아무것도 달라진 것이 없어 보인다.

헤지펀드 산업은 새로운 세대의 월가 트레이더들에게 전례 없는 부를 안겨 줬다. 그들의 주요 혁신은 주식시장에 더 공격적으로 베팅하는 방법을 찾는 것이다. 코언은 일반 투자자들이 얻을 수 없는 에지를 빼내 주식시장에서 돈을 빨아들일 수 있도록 설계된 트레이딩 제국의 건설자이며 선구자다. 금융범죄 역사상 최대의 벌금을 냈고, 휘하 직원 10여 명이 내부자거래 혐의로 잡혀가는 것을 지켜본 지 수년이 지났지만, 코언은 SAC를 집어삼킨 위기에서 벗어나 아직도 세계적 거부로 건재하다. 정부는 코언을 법정에 세우기 위해 10년 가까운 세월 동안 증거를 수집했지만 결국 실패했다. 이제 코언에게 남은 것은 수십억 달러의 재산과 복귀 계획이다.

현재 코언은 어느 때보다도 많은 돈을 벌고 있다. 2014년에 자신의 개인 자금으로만 거래해 25억 달러의 수익을 거뒀다. 미국 정부가 부과한 벌금을 내고도 남는 금액이다. 그리고 2016년 11월 8일, 새로운 금융 규제 완화 시대를 열겠다는 공약을 건 도널드 트럼프가 미국 대통령으로 당선됐다. 트럼프는 대통령 인수위 시절에 코언의 개인 투자회사 포인트72의 법률 고문인 제프 세션스(Jeff Sessions)를 법무장관으로 지명했다. 한편, 코언은 가능한 빠른 시일 내에 헤지펀드를 다시 열 계획을 세우고 있다.

등장인물

사건이 일어난 시점을 기준으로 함

SAC 캐피털 어드바이저 (코네티컷주 스탬퍼드)

경영진

스티븐 A. 코언	설립자이자 소유주
피터 너스바움	법률 고문
샐러먼 큐먼	최고운영책임자
톰 콘히니	사장
스티븐 케슬러	준법감시부 부장

CR 인트린식 (SAC 엘리트 리서치 팀)

매튜 그로스먼	CR 인트린식 팀장
매튜 마토마	포트폴리오 매니저
제이슨 칸	리서치 책임자
데이비드 머노	포트폴리오 매니저
벤저민 슬레이트	포트폴리오 매니저
조너선 홀랜더	애널리스트
티모시 잰도비츠	헬스케어주 트레이더

시그마 캐피털 (SAC 맨해튼 지사)

마이클 스타인버그	포트폴리오 매니저

존 호바스	마이클 스타인버그의 애널리스트
가브리엘 플로킨	포트폴리오 매니저
리처드 그로든	포트폴리오 매니저, 스트라틱스 에셋 매니지먼트 공동 설립자
리처드 추벙 리	리처드 그로든의 기술주 애널리스트, 스페릭스 캐피털 공동 설립자

기타 직원

웨인 홀먼	헬스케어주 포트폴리오 매니저, 리지백 캐피털 매니지먼트 설립자
필립 빌하우어	수석 트레이더
데이비드 가넥	포트폴리오 매니저, 레벨 글로벌 인베스터스 공동 설립자
리처드 시멀	금융주 트레이더, 다이아몬드백 캐피털 공동 설립자, 스티븐 코언의 여동생 웬디와 결혼
래리 서팬스키	에너지주 트레이더, 다이아몬드백 캐피털 공동 설립자
도널드 롱주일	포트폴리오 매니저
노아 프리먼	포트폴리오 매니저
켄 리삭	초창기 경영진, 개인 트레이더
아리 키브	정신과 의사이자 "트레이딩 코치"

델 주식거래

토드 뉴먼	포트폴리오 매니저, 다이아몬드백 캐피털
앤서니 치어슨	레벨 글로벌 인베스터스 공동 설립자
제스 토토라	토드 뉴먼의 애널리스트, 다이아몬드백 캐피털
샘 애돈대키스	앤서니 치어슨의 애널리스트, 레벨 글로벌 인베스터스
샌딥 고열	애널리스트, 누버거 버먼
찬드라딥 "롭" 레이	델 직원

그런탈증권

| 로널드 아이저 | 옵션 부서장 |
| 제이 골드먼 | 스티븐 코언의 친구, 제이 골드먼 앤 컴퍼니의 설립자 |

매튜 마토마의 변호사들

스틸먼 앤 프리드먼 (뉴욕 소재 로펌)

찰스 스틸먼　　　파트너 변호사
너새니얼 마머　　　파트너 변호사

굿윈 프록터 (뉴욕 소재 로펌)

리처드 스트라스버그　파트너 변호사,
　　　　　　　　　증권소송 및 화이트칼라 변호 공동 책임자
로베르토 브라세러스　파트너 변호사

마이클 스타인버그의 변호사들

크레이머 레빈 나프탤리스 앤 프랭켈 (뉴욕 소재 로펌)

배리 버크　　　　파트너 변호사, 송무부 공동 책임자

스티브 코언의 변호사들

윌키 파 앤 갤러거 (뉴욕 소재 로펌)

마틴 클로츠　　　선임 변호사, 송무 담당
마이클 샤터　　　파트너 변호사

폴 와이스 리프킨 와튼 앤 개리슨 (뉴욕 소재 로펌)

테오도르 웰스 주니어　파트너 변호사, 송무 담당 공동 대표
마이클 거츠먼　　　파트너 변호사, 송무 담당 공동 대표
대니얼 크레이머　　　파트너 변호사, 증권소송 및 집행 그룹 공동 대표
마크 파머랜츠　　　변호사

보이스 쉴러 앤 플렉스너 (뉴욕 소재 로펌)

데이비드 보이스　　회장

페어팩스와 바이오베일 사건

카소위츠 벤슨 토레스 앤 프리드먼 (뉴욕 소재 로펌)

마이클 보위　　파트너 변호사

FBI, 뉴욕 사무소

화이트칼라 범죄수사 팀

패트릭 캐럴　　　B.J. 강의 상관
데이비드 체이브스　데이비드 매콜의 상관
B.J. 강　　　　특수 요원, C-1 수사 팀
데이비드 매콜　　특수 요원, C-35 수사 팀
매튜 캘러핸　　　특수 요원
제임스 힝클　　　특수 요원
톰 주카우스카스　　특수 요원

SEC (증권거래위원회)

워싱턴 D.C. 본부

메리 사피로　　위원장, 2009~2012
메리 조 화이트　위원장, 2013~2017
앤드류 세러스니　국장, 집행국, 2012~2016
조지 카넬로스　　부국장, 집행국, 2012~2013,
　　　　　　　　　공동 국장, 집행국, 2013~2014

뉴욕 사무소

산제이 와드와	지역 사무소, 집행국 부국장
아멜리아 카트렐	소장
찰스 라일리	변호사
매튜 와킨스	변호사
조지프 샌손	시장남용 팀(Market Abuse unit) 팀장
대니얼 마커스	변호사
저스틴 스미스	변호사
닐 헨델먼	애널리스트
토마스 스미스	변호사
마이클 홀런드	변호사

뉴욕 남부지방 연방 검찰청

프리트 바라라	지검장
리처드 제이블	부지검장
로린 라이스너	범죄 수사부, 부장
앤토니아 앱스	검사
알로 데블런−브라운	검사
아비 와이츠먼	검사
앤드류 마이클슨	SEC 변호사(뉴욕 남부지검에 파견되어 검사직 수행)
조슈아 클라인	검사
레이먼드 로히어	상품 및 증권사기 특별 팀, 팀장
리드 브로드스키	검사
유진 인고글리아	검사
해리 처노프	검사
크리스토퍼 가르시아	상품 및 증권사기 특별 팀, 팀장
마크 버거	상품 및 증권사기 특별 팀, 팀장
안잔 사니	상품 및 증권사기 특별 팀, 부팀장

감사의 말

이 책은 조사원(researchers)부터 편집자, 회사 경영진, 동료, 팩트 체커(fact-checkers), 친구 들에 이르기까지 다양한 분들의 도움과 지원이 없었으면 세상에 나오지 못했을 것이다. 내가 헤지펀드 내부자거래 수사를 상세히 파악하고 지난 10년간 일어난 사건들을 재구성하려 할 때, 시간을 내서 통찰력을 제공해 주신 여러 정보원과 관계자분들께 가장 깊은 사의를 표한다.

이 책은 《블룸버그 비즈니스위크》의 특별 연재 기사로 출발했다. 《블룸버그 비즈니스위크》는 저널리스트인 내게 고향과 같은 곳이다. 이 책 후반부에 등장하는 많은 사건들이 일어난 시기에 나는 이곳에서 기자로 일했다. 늘 높은 수준의 기사를 요구해 동기를 부여한 조시 타이런젤 편집장과 후임자 엘런 폴락 편집장은 내가 야심찬 이야기를 쓸 수 있도록 오랫동안 너그럽게 기다려 주었다. 《블룸버그 비즈니스위크》특별 연재 기사 편집자이자 내 친구인 브라이언트 어스태드는 처음에 SAC 캐피털 사건을 주제로 기사를 쓰라고 내게 권했다. 블룸버그 미디어 직원들과 브래드 위너스 편집장을 비롯해 그 시기에 도와준 다른 여러 친구와 동료들에게도 감사한다.

《블룸버그 비즈니스위크》를 떠난 뒤 나는 《뉴요커》 전속 기자로 일하면서 여러모로 롤모델이 될 만한 데이비드 렘닉 편집장을 만났다. 헨리 파인더, 베라 티튜닉, 수전 모리슨, 닉 톰슨을 비롯한 여러 분들을 편집장과 동료로 만나게 된 점을 큰 복이라 생각한다.

출판계에서 가장 인내심 많고 엄격한 출판 편집장 앤디 워드가 이 책을 맡아 줬다. 펭귄 랜덤하우스 출판사를 방문해 수전 캐밀, 톰 페리를 처음 만난 자리에서 『모두가 대통령의 사람들 (All The President's Men) (워터게이트 사건을 보도한 기자들을 다룬 영화—옮긴이)』에 대한 언급을 들은 뒤로 나는 늘 이 책에서 다루는 이야기의 중요성을 잘 이해하는 출판인들과 함께 일해 다행이라고 생각했다. 샐리 마빈과 런던 킹은 지혜롭고 열정적으로 언론 홍보 업무를 맡아 줬다. 너무도 큰 도움을 준 카일라 마이어스, 멜리사 샌퍼드, 에번 캠필드, 조 지프 페레스에게도 감사한다.

출판 에이전트 케일 로스는 지치지 않는 지지자이자 조언자다. 동료 출판 에이전트 하워드 윤은 편집 과정에서 중요한 조언을 해 줬다. 휴고 린드그렌은 내게 소중한 편집자이자 조언자이며 친구다. 시어도릭 메이어, 네이딘 사바이는 이 책에 필요한 조사를 도와줬다. 앤디 영은 사실관계 확인이라는 중요한 역할을 수행했다. 다행스럽게도 원고를 읽고, 조언해 주고, 고충을 들어 주고, 좋은 작품으로 모범을 보여 준 친구와 동료들이 많았다. 카트리나 브루커, 스티브 피시맨, 데이비드 글로빈, 수지 핸슨, 앨릭샌드러 제이콥스, 패트릭 래든 키프, 케이트 켈리, 피터 렛먼, 데빈 리어나드, 더프 맥도날드, 버서니 매클린, 미란다 퍼브스, 애니타 래거번, 앤드루 라이스, 마리아 루소, 가브리엘 셔먼, 제니퍼 스탈, 닉 버비스키, 데이비드 보리어커스 등이 그러한 분들이다. 내게 저널리스트의 의미를 가르쳐 준 피터 캐플런에게 부분적으로 이 책을 바친다.

아버지 프랭크, 어머니 로위나, 여동생 아만다에게 감사한다. 칼로타와 팻시를 비롯한 시댁 식구들에게도 마찬가지다. 그리고 무엇보다도 집에서 함께 살면서 모든 일을 참아 준, 내가 누구보다 사랑하는 시스, 와이어트, 롤라에게 가장 큰 감사의 말을 전한다.

2016년 11월, 뉴욕시에서

주석과 출처

        나는 이 책의 근간이 되는 특별 연재 기사를 매튜 마토마가 체포당한 날인 2012년 11월 20일부터 《블룸버그 비즈니스위크》에 실었고, 지금도 연재 중이다. 이 책을 집필하고자 200명 이상의 관계자를 수백 차례 인터뷰하고, 재판 속기록, 소명자료, 선서 증언 속기록, 증권거래위원회 증언 기록, FBI 요원들이 증인 조사 과정에서 적은 메모(FBI 문서 양식 중 하나인 FD-302), 일기, 편지를 비롯한 방대한 문서를 검토했다. 이 책에서 다룬 사건과 인물들을 상세히 보도한 《뉴욕타임스》, 《로이터》, 《블룸버그 뉴스》, 《월스트리트 저널》, 《인스티튜셔널 인베스터》, 《포춘》, 《배니티 페어》, 《뉴욕》, CNBC, 《뉴요커》 등의 기사들도 참고했다. 라지 라자라트남 사건을 완벽히 재구성한 애니타 래거번의 저서 『억만장자의 견습생(The Billionaire's Apprentice)』도 도움이 됐다. 마이클 밀켄이 활약한 1980년대 월가에 만연한 내부자거래를 설명한 제임스 스튜어트의 저서 『도둑들의 소굴(Den of Thieves)』도 중요한 참고 자료였다.

    내가 기사에서 보도한 인물 또는 기사에서 다룬 사건의 증인들

중 상당수가 형사 기소나 행정 제재 가능성에 직면한 상태에서 인터뷰에 응했다. 내가 인터뷰한 다수의 인물이 기밀 유지를 요구하는 금융사, 자유로운 발언을 금지하는 정부기관에서 일했다. 이러한 이유 때문에, 그리고 주제의 민감성 때문에, 인터뷰 내용을 토대로 작성한 심리묘사와 대화 등에서 정보원의 이름을 밝히지 못한 때가 많다. 본문에 나오는 심리묘사나 대화나 팩트(fact)를 당사자가 내게 직접 말한 내용이라고 가정하지 않길 바란다. 관련 문서, 속기록, 증인, 나중에 전해 들은 사람에게서 얻은 정보를 토대로 작성한 내용이 적지 않다. 이러한 내용은 여러 해에 걸쳐 진행된 사건들에 대한 사람들의 기억에 의존해야 했다. 다양한 정보원과 기록을 조사하여 각자의 입장에서 바라본 사건의 모습과 객관적 사실을 조화시켜 기술하고자 많은 노력을 기울였다. 되도록 정확하고 온전하게 사건을 전달하고자 취재와 사실관계 확인 과정에 엄정을 기했다. 본문에서 기술한 법률 사건들의 극적인 반전과 뜻밖의 전개도 주목할 가치가 있다. 유죄 판결을 받거나 유죄 인정 답변을 제출한 헤지펀드 관계자들 중 일부가 나중에 유죄 판결이 뒤집히거나 유죄 인정 답변을 번복했다. 그리고 기소당할 듯 보였던 헤지펀드 관계자들이 기소당하지 않고 넘어갔다.

이 책에서 언급한 거의 모든 인물들에게 반론할 기회를 제시했다. 3년간 인터뷰하려고 여러 차례 연락했고, 한번은 크리스티 경매장에서 코언을 직접 만났지만 그는 끝내 인터뷰를 거부했다. 코언은 가까운 주변인들이 나와 만나는 것을 막고자 했다. 코언의 언론 담당 직원이 나를 미행하겠다고 협박한 적도 있다. 코언은 (여전히) 월가와 사회 각계에 큰 영향력을 행사하고 있기 때문에 사람들은 대체로 그를 두려워한다.

여러 난관에도 불구하고 수십 명의 관계자들이 집필 과정에서 인터뷰에 응해 주었다. 그들 나름의 이유도 있었겠지만, 내가 공공의 이익이 걸리고 역사적 중요성을 지닌 이야기를 책으로 엮고 있음을 이해해 줬기 때문이었다. 그분들이 아니었으면 이 책이 나오지 못했을 것이다.

주

프롤로그: 다가오는 폭풍

11 **"회사는 가이드를 낮출 거야":** David Glovin, Patricia Hurtado, and Bob Van Voris, "Chiesi Told Rajaratnam She 'Played' Friend Like 'Piano'," Bloomberg News, April 4, 2011.

11 **8억 달러 규모의 인터넷 기업:** "Akamai Reports Fourth Quarter 2008 and Full Year 2008 Financial Results," company press release, February 4, 2008.

11 **"난 그 남자를 잘 조율된 피아노처럼 다뤘지":** *U.S. v. Rajaratnam*, No. 09 Cr. 1184 (RJH), Government Exhibit (hereafter GX) 532T, transcript of call between Rajaratnam and Chiesi, July 24, 2008.

13 **생일 축하를 위한 케냐 사파리 여행:** Anita Raghavan, "Power and Pleasure," *Forbes*, September 23, 2010.

13 **스타 아일랜드에서의 슈퍼볼 파티:** Robert A. Guth and Justin Scheck, "The Man Who Wired Silicon Valley," *The Wall Street Journal*, December 30, 2009.

13 **전화가 있은 지 6일 후:** *U.S. v. Rajaratnam*, GX 44, "Galleon Tech Profit from Trades in Akamai Technologies Beginning on July 25 2008."

13 **87만 5천 주를 공매도한 라자라트남:** *U.S. v. Rajaratnam*, GX 42, "Galleon Tech Daily Closing Position in Akamai Stock," June 1 2008–July 30 2008.

13 **치에이지는 250만 달러를 벌었다:** *U.S. v. Rajaratnam*, GX 45, "New Castle Profit from Trades in Akamai Securities Beginning on July 25 2008."

14 **"그냥 정복했지":** *U.S. v. Rajaratnam*, GX 543T, transcript of call between Raj Rajaratnam and Danielle Chiesi, from July 30, 2008.

14 **라자라트남은 13만 8550주를 공매도:** *U.S. v. Rajaratnam*, GX 42.

14 **강은 라자라트남의 친구들까지 도청을 확대했다:** David Glovin and Patricia Hurta-

do, "Chiesi Swaps Cell for Halfway House," Bloomberg News, May 18, 2013.

15 **SAC 캐피털 어드바이저:** 이하에서 코언의 회사인 SAC 캐피탈 어드바이저를 약칭해서 "SAC 캐피탈" 또는 "SAC"로 표현한다.

16 **"알리 파 씨입니까?":** U.S. v. Ali Far, No. 09 Cr. 1009 (RPP), Ali Far Sentencing Memo. 파는 엔지니어였다. 이란에서 태어난 그는 이란 혁명이 한창이던 1978년에 미국으로 이주했다. 버클리 대학을 졸업하고 컴퓨터 전화 헤드셋 제조회사인 실리콘 밸리의 플랜트로닉스(Prantronics)에서 일했다. 그는 회사에서 일하면서 밤에 석사 과정을 공부했다. 그는 푸르덴셜증권에서 반도체 애널리스트로 일했고, 라자라트남의 눈에 들어 갤리언 펀드로 직장을 옮겼다. 그렇지만 그의 경력은 평탄치 않았고, 2008년에 갤리언을 떠났다.

16 **아내, 두 딸, 어머니, 그리고 장모가 파의 등 뒤에서 몸을 움츠리고 불안한 표정으로 지켜보고 있었다:** U.S. v. Far, Far Sentencing Memo, letter from Far's mother, Esmat Akhavain.

16 **리는 테크놀로지 애널리스트였다:** U.S. v. Richard Choo-Beng Lee, et al., No. 09 Cr. 0972 (PKC), Richard Choo Beng Lee Sentencing Memo, November 18, 2015. 리는 SAC에서 애널리스트로 일하기 전에 선마이크로 시스템스(Sun Microsystems)뿐만 아니라 실리콘 밸리의 칩 회사인 모노리씩 메모리스(MM, Monolithic Memories)에서 일했다. MM은 후일 애드밴스드 마이크로 디바이시스(Advanced Micro Devices)가 됐다.

18 **파트너인 C. B. 리에게 전화를 걸었다:** U.S. v. Richard Choo-Beng Lee, et al., Richard Choo-Beng Lee Sentencing Memo.

19 **"저는 여러 사람을 압니다":** U.S. v. SAC Capital Advisors, et al., No. 13 Cr. 541 (LTS), Sealed Indictment, July 25, 2013; 리가 코언에게 한 통화 내용의 일부.

20 **"C. B.가 도청 장치를 부착하고 다닌다는 소문이 있어":** Fairfax Financial Holdings Ltd. and Crum & Forster Holding Corp. v. SAC Capital Management LLC, et al., MRS-L-2032-06; 뉴저지주 대법원은 2011년 2월 22일 스티브 코언의 선서 증언을 녹음 촬영했다. 더 상세한 내용은 다음의 기사 참조, "Cohen Said to Have Warned Friend About Possible Federal Investigation," The New York Times, December 23, 2013.

23 **수익을 내지 못하고 그냥 가만히만 있어도:** Nina Munk, "Greenwich's Outrageous Fortunes," Vanity Fair, July 2006.

23 **폴 튜더 존스나 켄 그리핀:** 튜더 존스는 튜더 인베스트먼트를 설립했다; 그리핀은 시타텔 인베스트먼트 그룹을 설립했다. Sebastian Mallaby, More Money Than God (Penguin, 2010) 참조.

23 **전통적 월가 금융인의 경력:** 헤지펀드 비즈니스의 가장 매력적인 부분의 하나는 더 많은 투자자를 유치해 펀드 규모를 키울 수 있다면, 헤지펀드의 매니저들은 특별히

더 일을 하지도 않고 매년 그들의 보너스를 수백만 달러에서 수천만 달러로 쉽게 확대할 수 있다는 것이다. 대부분의 헤지펀드는 운용자산의 2%를 운용 수수료로 떼어가는데, 이는 펀드의 운용 비용과 급여를 위한 것이고, 이에 추가해 매년 펀드가 창출한 이익의 20%를 성공 보수로 가져간다. 3억 달러의 펀드를 운용하는 경우, 6백만 달러를 운용 수수료로 받고, 추가로 이익의 20%를 가져간다. 만약 펀드가 30억 달러로 커졌다면, 운용 수수료는 6000만 달러로 뛸 것이다. 펀드가 해당 연도에 6%의 이익만 실현했다면 1억 8000만 달러를 번 것이고, 따라서 펀드 매니저는 성공 보수로 3600만 달러를 가져갈 수 있다. 그러나 이러한 시나리오는 단지 일부 펀드 매니저에게만 가능할 것이다.

23 **가장 높은 연봉을 받은 헤지펀드 매니저 25명**: Mallaby, *More Money Than God*, p. 3. "The Top 25 Moneymakers: The New Tycoons," *Institutional Investor's Alpha*, April 24, 2007 참조.

24 **전 세계를 대상으로 3조 달러에 육박하는 자산을 운용**: "HFR Global Hedge Fund Industry Report: Year End 2015," *Hedge Fund Research*.

26 **미공개 독점 정보를 이용한 거래는 대부분 불법이다**: 최근의 법원 판결은 불법적인 내부자거래의 범위를 더욱 엄격하게 좁혔다. 더 상세한 내용은 다음의 글 참조, Jon Eisenberg, "How United States v. Newman Changes the Law," K&L Gates LLP, May 3, 2015.

1장 머니, 머니, 머니

32 **1880년에 설립된 그런탈증권은 살아남았다**: Richard Behar, "The Shabby Side of the Street," *Fortune*, March 3, 2003.

34 **아이저는 "옵션 차익거래"라는 전략을 사용했다**: 그런탈증권의 옵션부서는 1964년 칼 아이칸에 의해 출범했다. 아이칸과 아이저, 그리고 코언은 공통점이 많았다. 아이칸이 아이저보다 여러 살 위였지만, 그들은 도시의 외곽 지역에 살면서 맨해튼의 스카이라인을 동경하고, 중산층을 넘어서는 승리를 꿈꾸며 어린 시절을 보냈다. 그 당시 누군가 주식 옵션을 거래하기 위해서는 그런탈이나 몇 개 안 되는 회사의 브로커에게 연락해야 했다. 그들이 원하는 베팅의 유형이나 만기는 어떻게 가져갈지를 설명해야 했고, 거래 가격은 브로커들이 부르는 대로 수용해야 했다. 1968년에 그런탈에서 아이칸의 부서는 수수료로 150만 달러를 벌었고, 가장 이익을 많이 내는 부서 중 하나였다. 아이칸은 그해 그런탈을 떠나 자신의 회사를 설립했다. Connie Bruck, *The Predators' Ball* (Penguin, 1989), p. 151.

37 **주식시세표를 연구하기 위해**: Jack D. Schwager, *Stock Market Wizards* (HarperCollins, 2001), p. 269.

38 **이 지역에서 받은 영감이 반영되어 있다:** Judith S. Goldstein, *The Great Gatsby: Inventing Great Neck: Jewish Identity and the American Dream* (Rutgers University Press, 2006), p. 3.

40 **그는 현금 한 뭉치를 주머니에 넣은 채 새벽에 집에 돌아와:** Bryan Burrough, "What's Eating Steve Cohen?" *Vanity Fair*, July 2010.

41 **와튼 스쿨 문화:** 그 시대 여러 명의 와튼 졸업생이 기소당했다("Wharton Producing Its Share of Criminals on Wall Street," *Boca Raton News*, September 26, 1988), 가장 유명한 사람이 코언의 동창생인 브루스 뉴버그였는데, 그는 1979년에 학사를, 그리고 1980년에 와튼에서 MBA 학위를 받았다. 뉴버그는 드렉셀 번햄에서 마이클 밀켄의 스타 트레이더가 됐고, 1989년 정크본드 제국이 몰락할 때 리코(RICO)와 증권 사기 혐의로 기소됐다. 밀켄 역시 와튼에서 MBA 학위를 받았다.

42 **경쟁해서는 성공할 기회가 없다고 생각했다:** 코언은 "와튼에 도착했을 때 나는 죽어 있었어요"라고 말했다. "거기 온 친구들은 모두 프리 스쿨 출신이었고, 이미 모든 책을 읽었고, 준비가 다 돼 있었어요. 정말 살아남아야 했죠." Burrough, "What's Eating Steve Cohen?"

42 **"나는 그냥 그곳에 서서 쳐다봤어요":** Burrough, "What's Eating Steve Cohen?"

43 **그린탈증권의 CEO:** 호워드 실버먼은 1974년에서 1995년까지 그린탈증권을 경영했다.

43 **실버먼은 스포츠카를 몰고:** Lawrence Van Gelder, "Long Islanders: Driving Hard on Wall Street," *The New York Times*, May 3, 1987.

45 **그녀와 코언은 몇 시간 동안 대화하게 됐다:** Some details about Cohen and Patricia's first meeting from Steve Fishman, "Divorced, Never Separated," *New York*, March 28, 2010.

46 **결혼식은 작은 교회에서 조촐하게 치러졌다:** *Patricia Cohen v. Steven A. Cohen, et al.*, Complaint Under the Racketeer Influenced and Corrupt Organizations Act, No. 09 Civ. 10230 (WHP), December 9, 2009; 결혼식 날자는 1979년 12월 7일이었다. 이혼 서류 접수는 12월 12일로 결혼식 날자 근처였다.

48 **기업 인수 합병이 빈번해졌는데:** 1981년에서 1988년 사이에 미국에서 1500개 이상의 상장회사가 인수 합병으로 사라졌다. Mallaby, *More Money Than God*, p. 113. 15

50 **아이저의 무위험 옵션 전략을 버리고:** "주식의 방향을 잡는 데 있어서 틀린 경우보다는 맞는 경우가 저에게는 많았어요" 코언이 훗날 말했다. "그래서 저는 생각했어요. 왜 헤지를 하지? 왜 그냥 주식만 사지 않을까?" Burrough, "What's Eating Steve Cohen?"

50 **코언은 연간 500만 달러에서 1000만 달러를 벌어들이게 됐다:** Burrough, "What's Eating Steve Cohen?"

52 **자신만의 펀드를 만든다는 꿈에 한 발짝 더 다가섰다**: *Patricia Cohen v. Steven A. Cohen, et al.*, Statement of Facts, 2009.

54 **"그 회사에서 곧 구조조정을 단행할 거라는 소문이 들리는데"**: In the Matter of: Trading in the Securities of RCA Corporation, SEC File No. HO-1793.

54 **코언은 RCA에 대한 임박한 인수 정보를 와튼 스쿨 동기에게 들었다**: *Patricia Cohen v. Steven A. Cohen, et al.*, Statement of Facts, 2009.

54 **GE가 주당 66.5달러에 RCA를 인수한다고 발표했다**: "General Electric Will Buy RCA for $6.28 Billion," *Los Angeles Times*, December 12, 1985.

54 **코언은 이 거래로 2천만 달러의 수익을 거뒀다**: *Patricia Cohen v. Steven Cohen, et al.*, First Amended Complaint, No. 09 Civ. 10230 (WHP).

55 **석 달 뒤, SEC가 보낸 서한이 그런탈증권 법무 팀 사무실에 도착했다**: Date of subpoena April 23, 1986, per Cohen SEC deposition testimony, In the Matter of: Trading in the Securities of RCA Corporation.

55 **SEC는 코언이 와서 증언해 주기를 원했다**: In the Matter of: Trading in the Securities of RCA Corporation.

55 **"걱정 마"**: In the Matter of: Trading in the Securities of RCA Corporation.

55 **SEC는 레빈이 불법행위를 통해 1260만 달러의 이득을 챙긴 혐의를 제기**: James B. Stewart, *Den of Thieves* (Simon & Schuster, 1991), p. 294.

55 **1986년 6월 5일**: "Investment Banker Pleads Guilty to Insider Trading," Associated Press, June 5, 1986.

56 **그런탈증권은 SEC에서 수석 법정 변호사를 역임한 오토 오버마이어를 코언의 변호인으로 선임했다**: 오버마이어는 1989년에 코언을 대리한 후, 조지 W. 부시 대통령에 의해 루디 줄리아니의 후임으로 뉴욕 남부지검 검사장에 임명됐다. 그는 1993년까지 검사장의 지위에 있었다. "Otto Obermaier Is No Rudy Giuliani," *BusinessWeek*, July 27, 1992.

57 **"수정헌법 제5조의 권리를 행사했다"**: 또한 수정헌법 제5조는 자기 죄를 부인할 수 있는 특권으로도 알려져 있는데, 즉 누구도 자기 자신에 대한 불리한 증언을 강요당하지 않을 권리를 의미한다. SEC 조사과정에서 수정헌법 제5조가 가진 함축성에 대한 상세한 내용은 다음의 글 참조, Tom Hanusik, "Averse to Adverse Inferences? Rethinking the Scope of the Fifth Amendment Protections in SEC Proceedings," *Securities Regulation & Law Report*, 41 SRLR 574, The Bureau of National Affairs, March 30, 2009.

59 **선서 증언은 20분 만에 끝났다**: Cohen SEC deposition testimony, In the Matter of: Trading in the Securities of RCA Corporation.

60 **아내와 아이들은 매일 저녁 코언이 열쇠로 문을 열고 들어오는 소리를 들을 때마다**

움찔했다: "그는 유머가 있다가도 끝에 가선 인내심을 잃고 가정을 불안하게 만들곤 했어요." 패트리샤가 말했다. "그는 요구가 많았고 혹평을 잘 했고, 그리고 소리도 잘 질렀어요." Fishman, "Divorced, Never Separated."

60 **"난 그냥 주식 트레이더":** SEC testimony of Brett K. Lurie, In the Matter of: Trading in the Securities of RCA Corporation.

61 **코언의 포트폴리오에 구축된 상당한 쇼트 포지션:** Peter Lattman, "SAC Capital's Cohen Opens Up," *The New York Times*, February 15, 2011.

64 **코언은 아파트에서 나왔다:** *Steven A. Cohen v. Patricia Cohen*, No. 11 Cv. 1390, filed March 21, 1991; 자녀양육비 증액 수정 합의서에는 아파트 주소가 이스트 엔드 애브뉴 120번지 10A호로 나와 있다. (per Order to Show Cause for Modification Upward of Child Support.)

64 **이 중 절반가량인 875만 달러를 친구 브렛 루리와 함께 부동산에 투자:** *Steven Cohen and SAC Trading Corp. v. Brett K. Lurie and Conversion Trading Corp.*, No. 9891/87, affidavit by Brett K. Lurie, May 12, 1987.

64 **280만 달러 가치의 아파트:** Mr. and Mrs. Steven A. Cohen Statement of Financial Condition, July 1, 1988.

65 **코언은 그해 400만 달러 이상을 벌었지만:** *Steven A. Cohen v. Patricia Cohen*, 1991년 8월 9일에 법원에 제출된 반론 진술서에 첨부된 양식 1040에 따르면 코언의 1989년 소득은 430만 달러였다; 패트리샤의 이혼 서류에 따르면, 그녀는 코언이 1989년 2000만 달러를, 1988년에는 1200만 달러를 벌었다고 주장했다. 코언은 이에 대해 반박했다.

65 **버그도프 굿맨에서 8만 달러를 결제:** *Steven A. Cohen v. Patricia Cohen*, Affidavit in Opposition, filed August 9, 1991.

2장 야망과 성공

66 **그런탈증권은 그리 평판이 좋은 회사가 아니었으며:** 호워드 실버먼이 1974년부터 1995년까지 회사를 경영할 때, 그의 두 아들이 다른 한 회사를 운영했는데, 그 회사에서 그런탈증권이 뉴욕증권거래소에서 거래한 모든 거래를 청산 업무를 수행했다. 법적으로 금지되지는 않지만 최소한 이해상충이 존재했다. 동시에 그 회사의 부대표를 맡고 있던 다른 아들인 에드워드 바오는 아메리칸증권거래소에서 그런탈증권이 거래한 모든 거래의 청산 업무를 수행했다. Richard Behar, "The Shabby Side of the Street," *Fortune*, March 3, 2003.

67 **코언은 1992년에 자본금 2300만 달러로 헤지펀드를 설립했다:** 다른 공개된 자료에서는 2500만 달러라고 기록돼 있다; 내가 인터뷰한 전직 직원은 2300만 달러 또는

2400만 달러라고 말했다.

67 **특히 대학 때 운동선수로 뛴 적이 있는 남자들**: Jack D. Schwager, *Stock Market Wizards* (HarperCollins, 2001), p. 274.

68 **스타인하트가 주식 트레이딩에 뛰어든 1960년대**: 브루클린의 거친 환경에서 싱글맘에 의해 성장한 마이클 스타인하트는 뛰어난 투자 감각과 예측할 수 없는 기질을 지녔는데, 그것들은 돈을 벌고자 하는 그의 욕망에 불을 지폈다. 그는 "나는 매일 이기고자 하는 넘치는 열망을 지녔다. 만약 이기고 있지 않다면, 나는 마치 커다란 비극이 발생한 것처럼 괴로워했다"고 말했다. Sebastian Mallaby, *More Money Than God* (Penguin, 2010), pp. 55-56.

69 **조지 소로스와 폴 튜더 존스**: 헤지펀드 산업은 월스트리트에서 유명세를 타는 몇몇 사람에 의해 지배됐다: 타이거 펀드를 운용했던 줄리안 로버트슨은 새로운 헤지펀드 매니저들을 길러낸 것으로 알려졌다; 지적으로 보이는 조지 소로스는 파트너인 스탠리 드럭켄밀러와 함께 퀀텀 펀드를 운용했고, 그 펀드는 강력한 경제적인 힘을 지녔다; 그리고 멤피스에서 목화 거래자였던 폴 튜더 존스는 1983년에 튜더 인베스트먼트를 설립했고, 33세가 되던 1988년에 8000만 달러에서 1억 달러를 벌어들임으로써 월스트리트에서 가장 많이 돈을 번 사람으로 기록됐다. 이들은 투자에 대해 자신만의 강력한 아이디어를 기반으로 해서 돈을 버는 전략을 가지고 있었다. Alison Leigh Cowan, "Where the Money Is: Wall St.'s Best-Paid People," *The New York Times*, June 4, 1988.

70 **1억 달러에 육박**: SAC Capital Advisors marketing presentation, May 1, 2012.

74 **이성교제 소개업체 회원으로 등록**: Bryan Burrough, "What's Eating Steven Cohen?" Vanity Fair, July 2010.

76 **양아버지로서 부딪히는 훈육 문제**: *Steven A. Cohen v. Patricia Cohen*, Index No. 62593/90, Affidavit in Opposition, November 9, 1995.

76 **"우리가 만난 첫해에 많은 일이 벌어졌어요"**: Alex and Steven Cohen appearance on *The Cristina Show*, July 29, 1992.

78 **키브 박사는 우울증을 치료하면서 성공할 수 있는 마음 자세를 갖도록 유도하는 데 능한 정신과 의사였다**: 브롱스의 랍비 아들로 하버드에 진학한 키브는 좌절을 주제로 여러 권의 책을 썼고, 우울증 치료제인 프로잭(Prozac)과 졸로프트(Zoloft)를 사용해 우울증을 치료하는 분야에서 선구자였다. William Grimes, "Ari Kiev, Psychiatrist to Traders, Dies," *The New York Times*, Nov. 30, 2009.

80 **그가 자주 사용한 구절**: Ari Kiev, M.D., *Trading to Win* (John Wiley & Sons, 1998).

80 **"여러분은 승리하기 위해 트레이딩 할 필요가 있습니다"**: Schwager, Stock Market Wizards.

82 **코언이 리삭에게 전화를 걸어 충격적인 얘기를 꺼냈다:** 리삭의 해고에 대한 이야기는 리삭에게서 들은 것이지만, 당시 SAC에 근무하던 여러 다른 사람들을 통해 확인된 이야기다.

85 **SAC는 더 많은 수익을 안겨 주었다:** 이 이야기의 다른 버전은 다음의 글에도 실려 있다. Gary Sernovitz, "Edge and the Art Collector," *n+1*, January 16, 2013.

88 **석유왕 록펠러와 제이피모건 설립자인 존 피어폰트 모건의 상속자들:** Nina Munk, "Greenwich's Outrageous Fortunes," *Vanity Fair*, July 2006.

88 **이 유행에 불을 지핀 인물은 폴 튜더 존스다:** Munk, "Greenwich's Outrageous Fortunes."

91 **입찰액을 1480만 달러로 높였고, 결국 현금을 내고 그 집을 샀다:** 스타인버그는 인터뷰에서 이 사건을 회상하면서, "그 집은 대단했어요. 정말 아름답고 큰 집이었어요. 나는 그 집 그 자체로 완벽했다고 생각했는데, 그는 다 부숴버렸지요"라고 말했다. 스타인버그는 이전에 도널드 트럼프가 소유했던 그리니치에 있는 다른 맨션을 1500만 달러를 지불하고 구입했다.

92 **집 주위에는 2.7미터 높이의 석벽:** Marcia Vickers, "The Most Powerful Trader on Wall Street You've Never Heard Of," *BusinessWeek*, July 20, 2003.

92 **덤프트럭 283대 분량:** Matthew Purdy, "Our Towns: In Greenwich, More Is Just Too Much," *The New York Times*, December 5, 1999.

92 **"저건 집이 아니라":** Purdy, "Our Towns: In Greenwich, More Is Just Too Much."

3장 살인 타선

94 **수익을 내기가 어려워지고 있었다:** "좋은 아이디어를 찾기가 힘들었고, 다른 사람들과 차별화하면서 수익을 내기가 더 힘들어졌어요." 코언이 말했다. "큰 수익을 내던 시절은 갔지요." Susan Pulliam, "The Hedge-Fund King Is Getting Nervous," *The Wall Street Journal*, September 16, 2006.

98 **애널리스트로 일하던 그를 스카우트해 SAC에서 일하게 한 사람:** *U.S. v. Choo-Beng Lee, et al.*

102 **SAC는 새 트레이더를 채용할 때:** James Sterngold and Jenny Strasburg, "For SAC, a Shift in Investing Strategy Later Led to Suspicions," *The Wall Street Journal*, July 24, 2013. 또한 *U.S. v. SAC Capital Advisors*, No. 13 Cr. 541, filed July 25, 2013, Sealed Indictment 참조.

105 **미술품은 부자를 사회적 영향력을 갖춘 유력 인사처럼 보이게 하는 마법을 부린다:** 이 생각에 대한 다른 버전은 다음의 기사 참조. Jonathan Jones, "Art and Money: The Sharks Behind the Showpieces," *The Guardian*, October 12, 2011.

105 **"이제는 억만장자란 사실만으론 부족합니다"**: Rebecca Mead, "The Daredevil of the Auction World," *The New Yorker*, July 4, 2016.

107 **4360 갤런의 포름알데히드**: Roberta Smith, "Just When You Thought It Was Safe," *The New York Times*, October 16, 2007.

107 **8백만 달러에 구매**: Carol Vogel, "Swimming with Famous Dead Sharks," *The New York Times*, October 1, 2006.

107 **카지노 산업의 제왕 스티브 윈에게 넘어갔다**: Account of Wynn cocktail party: Nick Paumgarten, "The $40-Million Elbow," *The New Yorker*, October 23, 2006.

108 **"역대 회화 사상 최고가로 팔린 작품입니다"**: "Steve Wynn to Keep Picasso He Damaged," Associated Press, October 18, 2006.

108 **빅터 갠즈와 샐리 갠즈**: Geraldine Norman, "Life with Picasso," *The Independent*, September 27, 1997.

108 **"끔찍한" 소리**: Nora Ephron, "My Weekend in Vegas," *The Huffington Post*, October 16, 2006.

109 **거래를 중단하기로 합의했다**: Paumgarten, "The $40-Million Elbow"; some details from *Stephen and Elaine Wynn v. Lloyd's of London*, No. 07 Civ. 00202, filed January 10, 2007.

110 **4억 달러가량의 포트폴리오 운영**: *U.S. v. Martoma*, January 20, 2014, Timothy Jandovitz testimony.

110 **기본 연봉으로 20만 달러를 지급하고, 계약금 격인 일회성 인센티브로 200만 달러를 지급**: *U.S. v. Martoma*, GX 570, introduced January 13, 2014, Mathew Martoma SAC job offer from June 2, 2006.

111 **SAC의 새 이미지에 완벽히 들어맞았다**: *David Kaplan, et al., v. SAC Capital, et al.*, No. 12 Civ. 9350 (VM) (KNF), filed September 3, 2014, Elan Shareholder Second Amended Complaint.

112 **밤늦게까지 리서치 보고서를 읽었다**: *U.S. v. Martoma*, Mathew Martoma Sentencing Memorandum, Exhibit 1, letter from Rosemary Martoma.

112 **알츠하이머 병동에 자원봉사**: Patrick Radden Keefe, "The Empire of Edge," *The New Yorker*, October 13, 2014.

113 **바퀴는 구조가 덜 복잡했고**: *U.S. v. Martoma*, January 17, 2014, testimony of Dr. Sidney Gilman.

113 **"전문가 네트워크"를 확보해 "투자자와 전문가들을 연결"**: Laurie P. Cohen, "Seeking an Edge, Big Investors Turn to Network of Informants," *The Wall Street Journal*, November 27, 2006.

115 **"정보를 얻는 것이 우스꽝스럽다고 생각했습니다"**: Steve Bodow, "Investing; It's

Not What They Know, but Whom," *The New York Times*, December 23, 2001.

115 **연회비로 120만 달러**: *U.S. v. Martoma*, GLG SAC Subscription Agreement, GX 630, introduced January 16, 2014.

116 **"이 명단의 의사들이 귀사의 데이터베이스에 있습니까?"**: *U.S. v. Martoma*, GX 262, email sent on August 30, 2006; also *David Kaplan, et al., v. SAC Capital, et al.*, Elan Shareholder Second Amended Complaint, filed September 3, 2013.

116 **"나는 임상시험의 안전성 감시위원회의 위원장입니다"**: *U.S. v. Martoma*, GX 660, January 16, 2014; 길먼은 누푸 뱃샤(Noopur Batsha)에게 2006년 8월 23일자로 이 메일을 보냈다.

4장 월스트리트의 타락

120 **양측은 감정이 격해져 상대측 약점을 물고 늘어졌다**: Michael Orey, "Corporate Snoops," *BusinessWeek*, October 9, 2006.

120 **캐나다 제약회사 바이오베일**: 회사는 이미 상업적으로 성공한 우울증 치료제인 웰 브트린 같이 기존에 판매되고 있는 약품을 전문적으로 취급했고, 또한 기존의 약품 들을 더욱 효과적으로 개선시켜 새로운 형태의 신약으로 승인받아 지속적으로 판매 할 수 있는 시스템을 구축하려 했다.

120 **바이오베일의 CEO 유진 멜닉**: 더 상세한 내용은 Leonard Zehr, "Biovail and the Analyst's Secret Account," *The Globe and Mail*, June 22, 2002 참조.

121 **《비즈니스 위크》가 보도**: Marcia Vickers, "The Most Powerful Trader on Wall Street You've Never Heard Of," *BusinessWeek*, July 20, 2003.

121 **SAC 전화는 마사 스튜어트가 왁살과 통화하려고 하기 몇 분 전에 왔는데**: SAC 트 레이더는 임클론과 관련하여 어떠한 불법행위로도 문제되지 않았다. Vickers, "The Most Powerful Trader on Wall Street You've Never Heard Of."

122 **바이오베일은 코언과 몇몇 SAC 직원이 바이오베일 주가를 조작했다며 소송을 제기 했다**: *Biovail Corporation v. SAC Capital Management, et al.*, No. 06 Cv. 01413, filed February 23, 2006.

122 **50달러 부근에 있던 바이오베일 주가를 18달러로 떨어뜨렸다**: Jenny Anderson, "Claiming Stock Manipulation, Biovail Sues Hedge Fund," *The New York Times*, February 23, 2006.

122 **"자사의 트레이더, 매니저, 직원, 대리인 들을 극도로 압박한다"**: *Biovail Corporation v. SAC Capital Management, et al.*

123 **SEC가 조사에 착수했다**: 전혀 뜻밖에 SAC에 대한 바이오메일의 소송은 2009년 뉴 저지의 법원에서 기각됐다. 2010년 2월에 SAC가 바이오베일을 상대로 무고죄를 이

유로 소송을 제기했다. 바이오베일은 밸린트 파머슈티컬(Valeant Pharmaceuticals)에 인수됐다. 밸린트와 SAC는 2010년 11월에 밸린트가 SAC에게 법률 비용에 대한 보상조로 1000만 달러를 지급하고 화해했다. 2008년 3월 24일, SEC는 멜닉과 바이오베일을 상대로 회계부정 혐의로 제소했다. 회사는 SEC와 1000만 달러에 화해했고, 주주들이 제기한 집단소송에 대해서는 1억 2800만 달러를 지급하고 합의 종결했다. "Biovail Settles with SAC Capital," *The New York Times*, November 4, 2010.

123 〈60분〉에서 "몰락에 베팅하기(Betting on a Fall)"란 제목으로 바이오베일의 소송을 심도 깊게 분석하고, SAC의 비즈니스 행태를 극히 회의적 시선으로 보도했다: Leslie Stahl, "Betting on a Fall: On One Company's Lawsuit Against a Hedge Fund," *60 Minutes*, CBS News, March 24, 2006.

123 "부정적 언론 보도와 잘못된 정보라는 거대한 파도가 몰려오고": Stahl, "Betting on a Fall."

125 "애들과의 사이를 갈라놓으려는 계략을 끝없이 획책": *Steven A. Cohen v. Patricia Cohen*, Index No. 62593, Affidavit and Affirmation in Opposition, November 9, 1995.

125 타락한 기업: Richard Behar, "The Shabby Side of the Street," *Fortune*, March 3, 2003.

127 이번 해에만 10억 달러 가까이 번 코언: Peter Lattman and Ben Protess, "$1.2 Billion Fine for Hedge Fund SAC Capital in Insider Case," *The New York Times*, November 4, 2013.

129 헤지펀드들이 입맛대로 조작한 리서치 보고서를 이용해 내부자거래: *Fairfax Financial Holdings Ltd. and Crum & Forster Holding Corp. v. SAC Capital Management LLC, et al.*, Fairfax Appeal Brief.

129 "늦기 전에 관두세요!": Bethany McLean, "A Wall Street Battle Royal," *Fortune*, March 6, 2007.

129 여러 헤지펀드의 트레이더들은 페어팩스 주식을 공매도: *Fairfax Financial Holdings Ltd. and Crum & Forster Holding Corp. v. SAC Capital Management LLC, et al.* 2012년에 뉴저지 법원이 SAC와 다른 펀드에 대한 페어팩스의 소송을 기각했다. 페어팩스는 2013년에 항소했다. David Voreacos, "SAC Dismissal from New Jersey Lawsuit Appealed by Fairfax," by Bloomberg News, June 4, 2013.

136 2000년도에 월가 투자은행의 리서치 부서 수사에 착수: "SEC Fact Sheet on Global Analyst Research Settlements," Securities and Exchange Commission, April 28, 2003.

136 인터넷 기업 애널리스트인 헨리 블로젯: "SEC Sues Goldman Sachs for Research Analyst Conflicts of Interest," SEC press release, April 28, 2003.

137 **헤지펀드는 수억 달러의 수수료를 내는 대가로 특별 서비스를 요구:** 투자은행이 제공하는 많은 서비스는 소위 "소프트 달러(soft dollar)"라고 부르는 형태로 제공될 수 있다.

139 **이 문제는 식당에서 도박하는 것과 같습니다:** 이 문구는 영화 〈카사블랑카〉의 장면에서 나오는 대사인데, 릭 블레인의 카페는 나이트클럽이면서 도박의 소굴이었다. 이곳의 단골인 르노 대장이 "나는 여기서 도박을 하는 것을 보고 충격을, 충격을 받았어요"라고 하면서 이곳을 폐쇄해야 한다고 말한 부분에서 인용한 것이다.

5장 에지, 독점적 정보

141 **스타인버그가 대학 전공으로 철학을 선택:** U.S. v. Michael Steinberg, No. 12 Cr. 121 (RJS), filed May 2, 2014, Michael Steinberg Sentencing Memorandum, letter from Rebecca and Kenneth Roban.

141 **스타인버그는 포트폴리오 매니저 자리에 올랐다:** U.S. v. Steinberg, November 21, 2013, testimony of SAC CFO Dan Berkowitz.

142 **두 헤지펀드는 각각 200억 달러 이상의 자산을 보유:** Kate Kelly, Serena Ng, and David Reilly, "Two Big Funds at Bear Stearns Face Shutdown," The Wall Street Journal, June 20, 2007.

143 **호바스는 그의 보스가 자신에게 원하는 바를 명확히 깨달았다:** U.S. v. Steinberg, testimony of Jon Horvath. 재판 과정에서 스타인버그의 변호인은 이 부분을 가지고 다투었으나 1심에서는 유죄가 선고됐다. 그러나 항소법원에서 이 부분과는 다른 이유로 그에 대한 혐의가 기각됐다.

144 **FBI 특수 요원 데이비드 매콜:** 메사추세츠주 스프링필드에서 지게차 운전사의 아들로 성장한 매콜은 새벽 5시에 사무실에 출근해야 한다는 강박 관념에 사로잡힌 습관이 있었다. 그에게 첫 번째 큰 사건은 마사 스튜어트 사건이었다. 그녀는 2001년 사회의 친구로 지내는 임클론 시스템의 설립자인 샘 왁살로부터 내부정보를 얻은 후 그 회사 주식 4000주를 매도했다는 혐의를 받았다. 매콜은 그 사건 후에 리복-아디다스 사건을 맡았는데, 골드만삭스의 젊은 애널리스트가 아디다스가 리복을 인수한다는 정보를 사전에 알고 리복 옵션을 거래한 사건이었다; 젊은 애널리스트는 크로아티아에 사는 63세의 은퇴한 재봉사였던 숙모 이름으로 차명계좌를 열고 거래했다. 이에 대한 상세한 내용은 Susan Pulliam, Michael Rothfeld, and Jenny Strasberg, "The FBI Agent Who 'Flips' Insider-Trading Witnesses," The Wall Street Journal, January 20, 2012 참조.

144 **FBI에 협조하기로 결정했다:** Susan Pulliam, "Wired on Wall Street: Trader Betrays a Friend," The Wall Street Journal, January 16, 2010; also David Glovin and David Voreacos, "Dream Insider Informant Led FBI from Galleon to SAC," Bloomberg

News, December 2, 2012.

145 슬레인은 매콜의 지시대로 월가 친구들과 정보원들에게 전화를 걸어 통화 내용을 녹음했다: *U.S. v. David Slaine*, No. 09 Cr. 1222 (RJS), January 9, 2012, government's Sentencing Memorandum; 슬레인이 제공한 증거로 인해 갤리언의 트레이더였던 즈비 고퍼와 크레이그 드리멀을 포함하여 많은 사람들에 대한 기소가 가능했다. *U.S. v. Goffer*, No. 11 Cr. 3591 (2d Cir. 2013).

146 스타인버그는 이 수익의 31퍼센트를 보상금으로 챙겼다: *U.S. v. Steinberg*, GX 2004, Sigma Capital Management, LLC 2007 Year-End Payout Calculation.

146 호바스에게 강력한 경고 메시지를 보낸 셈이다: *U.S. v. Steinberg*, GX 2064, Jon Horvath performance review 2007.

147 애널리스트 자리를 얻기 위해 미국 동부로 갔고: *U.S. v. Steinberg*, testimony of Jesse Tortora.

148 토토라는 자신이 신뢰하는 지인 몇 사람을 초대했다: 그의 친구로서 데이비드 가넥의 펀드인 레벨 글로버에서 애널리스트로 있는 샘 애돈대키스가 포함됐다.

148 내부정보를 절대로 이메일로 보내지 말라는 조건이었다: *U.S. v. Steinberg*, testimony of Tortora.

148 "이메일에 관한 우리의 첫째 규칙": *U.S. v. Steinberg*, GX 327, testimony of Tortora.

148 미국 10대 도시 집값: Ben Rooney, "Home Prices: Down Record 11%," *CNN Money*, March 25, 2008.

149 자산은 170억 달러에 달했으며: *U.S. v. Mathew Martoma*, No. 12 Cr. 0973 (PGG), testimony of Dan Berkowitz.

149 SAC의 연평균수익률은 30퍼센트에 달했다: Katherine Burton and Anthony Effinger, "How Hedge Fund Manager Steve Cohen Averaged 30% Returns for 18 Years," *Bloomberg Markets*, April 25, 2010.

150 SAC 규모는 두 배가 됐고: *U.S. v. Martoma*, testimony of Berkowitz.

151 280만 달러를 주고 구입했다: Colin Gleadell, "Saatchi Sells Another Key Work in His Collection," *ArtNews*, May 10, 2005.

151 데미언 허스트의 상어: Carol Vogel, "Swimming with Famous Dead Sharks," *The New York Times*, October 1, 2006.

156 2000년부터 2007년 사이: Kelly, Ng, and Reilly, "Two Big Funds at Bear Stearns Face Shutdown."

157 최악의 6월: Alexandra Twin, "Stocks: Mixed Day, Brutal June," *CNN Money*, June 30, 2008.

157 "엘란 주식을 75만 주에서 100만 주 정도 매입하고 싶습니다": *U.S. v. Martoma*, GX 302.

159 **와이어스 관련 메모에도 비슷한 내용을 적고:** *U.S. v. Mathew Martoma*, No. 12 Cr. 0973 (PGG), GX 305.

160 **"스티브에게 그 일을 보고했네":** *U.S. v. Martoma*, GX 302.

161 **길먼과 그의 아내 린다:** Michael Betzold, "The Corruption of Sid Gilman," *Ann Arbor Observer*, January 2013.

162 **길먼의 어머니가 67세에 자살:** According to "Not My Father's Keeper: Unveiling the Skeletons in Dr. Sid Gilman's Closet," a book proposal by Todd Gilman that was submitted to publishers in 2014.

162 **부자지간의 대화가 단절됐다:** Gilman, "Not My Father's Keeper."

162 **"길먼 교수님은 미친 듯이 일에 매달렸습니다":** Patrick Radden Keefe, "The Empire of Edge," *The New Yorker*, October 13, 2014.

162 **연구 프로젝트들을 이끌었고:** Betzold, "The Corruption of Sid Gilman."

162 **길먼은 헤지펀드에 관해서는 거의 몰랐지만:** *U.S. v. Martoma*, testimony of Dr. Sidney Gilman, cross-examination.

163 **"보수도 좋았죠":** *U.S. v. Martoma*, testimony of Gilman.

163 **30분만 통화:** *U.S. v. Martoma*, cross-examination of Gilman.

163 **연간 수십만 달러를 컨설팅비로 받게 됐다:** *U.S. v. Martoma*, January 23, 2014, cross-examination of Gilman. "외부 컨설팅" 대가로 2006년에 34만 달러, 2007년에 42만 달러, 2008년에 42만 5000달러를 받았다. 재판 과정의 증언에서 길먼은 처음에는 20만 달러라고 말했다. Jenny Strasburg, "Doctor's Alleged Role Highlights Ties Between Investors and Medical Field," *The Wall Street Journal*, November 20, 2012.

163 **길먼은 비싼 장난감을 자랑하는 호사스런 사람은 아니었다:** Tim Greenamyre, a former student of Gilman's, who runs the Institute for Neurodegenerative Diseases in Pittsburgh; from Keefe, "The Empire of Edge."

163 **소소한 사치는 부렸다:** Nathaniel Popper and Bill Vlasic, "Quiet Doctor, Lavish Insider: A Parallel Life," *The New York Times*, December 15, 2012.

164 **의학계는 월가에게 포섭당하고 있었다:** Eric Topol and David Blumenthal, "Physicians and the Investment Industry," *Journal of the American Medical Association*, June 1, 2005.

165 **길먼을 위원장으로 선임했다:** *U.S. v. Martoma*, GX 20, also testimony of Gilman. 길먼은 2005년에 바피의 선배격인 AN-1792의 테스트 과정에서도 안전성 감시위원회 위원장을 맡았었다. 뇌에 위험한 부종을 초래한 그 약의 심각한 부작용을 본 길

먼은 새로운 환자 그룹의 안전성에 대해 불안을 느꼈다. 길먼은 시간당 350달러에서 최대 2만 5000달러를 받았다.

165 **바피의 임상시험에 관여한 모든 이들:** *U.S. v. Martoma*, January 13, 2014, testimony of Allison Hulme, Elan Corp., testimony of Gilman. 전 세계에서 234명의 알츠하이머병 환자들이 바피의 2차 임상시험에 등록했다. 20명의 의사들이 이 연구에 참여해서 그들의 환자들에게 신약을 투여하고 그 반응을 면밀히 관찰하기로 계약을 체결했다.

165 **"애널리스트, 헤지펀드 직원":** *U.S. v. Martoma*, testimony of Hulme, testimony of Gilman.

165 **"엘란이나 와이어스 주식을 거래하면":** *U.S. v. Martoma*, GX 7, also testimony of Hulme, Gilman.

166 **이번 실험에서는 다를 듯 보였다:** *U.S. v. Martoma*, GX 103, testimony of Gilman, memo to Enchi Liu of Elan.

166 **"밥졸루틀리!":** Keefe, "The Empire of Edge."

167 **마토마를 보면 장남 제프가 생각났다:** *U.S. v. Martoma*, testimony of Gilman.

170 **마토마는 홀먼을 "헬스케어의 신"이라 불렀다:** *U.S. v. Martoma*, Defense Exhibit 269, 챈들러 바클리지의 증언 과정에서 소개된, 마토마가 바클리지에게 보낸 이메일 참조.

170 **코언은 8억 달러를 투자했다:** *U.S. v. Martoma*, testimony of Peter Nussbaum, SAC general counsel.

170 **홀먼은 더 이상 SAC 직원이 아니었지만:** Deposition of Steven Cohen before the SEC, In the Matter of: Elan Corporation, plc, File No. NY-8152, May 3, 2012.

171 **"이름표"를 달게 된 것이다:** *U.S. v. Martoma*, GX 297, Cohen sector position-alert email, introduced during testimony of Katie Lyndon.

173 **"난 마토마가 그에 가장 가까운 인물이라 생각하네":** *David E. Kaplan, et al., v. SAC Capital Advisors, et al.*, No. 12 Civ. 9530 (VM) (KNF), exchanges on March 28, 2008, and April 6, 2008, cited in Elan Shareholder Second Amended Complaint.

7장 전설로 남을 거래

177 **라자라트남 휴대전화 도청 신청:** *U.S. v. Rajaratnam*, No. 09 Cr. 1184 (RJH), October 6, 2010, Franks Hearing, testimony of FBI Special Agent B. J. Kang.

178 **도청만이 정부기관이 범죄 활동을 중단시킬 수 있는 유일한 수단:** Title 18, United States Code 2518, (1) (c), statute regarding wiretapping.

178 **"원유 가격이 크게 떨어지지 않는 한":** *U.S. v. Mathew Martoma*, No. 12 Cr. 0973

(PGG); 티모시 잰도비츠의 증언 과정에서 제출된 Defense Exhibit 505, dated July 7, 2008 참조.

178 **엘란의 CEO 켈리 마틴을 만나 식사**: *David Kaplan et al., v. SAC Capital, et al.,* No. 12 Civ. 9350 (VM) (KNF), Elan Shareholder Second Amended Complaint, pp. 80–81.

180 **엘란과 와이어스는 바피의 임상 2상에서 "고무적인 주요 결과들"을 얻었다고 발표했다**: "Elan and Wyeth Announce Encouraging Top-line Results from Phase 2 Clinical Trial of Bapineuzumab for Alzheimer's Disease," press release dated June 17, 2008.

180 **코언은 자신의 포트폴리오에도 4억 달러어치의 엘란과 와이어스 주식을 보유**: *U.S. v. Martoma,* GX 298, 299.

181 **"나는 머리가 거의 다 빠져"**: *U.S. v. Martoma,* GX 53, testimony of Gilman.

182 **2008년 7월 15일 화요일, 길먼은 전세기를 타고**: *U.S. v. Martoma,* GX 9.

183 **길먼에게 이후 보게 될 모든 내용을 비밀로 해야 한다고 신신당부했다**: *U.S. v. Martoma,* testimony of Allison Hulme.

184 **"ICAD 발표 비밀 자료"**: *U.S. v. Martoma,* GX 11.

184 **"길먼 박사님"**: *U.S. v. Martoma,* GX 12.

184 **그날 저녁 집에서**: *U.S. v. Martoma,* GX 710, 길먼의 증언.

185 **오전 10시경**: *U.S. v. Martoma,* 미시건 대학교 캠퍼스 보안통제시스템에 대한 나단 브라운의 증언.

187 **오후 4시행 델타 항공을 타고**: *U.S. v. Martoma,* GX 1307, 델타 항공의 마크 맨한의 증언.

187 **둘은 20분간 통화했다**: *U.S. v. Martoma,* GX 459.

187 **통화를 끝낸 뒤**: *David Kaplan, et al., v. SAC Capital, et al.,* No. 12 Civ. 9350 (VM) (KNF), Elan Shareholder Second Amended Complaint, p. 86. 2008년 7월 21일 장이 시작되기 전에 SAC는 엘란 주식 3억 6600만 달러 가치의 1060만주, 와이어스 주식 약 9억 달러 가치의 1900만주를 보유하고 있었다.

189 **그들은 평균 35달러 가격에 대략 150만 주 정도를 팔았다**: *U.S. v. Martoma,* GX 431, 필립 빌하우어의 증언.

189 **"40만 주. 34.97달러. 모두 다크풀"**: *U.S. v. Martoma,* GX 432, 빌하우어의 증언.

190 **엘란 주식 450만 주를 공매도했다**: Elan Shareholder Second Amended Complaint, p. 86; see also *SEC v. CR Intrinsic Investors, Mathew Martoma and Dr. Sidney Gilman, and SAC Capital Advisors,* No. 12 Civ. 8466 (VM), Amended Complaint, March 15, 2013.

190 **한 남자가 스탬퍼드시에 위치한 SAC 본사를 방문**: *U.S. v. Martoma,* GX 595, SAC 준법감시인 존 케이시의 증언.

191 **준법감시부 임원 한 명:** *U.S. v. Martoma*, some details from lawyer discussion at bench, January 16, 2014; 케이시의 증언.

192 **"트레이딩하기 전에 일단 멈춘 다음":** *U.S. v. Martoma*, GX 595, Harvey Pitt talk email invitation, and GX 591, 피트의 발표 내용에 대한 케이시의 증언.

193 **데니스는 파운드리 인수 정보를 3일 전:** *SEC v. Matthew G. Teeple, David T. Riley, and John V. Johnson*, Complaint, United States District Court, Southern District of New York, March 26, 2013.

193 **파운드리 주가가 32퍼센트 상승:** *SEC v. Ronald N. Dennis*, No. 14 Civ. 1746, March 13, 2014.

196 **로스는 곧 마토마와 헤어지고:** 이 내용의 대부분은 마토마 재판에서 있었던 로스의 법정 증언에 의존했다.

196 **항암 화학치료를 잇달아 받은 탓에:** *U.S. v. Martoma*, 길먼에 대한 반대신문 과정에서 나온 화학치료 일정.

196 **22개 슬라이드 자료:** *U.S. v. Martoma*, GX 19, 엘란의 의사 엘리슨 흄의 증언.

197 **"당시 너무 급히 문자를 보내느라 숨넘어가는 줄 알았어요":** Nathaniel Popper and Bill Vlasic, "Quiet Doctor, Lavish Insider: A Parallel Life," *The New York Times*, December 15, 2012.

198 **"당신이 와이어스 주식 포지션을 보유한 것을 봤습니다":** *U.S. v. Martoma*, GX 294, 린든이 마토마에게 보낸 이메일. 캐티 린든의 증언.

200 **"맥주 한잔 하자":** *U.S. v. Martoma*, Defense Exhibit (hereafter "DX") 328/GX 313, 잰도비츠의 증언.

202 **"어쨌든, 전화할 필요는 없네":** *U.S. v. Martoma*, GX 235, email date September 28, 2008, 길먼의 증언.

203 **다이아몬드백 캐피털은 델 정보를 전해 주는 고열에게 대가를 지급:** *U.S. v. Michael Steinberg*, No. 12 Cr. 121 (RJS), 제스 토토라의 증언. 고열의 정보원은 델의 IR 부서에서 일했던 것으로 밝혀졌다. 2015년에 고열에 대한 소송은 뉴먼과 치어슨의 혐의가 항소법원에서 뒤집힌 후에 기각됐다.

204 **"델 관련 확인 사항":** *U.S. v. Steinberg*, GX 214.

205 **주말에만 머무는 햄튼 자택:** *U.S. v. Steinberg*, GX 631.

206 **"흥미롭군…":** *U.S. v. Steinberg*, GX 631.

209 **다음 날 델 주가는 25.21달러에서 21.73달러로:** Laurie J. Flynn, "Dell's Profit Drop Surprises Investors," *The New York Times*, August 28, 2008.

210 **데니스의 상사는 델 주식 공매도로 80만 달러의 수익을 거뒀다:** *SEC v. Dennis*; Patricia Hurtado, "Former Level Global Analyst Says Two SAC Friends Got Inside Tips," Bloomberg News, November 29, 2012.

214 **전술 행동 평가:** Eamon Javers, *Broker, Trader, Lawyer, Spy: The Secret World of Corporate Espionage* (HarperBusiness, 2010).

216 **런던의 블랙스톤 그룹에서 일하던 라메시:** Michael J. de la Merced, "Blackstone Executive Is Charged with Insider Trading," *The New York Times*, January 14, 2009.

217 **코언이 마피아 두목인 양:** Peter Lattman and Ben Protess, "How Pursuit of Billionaire Hit One Dead End," *The New York Times*, January 14, 2013.

224 **리가 매 분기 2천 달러씩 송금했다는 증거:** *U.S. v. Richard Choo-Beng Lee, et al.*, No. 09 Cr. 0972 (PKC), information filed October 13, 2009; also see Sentencing Submission by government.

225 **"이번이 유일한 기회입니다":** Anita Raghavan, *The Billionaire's Apprentice* (Business Plus, 2013), p. 302.

225 **둘이 운영한 펀드는 전년도 수익률이 10퍼센트에 육박할 정도:** Susan Pulliam, "How Associates Helped Build Case," *The Wall Street Journal*, October 20, 2009.

226 **유일한 방법은 내부정보를 얻어 오는 것:** *U.S. v. Choo-Beng Lee*, Sentencing Submission.

229 **가장 질이 나쁜 전문가 네트워크 기업 중 하나:** In the Matter of: Application of the United States of America to Authorize to Intercept Certain Wire Communications, 11 Cr. 00032 (JSR), filed July 12, 2011. PGR Wiretap Application, pp. 20-25. 강이 가진 의혹은 FBI 요원인 데이비스 매콜과 제임스 힝클을 돕고 있던 칼 모티에 의해 굳어졌다. 모티는 세 아이의 아버지였는데, 그는 테크놀로지 산업에 대한 통찰력을 제공하는 대가로 여러 헤지펀드에 속한 5명의 포트폴리오 매니저들로부터 1년에 50만 달러를 받았다. 금융 산업에서 가장 수상한 구석이 있다면 어디냐는 질문에 그는 "전문가 네트워크"라고 답했다. *U.S. v. Motey*, 10-cr-1249.

230 **PGR의 VIP 고객:** Patricia Hurtado, "SAC Trial Seen by Probe Convict as Latest Abusive Tactic," Bloomberg News, January 7, 2014.

230 **두 FBI 요원, 데이비드 매콜과 제임스 힝클:** PGR Wiretap Application.

236 **소환장 하나 발부하려 해도 4단계의 승인:** Devin Leonard, "The SEC: Outmanned, Outgunned, and on a Roll," Bloomberg Businessweek, April 19, 2012.

244 **새벽 3시:** *U.S. v. Raj Rajaratnam, Rajiv Goel, and Anil Kumar*, No. 09 Mag. 2306, October 15, 2009.

244 **다음 날 아침 6시:** 같은 시각에 뉴캐슬 펀드의 대니얼 치에이지, 치에이지의 상사인 마크 커랜드, IBM의 선임 부사장 로버트 모팻, 라자라트남의 친구인 인텔의 임원 라지브 고엘, 맥킨지의 아닐 쿠마르가 FBI에 의해 체포됐다. 치에이지는 커랜드와 모팻

두 사람과 연인 관계로 알려졌다. 치에이지는 IBM의 정보를 얻기 위해 모팻에게 접근했다. Michael J. de la Merced, "Hedge Fund Chief Is Charged with Fraud," *The New York Times*, October 16, 2009.

9장 왕들의 죽음

247 **"제가 98점을 받아오면"**: Ed Beeson, "When U.S. Attorney Preet Bharara Speaks, Wall Street and the World Listens," *The Star-Ledger*, August 19, 2012.

247 **"학교, 공부, 점수"**: Carrie Johnson, "Family Ties," *Columbia Law School Magazine*, Fall 2011.

247 **마이클 뮤케이시**: 시드 길먼 박사의 변호인인 마크 뮤케이시의 아버지.

247 **검사가 되려는 열망**: Benjamin Weiser, "For Manhattan's Next U.S. Attorney, Politics and Prosecution Don't Mix," *The New York Times*, August 9, 2009. 바라라의 집안에 프리트만 뛰어난 유전자를 가진 것이 아니었다. 그의 동생인 비니 바라라 또한 형보다 3년 뒤에 콜럼비아 로스쿨에 진학했다. 그는 인터넷을 통해 기저귀를 파는 소매 회사를 공동 설립했고, 2010년에 아마존에 5억 4000만 달러를 받고 회사를 팔았다; see also Johnson, "Family Ties."

248 **"슈머의 보좌관"**: Benjamin Weiser, "Schumer Aide Is Confirmed as United States Attorney," *The New York Times*, August 8, 2009.

249 **"탐욕은 가끔, 좋지 않습니다"**: U.S. v. Raj Rajaratnam, et al., 09-Mag-2306, October 16, 2009; 뉴욕 남부지검 검사장인 프리트 바라라가 기자회견에서 라자라트남과 관련자들의 혐의를 발표하며 언급했던 말.

249 **렌간은 2003년에 코언에게 해고당하기 전까지**: Rengan Rajaratnam testimony before the SEC, In the Matter of: Sedna Capital Management, file No. NY-7665.

250 **사람들은 누가 정부의 수사에 협조하는지 추측할 뿐이었다**: 《월스트리트 저널》은 라자라트남이 체포된 지 3일 후에 웹사이트를 통해 C. B. 리와 알리 파가 정부의 협력자라고 공개했다. 저널의 보도는 정부의 수사에 엄청난 손실을 끼쳤다. Susan Pulliam, "How Associates Helped Build Case," *The Wall Street Journal*, October 20, 2009.

251 **바이오베일을 대리하여 SAC에 제기한 소송이 기각됐다**: 밸린트 파머슈티컬은 바이오베일을 인수한 후, SAC가 바이오베일을 대상으로 제기한 무고 혐의에 대해 2010년에 1000만 달러를 지급하고 화해했다. Shira Ovide, "SAC Capital, Biovail Finally Bury the Hatchet," *The Wall Street Journal*, November 4, 2010.

251 **SEC는 사기 혐의로 바이오베일을 고발했다**: Judith Burns, "SEC Charges Biovail Officers with Fraud," *The Wall Street Journal*, March 25, 2008.

252 **SEC의 코언 수사 파일**: *Patricia Cohen v. Steven A. Cohen, et al.*, First Amended Complaint, No. 09 Civ. 10230 (WHP), April 7, 2010.

252 **결국 루리는 파산해 비참한 신세가 됐다**: *Steven Cohen and SAC Trading Corp. v. Brett K. Lurie and Conversion Trading Corp.*, No. 8981/87, Affidavit in Support of Order to Show Cause, N.Y. State Supreme Court, May 12, 1987. See also Douglas Montero, "Slippery Scammer an Elusive Daddy, Too," *New York Post*, October 26, 2004, and "Agents Catch Up with U.S. Citizen on the Run," *A.M. Costa Rica*, Vol. 5, No. 224, November 11, 2005.

253 **코언에게 3억 달러의 배상금을 요구**: *Patricia Cohen v. Steven A. Cohen, et al.*, December 16, 2009.

254 **라일리의 어린 시절:** Story of the Riely family: Virginia Grantier, "Four Boys Thank Her for Courage After Husband's Death," *Bismarck Tribune*, May 11, 2002.

256 **938만 달러의 보너스를 받았다**: *U.S. v. Mathew Martoma*, No. 12 Cr. 0973 (PGG), GX 555, 댄 버코위츠의 증언.

256 **에스브리엣이 미국 식품의약청(FDA)의 승인을 받는다는 쪽에 베팅**: Andrew Pollack, "FDA Rejects InterMune's Drug for Fatal Lung Disease," *The New York Times*, May 4, 2010.

256 **450만 주에 육박하는 인터뮨 주식**: Suzy Kenly Waite, "Hedge Funds Hemorrhage on InterMune," *Institutional Investor*, August 31, 2010.

259 **"내부자거래를 3년간 수사한 연방 정부 당국"**: Susan Pulliam, Michael Rothfeld, Jenny Strasburg, and Gregory Zuckerman, "U.S. in Vast Insider Trading Probe," *The Wall Street Journal*, November 20, 2010; Ernest Scheyder and Matthew Goldstein, "U.S. to Lift Lid on 'Pervasive Insider Trading': Report," Reuters, November 20, 2010.

260 **보스턴에서 근무하는 SAC 포트폴리오 매니저 노아 프리먼**: Steve Eder, Michael Rothfeld, and Jenny Strasburg, "They Were Best of Friends, Until the Feds Showed Up," *The Wall Street Journal*, February 17, 2011.

260 **프리먼은 너무도 승리에 집착한 나머지**: Eder, Rothfeld, Strasburg, "They Were Best of Friends, Until the Feds Showed Up."

261 **"로그"**: FBI notes from interviews with Noah Freeman, hereafter Freeman 302s.

262 **구글 G메일 계정 중 하나를 이용**: Details of Longueuil's Gmail accounts; Freeman 302s.

262 **스카이프로만 인스턴트 메시지 채팅:** Longueuil use of Skype; FBI notes from interviews with Samir Barai, hereafter Barai 302s.

263 **새벽 2시 30분이 되어서야 집에 돌아왔다**: *U.S. v. Samir Barai and Donald Lon-*

gueuil, No. 11 Mag. 332, February 7, 2011; FBI 특수 요원인 B. J. 강이 제출한 보안 감시 테이프와 진술서에 기록된, 그들이 아파트를 나간 시각과 돌아온 시각. See also Eder, Rothfeld, Strasburg, "They Were Best of Friends, Until the Feds Showed Up." 롱주일의 약혼녀는 어떤 혐의로도 기소되지 않았다.

263 **바라이와 롱주일은 뒤에서 프리먼을 지저분하게 험담하며 돈독한 친분을 쌓았다:** 세 사람은 매 분기 실적 발표 일주일 전에 산타클라라 힐튼 호텔에서 만나 각자 모은 불법정보를 취합했다. 그들은 미팅이 필요하면 미리 짜놓은 "쓰리썸즈(threesomes)" 또는, "돈, 샘, 노아−섹스(Don, Sam, Noah−sex)" 같은 제목의 이메일을 보냈다; Barai 302s.

264 **추악해지는 이혼 절차:** Bree Sposato, "One Enchanted Evening: Bhavana Pothuri & Samir Barai," *New York*, April 15, 2006; Barai 302s.

266 **플럼은 자우의 신원에 관해 별로 아는 바가 없었지만:** Barai 302s; 또한 FBI의 제이슨 플럼과의 인터뷰, Pflaum 302s 이후 참조.

266 **"내 정보원이 누군지는 묻지 마시죠":** Barai 302s.

267 **"이런 젠장":** *U.S. v. Barai*, et al.

268 **바라이가 보낸 모든 문자메시지들을 촬영했다:** Pflaum 302s.

10장 오컴의 면도날

272 **카네기홀 근처:** Level Global address, 888 Seventh Avenue; Level Global Search and Seizure Warrant, November 21, 2010.

272 **판사가 서명한 수색 영장:** 가넥, 그의 파트너인 앤서니 치어슨과 두 명의 애널리스트인 샘 애돈대키스와 그레그 브레너의 사무실을 수색할 수 있는 영장이었다; Level Global Search Warrant.

273 **토요일 밤:** 가넥은 그 주말에 프랭클린 마샬 대학의 동창인 SEC 위원장 메리 샤피로와 함께 위원회에 참석할 예정이었다. "In Insider Case, the Odd Couple Won't Meet," *The New York Times*, November 23, 2010.

273 **회사 서버:** Level Global Search Warrant. See also *David Ganek v. David Leibowitz, Reed Brodsky, David Makol, et al.*, No. 15 Civ. 1446, February 26, 2015.

273 **골드만삭스에 매각하기로 협상:** Katherine Burton, "Goldman Sachs Fund Buys Stake in Ganek's $4 Billion Hedge Fund," Bloomberg News, April 2, 2010.

274 **새로운 인생을 살려고 노력했다:** *U.S. v. Noah Freeman*, 11−Cr.−116 (JSR), Sentencing submission on behalf of Noah Freeman, filed January 28, 2015, letter from Silas Bauer.

275 **EPO 주사를 맞고 트라이애슬론 경기에 참가한 사실:** Freeman 302s.

276 **"나는 그러려면 내부정보가 필요하다고 생각했어요":** Freeman 302s.

280 **"물증은 모두 사라졌어":** The exchange recounted in *U.S. v. Samir Barai and Donald Longueuil*, 11–Mag–332, February 7, 2011.

284 **설리번은 유력 공화당 상원의원의 고문:** Tory Newmyer and Kate Ackley, "Sullivan's Hiring Hedge Bets on Sully," *Roll Call*, April 18, 2007.

284 **설리번은 심각하게 조사할 만한 문제가 없다고 주장했다:** Some details in Jenny Strasburg and Michael Siconolfi, "Senator Probes Trades at SAC," *The Wall Street Journal*, May 21, 2011.

284 **2011년 5월 24일, 그래슬리가 또다시 언론에 서한을 보냈다:** Letter to the Honorable Mary Schapiro, Chairman, U.S. Securities and Exchange Commission, from Charles E. Grassley, Ranking Member, Committee on the Judiciary, May 24, 2011.

290 **"박사님은 그냥 곁가지일 뿐입니다":** *U.S. v. Mathew Martoma*, No. 12 Cr. 0973 (PGG); 시드 길먼의 반대신문.

293 **침실 다섯 개가 딸린 화려한 스페인 스타일의 대저택:** 플로리다의 부동산 등기부에 따르면 마토마는 집을 구입하는 데 190만 달러를 지불했다.

293 **매튜 앤 로즈메리 마토마 재단:** 기록에 의하면 재단은 2010년 12월 10일에 백만 달러를 가지고 설립됐다; 양식 900에 따르면 재단은 2011년에 몇 개의 지역 자선 단체에 50달러 또는 100달러로 쪼개어 총 몇 백 달러 정도만 기부했고, 2만 달러 이상을 경비로 지출했다. 그다음 해부터는 양식 990에 따른 신고를 하지 않았다.

294 **"스티븐 챈이 곧 감옥에서 출소합니다":** Bob Van Voris and Saijel Kishan, "SAC's Martoma Harvard Expulsion Revealed as Trial Starts," Bloomberg News, January 10, 2014.

294 **마토마는 정신을 잃고 쓰러졌다:** 이 상황은 당시 상황을 직접 알고 있는 사람들과의 인터뷰를 기반으로 했는데, 로즈메리가 《뉴요커》에게 말한 내용과는 차이가 있다. Patrick Radden Keefe, "The Empire of Edge," October 13, 2014. 그녀는 강과 캘러헌이 다가왔을 때 그녀에게 "집 안에 들어가 계세요"라고 말했지만 거부했다고 말했다. 강은 마토마를 바라보면서 "당신이 부인에게 얘기하겠어요, 아니면 내가 할까요?"라고 말했다고 그녀는 말했다. 마토마는 강에게 "당신이 좋을 대로 그녀에게 말하세요"라고 말했다. 로즈메리에 의하면 강은 마토마에게 "당신이 하버드에서 한 일을 알고 있습니다"라고 말했고, 그때 마토마가 실신했다. 나의 조사에 따르면, 로즈메리는 마토마가 실신했을 때 그 자리에 없었고, 마토마가 의식을 잃기 전에 강이 무슨 말을 했는지 듣지 못했다.

296 **문구가 적힌 명판을 선물:** *U.S. v. Mathew Martoma*, No. 12 Cr. 0973 (PGG), GX 65, Mathew Martoma Sentencing Memo, filed May 28, 2014; 바비 마토마의 편지.

296 **마토마는 졸업한 그 해에:** *U.S. v. Martoma*, GX 106, Martoma Sentencing Memo, letter from Manju Varghese.

296 **"야심을 품은 학생":** Patrick Radden Keefe, "The Empire of Edge," *The New Yorker*, October 13, 2014.

298 **2월 4일에도 전화해 메시지를 또 남겼다:** *U.S. v. Martoma*, January 9, 2014, Disciplinary Hearing on Charges Against Ajai Mathew Thomas, Findings of Fact and Decision of the Administrative Board, May 12, 1999, filed as exhibit to Government's Motion in Limine to Admit Evidence Concerning the Defendant's Expulsion from Harvard Law School in Response to Potential Defenses.

298 **학생 한 명을 전년도에 퇴학시켰고:** Jal D. Mehta, "Law Student Expelled for Forging Transcript," *The Harvard Crimson*, January 30, 1997.

299 **이 편지에는 보낸 날짜를 모두 1월 31일로 적었다:** *U.S. v. Martoma*, Exhibit to Government's Motion to Admit Harvard Evidence.

301 **최종 보고서에서:** *U.S. v. Martoma*, Exhibit to Government's Motion to Admit Harvard Evidence, Disciplinary Hearing.

302 **아버지가 집을 담보로 두 번째 대출을 받아:** *U.S. v. Martoma*, Mathew Martoma's Memorandum of Law in Support of His Motion to Exclude Evidence Concerning Events Unrelated to the Charged Offenses and Preceding Mr. Martoma's Employment at SAC, filed under seal, January 9, 2014.

302 **스티븐 챈이라는 젊고 재능 있는 프로그래머:** *Ajai Mathew Thomas v. Stephen K. Chan*, MICV-2000-0010, June 2, 1999, affidavit submitted by Mathew Martoma; some details of genesis of Computer Data Forensics.

302 **세 명의 "케이스 애널리스트"들이 서명:** 하버드 사건의 증거로 인정받기 위해 정부가 제출한 컴퓨터 데이터 감식 보고서.

303 **마토마는 거짓말 탐지기 조사도 통과:** Martoma Motion to Exclude Evidence.

303 **하버드 성적증명서를 위조했고 이를 덮으려고 거짓말한 사실을 시인했다:** *Thomas v. Chan*, affidavit of Stephen K. Chan, January 20, 2000.

304 **직원들은 사무실에서 인터넷 서핑을 하고 점심이나 먹으러 다니며 빈둥거렸다:** Bob Van Voris, "SAC Capital's Martoma Defense May Be Hurt by Partnership," *Bloomberg News*, January 28, 2014; also *Thomas v. Chan*, affidavit of Robert Owens.

304 **"우리는 소풍 온 기분이었죠":** Van Voris, "SAC Capital's Martoma Defense May Be Hurt by Partnership."

304 **화가 난 직원들은 단체로 마토마의 부모에게 항의 서한을 보냈다:** *Thomas v. Chan*, employee group letter, dated December 26, 1999.

305 **마토마는 챈에게 접근 금지 명령을 내려 달라는 신청서를 법원에 제출했다:** *Thomas v. Chan*, Interlocutory Order Continuing Restraining Order in Force.

305 **자신의 온몸에 난 멍을 보고선:** Complaint filed in *Thomas v. Chan*.

305 **동업자 여섯 명과 함께 기소됐다:** *U.S. v. Chan, et al.*, U.S. District Court, District of Massachusetts, Criminal No. 98-10277-GAO, August 12, 1998. 가짜 회사는 존재하지도 않는 비즈니스를 이유로 컴퓨터 장비와 사무실 시설 등을 구매한다는 명목으로 수백만 달러 규모의 임대차 계약서를 작성했다고 주장됐다.

305 **챈이 공모 혐의와 우편 사기 혐의에 대해 유죄를 인정:** Van Voris, "SAC Capital's Martoma Defense May Be Hurt by Partnership."

307 **본인 이름을 법적으로 바꿨다:** Name change occurred on August 29, 2001, per the Clerk of the Circuit and County Court, Brevard County, Florida.

309 **"우리는 스티브 코언을 원합니다":** Some of the details of the FBI encounter come from Rosemary Martoma's account in Keefe, "The Empire of Edge."

309 **구체적인 승리를 거두었다:** 컨설팅 회사인 맥킨지의 전 대표였고 골드만삭스 이사회 이사였던 라자트 굽타가 골드만삭스의 정보를 라자라트남에게 전달했다는 혐의로 체포됐다. 프라임 글로벌 전문가 네트워크가 폐쇄됐다. 노아 프리먼은 검찰에 협력 중이었다. 사미르 바라이는 유죄를 인정했고 검찰에 협조하기 시작했다. 도널드 롱주일 역시 유죄를 인정했고, 징역 30개월 형을 선고받았다. "Longueuil Pleads Guilty to Conspiracy, Securities Fraud," Bloomberg News, April 28, 2011; Patricia Hurtado, "Ex-SAC Manager Longueuil Sentenced to 30 Months in Prison," Bloomberg News, July 29, 2011.

312 **FBI 수사에 협조할 필요가 있겠는가?:** *Securities and Exchange Commission v. Jonathan Hollander*, No. 11 Civ. 2885, Southern District of New York, April 28, 2011. 2011년 4월, 홀랜더는 내부정보를 이용해 개인 계좌로 알버트슨 주식 5600주를 매수한 것을 인정하고 SEC와 합의했다. 그는 19만 2000달러의 제재금을 물고, 3년 동안 증권산업에서 일하지 않는다는 조건에 동의했다.

312 **전직 SAC 트레이더 도널드 롱주일:** Hurtado, "Ex-SAC Manager Longueuil Sentenced to 30 Months in Prison."

312 **FBI가 급습했던 헤지펀드 두 곳의 포트폴리오 매니저 두 명을 기소할 준비:** 매콜은 다이아몬드백과 레벨 글로벌의 전직 애널리스트였던 제스 토토라와 샘 애돈대키스라는 두 명의 협력자를 가지고 있었다. 매콜이 그들로부터 얻은 정보를 기초로 검찰

은 토토라와 애돈대키스의 상사였던 토드 뉴먼과 앤서니 치어슨을 내부자거래 혐의로 기소할 준비를 하고 있었다. 델의 실적에 관한 내부정보는 델의 IR 부서 직원이 델의 전 직원이었던 토토라에게, 그리고 토토라가 그의 보스인 토드 뉴먼에게, 친구인 애돈대키스에게 전달했다. 애돈대키스는 그의 보스인 레벨 글로벌의 앤서니 치어슨에게 제공했다. 뉴먼과 치어슨은 둘 다 SAC와 관계가 있었다. See also Patricia Hurtado, "Newman Calls FBI Inside-Trading Agent as Last Witness," Bloomberg News, December 11, 2012.

312 **"나는 회사의 내부자로부터 나온 정보를 2차로 전달받았습니다"**: *U.S. v. Michael Steinberg*, No. 12 Cr. 121 (RJS), GX 634, introduced during testimony of Jon Horvath. 다음은 이메일 전문이다: "나는 회사의 내부자로부터 나온 정보를 2차로 전달받았습니다. 이번은 3분기에 관한 것이었는데, 지난 두 분기 정보는 매우 정확했습니다. 매출 총이익은 잘못된 상품 라인업, 단발성 운영비용 발생, 약간의 매출 증가와 EPS(주당순이익) 하락으로 인해 50-80 베이시스 포인트 떨어진다는 정보입니다. 혹시 운영비용이 매출 총이익을 약간만 상쇄하고, EPS가 1 페니라도 상승한다 하더라도 주가는 내려갈 것으로 생각합니다. 부디 이 정보가 새 나가지 않게 기밀을 유지해 주시기 바랍니다."

313 **스타인버그는 100만 달러를 번 것으로 보였다**: *U.S. v. Todd Newman, Anthony Chiasson, Jon Horvath, and Danny Kuo*, No. 12 Mag. 0124, sealed complaint, January 17, 2012.

12장 고래 사냥

314 **시드 길먼은 맨해튼 남부의 세계금융센터 로비 보안 검색대에 가서**: 2주 전인 2012년 1월 18일, 다이아몬드백의 토드 뉴먼이 보스턴에서 체포됐고, 존 호바스는 뉴욕에서 체포됐다. 레벨 글로벌에서 데이비드 가넥의 파트너인 앤서니 치어슨을 체포하기 위해 대여섯 명의 FBI 요원들이 어퍼 이스트 사이드에 있는 그의 아파트 빌딩을 급습했는데, 그는 집에 없었다. 그는 그날 아침 늦게 자수했다. 프리트 바라라는 그들이 델과 엔비디아의 내부정보를 이용해 부당이득 6180만 달러를 챙겼다고 내부자거래 혐의를 제기했다. 그 금액 중에 5300만 달러가 레벨 글로벌에 있는 치어슨이 델 주식에 대한 한 건의 대량 공매도를 통해 번 금액이었다. Jenny Strasburg, Michael Rothfeld, and Susan Pulliam, "FBI Sweep Targets Big Funds," *The Wall Street Journal*, January 19, 2012.

314 **길먼이 정부 측 변호사들과 처음으로 만나러 가는 길이었다**: *U.S. v. Mathew Martoma*, No. 12 Cr. 0973 (PGG), GX 741, dates of proffer meetings introduced during testimony of Dr. Sid Gilman.

315 **"맷 마토마가 전화로 신약의 SAE에 대해 질문"**: *U.S. v. Martoma*, GX 751.

322 **SEC 변호사들은 상부로부터 금융계에서 가장 성공한 거부들은 건드리지 말라는 암시를 종종 받았다**: See Gretchen Morgenson, "SEC Settles with a Former Lawyer," *The New York Times*, June 29, 2010.

323 **뉴욕 메츠의 지분 4퍼센트를 2천만 달러에 매입**: Svea Herbst-Bayliss, "SAC's Cohen Buys Small Stake in New York Mets," Reuters, February 23, 2012.

323 **LA 다저스를 인수**: Bill Shaikin, "Billionaire Aims to Own Dodgers," *Los Angeles Times*, December 28, 2011. See also David Ng, "Dodger Suitor on Museum Board," *Los Angeles Times*, January 14, 2012; Ronald Blum, "MLB Approves Dodgers' Finalists," Associated Press, March 27, 2012.

323 **구겐하임 파트너스는 20억 달러를 제시**: Ronald Blum, "Dodgers Reach Deal with Magic Johnson Group," Associated Press, March 28, 2012.

323 **구겐하임 파트너의 주요 투자자 중에는 마이클 밀켄도 있었다**: Leslie Scism and Craig Karmin, "Guggenheim Gets SEC Scrutiny on Milken Ties," *The Wall Street Journal*, February 27, 2013.

324 **가슴이 아플 정도로 실망했다**: Steve Fishman, "The Taming of the Trading Monster," *New York*, June 3, 2014.

326 **코언이 문 열고 들어오는 소리에 정신을 차렸다**: 그날은 2012년 5월 3일이었다.

330 **"저는 엘란 포지션이 그냥 불안합니다"**: In re: Elan Corporation, plc, SEC File No. NY-8152, *U.S. v. Martoma*, 12-Cr.-0973, government motion re Cohen SEC testimony.

13장 카르마

334 **마토마 체포 소식이 모든 주요 언론에 보도됐다**: Michael Rothfeld, Chad Bray, and Susan Pulliam, "Trading Charges Reach SAC," *The Wall Street Journal*, November 20, 2012.

334 **《뉴욕타임스》 1면에는 이런 기사가 실렸다**: Peter Lattman, "Insider Inquiry Inching Closer to a Billionaire," *The New York Times*, November 20, 2012.

335 **색다른 샌드위치를 만들어 파는 가게**: *U.S. v. Mathew Martoma*, No. 12 Cr. 0973 (PGG), 2014년 1월 10일 팀 잰도비츠의 증언.

335 **"업보가 비참하군"**: *U.S. v. Martoma*, mentioned by Arlo Devlin-Brown during sidebar discussion.

337 **《타임》은 바라라의 얼굴 사진을 크게 확대해서 표지에 실었다**: Massimo Calabresi, "U.S. Attorney Preet Bharara Is Taking Down Wall Street," *Time*, February 13, 2012.

339 **이 금액은 SEC가 받아냈던 역대 최대 중 하나가 될 터였다**: Details on CR Intrinsic/Elan settlement: "CR Intrinsic Agrees to Pay More than $600 Million in Largest-Ever Settlement for Insider Trading Case," SEC press release, March 15, 2013. Details on Sigma/Dell settlement: "SEC Charges Hedge Fund Firm Sigma Capital with Insider Trading," SEC press release, March 15, 2013.

340 **앤서니 치어슨과 토드 뉴먼**: 이 사건에서 포트폴리오 매니저인 두 사람은 델의 실적에 관한 이메일 체인에서 5번째 위치에서 정보를 전달받는 매우 복잡한 구조여서 법리가 불안정한 측면이 있다. 변호인들은 정부가 내부자거래의 형사처벌의 한계를 테스트하고 있다고 생각했다. 치어슨과 뉴먼은 델 정보가 어디에서 왔는지 몰랐다고 주장하며 격렬하게 싸웠다. 사건이 복잡하고 증거가 다소 혼란스런 면이 있지만 배심원단은 평의 이틀 만에 유죄를 인정했다. 존 호바스는 정부에 협력하기로 했고, 그들이 재판에 회부되기 6주간 동안 정부 측을 도왔다. Patricia Hurtado, "Ex-SAC Analyst Horvath Pleads Guilty in U.S. Insider Case," Bloomberg News, September 28, 2012. 치어슨과 뉴먼의 혐의는 2014년 12월 항소법원에서 뒤집어졌다.

346 **SEC는 다음과 같은 가설을 세워 봤다**: 플로킨과 바카리노는 어떠한 불법행위 혐의로도 문제가 되지 않았다.

347 **스위스 다보스에서 열리는 세계경제포럼에 참석**: Katherine Burton, "Cohen Travels to Davos for Lesson in 'Resilient Dynamism'," Bloomberg News, January 23, 2013.

347 **코언은 2005년도에 1억 1천만 달러를 들여 여러 중요한 작품들을 매입**: Carol Vogel and Peter Lattman, "$616 Million Poorer, Hedge Fund Owner Still Buys Art," *The New York Times*, March 26, 2013.

348 **"공간은 연필심 정도"**: Kelly Magee, "Wynn's $troke of Luck," *New York Post*, October 15, 2008.

348 **"스티브가 손에 넣고 싶어 한 작품이었으니까요"**: Peter Lattman and Carol Vogel, "Suit by Ex-Wife of SAC's Cohen Revived on Appeal," *The New York Times*, April 3, 2013.

348 **"그 그림 앞에 서면 황홀해집니다"**: Lattman and Vogel, "Suit by Ex-Wife of SAC's Cohen Revived on Appeal."

348 **코언이 〈꿈〉을 1억 5500만 달러에 샀다는 뉴스**: 실제로는 마토마가 체포되기 3주 전, 그러니까 2012년 11월 초에 〈꿈〉을 구입한 것으로 보인다. 그의 주변 사람들은 미술품 매입 소식이 밖으로 나갔을 때의 영향을 최소화하려고 노력했다: 헬러는 피카소 작품의 구매나 코언이 지불한 가격이 1억 5000만 달러라는 소식이 언론에 보도되는 것과 관련해서 "시기가 안 좋았다"고 말했다. "We're correcting the chronology." Lattman and Vogel, "Suit by Ex-Wife of SAC's Cohen Revived on Appeal."

14장 구명 뗏목

353 **버크는 이러한 상황에서 짜릿함을 느꼈다:** 스타인버그가 체포된 후에 버크는 다음과 같은 성명을 발표했다. "스타인버그는 잘못한 것이 절대로 아무 것도 없다. 그는 항상 기관투자자들이 매일 참고로 하는 채널을 통해 적법하게 제공되는 정보와 세부적인 분석에 근거해서 트레이딩 결정을 내렸다."

356 **확실히 승소 가능한 사건을 노리는 편이 훨씬 안전하다:** 법무부가 패소했을 때 부딪히는 부정적 효과를 다룬 상세한 내용은 Jesse Eisinger, "Why Only One Top Banker Went to Jail for the Financial Crisis," ProPublica and *The New York Times Magazine*, April 30, 2014 참조.

359 **1988년 마이클 밀켄의 변호사들:** James B. Stewart, *Den of Thieves* (Simon & Schuster, 1991), p. 441.

364 **클로츠는 델 관련 이메일 발신을 둘러싼 사실들을 다시 언급했다:** See *In the Matter of Steven A. Cohen*, Administrative Proceeding File No. 3-15382, order filed July 19, 2013.

368 **그 범죄의 책임을 회사에 묻는 것이 가능했다:** "9-28,000—Principles of Federal Prosecution of Business Organizations," *U.S. Attorney's Manual*, "Title 9: Criminal."

369 **클로츠는 남부지검 증권수사 팀장에게 전화:** Ben Protess and Peter Lattman, "Cohen Declines to Testify in SAC Insider Case," *The New York Times*, June 28, 2013.

369 **20억 달러 정도가 2013년 초 이후 빠져나갔다:** Peter Lattman and Ben Protess, "SAC Starts to Balk over Insider Trading Inquiry," *The New York Times*, May 17, 2013.

369 **블랙스톤 경영진은 수사 전개 상황을 계속 지켜보며 SAC에서 돈을 빼내야 할지 논의했다:** Matthew Goldstein, "Blackstone Notifies Cohen's SAC It Intends to Pull Money," Reuters, May 25, 2013.

369 **오바마 행정부가 월가를 악당 취급:** Jonathan Alter, "Schwarzman: 'It's a War' Between Obama, Wall St.," *Newsweek*, August 15, 2010.

369 **코언을 버리고 싶지 않았다:** Peter Lattman, "Blackstone Keeps Most of Its Money with SAC," *The New York Times*, February 14, 2013.

373 **SAC 준법감시부가 자체적으로 내부자거래를 처벌한 사례:** *U.S. v. SAC Capital Advisors, et al.*, No. 13 Cr. 541 (LTS), Sealed Indictment, July 25, 2013.

377 **"오늘, 뉴욕 남부지검은 SAC 헤지펀드 그룹과 관련한 세 건의 조치를 발표하고자 합니다":** Preet Bharara press conference, July 25, 2013.

379 **"스티브가 이제 쫓겨나리라 생각한 사람이 많았어요":** Fishman, "The Taming of the Trading Monster."

15장 정의

383 **그는 언제나처럼 오전 8시까지 본사에 도착했다**: Michael Rothfeld, Jenny Strasburg, and Susan Pulliam, "Prosecutors Pursue Big SAC Settlement," *The Wall Street Journal*, September 24, 2013.

383 **월가의 주류 금융사들**: 모건스탠리, 제이피모건 체이스, 그리고 골드만삭스는 SAC와 비즈니스를 계속했다; 도이치방크는 SAC가 기소된 이후에 거래 관계를 끊었다. Jenny Strasburg and Rob Copeland, "SAC Reconsiders Industry Relationships—and Its Name," *The Wall Street Journal*, December 12, 2013.

383 **"전례 없는 규모로 내부정보를 이용해 불법 거래"**: Preet Bharara prepared remarks, July 25, 2013. See also Peter Lattman and Ben Protess, "SAC Capital Is Indicted, and Called a Magnet for Cheating," *The New York Times*, July 25, 2013.

384 **"SAC는 우리에게 중요한 고객입니다"**: 개리 콘이 CBNC 방송의 케이트 켈리와 2013년 7월 31일에 한 인터뷰.

386 **"잘못을 저지른 극소수 직원"**: Peter Lattman and Ben Protess, "$1.2 Billion Fine for Hedge Fund SAC Capital in Insider Case," *The New York Times*, November 4, 2013.

393 **"보수적으로 차려 입고 참석하세요"**: Kaja Whitehouse and Michelle Celarier, "Steinberg Wife to Pals: No Wearing Bling Near Jury," *New York Post*, December 16, 2013.

395 **존 호바스가 법정에 들어왔다**: 호바스는 스웨덴에서 태어나서 토론토에서 성장했다. 이후 퀸즈 대학에서 상거래 분야에서 학위를 받고 졸업했다. *U.S. v. Michael Steinberg*, No. 12 Cr. 121 (RJS).

395 **스타인버그의 2007년과 2008년 연소득**: *U.S. v. Michael Steinberg*, GX 2004, 2005, and 2006, introduced during testimony of Daniel Berkowitz, November 21, 2013.

395 **전직 우체국 직원**: Christopher M. Matthews, "SAC's Steinberg Convicted in Insider-Trading Case," *The Wall Street Journal*, December 18, 2013.

400 **2013년 12월 18일 오후 2시 59분, 배심원단이 투표에 들어갔다**: Alexandra Stevenson and Rachel Abrams, "Insider Jury-Room Demonstration Persuaded Holdouts in Ex-Trader's Trial," *The New York Times*, December 19, 2013.

401 **모든 죄목에 대해 유죄 평결**: 2015년 10월, 마이클 스타인버그에 대한 혐의는 항소 법원 판결의 영향으로 기각됐다. See Matthew Goldstein, "U.S. Prosecutor to Drop Insider Trading Cases Against Seven," *The New York Times*, October 22, 2015.

16장 법의 심판

402 **마토마의 변호사인 리처드 스트라스버그였다:** 마토마는 2013년 재판에서 그의 변호인을 찰스 스틸먼으로 교체했다. Peter Lattman, "Martoma, Former SAC Employee, Changes Lawyers in Insider Case," *The New York Times*, April 4, 2013.

404 **신문 첫 페이지에 이런 헤드라인이 올라와 있었다:** Matthew Goldstein and Alexandra Stevenson, "Ex-SAC Trader Was Expelled from Harvard Law School," *The New York Times*, January 9, 2014.

406 **하버드 퇴학 사건 공개가 더 고통스러웠다:** 마토마는 자신이 완전히 파괴됐다고 말했다. *U.S. v. Mathew Martoma*, No. 12 Cr. 0973 (PGG), Mathew Martoma Sentencing Memorandum, GX 101, letter from James Tierney.

414 **양아들처럼 살갑게 대하며 접근한 것이다:** 토드는 왜 길먼이 젊고 잘생긴 마토마에게 그렇게 깊이 절망적으로 걸려들었는지에 대해 다른 이야기를 했다. 1991년 이후 아버지와 말을 끊었던 토드가 재판이 진행되고 있을 때, 아버지에 대한 책을 쓰려는 구상(proposal)을 시작했다. 토드는 자기가 형처럼 게이라는 사실을 아버지가 받아들이지 않아서 아버지와의 관계를 끊었다고 밝혔다. 이 책의 구상에서는 길먼 박사가 "그의 아들 모두가 게이라는 사실에 크게 당황했다"고 밝히고 있다. 그럼에도 불구하고 길먼 박사가 마토마 때문에 그의 명예와 인생의 업적들을 위험에 몰아넣은 결정에 대해서는 미스터리로 남아 있다. "Not My Father's Keeper: Unveiling the Skeletons in Dr. Sid Gilman's Closet," a book proposal by Todd Gilman, Ph.D., October 6, 2014.

420 **"이번 재판에서 다룰 내용이 아니라는 점에 우리 모두 동의하리라 생각합니다":** More on Judge Gardephe's mindset: "From the Trenches: High Profile Trials 2014," Practicing Law Institute, September 2014.

421 **"세 건의 혐의에 대해 각각 유죄라고 말할 때마다 세발의 총알이 가슴을 관통하는 듯한 느낌이 들었다":** *U.S. v. Martoma*, Martoma Sentencing Memo, GX 65.

423 **재판에서 유죄 판결을 받음으로써 재정적으로 몰락했다:** *U.S. v. Martoma*, Forfeiture Request, GX A.

423 **2010년 설립한 이 비영리 재단:** Mathew and Rosemary Martoma Foundation, 재단은 2011년에 양식 990에 따라 신고했지만, 2012년과 2013년에는 신고하지 않았다.

424 **"논의된 적도 없고, 논의 중도 아니며, 논의될 일도 없을 겁니다":** Patrick Radden Keefe, "The Empire of Edge," *The New Yorker*, October 13, 2014.

424 **마토마의 MBA 학위를 취소한다는 서한:** Melissa Korn, "Stanford B-School Strips Diploma of SAC Capital's Martoma," *The Wall Street Journal*, March 5, 2014.

426 **"사건들의 일련 과정을 볼 때":** *U.S. v. Martoma*, Memorandum Opinion and Order, September 8, 2014.

에필로그

429 **경매에 나올 작품 중:** Katya Kazakina, "Billionaire Cohen Said to Sell $25 Million Dubuffet 'Paris'," Bloomberg News, April 7, 2015.

430 **"스티브는 매우 진지하고 기민한 컬렉터입니다":** Carol Vogel, "Steven A. Cohen Was Buyer of Giacometti's 'Chariot' for $101 Million," *The New York Times*, November 10, 2014.

431 **그는 자신의 헤지펀드를 설립했다:** Saijel Kishan, "Ex-SAC's Kumin Said to Gather $1 Billion for Hedge Fund Startup," Bloomberg News, January 14, 2015.

431 **"자문위원회":** Juliet Chung and Jenny Strasburg, "Steven A. Cohen's Point72 Asset Management to Create Advisory Board," The *Wall Street Journal*, November 16, 2014.

431 **"가족 회사"는 연간 수억 달러를 벌어들이고 있었다:** Matthew Goldstein, "Profit at Point72, Cohen's New Firm, Outshines Many a Hedge Fund's," *The New York Times*, January 5, 2015.

433 **최고 작품 중 하나로 널리 인정받는:** "Giacometti's iconic *L'Homme au doigt* (Pointing Man)," Impressionist & Modern Art Auction Preview, Christie's, April 16, 2015.

434 **조각품으론 역대 최고가인 1억 4130만 달러에 낙찰됐다:** Eileen Kinsella, "Billionaire Steve Cohen Goes on a $240 Million Giacometti Buying Spree," Artnet News, June 8, 2015; Kelly Crow, "Steven A. Cohen Was Mystery Buyer of $141 Million Sculpture," *The Wall Street Journal*, June 8, 2015.

434 **"뉴먼 판결":** See On Petition for a Writ of Certiorari to the United States Court of Appeals for the Second Circuit, Brief for Todd Newman in Opposition, *USA v. Todd Newman and Anthony Chiasson*, No. 15-137, filed by Stephen Fishbein, John Nathanson, and Brian Calandra of Shearman & Sterling.

434 **"어제 판결":** Interview with Richard Holwell, Bloomberg Television, December 11, 2014.

435 **다른 핵심 증인들도 무죄로 풀려났다:** 바라라는 스타인버그와 호바스에 대한 유죄 주장을 포기한 데 이어 다른 5명의 협력 증인, 즉 제스 토토라, 샘 애돈대키스, 샌딥 고열, 대니 쿠오, 그리고 형 림의 유죄 주장도 포기했다. Matthew Goldstein, "U.S. Prosecutor to Drop Insider Trading Cases Against Seven," *The New York Times*, October 22, 2015.

435 **"뉴먼 판결은 명백한 로드맵을 만들어 주었습니다":** Gina Chon, "Preet Bharara Warns of Insider Trading 'Bonanza'," *The Financial Times*, October 5, 2015.

436 **가넥의 고소장을 인정한 이유를 다음과 같이 밝혔다:** *David Ganek v. David Lei-*

bowitz et al., 15-cv-1446, Memorandum and Order, 03/10/16

437 **"사람들이 문 앞에 줄을 설 걸요":** Aruna Viswanatha and Juliet Chung, "Deal Ends SEC's Pursuit of Steven Cohen," *The Wall Street Journal*, January 8, 2016.

439 **포인트72의 법률 고문:** Simone Foxman and Tom Schoenberg, "Steve Cohen's General Counsel is Part of Trump Transition Team," Bloomberg News, November 14, 2016. See also Neil Vigdor, "Connecticut's Former Top Prosecutor Off Trump Transition Team," *Connecticut Post*, November 16, 2016.

색인

옮긴이 윤태경

중앙대학교를 졸업하고, 번역가 모임인 바른번역 회원으로 활동 중이다. 옮긴 책으로는
『창의성을 지휘하라』,『메이커스』,『규모와 민첩성을 연결하라』,『하지만 우리가 틀렸다면』,
『마켓바스켓 이야기』,『혁신의 대가들』,『기업의 경제학』,『죽은 경제학자들의 만찬』,『무엇
이 가격을 결정하는가?』,『중국 없는 세계』,『미각의 지배』,『우리는 도시에서 행복한가』등
다수가 있다.

감수자 김정수

연세대 법대 졸업 후 한국거래소에서 27년간 근무했다. 연세대 법학대학원에서 법학 석
사, 독일 빌레펠트 대학에서 1년간 연구, 미국 펜실베이니아 대학 로스쿨에서 법학 석사
를 받았다. 저서로는『현대증권법원론』,『자본시장법원론』,『자본시장법상 부정거래행
위』,『내부자거래와 시장질서 교란행위』가 있다. 2011년에 금융·법전략연구소를 설립하여
자본시장법을 연구·강의하고 있으며, 2010년 4월부터 법무법인(유) 율촌의 고문으로 재
직 중이다.

블랙 에지

1판 1쇄 인쇄 2018년 6월 22일
1판 1쇄 발행 2018년 7월 9일

지은이 실라 코하카
옮긴이 윤태경
감수자 김정수
펴낸곳 서울파이낸스앤로그룹
임프린트 캐피털북스
펴낸이 김정수
제작 제이오
등록 2010년 5월 4일 (제 310-2011-1호)
주소 (우 04168) 서울 마포구 새창로 11, 1262호 (도화동, 공덕빌딩)
전화 701-4185 **팩스** 701-4612
이메일 capitalbooks@daum.net
블로그 https://blog.naver.com/sflibf

ISBN 978-89-966420-5-3
* 캐피털북스는 서울파이낸스앤로그룹의 금융·경제·경영 도서 관련 임프린트입니다.